가끔 보는 그가 친구보다 더 중요한 이유

가끔 보는 그가 친구보다 더 중요한 이유

세상을 지배하는 사소한 관계

멜린다 블라우 · 캐런 핑거맨 지음

조은경 옮김

21세기북스

목차

>>>

중요한 이방인,
그 사소하지만 중요한 관계의 탄생

인간은 '우주'의 일부분인데, 이 일부분은 시간과 공간에 한계 지워져 있다.
인간은 그 나머지와 분리된 것으로써의 사고와 감정을 경험한다.
이는 의식의 시각적 환상 같은 것이다.
이런 착각은 우리를 개인적인 욕구와
가장 가까운 사람들과의 애정에 얽매이게 한다.
인류가 생존하려면 반드시 엄청난 사고방식의 전환이 이루어져야 한다.

—

알베르트 아인슈타인

우리는 매일 삶에 크고 작은 영향을 미치지만 가깝지는 않은 사람들과 접촉한다. 요가 강사, 식당 여종업원, 같은 헬스클럽에 다니는 사람, 전 직장 동료, 애완동물을 돌봐주는 사람, 아버지의 군대 동기, 페이스북(Facebook)에 '친구'로 등록된 사람, 단골 옷 가게 주인, 전화 통화로 알게 된 상담원 등이 바로 그들이다. 우리는 이러한 사람들과 가까운 이와는 다른 관계를 맺으며 살아간다. 이들은 존재 자체에 대해서는 의문을 제기하지 않지만, 실은 우리의 일상에서 큰 부분을 차지하는 '중요한 이방인'이다.

이 책은 두 명의 중요한 이방인인 언론인 멜린다 블라우와 사회과학자이자 퍼듀대학 교수인 캐런 핑거맨이 공동으로 작업했다. 작가는 자신이 알고 있는 바를 쓰려고 하는 경향이 있는 반면, 창의적인 학자는 개인적인 경험을 바탕으로 한 이론을 연구하고 발전시키려고 한다. 우리는 창의적인 학자의 이야기와 연구 결과를 통해 다른 사람에 관한 다양한 정보를 얻는다. 하지만 중요한 이방인의 중요성은 우리의 삶을 면밀하게 살펴야 깨달을 수 있다. 멜린다 블라우와 캐런 핑거맨 역시 이러한 과정을 거쳤다.

멜린다 블라우

멜린다 블라우는 캐런 핑거맨을 만나기 전인 1990년에 맨해튼을 떠났다. 새로 이사한 매사추세츠 주 노샘프턴의 이웃들은 블라우에게 뉴욕이 그립냐고 물었다. 그녀는 이렇게 대답했다.

"아니요, 하지만 뉴욕 사람들은 그리워요."

제일 먼저 그녀는 같은 건물 세입자로 로비에서 만나 곧잘 담소를 나누던 캐시가 생각났다. 뉴 스쿨(New School)에서의 수업이 끝나고 커피를 마실 때나 만날 수 있었던 70대의 작가 헤리에타도 떠올랐다. 스탠리와 리온이 운영하는 매디슨애비뉴의 이름난 정육점을 불쑥 방문하곤 했던 일도 그리웠다. 그들은 블라우의 아이들이 자라는 모습을 지켜보았으며 종종 볼로냐 소시지를 주기도 했다. 매년 가을에 콩코드 포도를 따로 챙겨 주던 한국인 야채상 헬렌도 생각났다. 모두 맨애튼에 살던 블라우의 일상을 장식했던 인물들이다. 결국 블라우에게 있어 '뉴욕 사람'은 갑자기 삶에서 사라져버린 '가벼운 관계'를 맺은 인물 전체를 의미하는 암호였다.

블라우는 고립감에서 벗어나고자 부르기에는 약간 어색하지만 '지인 관계 캠페인'이라고 이름 붙인 운동을 시작했다. 심지어는 시장에 가서도 형식에 얽매이지 않는 관계를 맺으려고 노력했다(친구를 사귀기 위함은 아니었다). 그녀는 흥미롭고 마음이 열린 사람들을 만날 때마다 커피나 한잔 하자며 초대를 했다. 적극적으로 행동하다가 상처를 받을까봐 걱정도 했지만 언론인이라는 직업 덕분에 어느 정도 보호를 받을 수 있었다. 이런 식으로 그녀는 심리학 교수, 지방 신문 편집자, 이혼 기사를 쓰기 위해 인터뷰했던 여성 등 새로운 사람을 몇 명 만났다. 또한 그녀가 '좋아할 만한' 사람들과 점심식사를 하자는 집주인의 초대에도 응했다.

일시적인 만남들은 단 한 번의 '데이트'로 끝나기도 했지만, 새로운 지인을 만드는 계기를 제공하기도 했다. 또 소수지만 몇 명은 좋은 친구가 되었다. 그들 대부분은 유쾌하고 자연스럽게 블라우의 '사회생활 원' 주변에 자리 잡았다. 덕분에 그녀는 노샘프턴의 시민으로서 소속감을 느꼈다. 그녀의 생활은 더욱더 풍요롭고 흥미로워졌고, 상상도 하지 못한 기회와 만남을 가졌다. 이름난 맛집이 어디며 실력 있는 의사가 누군지 물어볼 만한 사람들이 그녀에게도 생겼다. 또한 그녀가 외출한 사이 시에서 파열된 수도 본관을 수리하겠다고 집 앞뜰을 파헤칠 때도 도움을 요청할 사람들이 생겼다.

캐런 핑거맨

1990년대 중반, 성인들 간의 관계를 연구하던 캐런 핑거맨은 그리가깝지 않은 사람들 사이의 유대감에 관심을 기울이기 시작했다. 주변인은 우리의 자아의식에 어떤 영향을 미칠까? 그들은 우리의 개성과 인간관계를 유지하는 데 필요한 요구를 어떤 식으로 충족시킬까? 중요하지만 간과하기 쉬운 주변인과의 인간관계에 주목해야 하는 이유는 무엇일까? 그녀는 이런 의문들에 주목했다.

핑거맨은 첫 아이를 출산한 뒤 진정으로 주변인의 중요성을 깨달았다. 2000년에 그녀는 첫 아이를 낳고 누구나 겪는 초보 엄마의 일상을 경험했다. 그녀는 아기와 깊고 굳건한 사랑을 주고받고, 가정을 잘 꾸리면서도 일을 병행할 방법을 찾으려고 노력했다. 하지만 그녀는 초보 엄마가 겪게 될 고충을 아무도 자신에게 미리 경고해주지 않았다고 느꼈다. 그녀의 세상은 너무나 좁아졌다. 새로운 우주에는 그녀와 남편, 아기 이 세 사람만 존재했다. 처음에 그녀는 가족의 세계에만 맞춰진 상황을 기꺼이 그리고 열정적으로 즐겼다. 가족이 만들어놓은 보호막이 너무나도 좋았기 때문이다. 그렇지만 지역 무료 급식소에서의 자원봉사 활동, 유럽에서 열리는 학회 참가, 야외에서 대학원생들과 함께 도시락을 먹으며 새로운 아이디어를 토론하는 일 등 과거의 일상적인 활동을 할 수 없었다.

다시 학교로 돌아간 핑거맨은 새로운 일상을 즐겼다. 그러던 어느 날 오후, 아기를 데리러 탁아소 주차장으로 차를 몰고 들어서던 그녀는 놀라운 광경을 목격했다. 사실 그 장면은 익히 보아온 것이었다. 매일 저녁 5시에서 5시 30분 사이에 약 50대의 차량이 탁아소 뒤에 있는, 15대 이상은 수용하기 힘든 작은 주차장을 드나든다. 이렇게 주차장이 붐비다 보니 몇몇 부모는 인도에 차를 세우곤 했다. 하지만 아무도 경적을 울리거나 성질을 부리지 않았다. 부모들은 모두 앞의 차가 주차장의 입구를 빠져나갈 때까지 참을성 있게 기다렸다. 그녀는 뛰어난 시민 의식에 놀라는 한편 그들이 보여준 행동에 수긍했다. 이는 서로 간의 관계 때문이었다. 그들은 이웃이자 동료, 의료인, 대학 도서관 사서였으며 특별한 관계는 아니었지만 서로에 대해 알고 있었다. 그녀는 그 부모들을 '중요한 이방인'이라고 생각하기 시작했다.

게다가 핑거맨은 주변인들이 다양한 방법으로 자신의 가정이 안락한 상태를 유지하도록 도와준다는 사실을 깨달았다. 그녀의 관심 대상 1호는 언제나 남편과 아기다. 하지만 덜 친근한 관계의, 선명하지 않은 경계에 자리하는 사람들도 있다. 아기가 자라면서 그녀는 놀이터에서 만난 부모들에게 유아용 체조나 음악 교실에 관한 정보를 얻었다. 그들은 그녀와 같은 미용실을 이용하고, 같은 곳에서 법률 자문을 받았다. 매일 오후 카페테리아에서 아이스티를 함께 마시는 사람도 생겼다. 이는 그녀의 연구에 나오는 이야기가 생활에서 실제로 일어날 수 있음을 암시했다. 가족과 친한 친구 이외의 주변 사람들도 중요하다는 명제가 입증되기 시작한 것이다.

'중요한' 관계에 대한 색다른 정의

2003년, 블라우는 핑거맨의 모녀 관계를 다룬 논문에 대해 인터뷰하기 위해 전화를 걸었다. 둘의 첫 만남은 이때 이루어졌다. 그 후 두 사람은 이메일과 전화로 계속해서 연락을 주고받았다. 블라우의 영역인 언론과 핑거맨의 영역인 연구의 세상을 향한 각각의 창을 서로에게 열어둔 것이다. 2005년에 핑거맨은 발표한 지 얼마 되지 않은 주변 관계에 관한 논문을 이메일로 블라우에게 보냈다. 논문의 첫 페이지가 인쇄되어 나오는 순간, '중요한 이방인'이라는 문구가 눈에 들어왔다. 블라우의 눈에 반짝하고 불이 켜졌다.

이 책은 중요하지 않게 느껴지지만 사실은 의미 있는 '중요한 이방인'을 파헤친다. 1장에서는 사회적으로 주변인과의 유대감이 점점 중요해지는 상황을 이야기한다. 우선 왜 우리들은 지금까지 주변인의 중요성을 깊이 생각해보지 않았는지 살펴본다. 그러고 나서 주변인과 나 사이에 존재하는 미묘한 친근감을 인지하고 즐길 수 있게 하는 '새로운 단어'가 필요한 이유를 설명한다.

2장에서는 높은 곳에 올라가 카메라 렌즈로 사회적 풍경을 바라본다. 다시 말해 매일의 일상에서, 사업을 할 때, 지역사회와 사이버공간에서 우리가 어떻게 '사회적 호위대' 속을 돌아다니는지 살펴본다. 이런 관계를 이해하면 개인은 물론 조직의 성공에 필수적인 이방인의 힘을 잘 이용할 수 있다.

3장에서는 중요한 이방인이라는 단역 배우들이 우리의 자아의식을 넓히고 가까운 이들에게서는 얻을 수 없는 정보를 알려주는 방법을 살펴본다. 이들은 우리의 세계관에 의문을 제기하고 새로움을 선사하며 삶에 색을 입혀준다. 즉, 그들은 우리를 '익숙한 영역 너머'로 데려간다. 뒤이어 4장에서는 더 나은 삶은 위해서, 다시 말해 나 자신 혹은 내가 사랑하는 사람들을 건강하게 하고 아프더라도 빨리 나을 수 있도록 모든 사회적 관계를 결집시킬 필요가 있음을 이야기한다.

5장의 주요 내용은 '제3의 장소'에 관한 것이다. 여기서 상소는 인간관계가 처음으로 형성되는 곳, 예컨대 체육관이나 미용실, 단골 커피숍이나 선술집 같은 주변인을 만나기 쉬운 환경을 뜻한다. 인생을 낙관적으로만 볼 수는 없기에 6장에서는 이방인들이 우리 인생에 좋은 영향만 미치지는 않음을 지적한다.

마지막으로 7장에서는 미래를 고찰한다. X세대 후반기에 태어난 밀레니얼(millennial) 세대 특유의 생활 방식은 중요한 이방인 없이는 설명이 불가능하다. 우리의 삶과 생활의 터전은 점점 더 다양해지고 있다. 이런 상황에서 '쉽게' 맺어지는 관계의 중요성을 인식하고, 그들이 우리를 위해서 하는 것들을 이해하며, 매일 반복되는 사회적 관계에서 숨겨진 연대감을 찾는 것은 복잡한 사회에서 살아남을 수 있는 열쇠다.

다양한 분야를 망라해 하나의 주제로 묶은 이 책은 일상에서 맺어지는 관계가 얼마나 중요한지를 말한다. 따라서 이 책은 여느 '인간관계 서적'과는 다르다. 이 책은 당신을 좀 더 매력적이고 멋지게 또는 성공하게 만들어주는 10가지 비결이나 규칙을 제시하지는 않는다. 그보다는 당신의 삶에 변화를 일으킬 생각을 하게 이끌 것이다. '중요한' 관계를 색다르게 정의한 이 책은 당신이 직장, 동네, 여흥을 즐기는 장소, 교회, 공공장소, 사이버공간에서 만나는 사람들을 좀 더 잘 파악하도록 돕는다. 그런 가벼운 관계가 좋든 나쁘든 어떻게 중요한 영향을 미칠 수 있는지 의문을 품는 독자도 있을 것이다. 하지만 그렇게 생각하는 독자들도 이 책을 끝까지 읽어보기 바란다.

다양한 부류의 중요한 이방인을 알아두면 자아를 융통성 있게 개발하는 데 도움이 된다. 어떤 어려움에 부딪혔을 때도 훨씬 침착하게 대응할 수 있다. 특히 잘 알지 못하는 이들로 인해 우리의 삶이 더욱 풍성하고 흥미진진해질 수 있다는 주변인의 역설을 이해하게 될 것이다. 이 책을 읽고 나면 별로 중요하게 여겨지지 않았던 사람들을 새로운 눈으로 보는 자신을 마주할 수 있다. 결과적으로 이 책은 문제를 바라보는 색다른 시각과 새로운 기회를 제공하고 전혀 겪어보지 못한 경험을 하게 한다.

《해리 포터》의 작가 J. K. 롤링은 2008년 하버드대학 졸업식 축사에서 우리의 생각과 비슷한 맥락의 말을 했다. 그녀는 졸업생들에게 '상상력'의 대안적 정의를 곰곰이 생각해보라고 권했다. 불굴의 의지와 겸손을 겸비한 작가는 이렇게 말했다.

"상상력이란 눈앞에 없는 것을 그리는 인간만의 독특한 능력으로 모든 창조와 혁신의 기원입니다. 상상력은 우리가 결코 공유하지 못했던 경험을 다른 사람과 공감할 수 있게 만들어주는 힘입니다."

롤링은 졸업식 축사를 끝내며 이렇게 덧붙였다.

"우리에게 필요한 건 세상을 바꾸는 마법이 아닙니다. 필요한 모든 힘은 이미 우리 안에 있으니까요. 우리는 상상력을 가졌습니다."

이 책이 당신의 사회적 상상력에 영감을 불어넣기를 바란다.

1장

더 이상
사소한 관계란 없다

작아진 지구에서 인간은 더 이상 이방인으로 살아갈 수 없다.

—

애들레이 스티븐슨

지극히 개인적이고 별난 조엘 선정 100인

조엘 스타인은 〈타임〉에 정기적으로 글을 기고하는 유머 작가다. 그는 2006년 〈타임〉 선정 '가장 영향력 있는 인물 100인' 목록을 읽다가 편집자들의 발상 전환이 필요하다고 생각했다. 중국인 사업가 황광유, 이집트 학자 자히 하와스, 발렌시아가의 디자이너 니콜라스 게스키에르는 스타인에게 전혀 의미가 없는 인물들이었다. '진짜 우리에게 영향을 미친 사람들을 뽑으면 어떨까?'라고 생각한 스타인은 타임 선정 100인을 익살맞게 흉내 낸 '조엘 선정 100인'을 작성했다.[1]

그렇다면 조엘의 목록에는 과연 누가 중요 인물로 뽑혔을까? 먼저 그가 사랑하는 사람들, 즉 아내와 부모님 등이 선정되었다. 하지만 그가 사랑하는 사람은 18명 정도밖에 되지 않았다. 나머지는 스타인에게 있어 중요하긴 하나 추수감사절 저녁 만찬에는 초대하지 않을 지인들이었다. 그중에서도 40명은 스타인의 경력에 크고 작은 도움을 주었던 인물들, 에컨데 맨 처음 스타인을 시트콤 작가로 기용한 제작자 등이었다. 그리고 약 15명은 30대 시절 스타인에게 반드시 필요한 조언이나 일을 해준 사람들이었다. 여기에는 그의 변호사, 매니저, 회계사, 주거래 은행인 시티뱅크의 회계 담당 간부, 안과 주치의 그리고 스타인의 실수를 바로잡아서 그가 명석하게 보이도록 도와준 원고 교열 담당자 등이 포함되었다. 또한 스타인은 전 집주인, 세입자, 담보 대출 중개인 그리고 그에게 집을 팔고 바로 '길 건너편 집으로 이사할 만큼 배짱 좋은(덕분에 스타인은 배관에 문제가 생기면 언제든 달려가 도움을 청했다)' 커플도 목록에 포함시켰다.[2]

〈타임〉 선정 100인은 5월 8일 발행됐다. 스타인의 "또 다른 100인을 소개합니다"는 같은 호의 마지막 페이지에 실렸다. 주석까지 달린 조엘 선정 100인을 전부 보려면 〈타임〉 웹사이트에 들어가 로그인을 해야 했다. 그런데 그 번거로운 일을 한 독자들이 있었다. 몇 주 후 〈타임〉은 뉴저지 주 부어히스에 사는 넬슨 펠먼의 편지를 실었다. 75세의 그는 전직 광고 회사 간부로 편지의 내용은 다음과 같았다.

조엘 스타인의 "또 다른 100인을 소개합니다"를 읽고서 내게 가장 소중한 사람들의 목록을 만들면 어떨까? 라는 번뜩이는 아이디어가 떠올랐습니다. 실은 아주 오래전부터 이런 목록을 만들고 싶었는데…… 고등학교 시절 선생님, 사업을 할 때 조언을 아끼지 않으셨던 분들 그리고 저를 무척 아껴주시던 할아버지. 그분들이 내 인생에 얼마나 큰 영향을 미쳤는지 제대로 표현하지 못했습니다.[3]

스타인은 수고스럽게 회원가입과 로그인까지 해가면서 '그의 지극히 개인적이고 별난 목록'을 찾아보고 거기에서 어떤 영감까지 얻은 사람들이 있다는 사실에 충격을 받았다.[4] 스타인의 목록은 분명 의미가 있다. 그는 목록에 단골 헤어디자이너, 생수 배달부, 아이팟을 자동차에 연결하는 방법을 직접 보여준 미니 쿠퍼 대리점 직원을 포함시켰다. 또 '맛있기로 유명한 음식점을 많이 알고 있는 사람은 맛좋은 뿌뿌사(pupusa, 또르띠아 안에 치즈나 콩 등을 넣어 넓적하게 부친 엘살바도르 전통 음식의 한 종류-옮긴이)만큼 소중' 하다는 이유로 목록의 한 자리를 차지한 사람도 있다. 소갈비를 맛있게 굽는 법을 알려줘 목록에 이름을 올린 식당 여종업원도 있다. 15위를 차지한 인물은 그의 표현에 따르면 '나를 아는 것 같은 미소를 짓는' 유카 타코(Yuca's taco) 가게 주인 도라였다. 이에 대해 스타인은 나름대로의 속셈이 있었음을 인정했다. 자신의 이름이 목록에 올라간 것을 안 도라가 타코를 덤으로 줄지도 모르지 않는가?

조엘 스타인은 자신이 반농담조로 쓴 에세이를 사람들이 심각하게 받아들일 것이라고는 생각하지 않았다. 더욱이 그것이 독자들의 신경을 건드릴 줄은 전혀 예상하지 못했다. 하지만 조엘 선정 100인은 무언의 진실을 반영한다. 즉, 우리가 진정 신경 쓰고 관심을 가져야 할 사람은 매일 만나고 부딪치는 이들이라는 사실 말이다. 그들이야말로 우리에게 감동을 주고 직접적인 영향을 미친다. 〈타임〉 편집자들은 심사숙고 끝에 100인 목록에 올릴 세상을 바꾼 과학자, 정치인, 환경운동가 그리고 발명가 등을 뽑았다. 하지만 우리는 개인적으로 그들을 전혀 모른다. 그러나 조엘 선정 100인을 보고는 공감을 한다. 그 목록에 오른 내부분의 사람은 우리에게 친근하고도 중요한 이방인이기 때문이다.

우리 모두에게도 조엘의 100인처럼 자신만의 중요한 이방인이 있다. 아주 오랫동안 알고 지낸 지인이나 가끔 또는 특정 장소에서만 만나게 되는 사람이 그 예다. 이들은 우리 삶에 중요한 영향을 미친다. 각각 다른 방식으로 연결된 중요한 이방인들은 필요할 때 우리의 욕구를 채워준다.

실제 생활에서와 같이 허구의 세계에도 중요한 이방인이 존재한다. 하다못해 신문 만화나 TV 시트콤의 가장 기억에 남는 인물도 조연인 경우가 많다. 〈머피 브라운(Murphy Brown)〉에 나오는 살집 좋고 태평한 성격의 잡역부 엘딘(Eldin, 그는 보모 역으로도 출연해 1인 2역을 했다), 〈윌 앤 그레이스(Will&Grace)〉의 재치 넘치는 살바도르 출신 가정부 로사리오 등이 그 예다. 특히 '모두가 당신의 이름을 알고 있는 곳' 〈치어스(Cheers)〉 속 선술집을 채운 사람들도 그렇다.

'중요한 이방인'이라는 용어는 무심결에 이루어지는 관계에 대한 역설을 절묘하게 표현한다. 중요한 이방인은 우리의 행복과 성장에 필수적이며 가족이나 친한 친구 같이 매일 접하는 존재다. '이방인'이라는 단어는 영향력을 행사하는 사람들을 정의하는 표현으로는 전혀 적합하지 않다. 어떻게 그들이 '이방인'일 수 있는가? 그들은 이방인과는 전적으로 다르다. 이방인은 당신이 잘 모르고, '남자', '여종업원', '아시아계 혈통'과 같이 시각적으로 구분 지을 수 있는 존재다. 하지만 '중요한 이방인'은 당신이 그에 대해 알고 있는 부분이 있고, 실제로도 '아는' 사람이다.[5]

삶이 계속해서 진행되는 드라마라고 생각해보자. 당신이 친근하게 느끼는 사람들은 주연을, 중요한 이방인들은 조연을 맡는다. 드라마에는 좋은 이야기가 반드시 필요한데, 이를 위해서는 조연의 역할도 중요하다. 프랑크 카프라 감독의 〈멋진 인생〉에서 주인공 지미 스튜어트를 구해주는 마을 사람들이 없었다면 그가 무슨 일을 해낼 수 있었겠는가?

인생에는 조연도 필요하다

지금까지 조연의 역할을 생각해보지 않았다면, 그 이유는 부분적으로 그들이 당신의 사회적 의식의 가장자리에 자리 잡고 있기 때문이다. 명절 안부 카드를 보낼 사람들의 목록을 작성하기 전까지는 이 조연들이 너무도 당연한 존재라고 생각되어 별다른 신경을 쓰지 않을 수도 있다. 카드를 보내야 할 사람들을 머릿속으로 떠올리다 보면 별로 '중요하지 않게' 여겨지는 이들이 생각난다. 하지만 그래도 카드를 보내는 것이 좋겠다는 생각이 든다. 캐런 핑거맨의 한 연구는 이 이유를 설명하는 데 도움이 된다.

핑거맨은 실험에 자원한 일단의 사람들에게 그해 받은 명절 안부 카드에 관해 설문했다. 누구에게서 카드를 받았으며, 보낸 사람과의 관계 그리고 받은 카드가 그들에게 의미하는 바 등을 질문한 것이다. 그러고는 설문자들에게 카드를 보낼 때의 습관과 태도 등을 물었다. 그녀는 자신과 다른 사람이 어떤 식으로 연결되었다고 느끼는지를 나타내는 '사회적 안착'의 정도를 측정했다. 그녀는 설문자들에게 '신념이 같고, 똑같은 활동을 하는 사람들 그룹에 나도 속해 있다는 기분이 든다'라든가, '아무도 나에게 관심을 보이지 않는다' 같은 문장에 순위를 매기게 했다.

조사 결과 40대 이하는 카드를 사람들과의 인간관계를 유지하거나 결속을 다지는 수단으로 보는 것으로 나타났다. 반면 40대 이상은 카드를 과거와의 연결 고리로 보는 경향이 강했다. 공통점은 양측 모두 카드를 많이 받을수록 자신이 사회적으로 다른 이들과 강하게 연결되어 있다고 느낀다는 것이었다. 실험자들은 단순히 사랑하는 사람들의 카드만 받고 싶어 하지는 않았다.

1400통 이상의 카드를 조사한 결과 3분의 2 이상이 응답자의 동료, 은사, 서비스 공급자, 과거에 알던 사람, 좀 더 알게 되길 바라는 사람들로부터 받은 것으로 밝혀졌다. 즉, 대부분 그들의 삶에서 약간은 떨어진 공간에서 생활하는 사람들로부터 카드를 받은 것이다. 우리는 명절에 사랑하는 이들로부터 카드를 받음으로써 외로움을 덜 느낀다. 더불어 우리가 사는 세계가 가정 바깥으로 연장되어 있다고 느끼게 도와주는 사람들 덕분에 안정감을 얻는다.[6]

많은 이들이 명절 안부 카드를 보낼 목록에 오른 사람들의 중요성을 과소평가한다. 아마도 그 이유는 책이나 신문 기사, 미디어에 나오는 인간관계 전문가들이 언제나 '가장 중요한 관계'를 맺는 사람들인 배우자, 자녀, 부모 그리고 형제자매에게만 초점을 맞추기 때문일 것이다. 핑거맨과 그녀의 동료는 6년 동안 발행된 학술 자료, 심리학 및 사회학 분야의 잡지 등에 실린 1000여 편의 기사와 논문을 분석했다. 그 결과 이웃이나 교사, 성직자나 교회 신자처럼 친한 사이가 아닌 이들과의 결속에 대해 다룬 것은 10퍼센트도 되지 않는다고 분석되었다.[7]

명상 그룹에서 만난 사라, 세탁소에서 일하는 프랭크, 동네 극장에서 우연히 만난 스미스 씨 가족 등을 다시 생각해야 하는 이유는 무엇일까? 이들은 분명 우리의 삶 속에 있다. 그 수도 우리가 사랑하는 사람들보다 훨씬 많다. 조엘 스타인의 삶에 영향을 미친 100인 가운데 82퍼센트가 중요한 이방인이다. 넬슨 펠먼의 경우도 마찬가지다. 펠먼이 작성한 목록의 1위에서 35위까지만 봐도 이 사실을 알 수 있다. 목록의 절반 이상이 어떤 식으로든 펠먼의 인생에 영향을 미친 가벼운 지인들이기 때문이다. 그가 조언을 해준 어떤 여성, 군 복무 시절 체스 두는 법을 가르쳐준 하사 등이 그 예다.

물론 우리에게 있어 사랑하는 사람들은 매우 소중한 존재다. 긴밀한 인간관계를 맺지 못하는 이는 육체적, 정서적 문제에 취약하다. 가까운 사람들은 우리가 생존하는 데 아주 큰 역할을 한다. 우리가 그들을 소중히 여기며 많은 관심을 쏟는 이유도 여기에 있다. 하지만 가까운 사람들만이 전부가 아니다. 그들이 집이라면 중요한 이방인은 우리가 집 밖으로 나와 세상에 닻을 내리게 돕는다. 그들은 우리의 삶을 풍요롭게 하며, 가정이라는 작은 세계 밖에서 새로운 경험을 하게 하고 지평을 넓혀준다. 먼저 가까운 사람들과의 관계가 좋고 나쁜지에 초점을 맞추고, 그 다음에는 시야를 넓혀 사회적 풍경으로 들어서야 할 필요가 있다.

주변인들과의 연대감에 대한 연구만 부족한 것이 아니다. 캘빈 모릴은 가정 이외의 사회 활동에 초점을 맞춰 다양한 분야를 연구하는 학자 집단에 속한다. 그는 주변인과의 유대감을 표현하는 단어마저 없다고 말한다. 우리는 개인적인 유대감의 성격을 규정할 때 '친밀한', '친밀하지 않은', '가장 중요한', '별로 중요하지 않은' 정도의 단어만을 사용한다. 그는 이런 몇 가지 단어가 인간관계라는 거대한 바다를 표현하기는 역부족이라고 지적한다. 또한 그는 이렇게 덧붙인다.

"이런 단순한(어떤 면에서는 오해를 살 소지가 다분한) 이분법은 피할 필요가 있습니다. '친밀함'과 '친밀하지 않은' 사이에 존재하는 인간관계를 인식하고, 그것이 여러 가지 의미 있는 방식으로 사람들을 위해 기능함을 알아야 합니다."[8]

인간관계를 막대그래프로 표현한다고 생각해보자. 우리가 맺는 모든 사회적 유대 관계는 막대그래프의 한 부분을 차지한다. 막대그래프의 왼쪽 끝에는 완전한 이방인이, 오른쪽 끝에는 가장 강력한 유대감을 형성하는 친밀한 이들이 있다. 중요한 이방인은 둘 사이에 있는 상당히 넓은 공간을 차지한다. 친구의 영역에서 막 벗어난 지점에 중요한 이방인이 자리 잡고 있다. 그는 당신이 오랫동안 알고 지냈거나 자주 보는 인물로, 이를테면 직장 상사나 단골 미용실의 헤어디자이너다. 당신은 이들에게 의지한다. 삶의 질에 영향을 미치는 중요하고도 상호 협력적인 관계를 맺기도 한다. 시간이 지나면서 가까운 지인은 좋은 친구나 연인이 될 수도 있다. 반면 막대그래프의 거의 왼쪽 끝에 자리한 '이방인', 즉 가벼운 관계의 사람은 당신의 마음속에서 중요한 자리를 차지하지 않는다. 가령 장학금을 신청해보라고 당신을 설득했던 고등학교 때 선생님 그리고 지하실에 온통 물이 차 갇혀 있을 때 구해준 고마운 이웃에게 느끼는 감정과 집배원 또는 당신이 좋아하는 식료품점에서 일하는 여종업원에게 느끼는 감정은 분명 다를 것이다.

우리는 동네, 사무실, 기차역, 상점, 은행, 도서관, 체육관 등에서 수많은 중요한 이방인을 만나 교제를 나눈다. 캘빈 모릴은 이런 종류의 교제를 시간이 지남에 따라 발전할 수 있으며, 특정 장소나 활동에 국한된 '정착된' 교제라고 일컫는다. 중요한 이방인들은 인간관계 막대그래프의 오른쪽으로 이동하거나 계속해서 일상에 공존하며 우리가 낯선 영역에 있는 것이 아니라고 안심시키는 역할을 한다.

인간에게는 자신이 안전하다고 느끼게 만들어주는 사람과 함께하고 싶어 하는 욕구가 있다. 그래서 우리는 익숙한 사람들과 같이 있을 방법을 찾는다. 자연히 정착된 관계는 일상생활의 중심이자 기준이 된다. 우리는 무의식적으로 이들이 언제나 곁에 있을 것이라 기대한다. 갑자기 이들을 보지 못하거나 전혀 다른 장소에서 만나면 당황하는 것도 이런 이유에서다. 자주 이용하는 카센터의 정비공과 그의 가족을 쇼핑몰에서 우연히 마주치면 순간 '이 사람을 어디에서 봤었지?' 하는 생각에 얼떨떨해 한다. 그러다가 곧 기름때 묻은 멜빵바지를 입고 작업을 하는 그의 모습이 생각난다. 더불어 몇 달 전 자동차에 시동이 걸리지 않아 곤란해 할 때 그가 도와준 일이 떠오른다.

어디에 살고, 무슨 일을 하며 여가 시간을 보내고, 무엇을 살 것인가. 무엇을 하며 여가 시간을 보내고, 상사와 어떤 식으로 교제할까 (또는 아예 교제를 하지 않을까). 우리가 내리는 모든 결정에 따라 새로운 중요한 이방인을 만날 수 있다. 난생 처음으로 개를 기르게 되었다고 치자. 그러면 갑자기 개를 키우는 이웃에게 관심이 생긴다. 당신이 거주하는 장소에 따라 해변, 도그 파크 등으로 개를 데리고 나가는 일도 잦아질 것이다. 만약 당신이 노샘프턴에 산다면 '개 산책로'로 나갈 수 있다. 그곳에서 당신은 아침 8시 15분에 균형 잡힌 몸매의 키 큰 남자가 조깅을 하고, 골든 리트리버와 검은색 래브라도 리트리버가 그의 옆을 따라 달리며 숲을 헤집고 다니는 모습을 본다. 래브라도 리트리버, 골든 리트리버, 잉글리시 세터를 데리고 산책하는 세 명의 여성 그리고 펠트 모자를 쓴 노부인과도 마주친다. 당신은 이 개들의 이름은 알지만 개 주인의 이름은 모른다. 그렇게 거의 매일 서로 지나치는 일을 몇 주 혹은 몇 달 반복하던 어느 날, 당신은 먼저 자기소개를 한다.

"이 녀석 이름이 맥스라는 건 아는데요, 죄송하게도 맥스의 주인 되시는 분 성함은 모르겠네요."

대화를 나눈 당신과 맥스 주인은 함께 산책을 한다. 하지만 이메일을 교환할 이유는 없다. 이런 식의 교제는 '개 산책로'에서만 일어난다. 대화의 중심 화제도 개다. 예컨대 "보기(Bogey)는 많이 컸어요?" "털을 예쁘게 깎았던데요?" 같은 말을 한다. 그러면서도 가끔은 다른 사람에게는 하지 않았던, 당신을 괴롭히는 문제를 털어놓기도 한다. 놀랍게도 이야기 상대는 당신이 전혀 생각지도 못했던 조언을 해준다. 이렇게 '개를 기르는 사람'은 중요한 이방인이 될 확률이 크며, 예상하지 못한 위안을 주는 존재가 된다. 특히 당신이 기르는 개가 아프거나 죽었을 때 커다란 도움이 된다. 애완동물을 기르지 않는 친한 친구는 이 상황에서 별다른 도움이 되지 못한다. "걱정하지 마. 새로 한 마리 데려다 키우면 되잖아."라고 말하는 것이 고작이다. 하지만 함께 개를 데리고 산책을 즐기던 동지들은 당신의 마음을 잘 헤아려 따뜻한 위로를 건넬 것이다.

직장 동료나 테니스 파트너처럼 정기적으로 만나는 중요한 이방인도 있다. 하지만 이들은 당신이 전업을 하거나 이사를 가면 더 이상 접촉하기 어렵다. 사회생활을 하면서 생기는, 아주 약한 교류만 가지게 되는 이들도 있다. 방과 후 아이를 데리러 학교에 갈 때마다 만나는 다른 아이들의 부모(이들과는 다음 해에도 같은 시간에 마주치게 될 것이다), 사업상의 모임에서 만난 경쟁 업체 직원, 연례 축제 행사에 항상 참여하는 도자기 장인, 휴양지에서 만난 다양한 부류의 사람들이 바로 그 예다. 당신은 이 사람들과 잠시 담소를 나누면서 그들에 대해 조금씩 알게 된다. 이를테면 딜라일라는 레코드 회사에서 일하며 스키를 즐기고, 레날도는 이혼을 했으며 인도 전역을 여행했다. 평소에 생각조차 나지 않는 이 사람들은 당신이 사회생활을 하는 데 있어 '호위대' 역할을 한다. 음악회 티켓을 살 때는 딜라일라 생각이 나고, 뭄바이에 있는 회사와 거래를 할 때는 레날도가 떠오르는 식이다.

당신은 주변인을 지칭할 때에 지인, 친구, 동료, 동지, 동무, 측근 등의 단어를 사용한다.[9] 그 사람들의 역할에 따라 '우리 건물 문지기', '내 침술사' 라고 부르기도 한다. 아니면 아는 사람들을 통틀어서 '친구' 라고 지칭할 수도 있다. '교회 친구', '학교 친구' 처럼 말이다.

사회학자 클로드 피셔는 미국인들이 호칭 선택을 잘못하고 있다고 주장한다. 피셔는 북 캘리포니아에 거주하는 성인 1050명을 대상으로 인간관계에 관한 설문을 했다. 그 결과 1만 9000건 이상의 인간관계 가운데 59퍼센트 이상이 호칭을 '친구' 라고 하는 것으로 밝혀졌다. 친척을 제외하면 그 비율은 83퍼센트까지 올라갔다. '친구' 라는 호칭은 특성 역할을 하지 않는 동년배나 함께 사회 활동을 하며 오랫동안 알아온 이들에게 붙이는 것으로 나타났다. 피셔는 '친구'가 사회 활동을 하면서 맺는 인간관계를 뭉뚱그려 표현하는 말로, 반드시 가장 가까운 사람을 지칭하지는 않는다는 결론을 내렸다.[10] 우리가 '친구'라고 부르는 사람들 중 몇 명은 사실 중요한 이방인이다.

하지만 호칭은 중요하지 않다. 그 사람과의 관계가 어떻게 발전하며 서로 무엇을 나누느냐가 관건이다.[11] 음란물의 정의가 무엇이냐는 질문에 대법원 판사 포터 스튜어트가 "딱 보면 알 수 있습니다."라는 유명한 말을 남긴 것과 마찬가지다. 인간관계를 측정하는 잣대는 저마다 다르지만 대부분의 사람은 정말로 친한 이와 가볍게 아는 지인을 구분한다. 가벼운 지인은 대체 가능하다. 하지만 가장 친한 친구는 대체하기가 아주 어렵다. 한 연구에서는 1년 동안 7번에 걸쳐 미망인 234명의 사교 생활과 인맥 형성 실태를 조사했다. 미망인들은 모두 사교 활동을 했지만, 친한 사람들의 부류는 제각각이었다. 또한, 친한 사람은 거의 변하지 않았지만 주변인은 인터뷰를 할 때마다 달라졌다.[12]

어떤 사람을 '중요한 이방인'이라고 부른다고 미안해할 필요는 없다. 그에게 모욕을 주는 것이 아니기 때문이다. 중요한 이방인은 '사회에서 다른 사람들과 연결'되는 데 반드시 필요하다. 그들은 당신이 하루를 잘 보내게 돕고, 삶을 좀 더 재미있게 만든다. 중요한 이방인은 당신을 속속들이 알지는 못하지만 친한 사람과 비슷한 점이 많다. 그들은 우리가 친한 사람에게 기대하는 즐거운 시간, 과거의 추억과 미래, 정신적인 버팀목, 삶의 교훈을 제공한다. 심지어 우리를 괴롭게 만들기도 한다. 넬슨 펠먼은 자신의 목록에 같은 고등학교에 다니던

불량배도 포함시켰다. 불쾌하지만 나름대로 의미 있는 인물이기 때문이다. 우리는 동네나 직장에서 '나쁜' 중요한 이방인을 만나기도 한다. 하지만 대부분의 주변인과 맺는 인간관계는 유익하고 즐겁다.

약한 유대감이 가진 큰 힘

고인이 된 스터즈 터켈(Studs Terkel, 미국 태생의 작가, 역사학자, 배우, 방송인-옮긴이)은 중요한 이방인의 가치를 간파한 인물이었다. 존경받는 역사학자 중 한 명이었던 터켈은 시카고의 니어웨스트사이드에 있던 어머니의 하숙집에서 인간에 대한 통찰력을 길렀다. 다채로운 성격을 가진 사람들이 하숙집 복도에서 대화하고, 논쟁을 벌이고, 열변을 토하며 각자의 인생을 펼쳐보였던 것이다.[13]

나중에 터켈은 자신만의 언어로 이야기를 풀어냈다. 일상에서 만난 사람들의 삶에서 아이디어를 얻어 글을 쓴 그는 "남에게서 들은 이야기를 밑천 삼아 먹고살았다."고 말했다. 그는 구술 역사서이자 시카고에서의 삶을 요약한 《디비전 스트리트: 아메리카(Division Street: America)》의 서문에서 인터뷰 대상과 정보를 수집한 방법을 밝혔다.

지인에게서 얻은 정보. 즉, 친구의 친구가 자기 친구나 아는 사람에 대해 한 말, 바텐더가 열변을 토하는 선술집에서 술 한 잔을 아껴 마시며 들은 이야기, 초롱초롱한 눈의 어린 시절 친구와 우연한 만나서 나눈 이야기, 잔뜩 화가 난 라디오 청취자가 걸어온 전화, 아침 버스에서 봤던 익숙하지만 잘 기억은 나지 않는 얼굴, 시청 바깥에서 내 이름을 부르던 큰 목소리 등은 모두 정보의 원천이었다.[14]

터켈은 도시 생활이 사람들에게 미치는 영향을 심층적으로 연구하기 위해 가장 가까운 사람들로 채워진 원 밖으로 나와야만 했다. 이는 우리 모두에게 해당되는 이야기다. 여러 가지 도전을 하면서 살려면 사랑하는 사람들이 줄 수 있는 것 이상이 필요하다. 그것이 어떤 특정 질병에 대한 정보의 미로 속을 낱낱이 파헤치는 일이든, 401(k)(근로자가 봉급의 일부를 납부하면 그 금액만큼 세금 납부를 연기해주고, 고용주가 근로자의 납입금 중 일정 수준(약 50퍼센트)을 부응 기금으로 지급하도록 장려하는 미국의 연금 제도-옮긴이) 기금을 효과적으로 투자하는 방법을 알아내는 일이든, 하이브리드 자동차를 사도 좋은지 판단하는 일이든 상관없다. 우리에게는 중요한 이방인이 제공하는 새로운 시각과 교제, 색다른 아이디어 그리고 미지의 영역으로 진출하게 도와주는 노하우가 필요하다.

〈퀴어 아이(Queer Eye for the Straight Guy)〉 그리고 〈도전! 팻 제로(The Biggest Loser)〉는 많은 인기를 끌었던 TV 프로그램이다. 이처럼 피그말리온 신화에서 영감을 얻은 리얼리티 쇼가 계속해서 성공을 거두고 있다. 사랑하는 이들은 우리를 아껴준다. 하지만 너무도 가까운 나머지 우리의 진정한 잠재력을 알지 못한다. 그래서 이러한 반직관적인 원칙에 근거해 만들어진 프로그램들은 인기를 끌 수밖에 없다.

최근에 방영된 〈패션 불변의 법칙(What Not to Wear)〉에서는 세련된 대도시 출신의 패션 전문가 스테이시 런던과 클린턴 켈리가 두 아이를 둔 엄마인 45세의 글렌다를 변신시켰다. 법원 속기사인 글렌다는 기가 막힌 속기 기술을 지녔지만 직업에 맞게 옷 입는 법을 몰랐다. 평소 머리카락을 자르라는 어머니의 조언을 무시했던 그녀는 '전문가' 들의 의견을 기꺼이 수용해 예쁜 모습으로 변신했다.

글렌다가 쇼에 출연할 수 있었던 것은 스타일 좋은 친구 한 명이 몰래 출연 신청을 해준 덕분이었다. 평소 글렌다는 멋쟁이 친구를 그대로 따라할 엄두를 내지 못했다. 하지만 그녀는 패션 전문가들의 말을 주의 깊게 들었고, '나이에 맞게' 옷 입는 법을 배웠다. 쇼에 출연한 전문가들은 그녀에 대한 선입견이 없었다. 정서적으로 그녀에게 동화되지도 않았다. 전문가들은 그녀에게 어울릴 만한 새로운 패션을 소개했다. 그녀가 자기 취향이 아니라며 어떤 목걸이의 착용을 거부했을 때, 켈리는 이렇게 말했다.

"괜찮아요. 우리는 사람들이 자신만의 안전지대에서 벗어나도록 격려하는 걸 좋아해요."

런던과 켈리는 능수능란하게 글렌다를 변신시켰다. 그녀들이 그렇게 할 수 있었던 이유는 다른 세계에서 왔기 때문이다.

당신과 비슷한 또래의 가장 가까운 사람들을 생각해보라. 그들과 당신은 비슷한 책과 잡지를 읽고, 아이팟에 저장된 노래는 물론 정치나 윤리적 견해도 별로 다르지 않다. 반면 중요한 이방인과는 오토바이를 탄다거나 불면증으로 고생하는 등 공유하는 부분이 있으면서도 계층, 종교, 민족, 성(性)적 취향이 다를 가능성이 높다. 그들은 당신과 다른 분야에서 일한다. 타 지방이나 외국에서 살 가능성도 있다. 따라서 당신이 접하지 못하는 종류의 정보를 안다. '약한 유대감의 위력'으로 알려진 이 원리는 사회학자 마크 그라노베터가 약 30년 전 처음으로 소개했다. 그라노베터는 최근에 선업한 근로자들에게 친구를 통해 일자리를 찾았느냐고 물었다. 하지만 그들의 대답은 예상 밖이었다. 이에 대해 그라노베터는 다음처럼 말했다.

"한 명씩 내가 틀린 점을 정정했어요. 그들은 계속해서 '아니요, 그 사람은 그저 조금 아는 사이일 뿐이었어요'라고 말했습니다."[15]

응답자들의 반응을 보며 그라노베터는 예전에 중학생들을 대상으로 실시했던 연구가 생각났다.

"연구자들은 가장 친한 친구보다는 7~8번째로 친한 친구를 통해 많은 사람을 사귈 수 있다는 사실을 알아냈습니다. 이 연구는 일반적인 결론을 이끌어내지 못하는 기술적인 항목에 묻혀 있었지만 저에게는 상당히 흥미로웠습니다. 화학 시간에 배운 수소 결합도 생각났지요. 약한 화학적 고리가 커다란 분자 집합체를 묶어 주요한 전체적인 결합을 일으킨다는 내용이었습니다."[16]

구직 활동도 같은 방식으로 이루어진다. 대부분의 사람은 자신을 도와주려는 의지가 강한 친한 이들에게 기대는 것이 최선이라고 생각한다. 하지만 그라노베터는 오히려 먼 관계의 사람들이 더 색다른 정보를 가지고 있을 것이라고 예상했다. 매사추세츠 주 뉴턴에서 이루어진 후속 연구는 그의 생각이 사실임을 증명했다. 구직 활동 시 도움을 주는 사람들은 대개 대학 시절 동기, 전 직장 동료, 어쩌다 한 번씩 만나는 전 직장 상사 등이었다. 다시 말해서 구직 활동에서는 중요한 이방인이 주도적인 역할을 한다는 뜻이다.

"보통 그런 유대감은 그다지 강하지 않습니다. 적어도 처음 형성되었을 때는 말이지요."

그라노베터의 말이다. 또한 그는 우연한 만남이나 자신과 상대방이 동시에 아는 친구들이 예전에 맺었던 인간관계를 재가동시킨다는 사실을 깨달았다.

"존재조차 잊고 살던 사람들에게서 중요한 정보를 얻는 것은 놀라운 일입니다."[17]

우연치 않은 기회에 만난 지인의 제안으로 직업을 바꾼 사람들에 관한 이야기를 우리는 자주 들어왔다. 프랭크 해링턴도 그런 일을 겪었다. 해링턴은 캘리포니아에 위치한 반도체 제조업체에서 13년 동안 일하며 어렵게 승진을 했다. 하지만 회사의 정책이 불만족스러웠던 그는 계속해서 갈등을 겪었다. 고민하던 그는 6년 전쯤 '가족이 아는 지인'과 나눈 대화가 생각났다. 그 사람은 해링턴에게 간호직이 적성에 맞을 것이라고 조언했다. 그 말이 '즉각적인 반향'을 일으켜 해링턴은 전업을 했다.[18]

약한 유대감이 주는 이점은 구직 활동에만 국한되지 않는다. 한 연구자는 시카고 빈민 지대의 흑인 여성들이 자녀를 위해 지역에 할당된 것 이상을 얻어낸다는 사실을 밝혔다. 이 현명하고도 성실하며 엄격한 어머니들은 자매나 숙모를 비롯한 친척들로부터 강력한 지원을 받았다. 또한 이들은 지역사회에서 사람들 사이를 연결하는 데 탁월했다. 그들은 교회 신도들이나 일상적으로 만나는 가까운 사람들 이외의 외부인들과도 친분을 쌓았다. 그렇게 해서 자녀가 도서관을 활용할 수 있게 돕고, 기독교 계통 학교나 각종 차별이 없는 특수 공립 학교에 진학시켰다. 방과 후 프로그램, 보이(걸)스카우트 활동, 여러 기관 등을 적극적으로 이용하기도 했다. 아이들이 보다 나은 삶을 누리게 히기 위해서였다.[19]

이런 교훈은 자녀에게도 전달되었다. 캘리포니아의 영화 제작자 알렉스 무뇨즈는 영화배우처럼 용모가 수려할 뿐만 아니라 지인들로부터 사교성이 좋다는 평가를 받는다. 무뇨즈가 그런 능력을 갖춘 것은 부모님 덕분이라고 할 수 있다.[20] 그는 새너제이의 가난한 육체노동자들이 모여 사는 구역에서 어린 시절을 보냈다. 그의 친구와 사촌 중에는 갱이 된 이도 많다. 하지만 그는 부정적인 일에 휘말릴 시간이 없었다.

"제 스케줄은 항상 조금 빡빡한 편이었는데, 전 그게 좋았어요."

어린 시절에 무뇨즈는 선생님, 코치, 같은 수영 팀 친구, 동료 배우 등으로부터 보호를 받았다. 수영 코치는 사진 찍는 법을 가르쳐주기도 했다. 합창단을 이끌던 교사는 무뇨즈에게 재즈 뮤지션을 소개했다. 연기 선생님과 영어 선생님은 위대한 문학 작품을 감상하는 안목을 길러주었다.

"그런 식의 인맥을 넓혀두면 이점이 많다는 사실을 그때부터 알았던 것 같아요."

무뇨즈는 여전히 약한 유대감에 기댄다. 예컨대 그에게 작문을 가르치는 나이 든 각본가와 함께 수영장에 다닌다. 그는 어린이 야구단 코치로도 일하면서, 야구단이 있는 지역 출신의 여성을 매니저로 얻었다. 그는 감옥에서 젊은 수감자들을 대상으로 영화제작 강의를 하기도 했는데 반응이 무척 좋았다. 덕분에 그는 자연스레 영화 산업에 뛰어들었다.

마약 밀매업자, 성매매업자, 테러리스트 조직의 일원 같은 불법적인 일을 하는 사람들이 성공할 수 있는 이유 역시 그라노베터의 이론으로 설명 가능하다. 그들 모두 약한 유대감에 의지해 사업을 한다.

최근 네덜란드에서 행해진 한 연구에 의하면 약한 사회적 유대감이 불법 이민에 중요한 역할을 하는 것으로 드러났다. 전쟁과 가난 그리고 정치적 박해를 피해 이라크, 수단, 구소련에서 네덜란드로 망명한 사람들의 94퍼센트는 밀수업자의 도움을 받았다. 이주자들은 그들 기준에서 '좋고 믿을 만한' 밀수업자를 찾기 위해 가볍게 알고 지내는 지인들에게 의존한다. 예를 들어 이스탄불까지 간 한 이라크인은 조카의 친구가 추천한 밀수업자를 만나기 위해 3일을 기다렸다. 놀랍게도 이주자들은 안내인 역할을 하는 사람을 '밀수업자'라고 부르지 않았다. 이주자들은 밀수업자를 중요한 인물로 표현했다. 어느 이주자의 말을 들어보자.

"나는 그 사람을 밀수업자라고 부르지 않겠어요. 400달러를 주고 함께 국경을 넘었는데 그는 참 친절했어요. 그리고 가까운 도시로 나를 데려갈 사람들을 무료로 소개시켜 줬어요."[21]

그라노베터는 불법적인 일을 할 때 약한 유대감을 이용하면 갖가지 이점을 누릴 수 있다는 사실이 전혀 놀랍지 않았다.

"사람들이 전에는 접근할 수 없었던(즉, 정보를 얻지 못했던) 그룹으로 연결되는 데 약한 유대감이 어떤 역할을 하는가가 제 주요 관심사입니다. 하지만 이런 역할을 하지 못하는 지인 역시 우리의 정체성을 정의하는 데 기여하고, 일상을 더욱 즐겁게 만들어줍니다."[22]

역사적으로 인간은 언제나 일정한 형태의 약한 유대감을 맺어왔다. 원시사회에서 사람들은 가까운 친족끼리 소집단을 이루어 살았으며 어떤 집단은 다른 집단과 널리 떨어져 있었다. 식량 등의 자원이 부족하거나 혼인을 해야 할 때면, 우리의 조상들은 살아남기 위해 유전자 풀(gene pool, 어떤 생물 집단 속에 포함된 유전 정보의 총량—옮긴이)이 다른 외부의 종족과 연대를 이루었다. 어떤 사람은 다른 집단에 속한 친척을 만나 상당히 많은 시간을 보내거나 아예 다른 집단에 합류했다. 당시의 약한 유대감은 더욱 친밀해지거나 강력한 유대감을 촉진시키는 데 이용되었다. 한 곳에 정착해 농사를 지으며 자급자족하면 살았던 농경 사회 사람들도 가족 구성원과 연합했다.

인구가 급속도로 늘어나면서 인류는 약한 유대감을 맺어오던 중요한 이방인들과 좀 더 현대적인 의미의 교류를 시작했다. 먼 곳의 사람들과 교역을 맺는 등 서로 잘 알지도 못하면서 교류를 맺는 상황이 벌어진 것이다. 그리고 지난 200년 동안 이런 흐름에 가속도가 붙었다. 즉, 선진 공업 경제(국가)를 이룩하려면 가족 이외의 사람들과 교류해야 하는 시대가 왔다.

현대에 들어서 약한 유대감은 그 어느 때보다 중요해졌다. 구직은 더 이상 친척의 도움으로만 이루어지지 않는다. 다른 회사 직원 혹은 다른 나라에 사는 사람과 프로젝트를 진행하기도 한다. 전일 근무하는 직장인과 피고용인의 약 82퍼센트가 가장 가까운 사람들보다 지인들과 더 많은 시간을 보낸다.[23] 또한 자신을 꾸미는 일부터 여러 가지 소유물을 관리하는 일까지 우리는 가벼운 인간관계를 맺은 사람들을 통해 욕구를 충족시킨다. 우리는 가족 모임에서도 배우자의 삼촌, 아버지의 재혼 상대, 여동생의 시어머니 등 중요한 이방인을 만난다. 또한 이메일, 휴대전화, 스마트폰, 트위터나 블로그 같은 소셜 미디어(social media) 소프트웨어가 발달하면서 수많은 중요한 이방인과의 관계를 그 어느 때보다 효과적으로 관리할 수 있게 되었다.

관계의 혁명 1

미국인의 30퍼센트 정도만 온라인 활동을 하던 1997년, 서부 매사추세츠의 노스필드마운트허먼 고등학교 2학년에 재학 중이던 시어도라 스타이츠에게 노트북이 생겼다. 그리고 학교에 새로이 설치된 인터넷 서버 '스위스(SWIS, School Wide Information System)'에 접속할 수 있게 되었다.[24] 스타이츠와 친구들이 사이버공간에 진출하기 시작했을 때, MIT의 학자 마이클 슈레이즈는 메릴린치가 고객에게 인터넷의 영향력을 알릴 목적으로 작성을 위탁한 〈관계의 혁명〉이라는 에세이를 최종적으로 다듬고 있었다.[25]

비슷한 시간, 토론토에서 1시간 정도 떨어진 거리의 교외에서 키이스 햄튼은 그의 약혼녀로 가장한 연구 보조원과 함께 차에 타고 한 주택단지의 출입구로 들어섰다. 운전석에 앉아 있던 그는 출입구에 붙은 "거주민에게는 추가 비용 없이 '특별한' 통신 기술을 5년간 무료로 사용할 기회를 드립니다."라는 광고를 보았다. 그들은 분양 사무소로 향하는 길에 캔버스 천에 "캐나다 최초의 쌍방향통신이 가능한 지역 공동체 – 최초의 입주민을 환영합니다."라는 광고가 붙은 작은 식당을 지나쳤다.[26] 박사과정을 밟고 있던 24세의 햄튼은 사회학자 배리 웰먼의 조언에 따라 그곳을 찾았다.

"제가 그곳에 갔던 목적은 분양 사무실 직원들이 주택을 판매하는 방식과 그들이 제공하는 것이 무엇인지를 알아내기 위해서였습니다. 그 주제로 논문을 쓴다고 가정했을 때 어디에 주안점을 둬야 할지 아이디어를 얻고 싶기도 했고요."[27]

인터넷을 접하게 된 10대 소녀, 디지털 미래를 분석한 학자, 통신으로 연결된 첫 지역사회의 탄생을 목격한 사회학자. 연관성이 없어 보이는 세 가지 사건은 모두 1997년에 일어났다. 그리고 이 세 가지 사건은 중요한 이방인이 부상하는 데 기폭제 역할을 한 '지속적인 접촉이 가능한 문화'의 서망을 알린다.

슈레이즈는 그런 시대가 오고 있음을 간파했다. 〈관계의 혁명〉에서 슈레이즈는 컴퓨터가 사람들이 자료를 저장하고, 보내고, 조작하는 방식을 변화시키기 시작했지만 디지털 혁명이 단순히 정보에 대한 것이라는 생각은 근시안적인 시각이라고 강력하게 주장했다. 슈레이즈는 사람들이 다른 사람과의 접촉 혹은 연결과 같이 정서적인 요소에 반응한다고 봤다. 슈레이즈는 자신의 에세이에 이렇게 썼다. "기술이 비약적으로 발전하면서 우리가 우리 자신과 다른 사람과의 관계를 받아들이는 방식이 바뀌었다." 마벨(Ma Bell, 미국 최대의 유무선 통신회사인 AT&T의 애칭 - 옮긴이)도 사람들이 '손을 뻗고 정보를 전달하게' 하지는 않았다. 미래의 기술이 가져올 영향력에 대비하고 싶다면 경영자들이 단순한 정보가 아닌 인간관계에 초점을 맞춰야 한다고 슈레이즈는 경고했다.

스타이츠와 친구들은 슈레이즈의 이론을 증명했다. 공부나 과제를 할 때는 채팅창을 닫으라고 교사들이 주의를 주었지만, 학생들은 노트북을 다른 이들과 유대를 맺는 도구라고 생각했다.[28] 스타이츠는 다음처럼 말했다.

"선생님께 이메일을 보내고 친구들과 '스위스'를 해요. 우리는 서로의 프로파일(profires)을 가지고 있어서 누가 로그인을 했는지도 알 수 있지요."

스타이츠는 조그만 채팅창으로 가득한 컴퓨터 모니터를 누비며 가상공간에서 시시덕거리는 것이 얼마나 신났는지 모른다고 말했다. 그녀는 매치닷컴(Match.com)에서 전혀 모르는 이방인과 이야기를 나누기도 했다.

"잘 알지도 못하는 사람과 노트북으로 이야기하는 것이 정말 이상하다고 생각했어요. 그런데 그게 제 인생을 바꿨어요."[29]

교사들은 학생들이 걱정되기 시작했다. 학부모들은 혹시 자녀가 잘못되었을까봐 교사에게 전화를 걸어왔다. 교사들은 학부모들을 진정시키려고 애썼다. 대부분의 학부모는 인터넷이 무엇인지 몰랐다. 어른들이 보기에 아이들은 사회 활동은 하지 않고 컴퓨터 앞에만 붙어 있는 것 같았다.

1998년, 사람들의 두려움을 증가시키는 연구 결과가 발표되었다. 논문에 의하면 사랑하는 사람보다 컴퓨터에 더 열중하는 이는 심각한 고립감과 우울증을 앓는 것으로 나타났다.[30] '포식자', '스토커', '스팸', '악플 달기' 등의 단어에 새로운 의미가 추가됐다. 신원 조작에 관한 보고서가 발표되자 논쟁은 한층 뜨거워졌다. 가상 세계에서는 소녀가 소년인 척하거나 그보다 나쁜 짓도 얼마든지 할 수 있었다.

반면 선한 일을 할 수 있는 잠재성이 무궁무진하다며 인터넷을 옹호하는 이들도 있었다. 록그룹 그레이트풀 데드(Grateful Dead)의 곡을 쓰는 존 페리 발로우는 인터넷을 기반으로 한 자유로운 언론 활동을 지지한다. 그는 인터넷을 '불길을 잡는 것'과 같다고 비유했다.[31] 이늘 이상수의자들이 생각하는 이상향은 사이버 마을이다. 그곳에서 인간은 기꺼이 남들과 생각 및 자원을 나누며 동등한 위치에서 서로를 존중한다.

이러한 논쟁은 인터넷 역사의 초기에 시작되었다. 양쪽 진영의 예언은 신기술에 정통한 소수의 경험에 의존할 수밖에 없었다. 일반 대중은 아직 파티에 도착하지 않은 것이다.[32] 최소한 '넷빌(Netville)'이 생기기 전까지는 그랬다.

키이스 햄튼과 배리 웰먼이 새로운 쌍방향통신 공동체로 명명한 넷빌은 토론토에 위치한다. 넷빌은 인터넷이 얼리어답터(early adapter)나 전문 기술자가 아닌 일반인에게 미치는 영향력을 관찰할 수 있는 기회를 제공했다. 거주자들의 연령은 25세에서 68세까지 다양했다. 재정적으로 건실한 중산층인 그들은, 90퍼센트가 기혼이었으며 61퍼센트가 자녀와 함께 살았다. 넷빌을 선택한 이유를 묻자 거주자의 대다수는 주택 가격의 적정성, 위치, 실내 디자인에 이어 4번째로 최신 통신 기술을 꼽았다. 반면 약 15퍼센트는 최신 통신 기술이 주택을 구입하는 데 영향을 미치지 않았다고 대답했다.[33] 침실 세 개와 서재가 딸린 일반적인 주택을 구입하려면 캐나다 달러로 약 22만 8000달러가 필요했다(토론토에 새로 지어진 주택보다 약간 저렴한 가격으로, 오늘날 캐나다 달러로 35만 5000달러 정도다).[34]

넷빌의 주택을 구입한 사람의 절반가량은 '스마트 홈(smart home)' 실험에 관심이 없는 이상적인 통제 집단이었다. 나머지 거주자들은 다이얼 업 접속(dial-up connection)보다 300배 빠른 인터넷 광대역 서비스를 이용했다. 이들은 이웃 이메일 리스트인 NET-L에 무제한으로 접속할 수 있었다. 사람들은 데스크톱 컴퓨터의 비디오폰으로 건강관리 전문가의 네트워크에 접속했다. 수천 장의 CD를 들을 수 있는 온라인 주크박스(jukebox)를 이용하거나 교육과 오락 CD-ROM을 '빌리기도' 했다. 온라인에 접속하면 즉시 뉴스와 기상정보를 볼 수 있었다. 홈쇼핑과 인터넷뱅킹도 이용 가능했다. (1990년대 후반에 벌어진 일이라는 점을 기억하기 바란다. 그때는 지금처럼 컴퓨터나 아이팟이 대중화되어 있지 않았다.)

햄튼은 2년 동안 넷빌의 주거용 아파트 지하층을 임대해 살았다. 연구와 논문 작성도 그곳에서 했다. 그의 이웃 가운데 88퍼센트가 전일제 근무자로 교사, 사회사업가, 경찰, 대기업의 중간 간부 등이었다. 그 또한 넷빌 거주자 자격으로 자신이 쓰는 논문의 자료가 되었다. 그는 거리에서 이웃들을 사귀었다. 바비큐 파티에 초대받거나 반상회에 참석하기도 했다. 베리 웰먼이 예측한 대로 햄튼이 한 경험은 '미래를 향해 난 창'이었다.

최신 통신 기술을 이용하고자 넷빌에 입주한 이는 8퍼센트밖에 되지 않지만, 사람들은 빠르게 스마트 홈에 적응했다. 주(州) 단위의 교사 파업 기간 동안 학부모들은 자녀와 놀아주는 시간을 결정하고 이를 서로에게 알리는 데 이메일을 사용했다. 애완동물이 없어졌을 때도 전단을 붙이는 대신 이메일로 그 사실을 알렸다. 연거푸 도둑이 침입하는 사건이 일어나자 수상한 사람을 경계하라는 경고가 온라인에 올라왔다.[35] 인터넷 이용자들은 거리에서 이웃을 만나면 '날씨'가 아닌 더 흥미진진한 주제로 대화를 나누었다. 이를테면 최신 장난감, 인터넷 등에 관해서 말이다.

디지털 기술은 사회 활동을 원하는 인간의 본능을 억제하지 않으면서 우리가 인간관계를 '맺는' 방식을 완전히 바꾸었다.

관계의 혁명 2

빨리 되감기를 해 21세기 초로 가보자. 인터넷(여기서 인터넷은 디지털과 무선 기술을 통칭하는 말로 사용하기로 한다)은 인류 역사상 일어났던 그어떤 기술혁명보다 빠르게 퍼지고 있다. 닷컴 거품이 터지고 나서 재산을 잃은 사람도 많긴 하지만 인터넷 사용이 급증한 것은 사실이다. 많은 이가 사람들 사이를 이어주는 인터넷의 잠재력을 알아보았다. 슈레이즈의 말처럼 정말로 기술이 인간관계를 변화시켰다(1990년대에 당신이 어떻게 생활했는지 생각해보라. 또한 5년 전과 비교해 당신이 아는 사람 중 이메일 계정을 소유한 이가 얼마나 늘었는가? 당신은 얼마나 자주 가상공간의 메일함을 체크하고 웹서핑을 하는가?).

이제 시어도라 스타이츠는 대학생이 되었다. 그녀의 컴퓨터는 밤낮없이 켜져 있다. 1학년 때는 구글과 냅스터(Napster, 숀 패닝이 만든 온라인 음악 파일 공유 서비스로 1999년 6월 1일부터 2001년 7월까지 운영되었다. 대학생들이 인터넷을 사용하는 방식에 큰 영향을 미쳤다 – 옮긴이)에 빠져 살았고, 2학년 때는 프렌즈터(Friendster, 웹 기반의 인적 네트워크를 이용한 미팅 서비스 – 옮긴이)에 열중했다. 이런 새로운 사이트들은 비슷한 성향의 이방인들이 모이는 초기의 인터넷 '커뮤니티'와는 다르다. 사용자의 지인은 물론 친구의 친구까지 온라인상에서 만나게 해주기 때문이다. 그녀는 이렇게 설명한다.

"보통 처음에는 직접 만나요. 파티에서 한두 번 만난 사람에게 내 이메일을 알려주는 식으로 말이에요. 비행기에서 우연히 만나 몇 년째 연락을 주고받는 사람도 있지요. 이메일로 관계를 쌓아 나가는 거예요. 그 사람 인생에 어떤 일이 일어나고 있는지도 알죠."

대학생들만 인터넷에 푹 빠진 것은 아니다. 똑같은 현상이 넷빌의 인터넷 사용자들에게도 일어났다. 거주자들은 온갖 종류의 최신 통신 기술 중에서도 새로운 이웃은 물론 기존의 친구들까지 연결해주는 이메일을 가장 선호했다. 그들은 어떤 사람이 옆집에 살든 수천 킬로미터 떨어진 곳에 있든 상관없이 '대화'를 나누는, 웰먼과 햄튼의 용어로 '글로컬라이즈(glocalize, 세계화globalize와 현지화localize가 동시에 진행되는 현상을 지칭하는 말–옮긴이)'화된 삶을 살았다.[36]

수십 년 전만 해도 이웃과 유대감을 맺는 사람들의 비율은 아주 낮았다.[37] 하지만 최신 기술 덕분에 거주민 간 접촉이 용이한 넷빌은 예외였다. 이메일을 주고받음으로써 이웃과 어색하지 않게 된 것이다. 거리에서 만난 이웃들은 이미 서로를 조금은 알고 있었다. 반대의 경우에도 비슷한 효과가 나타났다. 즉, 가볍게 대화를 나누다가 서로 이메일을 교환했다. 그 결과 넷빌의 인터넷 이용자들은 다른 주민들보다 이웃을 세 배나 많이 알았고, 두 배 더 대화를 나누었다. 이웃의 집을 방문하는 일도 50퍼센트 이상 더 많았다.[38]

같은 지역, 중산층이 거주하는 다른 주택단지에서는 볼 수 없는 또다른 흥미로운 사례가 있다. 인터넷을 사용하는 넷빌 주민들은 넓은 뒤뜰 테라스에서 개인적인 시간을 보내는 대신, 현관 앞에 플라스틱 의자와 벤치를 놓고서 간이 테라스를 만들었다. 그들은 집 앞쪽에 앉아서 아이들이 노는 모습을 보거나 지나가는 이웃과 이야기를 나누었다.[39] 그러니 기술이 인간을 소외시킨다는 생각은 이쯤에서 접기로 하자.

인터넷은 서로 좋은 이웃이 될 수 있는 환경을 조성했다. 또한 여러 가지 정치적 대의명분을 위해 행사할 수 있는 힘인 집단행동을 용이하게 만들었다. 넷빌에도 새로운 주택단지에 생기기 마련인 문제들, 도로가 제때 포장되지 않고, 파이프가 얼고, 잔디가 계획대로 심어지지 않고, 냉방장치가 고장 나는 일 등이 발생했다. 이런 경우 나서기 좋아하는 몇몇 사람들은 전단지를 붙이거나 집집마다 돌아다니며 주민들을 선동해 개발업자에게 압력을 넣는다. 개발업자가 햄튼에게 한 말에 따르면 보통 주민의 20퍼센트 정도만 그런 일에 가담한다고 한다. 하지만 넷빌에서는 50퍼센트 이상이 집단행동에 참여했다.

햄튼은 이렇게 회상했다.

"어떤 때는 한 사람이 수백 통의 이메일을 보냅니다. 벽의 회반죽이 떨어져 나갔거나 못이 튀어나왔다는 등 자기 집에 발생한 '하자'에 대해서 말이지요. 또 주민들은 거리, 마을 축제, 회의, 저녁 식사 자리에서 이메일에 쓴 문제에 대해 이야기를 나누고, 개발업자에게 전화나 팩스를 넣습니다. 개발업자는 제게 아주 당혹스러웠다고 말하더군요."

이것이 기술의 뒷받침으로 형성된 약한 유대감의 위력이다. 그 개발업자는 다시는 '스마트'한 주택단지를 만들지 않을 것이라고 맹세했다.[40]

마이클 슈레이즈가 말한 미래는 이미 도래했다. 우리는 사람들과 접촉하는 수단으로 인터넷을 이용한다(이 공은 새로운 웹사이트, 소프트웨어를 개발하는 사업가들에게 있다). 온라인 커뮤니티가 점점 증가하고, 소셜 네트워킹 사이트(social networking site, 웹상에서 인적 네트워크를 형성할 수 있게 해주는 서비스. 트위터, 싸이월드, 페이스북 등이 대표적이다 – 옮긴이)의 인기가 커지면서 가족이나 친한 친구 이외의 다양한 사람과 교제해야 한다는 주장이 설득력을 얻고 있다. 디지털 기술은 사회 활동을 원하는 인간의 본능을 억제하지 않으면서 우리가 인간관계를 '맺는' 방식을 완전히 바꾸었다. 그리고 다른 사람들과 연결되기를 바라는 성향과 욕구를 더욱 강화시켰다.

인터넷도 전화처럼(전화보다 더 빨리 확산되기는 했지만) 사람들을 연결하는 도구다. 우리는 블로그와 인터넷 메신저를 하며, 문자 메시지를 보내고, 스카이프(skype, 룩셈부르크의 스카이프테크놀로지가 개발한 무료 인터넷 전화 소프트웨어 – 옮긴이)로 당사자끼리만 아는 신호를 주고받는다. 사적인 대화를 공개적으로 하는 것이다. 많은 사회과학자들이 동의하는 대로 일상에서 이루어지는 교류가 있어야만 인간관계를 형성하고 유지할 수 있다면, 좋든 싫든 우리는 '지속적인 접촉'을 가능케 하는 '대인 관계 관련 첨단 기술'을 아주 많이 보유한 셈이다. 우리는 서로 하루 24시간, 365일 내내 접촉한다.[41] 공항이나 기차역에서 환승할 때뿐만 아니라 지루하다고 생각될 때는 언제든 이야기를 한다.

2007년의 어느 날, 시어도라 스타이츠는 노트북을 마주하고 소파에 앉아 계속해서 클릭을 해댔다. 그러면서 그녀는 불과 10년 전 마이클 슈레이즈가 메릴린치 중역들에게 던진 질문을 생각했다. '회사의 모든 사람이 자기만의 홈페이지를 가지면 어떤 일이 벌어질까?'[42] 그녀 자신도 마이스페이스, 페이스북, 트위터, 싸이월드 등에 개설한 개인 홈페이지가 몇 개나 있다. 그녀는 이렇게 말했다.

"다 필요해요. 사이트마다 알고 있는 사람들과의 친밀도가 다르거든요."

25세의 스타이츠는 현재 최신 유행을 선도하는 세련된 지역인 브루클린의 윌리엄스버그에서 산다. 그녀는 토요일 밤을 함께할 데이트 상대를 찾는 데 어려움을 느끼는 또래의 여성들과는 다르다. 하지만 그녀의 사교 활동이 가상공간에만 국한된 것 같지는 않다. 스타이츠는 단순히 기술을 이용해 인맥을 넓힐 뿐이다. 말하자면 이렇다.

"대학에서 만난 친구 하나가 있는데, 알고 보니 제가 대학에서 사귄 미네소타 출신의 제일 친한 친구와 알더라고요. 중학교 1학년 때 캠프에서 만났대요. 또 직장에서 사귄 친구의 남자 친구는 제 고등학교 동창과 친구 사이고요. 그런 관계를 잘 기억하고 있다가 나중에 인터넷 메시지를 보내요."[43]

스타이츠에게 있어 인터넷은 공기만큼이나 필수적인 존재다. 그녀는 광고대행사에서 회계 기획자로 일하며 '디지털 영역'을 연구한다. 이따금씩 그녀의 휴대전화가 울리며 닷지볼닷컴(Dodgeball.com)에서 메시지가 왔다고 알려준다. 닷지볼닷컴은 회원들에게 반경 10블록 내에 있는 '친구', '친구의 친구' 또는 '연인 대상'을 알려준다, 가상세계의 사교 활동을 현실 세계로 연결시켜 주는 서비스인 셈이다. 초기에는 이런 서비스의 부작용에 대한 우려의 목소리도 있었지만, 지금은 거의 모든 이가 일상적으로 이용하게 되었다.[44]

스타이츠는 트위터의 계정도 가지고 있어 살면서 만나는 다양한 사람들의 소식을 140글자 이하로 요약된 메시지로 받는다. 이를테면 '수지는 치과에 있어', '랜스가 새로운 식당에 가봤대', '결국 스티브는 바하마 말고 코스타리카를 선택했어' 등의 메시지가 끊임없이 뜬다. 우리는 그녀가 중요한 이방인이라는 개념에 공감하는 것이 전혀 놀랍지 않다. 그녀는 이렇게 말했다.

"제가 누구를 만나건 간에 그의 정보를 얻고, 인간관계를 형성하는 일은 아주 쉬워요. 하다못해 지하철에서 마주치는 것이 전부인 샘이라는 남자에 대해서도 말이죠."

우리 모두가 스타이츠만큼 적극적으로 인터넷을 활용하지는 않는다. 하지만 미국 성인의 77퍼센트가 인터넷을 사용한다. 인터넷 사용자의 93퍼센트는 가정에서, 52퍼센트는 직장에서 온라인에 접속한다.[45] 아직도 '정보 격차(digital divide)' 현상으로 가난하고 교육받지 못한 나이 든 미국인들이 인터넷 세상의 무산계급으로 전락하고 있다고 우려하는 사람들이 있다. 하지만 무산계급에 속한 사람도 인터넷에 접속 가능하며 오히려 더 큰 이점을 얻는다는 사실을 암시하는 증거가 많다. 2004년, 아이-네이버스오알지(i-neighbors.org) 덕분에 미국이나 캐나다에 사는 사람이면 누구나 넷빌과 유사한 서비스를 이용할 수 있게 되었다. 이 사이트는 인터넷이 지역사회 활동에 도움이 되는지 관찰하는 키이스 햄튼의 연구의 일환으로 만들어졌다. 모두 6000명 이상이 등록을 했는데, 예상한 대로 등록자의 대다수가 교외에 거주하는 중산층이었다. 놀라운 사실은 등록자의 28퍼센트가 가난하고 실업률이 높으며 안전상에 문제가 있는 '빈민 지역' 거주자라는 것이다. 이 사이트의 회원들은 소외된 지역의 사람들과 사귀고 상호 관련된 문제를 연합해 처리할 수 있다. 즉, 집단행동을 하기가 훨씬 쉬워졌다.[46]

우리 대부분은 느슨한 네트워크의 한 부분

중요한 이방인 개념의 요점은, 우리에게는 누군가와 계속해서 교류하며(사이버공간을 포함해) 어느 곳에서든지 새로운 인간관계를 맺을 잠재성이 있다는 것이다. 하지만 요즘 사람들은 그 어느 때보다 소외되어 있다고 주장하는 신문 기사와 지속적인 접촉이 가능한 문화를 어떤 식으로 접목시킬 수 있을까? 몇 해 전 여름, 각종 언론에서 요즘 세대는 특히 친한 친구의 수가 적다는 2006년의 한 연구 결과를 보도했다. 1985년에는 한 사람당 절친한 이의 수가 평균 세 명이었는데, 오늘날에는 두 명밖에 되지 않는 것으로 드러났다(그 두 명도 가족인 경우가 많았다). 심지어는 절친한 사람이 한 명도 없는 이들도 있었다.[47]

소외감과 고립이라는 주제는 몇십 년마다 한 번씩 큰 화젯거리가 된다. 그때마다 새로운 세대들은 급격한 사회 변화가 친척, 친구, 이웃 그리고 직장 동료와의 유대감에 어떤 식으로 영향을 미치는지 고심한다. 확실히 우리는 정부와 정치인을 의심하면서도 신용카드를 남에게 맡기거나 마음속 깊은 곳에 자리한 감정을 잘 모르는 사람에게 내보이는 모순된 시대에서 고군분투하며 산다.[48] 마크 트웨인이 말했듯이 사회성의 죽음에 대한 보고서는 상당히 과장되어 있다.

요즘 사람들은 자녀를 여러 명 낳지 않는다. 또 혼자 살거나 가족 구성원의 수가 적은 경우가 대부분이다. 기혼자보다 독신자의 수가 더 많기도 하다. 높은 임금을 받는 이들은 사실상 일을 더 많이 한다. 또한 번거로운 가정생활, 긴 출퇴근 시간, 집에 가서도 일을 해야 하는 상황 등으로 인해 일이 많다고 느끼는 사람도 많다.[49] 자연히 친밀한 인간관계를 형성하는 데 투자할 시간이 적다. 하지만 의지할 수 있는 사람의 수가 정말로 적어졌을까? 답은 '인맥'을 정의하고 질문하는 방법에 따라 달라진다.

앞서 언급한 2006년 연구는 '가장 절친한 친구'라는 어구에 좋은 의미를 부여했으며 "지난 6개월의 시간을 돌아봤을 때 당신은 누구와 중요한 문제를 의논했는가?"라는 질문을 던졌다. 이 연구를 실시한 사회학자도 질문 자체가 해석에 따라 달라진다고 인정했다. 어떤 이에게는 이라크전쟁이 중요한 문제고, 또 다른 누구에게는 활력 없는 성(性)생활이 고민거리다.[50]

하지만 '자주 대화하는 사람' 혹은 '많은 도움을 얻는 사람'과 그보다는 약간 덜 친한 인간관계에 대해 물어보면 전혀 다른 결과가 나온다. 2004년에 실시한 퓨 인터넷 앤 아메리칸 라이프 프로젝트(Pew Internet&American Life Project) 조사에 의하면 넓은 시각에서 정의한 인간관계를 맺은 사람의 수는 평균 15명이었다. '어느 정도 친한' 관계의 사람은 16명으로 나타났다.[51] 다른 자료를 찾아보고 2006년 연구에 대해 차별화된 분석을 내놓은 언론인 앤 헐버트는 이렇게 말했다.

"퓨 프로젝트에 의하면 미국인은 사회적으로 결코 소외되지 않았습니다."[52]

그렇다면 변두리에 자리한 중요한 이방인은 어떨까? 2000년 하버드대학의 정치학자 로버트 퍼트넘은 중요한 이방인도 별로 없다는 결론을 내렸다. 퍼트넘은 《나 홀로 볼링(Bowling Alone)》에서 1960년대 이후 노조, 친목 단체, 학교 사친회에 가입하는 사람의 수가 줄어들었다고 주장했다. 우리는 여러 가지 난제를 통해 사람과 좋은 기회, 재원을 얻을 수 있다. 그렇게 하면 이 책의 요지에 따라 시민 참여를 진작시킬 수 있다. 하지만 비평가들은 퍼트넘이 젊은 세대가 선호하지 않는 전통적인 방식의 교제에만 초점을 맞추었다고 비판했다. 퍼트넘은 베이비붐 세대(제2차 세계대전 후인 1946년부터 1964년에 태어난 세대-옮긴이)와 X세대(1960년대와 1970년대 서구 산업국가에서 태어난 세대. 미국의 작가 더글러스 쿠플랜드의 장편 소설 《Generation X》에서 유래됨-옮긴이)가 현실에서든 온라인에서든 소규모의 덜 체계적인 집단을 선호하는 것 같다고 인정했다. 하지만 그는 그런 소집단이 공익을 위해 봉사하기보다는 자기중심주의를 조장한다고 일축했다.[53]

우리 사회는 항상 변화하며 여러 가지 제도나 기관에 의해 형성되는 연속성이 사라지고 있다. 그렇다고 해서 우리가 맺는 사회적 유대감이 모두 소모적이라는 이야기는 아니다. 각종 파벌이나 모임은 물론 비공식적인 임시 모임까지도 그것이 존재하는 이유가 무엇이든 우리가 선택한 사회적 행위가 벌어지는 현장이다. 우리는 스케줄이 허락하고 기분이 내킬 때면 그 안팎을 돌아다닌다. 그리고 그 안에서 다수의 중요한 이방인을 만난다.

프린스턴대학의 사회학자 로버트 워스나우는 "소그룹은 바쁘고 의지할 곳 없는 사람들이 생활 방식의 커다란 변화 없이 사회적 교류를 할 수 있는 기회를 제공한다"고 주장한다. 1990년대 초에 워스나우가 위탁한 갤럽 조사에 의하면 사람들의 40퍼센트가 종교 영역(성경 공부 그룹, 성인 주일학교 등), 자기 계발(알코올의존자 갱생회(AA, Alcoholic Anonymous)와 비슷한 분파, 특정 질병 환우회 등) 그리고 활동 지향(스포츠, 취미, 그 밖의 레저 활동) 영역 중 최소한 한 가지 분야에 회원으로 소속된 경험이 있는 것으로 나타났다.[54] 시간이 지났지만 그의 견해는 바꿔지 않았다.

"우리가 사회에서 맺는 인간관계는 급격하게 쇠퇴하지 않습니다. 단지 새로운 형태를 취할 뿐입니다."[55]

새로운 제도와 인간관계를 과거의 비슷한 영역에 억지로 끼워 맞출 수는 없다.[56] 예를 들어 '콜럼버스 기사단(Knights of Columbus, 세계 최대 규모의 가톨릭 우애 신심 단체−옮긴이)'과 6600명의 회원으로 이루어진 실업가 단체(Entrepreneurs' Organization)가 후원하는 '월례 직접 참석 토론회'를 어떻게 구분하겠는가? 실업가 단체가 지원하는 토론회 참여자의 평균 연령은 39세이며 토론이 진행되는 3시간 동안은 휴대 전화를 끄고 서로의 이야기를 경청한다. 이들은 직원을 고용하거나 해고할 때의 어려움을 털어놓거나, 책임자의 고충에 대해 이야기할 지도 모른다.[57]

또 코네티컷 주 하트포드에 있는 하트비트(Heartbeat) 살사 그룹은 어떻게 분류하겠는가? 이 그룹은 2006년 밋업닷컴(Meetup.com)이라는 웹사이트를 통해 만난 라틴 댄스 팬들에 의해 결성되었다. 일주일에 한 번씩 열리는 '스타일 잡기' 수업 참가자는 '몸 돌리기, 다리 털기, 손바닥 치기, 엉덩이와 어깨 교차하기, 팔 돌리기 그리고 엉덩이 돌리기'를 배운다.[58]

〈스타워즈〉에 나오는 다스 베이더의 직속 부대 갑옷을 차려입는 팬들의 모임인 501군단(베이더의 주먹(Vader's Fist)이라는 별칭으로도 불린다)은 또 어떻게 분류하겠는가? 이들은 모임이 있을 때면 우주 악당 복장을 완선하게 갖추어 입고 나타나 거리를 누비고 다니며 자선 행사에도 참석한다.[59]

미 전역에서 팔다리 절단 수술을 받은 사람들이 1년에 한 번씩 개최하는 외팔이 비둘기 사냥대회(One-Armed Dove Hunt)는 어떤가? 이 대회 참가자들은 평소 이메일로 소식을 주고받는다. 3장에서 소개할 36세의 더그 데이비스는 이 대회가 "인식의 지평을 넓혀줬다"고 말한다.[60]

이 모든 사례는 현대사회에서 사람들이 어떻게 중요한 이방인과의 관계를 시작하고 발전시키는지 보여준다. 캘빈 모릴과 동료들은 이처럼 간과되기 쉽고 '전통적인 방식의 정의에는 맞지 않는 유대감'을 아주 중요하게 여겨 공개적으로 발전하는 인간관계 연구에 책 전체를 할애했다. 이 학자들은 스트립쇼 극장, 독신자 댄스 모임, 우익 토론 그룹 그리고 아마추어 소프트볼 게임 시즌이 되면 구장 외야석에서 만들어지는 '일정치 않은 모임'과 같이 다양한 장소에서 발생해서 발전하는 인간관계 연구에 초점을 맞추었다. 그들은 확실히 로버트 퍼트넘이 염두에 둔 사람들의 조합은 아니다. 그러나 학자들은 "지금까지 거의 간과되어온 공개적으로 이루어지는 개인적 인간관계는 예상하지 못했던 사회자본 영역을 만들어낼 기회를 제공할 수 있다."는 결론을 내렸다.[61]

경제대공황과 제2차 세계대전을 경험한 '위대한 세대(Greatest Generation)'와 우리는 다른 삶을 산다. 즉, 한 회사를 위해서 일하거나 하나의 직업이나 종교에만 매달리지 않는다. 심지어는 여러 번 가정을 꾸리기도 한다. 대부분의 사람들은 가정, 직장, 조직, 자원봉사 단체, 종교 모임, 인터넷 커뮤니티와 같이 다양한 세계를 오가며 활동한다. 각각의 영역에서 여러 부류의 사람들과 상호 교류하는 것이다. 현대인들은 일생 동안 욕구를 충족시키고 삶의 지평을 넓혀주는 관계를 쌓아 나간다. 수십 년 전에 시작되었고, 디지털 기술로 인해 가속화된 엄청난 사회 변화를 묘사하기 위해 배리 웰먼이 만들어낸 용어인 '네트워크화된 개인주의(networked individualism)'의 시대를 우리는 살아간다. 다시 말해서 예전에는 기관을 통해 사람들과 교류했지만, 이제는 개인으로서 서로가 연결되어 있다.

사회현상을 관찰하는 학자들은 예전의 좋은 시절과 지난 수십 년 동안의 사회가 얼마나 극명한 차이를 보이는지를 밝혀내려는 경향이 있다. 한때 사람들은 모두가 서로를 아는 '조밀한' 네트워크에 속해 있었다. 예를 들어 동네 약국 약사가 당신 이모에게 구애를 했고, 시장은 아버지와 함께 자란 사이다. 같은 클럽 회원과 함께 바에서 술을 마시기도 했다. 부모가 누구며, 어디에 살고, 무슨 일을 하며, 어떤 조직이나 단체에 속해 있느냐에 따라 당신이 아끼는 가장 가까운 사람들과 지인이 결정될 확률이 높았다. 이런 식의 평가는 어느 정도 사실이기는 하다. 그러나 마크 그라노베터는 '좋은 시절'과 현재가 극명하게 대비된다는 점에 의문을 제기한다.

"몇몇 지역사회 연구 사례를 제외하면 옛날의 좋은 시절이 어디에 실제로 존재했는지 확실하지가 않습니다."

그라노베터는 소수민족 집단 체류 지역을 연구한 사회학자들이 중산층이 들어설 주택단지 건설을 위해 저임금 노동자 거주 지역을 없애는 도시계획에 반대했다고 말한다. 하지만 그라노베터는 이 학자들이 '중요한 이방인'의 중요성을 간과하고 좁은 시각으로 연구 주제를 보며 모든 것을 똑같은 색깔로 칠하는 경향이 있다고 지적한다.[62]

어쨌든 우리 대부분이 서로 잘 모르는 사람들 사이에 만들어진 느슨한 네트워크의 한 부분이라는 점은 명백하다.[63] 또한 우리 스스로 사람들과 접촉할 기회를 얼마든지 만들 수 있다. 반드시 미리 형성된 사회적 유대감에 의해 결성된 조직에 가입할 필요는 없다. 혈연 집단이나 회사에 소속된 수많은 사람 중 하나가 되기보다는 모두 각자 스스로 사회적 호위대, 즉 중요한 이방인과의 관계를 책임지는 시대가 되었다. 우리가 사는 '공동체'와 그 속에서 벌어지는 사람들과의 교류는 더 이상 지리적으로 결정되지 않는다. 모든 것은 우리 손에 달려 있음을 명심하라.

2장

높은 곳에서
삶을 바라보는 순간
얻게 되는 통찰

자존심 강한 사람, 촌스러운 사람, 최신 유행에 밝은 사람,
콧대 센 사람, 목회자, 순회 공연 음악가, 허풍 센 천재, 축구를 싫어하는 엄마,
지저분한 염소수염을 기른 착한 남자, 가발을 쓰는 부인 두 명,
자신을 위한 피아노 연주를 해주는 남자와 아이스크림을 좋아하는 빨강머리 할머니,
아주 많은 수의 개를 키우는 사람들,
언제나 '안뇽(hella)' 이라고 말하는 조숙한 10대 아가씨,
'매트' 라는 이름을 가진 남자 최소 9명,
내가 지금 자신에 대해 이야기하고 있다는 사실을 끔찍하게 여기는 어떤 남자,
6년 만에 내가 지은 미소에 응답해 같이 웃어준 중식당에서 만난 어떤 노인 등이
내 인간관계 네트워크를 구성하고 있는 인물들이다.
나는 커트 보네거트 주니어가 만들어낸 '카라스(karass)' 라는 아이디어가 마음에 든다.
카라스는 인식을 하지 못하고 있지만 함께 일하며 신의 뜻을 이루려는 사람들의
집단을 지칭하는 말이다. 이런 관계에서 당신은 무엇인가를 얻을 수 있다.
—
멀린 맨, 43폴더스닷컴(43Folders.com)의 창립자이자 편집자

보네거트의 예언

"당신 인생이 논리적으로 전혀 합당한 이유 없이 다른 누군가의 인생과 얽힌다면, 아마도 그 사람은 당신의 카라스 회원일 것이다."

지금은 컬트의 고전이 된 커트 보네거트의 소설 《고양이 요람(Cat's Cradle)》(1963)에서 화자는 이렇게 말한다. 《고양이 요람》의 화자도 인디애나 주 출신의 작가다. 그는 다른 후지어(Hoosier, 인디애나 주의 주민이나 출신자를 지칭하는 말-옮긴이)와 함께 좀 더 형식을 갖춘 집단인 '그랜팔룬(granfalloon, 《고양이 요람》에서 '가짜 카라스'로 정의되는 그룹. 겉보기에는 정체성이나 목적을 공유하는 것 같지만, 사실 아무런 상호 관계도 없는 사람들의 모임-옮긴이)'을 만들어 머나먼 카리브해의 섬으로 여행을 떠난다. 인디애나 주 출신이라는 점을 빼면 소설의 화자는 그들과 아무런 상관이 없다. 그의 진정한 관계는 '카라스'에서 형성된다. 카라스는 '아메바 같이 자유로운 형태로 국가, 제도, 직업, 익숙함 그리고 계급 등의 경계를 무시'한다 [1]

《고양이 요람》은 가상의 이야기를 담고 있지만, 보네거트의 생각은 일리가 있다. 책이 출간된 지 약 40년이 지난 현재, 사회적 풍경의 질적 변화에는 보네거트가 제시한 미래상이 반영되어 있다. 현재 가장 의미 있는 '공동체'는 미 애국 여성회(Daughters of the American Revolution)나 GE 같이 전통적인 의미의 사회단체나 모임이 아니다. 그보다는 삶의 다양한 영역에서 비롯되고 개인적인 영역에서 발생하는 느슨하게 결집된 모임이 가장 의미 있다. 네트워크화된 개인주의의 시대에 사는 우리는 인생에 결정적인 흔적을 남기고 질곡을 야기시키는 결집된 힘인 카라스를 형성한다.

인간관계의 유형과 흐름을 측량하는 소셜 네트워크 분석가라면 아마 보네거트의 생각에 동의할 것이다. 물론 성격이나 학력 같은 개인적 특성도 인생에 영향을 미치지만 그것은 일부일 뿐이다. 우리 모두는 독립된 인격체로서 직접 아이팟에 저장한 음악을 배경으로 삶을 행진해 나가길 원한다. 하지만 다른 사람과의 관계도 우리를 앞으로 나아가게 한다. 인간관계의 원리가 어떤 식으로 작동하는지 이해하려면 하나의 자아보다 더 큰 개체에 초점을 맞추어 살펴볼 필요가 있다. 당신이 중심에 서 있는 개인적인 사회에 주목하는 것이다. 이것이 카라스의 중심부, 즉 탐, 딕, 해리엇(모든 사람을 의미한다)이 각자에게 유리한 지점에서 보는 관점이다.[2]

그런데 문제가 하나 있다. 바로 네트워크도 교통 체증과 비슷하다는 점이다.[3] 당신을 둘러싸고 있는 자동차, 즉 가까운 사람들은 눈에 잘 띈다. 하지만 측근 전체인 사회적 호위대를 제대로 살펴보려면 헬리콥터에 타야 한다.[4] 그러니 잠시 동안이라도 길에서 조금 떨어진 높은 지점에 올라가 전체를 살펴보기를 바란다. 당신은 인생이라는

58

고속도로를 달리고 있다. 그 길에 사랑하는 사람들, 가장 친한 친구 그리고 다양한 지인이 함께한다. 몇 명은 당신과 나란히 수십 킬로미터를 여행한다. 여정 전체를 함께하는 사람도 있다.

가족이나 친한 친구가 아닌 주변인, 중요한 이방인들은 특별한 경우에 함께하며 당신의 욕구를 채워준다. 그들은 험난한 길을 헤치는 것을 돕고, 중요한 정보나 도움이 될 만한 인물을 알려주며, 힘들 때 익살스럽지만 힘이 되는 위로를 해준다. 상황에 따라 한동안 뒤로 빠지거나 한참 뒤처져서 후방 거울에 보이지 않는 사람들도 있다. 회사 동료나 같은 단체에 속한 자원봉사자들은 그들끼리도 서로 알고 있다. 따라서 그들은 호위대 안에서 특유의 무리를 형성한다. 그들이 소형버스에 같이 타고 있다고 상상해보라.

호위대는 우리의 역사와 잠재성을 상징한다. 높은 곳에서 삶을 살펴보면 자신이 내린 결정, 처한 상황, 문제를 해결하는 방식을 더욱 잘 이해할 수 있다. 우리가 다른 사람들과 연결되는 방식에 따라 더 나은 정보와 새로운 아이디어를 얻을 수도 있다. 또한 예기치 못한 상황에 직면하거나 인생의 새로운 국면이 닥쳤을 때도 호위대 덕분에 갈팡질팡하지 않을 수 있다. 높은 곳에서 조망하면 타인에게 미칠 수 있는 영향력의 한계도 파악된다.

결국 삶이란 있는 그대로의 자신과 교제하는 사람과의 관계로 작동한다. 그리고 필요할 때 누군가를 호위대로 불러들일 수 있는 능력을 갖추면 복잡한 세상을 잘 살아갈 수 있다. 살면서 맞닥뜨리는 도전에 응할 때나 소식, 기관, 심지어는 한 국가를 운영할 때도 이런 시각을 적용시킬 수 있음을 다음의 예에서 확인해보라.[5]

시작하는 여성을 돕는 미국 흑인 공주

'호위대'라는 접근 방식을 대중화한 심리학자는 생애 발달 분야의 전문가인 토니 안토누치다. 그는 한 개인이 일생을 살면서 맺는 인간관계를 나타내는 은유로서 호위대가 적절하다고 생각했다. 대학원 재학 시절, 안토누치는 엄마와 같은 애착 대상이 가까이 있으면 아기는 안전함을 느끼고 다른 대상을 찾아 기어가려고 한다는 '애착' 이론을 주제로 논문을 썼다. 당시 애착 현상은 엄마와 자녀 관계에만 적용되었다. 그렇다면 이 이론을 성인에게 적용시킬 수 없을까? 안토누치는 성인의 경우 사회적 호위대가 '안전한 토대'를 제공한다고 추론했다. 그들의 도움 덕분에 사람들이 탐험이나 도전을 할 수 있다는 주장이다.[6]

이 원리의 이해를 돕기 위해 마음이 넓고 사교적인 칼라 라이트풋을 소개하려고 한다. 뉴욕 출신의 칼라는 40대 초반의 사업가다. 그녀는 절대로 이틀 연속해서 똑같은 일을 하거나 같은 사람을 만나지 않는다. 여가 시간에 그녀는 요가를 가르치거나 봉 댄스 강습을 받는다. 다양한 부류의 중요한 이방인들과 교제를 나누기도 한다. 매력적이고 명랑한 그녀는 길을 걷다가 마주친 사람과 이야기 나누기를 즐긴다. 홀푸드마켓의 농산물 코너에서 일하는 사람, 출납계원 그리고 아파트 경비원들과도 이야기한다. 칼라는 그들의 가족 관계나 일상 생활에 대해 잘 알지 못한다. 하지만 그녀는 다음처럼 말한다.

"단순히 제가 사는 건물을 드나드는 것 이상의 무엇이 있어요. 전 우리 모두가 연결되어 있다고 생각해요. 좀 더 가까워질수록 관계가 견고해지지요."[7]

칼라가 추진하는 사업 프로젝트 중에는 여성들이 스스로 사업을 꾸릴 수 있도록 돕는 단체인 '시작하는 여성(LWL, Ladies Who Launch)'을 위한 '인큐베이터' 강습회가 있다. 그녀는 이 모임에서 주도적인 역할을 한다. 칼라는 이렇게 말한다.

"이 강습회는 여성의 미래를 밝히고 확장하며 창의성을 진작시키기 위한 것이에요. 뿐만 아니라 앞에 놓인 기회를 붙잡는 방법에 대해서도 이야기하지요. 한마디로 중요한 이방인들에게 주목하고, 그들이 하는 이야기를 듣는 방법을 가르쳐요."

칼라 라이트풋 역시 한때 이 프로그램의 수강생이었다. 몇 년 전 그녀는 '인큐베이터' 강습회에 등록을 했고, 어느 날 아침에 명상을 하다가 문득 '연민의 못'이라는 단어를 떠올렸다. LWL의 난상토의 시간과 4주간에 걸친 코스를 밟으며 칼라는 머릿속의 단어를 사업에 적용했다. 티셔츠에 인조 보석으로 '그곳에 있으라'나 '평화를 선택하라'와 같은 경구를 새겨주는 온라인 사이트를 개설한 것이다. 같은 프로그램을 수료한 다른 교육생들과 매달 만나 수다를 떠는 사교 모임을 지속적으로 가지자 수익 상승에 도움을 줄 인맥이 흘러들었다. 어떤 사람은 칼라에게 의상실을 소개했다. 덕분에 그녀는 1만 4000달러어치의 티셔츠 주문을 따냈다. 게다가 어느 창조 서비스 회사 사장은 그녀에게 새로운 사업 개발 프로젝트를 맡겼다.

현재 칼라는 일주일에 몇 시간씩 LWL 활동의 '윤활유' 역할을 하는 간사로 일한다. 칼라는 계속해서 자신의 호위대를 확장하고 있다.

"어떤 고스를 맡아 학생들을 가르칠 때마다 최소 두세 명을 새로이 알게 되죠. 이들과 무엇이든 서로 가진 것을 나누고, 제 요구를 채워

달라고 도움을 요청할 수도 있어요."

프리랜서로 활동하는 칼라는 이외에도 많은 일을 한다. 하지만 그녀 역시 한때는 안정적이고 평범한 직업에 종사했다.

"대학을 졸업하고 보니 제가 아는 모든 사람은 법률가, 의사, 경영학 대학원생, 투자은행 직원 따위가 되어 있었어요."

모두 (상대적으로) 부유한 집안에서 자라 시카고에서 사립학교를 다닌 젊은 여성이 택하기에 남부끄럽지 않은 직업이었다. 칼라의 어머니는 교장이셨고 아버지는 치과의사셨다. 막 대학을 졸업한 그녀는 패션 사업 분야에서 임금이 낮은 일을 하며 인습에 사로잡힌 통념에 저항했다. 그러다 서비스와 판매 산업 쪽으로 전업한 그녀는 창의적인 면에서 성취감을 느끼지 못했다. 칼라는 이렇게 말했다.

"하나의 조직을 안정적으로 꾸려보고 싶었어요. 하지만 나만의 것을 직접 개발할 용기가 없었죠."

그런 생각이 바뀐 것은 2001년 칼라의 책 《BAP 핸드북: 미국 흑인 공주가 되는 공식 안내서(The BAP Handbook: The Official Guide to the Black American Princess)》가 나왔을 때였다. 몇 년 전 칼라는 농담처럼 이 책의 기획을 시작했다. "어떻게 웰즐리대학에 들어갔어요?" "스키는 어떻게 배웠어요?" 칼라와 그녀의 오랜 친구이자 시카고에서 변호사로 일하는 진저 윌슨은 이런 질문을 수없이 들었다. 그녀들은 스키를 타는 중상류층의 흑인 미국인을 만나본 적이 거의 없는 백인이 많다는 사실이 모욕적이라기보다는 재미있다는 생각을 했다. 그리고 윌슨이 그 주제로 책을 써보자고 제안했다. 프레피(preppy, 비싼 사립학교 학생 혹은 졸업자—옮긴이) 공식 안내서를 써 스스로를 웃음거리로 만들고, 사람들의 질문에 답을 하자는 취지였다.

"우리가 어떻게 자랐는지 사람들이 이해하길 바랐어요. 하지만 그 책에 정치적인 입장을 담고 싶진 않았어요."

칼라의 말이다. 그녀는 자신의 호위대에서 공동 저자를 두 명 더 선발했다. 두 사람 모두 중요한 이방인이었다. 한 사람은 프린스턴에서 법대 입학시험(LSAT, Law School Admission Test) 복습 수업을 수강할 때 만났고, 또 다른 한 명은 고등학생 때 알게 된 사람이었다.

칼라와 윌슨이 어디서 책을 출판해야 할지 고민하고 있을 때 마침 오프라 윈프리 쇼 제작자 중 한 명에게서 섭외 전화가 왔다. 방송에 출연해 그들의 옛 친구이자 빌 코스비의 아들, 에니스 코스비와의 추억을 이야기해달라는 요청이었다. 오프라 윈프리 쇼 제작진은 유명 코미디언 빌 코스비의 아들로 젊은 나이에 어처구니없이 강도에게 살해된 에니스에 대한 프로그램을 제작하려던 참이었다. 칼라와 윌슨은 무대 뒤에서 유명 TV 스타 오프라 윈프리와 잠시 책에 대해 이야기할 기회를 가졌다. 좋은 인상을 받은 오프라 윈프리는 자신의 출판업자를 소개해주었다. 책이 나오고 10개 도시를 도는 도서 홍보 여행을 하면서 칼라는 생소하지만 매력적인 세계로 빠져들었다.

"전에는 한 번도 프리랜서로 일하며 생계를 이어 나가는 언론인들을 만나보지 못했어요. 홍보 여행을 하면서 저도 할 수 있을 거라는 생각을 했죠."

칼라는 겸손한 태도로 말을 이었다.

"저는 많은 사람이 자신이 원하는 인생을 살아가기도록 길에 불을 켜는 일을 하고 있어요."

그녀는 스스로를 '사업을 시작할 수 있도록 불을 켜주는 사람'으로 표현했다. 네트워크 분석가라면 칼라를 사람이나 단체를 연결시켜 주는 '다리' 혹은 새로운 연대감을 만들어내는 '중개인'이라고 부를 것이다.[8] 현재 그녀는 봉 댄스 강습을 받으며 만난 사람과 새로운 사업을 계획하고 있다. 그리고 자신의 호위대에 속한 서로 만난 적이 없는 4명의 중요한 이방인들의 만남을 주선할 계획이다. 네 사람 중 둘은 와인 수입업자고, 한 사람은 와인과 치즈 페어링(pairing)을 한다. 나머지 한 명은 블로그를 운영하며 와인에 대한 글을 쓴다. 그녀는 이 4명에게 "당신들 넷은 꼭 만나야 해요"라는 내용을 담은 이메일을 보낼 예정이다. 이들의 만남을 계기로 새로운 사업을 시작하거나 그렇지 못할 수도 있다. 성사가 되든 말든 칼라는 그 과정을 즐긴다.

"제 호위대를 이해하고 그들과 친구가 될 수 있다는 사실에 가장 큰 성취감을 느껴요."

아마 당신은 칼라가 외향적인 성격이며 인맥을 형성하는 탁월한 기술을 가졌다고 생각할 것이다. 여러 가지로 조건이 좋은 집에서 태어나 유리한 위치를 점했다고도 볼 수 있다. 원래 개방적이고 정신이 안정되어 있으며 사람에 대한 호기심이 많아서 자유로운 삶을 산다고 생각할 수도 있다. 분명 칼라에게는 그런 면이 없지 않다. 하지만 그녀 역시 사회적 존재다. 단순히 성격이 좋거나 부유했기에 그녀가 성공적인 삶을 사는 것은 아니다. 그녀의 성공은 분명 사람들과의 관계에서 비롯되었다. 토니 안토누치의 지적처럼 그녀는 부유한 집안에서 태어나 '안전한 기반'을 보유했다는 이점을 누렸지만, 그 기반을 토대로 성공한 것은 스스로 노력한 덕분이다.

인생을 행복하고 재미있게 만들어주는 호위대

우리는 자신의 호위대가 누구인지 본능적으로 안다. 굳이 '호위대'라는 용어를 사용하지 않아도 '네트워크'와 '인맥'이 중요하다는 사실을 알고 있다. 우리 주변에는 인간관계를 상징하는 물건들도 있다. 명함 정리기인 롤로덱스(Rolodex)가 그 예다. 롤로덱스는 디지털 시대에 한참 뒤떨어진 물건이지만 아직도 수많은 중역의 책상 한 구석을 차지하고 있다. 예일경영대학원 학장 조엘 포돌니는 롤로덱스가 "중역들에게는 자신이 누구며 무엇을 성취했는지 상기시켜 주고, 다른 사람들에게는 그런 사실을 알려주는 물건"이라고 말한다.[9]

아주 오래된 이름도 소중하다. 이름은 저마다의 역사를 품고 있으며 어떤 사람의 호위대가 지나간 여정을 보여준다. CBS 중역 길 슈워츠의 분신이자 〈포춘〉 칼럼니스트인 스탠리 빙은 블랙베리폰에 저장된 연락처를 도저히 지울 수 없다는 사실을 깨달았다. 그는 옛 여자친구들, 좋아하는 클럽이나 술집, 그에게 차를 판 사람의 전화번호를 지우는 대신 잠시 멈춰서 그때 그 장소, 항상 들리던 소리 그리고 그 순간 위장에서 넘어오는 위산의 느낌을 회상한다고 한다.[10]

인간관계를 재점검하는 것은 자연스러운 현상이다. 수백만 명이 페이스북 같은 소셜 네트워크 사이트에 가입하는 것도 이 때문이다. 말하자면 소셜 네트워크 사이트는 우리가 맺은 인간관계, 특히 약한 유대감으로 맺어진 인간관계의 재고품 보관창고 역할을 한다.

우리는 과학자들이 사용하는 복잡한 계산법이나 알고리즘의 이점 따위는 모르지만 나름대로 대인 관계를 분석한다. 예를 들어 50세 생일이나 은퇴 파티 같은 기념할 만한 일을 벌일 때, 호위대 중에서 가장 가까운 사람들을 먼저 목록에 올린다. 선물을 줄 때도 인간관계의 경중에 따라 일종의 순위를 매긴다. 우리는 누구에게 가장 멋지고 비싼 선물을 했는지 스스로에게 묻는다. 현금, 양말이나 스카프, 명절 때 충동구매한 10달러짜리 잡동사니 등 누구에게 어떤 선물을 주었는지 따져보는 것이다.

우리 모두는 사회과학자적인 면모를 조금씩 가지고 있다. 칼라 라이트풋은 네트워크 분석가가 사용할 만한 방식으로 자신의 호위대를 묘사한다.

"친구라고 부를 만한 사람이 12명쯤 있는데, 그중 두세 명만 정말 가까운 사이지요. 이를 테면 과녁처럼 여러 개의 원이 있는 거예요. 저와 함께 자라고 같이 학교를 다닌 사람들은 가장 안쪽 원에 있어요. 그리고 거기에서부터 지인들로 확장되어 나가기 시작해요."

칼라의 동생과 부모님은 가장 안쪽 원에 있다. 친척들도 그 원의 중심에 자리한다. 그리고 바깥쪽 원들에는 다양한 부류의 사람이 분포해 있다.

우리도 칼라와 마찬가지다. 모두가 자신만의 '원'을 그리고 그 안을 오간다. '사회적 원(social circle)'이라는 용어는 1920년대 중반 게오르크 짐멜이 처음 사용했다. 후대에 짐멜의 연구를 분석한 수많은 학자의 평가에 따르면 짐멜 자신도 세련되고 인맥이 넓은 사람이었다고 한다.[11] 짐멜은 이 용어를 이용해 이웃을 꼭 알아야 할 필요도 없고 아는 사람이라고 반드시 의지할 수도 없는 대도시 거주자들이 어떤 식으로 인간관계를 맺는지 설명했다. 사회적 원은 느슨하게 연결되어 있으며 지리가 아닌 자유의지에 따라 결성된다. 공식적인 그룹과 달리 이 원에는 경계가 없다. 또한 하나의 원에 속한 사람들은 관심사와 추구하는 바가 비슷하다. 일반적으로 현대인들은 하나 이상의 원에 속한다. 짐멜의 시각에서 원의 중요성은 우리가 이익을 추구하게 하며 다른 사람들과 '연합'하도록 만들어준다는 데 있다.[12]

토니 안토누치가 원 그림을 사용한 것도 우연이 아니다. 안토누치는 실험 참가자들에게 과녁 그림을 주고는 '자신'을 가장 안쪽 원에 그려 넣게 했다. 그리고 같은 원 안에 '가장 가까운 사람' 혹은 '그가 없는 삶은 상상할 수 없다고 생각되는 사람'을 두게 했다. 그 다음 두 번째 바깥쪽 원에는 '그렇게 가깝지는 않지만 여전히 중요한 사람'을, 세 번째 바깥 원에는 '앞서 언급한 사람은 아니지만 인생에서 중요하고 가까운 존재라서 개인적인 연결망에 포함시켜야 하는 사람'을 놓게 했다.

안토누치는 기본적으로 친밀한 관계에 많은 관심을 가졌기 때문에 1980년대의 첫 연구에서는 원을 세 개만 사용했다. 하지만 안토누치는 주변인과의 연대감, 즉 4번째 원에 형성되는 인간관계도 성인이 새로운 모험을 시도하는 데 도움을 준다고 인정한다.[13] (최근 연구자들은 사람들의 대인 관계 네트워크를 관찰할 때 5개의 원을 그리기도 한다).[14]

당신이 보유한 사회적 호위대를 전부 분석하는 일은 무척 어렵고 시간도 많이 걸린다. 이런 연구에서 대개 사람들은 어떤 이름을 특정 원보다는 선과 선 사이에 두고 싶어 한다. 하지만 한 연구자의 말처럼 "사람들은 자신의 인간관계 네트워크가 펼쳐지는 것을 보며 무척 재미있어 한다".[15] 높은 곳에서 바라보면 자신이 홀로 도로를 달리고 있는 외로운 운전자가 아님을 알게 되기 때문이다. 인생의 다양한 시점에서 도움이 되었던 사람 또는 중요한 사람 모두 거기에 있다. 당신은 어떤 관계가 지속되었고, 어떤 관계가 중간에 끊어졌는지 안다. 그리고 인생은 단순히 여러 가지 사건의 연속이 아니라 인간 행렬의 연속임을 깨닫게 된다. 안토누치는 다음처럼 강조한다.

"사회 활동의 기록에 따라 대인 관계는 좋아지거나 나빠집니다."

호위대는 가장 중요한 인간관계가 삐걱거릴 때조차 당신을 보호하고 길을 찾는 데 도움을 준다. 안토누치는 다음과 같이 덧붙인다.

"배우자와의 관계가 나쁘면 모든 게 삐걱대지만, 다른 인간관계를 통해 나쁜 상황을 조금은 역전시킬 수 있습니다."

전문가들도 개인의 호위대가 작동하는 방법에 대해 아직도 배워야 할 점이 많음을 인정한다. 이를 테면 인간관계를 맺을 때 좀 더 방어적인 성향을 취하는 사람이 있다. 당신의 호위대가 감정적인 버팀목이 되어서 인생을 행복하고 안전하며 재미있게 만들어줄지 여부는 여러 가지 요소의 복잡한 상호작용에 달려 있다.

규모도 중요한 요소다. 당신이 지난 30년 동안 미국, 일본, 독일, 프랑스에서 실시된 사회적 호위대 연구에 참여한 수천 명과 비슷하다고 가정해보자. 아마 당신은 가장 안쪽에 있는 원에 한 명에서 5명을 집어넣을 것이다. 가장 안쪽 원에서부터 바깥쪽으로 난 원 세 개에는 10명에서 30명을 배치할 가능성이 높다. 헤어디자이너처럼 중요한 이방인은 세 번째 원에 속하기도 한다. 그리고 마지막 4번째 원에 주변 인간관계를 모두 집어넣으면 20명에서 5000명 이상의 이름이 사회적 원 안에 들어갈 것이다.[16]

규모 외에도 중요한 요소가 있다. 사람마다 사회적 욕구가 다르기 때문이다. 중요한 이방인을 포함해서 10명에서 15명으로 구성된 호위대에 만족하는 사람이 있는 반면 그 정도로는 충분하지 않아 우울증을 앓거나 외로움을 느끼는 사람도 있다.

호위대의 구성과 맺고 있는 관계의 유형도 중요하다. 당신의 호위대에는 친척과 친구, 중요한 이방인 중 누가 제일 많은가? 아니면 그 세 가지 부류의 사람들이 적절히 섞여 있는가? 어려울 때 도움을 줄 친척과 친한 친구도 필요하지만, 사회 각층의 다양한 사람들을 알고 있으면 더욱 좋다. 사실 강력한 유대감으로 연결된 관계가 약한 유대감으로 연결된 관계보다 낫다. 하지만 그 두 가지 관계가 결합된 것이 가장 좋다.[17] 즉, 다양하거나 '통합된' 호위대는 당신에게 좀 더 많은 것을 제공한다.

칼라 라이트풋을 예로 들어보자. 그녀는 지원이나 정보가 필요할 때 다양한 분야의 사람들은 물론 학교 동창이나 과거에 알던 사람을 찾아 도움을 청할 수 있다. 그녀는 풍부한 자원과 정보를 자신의 호위대에서 구할 수 있다는 자신감 덕분에 '안전'이라는 문제에 대해 훨씬 덜 걱정하고 더 용감하게 미지의 세계를 탐험할 수 있다. 칼라는 이렇게 말했다.

"뭔가 필요한 게 있는데, 그걸 언니나 부모님에게서 얻을 수 없을 때가 있어요. 사실 거의 언제나 그렇지요. 그럴 땐 공동체를 의식하게 돼요. 사업적으로든 개인적으로든 기꺼이 나를 도와주려는 사람들이 있어요."

호위대의 구성원들은 당신에게 특정한 역할을 해주고 일정한 욕구를 충족시켜 준다. 당신의 숨겨진 힘을 끌어내기도 한다(이에 대해서는

3장에서 자세히 이야기하겠다). 따라서 당신이 필요한 것을 어떻게 얻는지 자문해보면 호위대를 더 잘 파악할 수 있다. 돈이 필요할 때 누구에게 빌리겠는가? 문제가 생겼을 때 의논할 사람은 누구인가? 직업이나 경력에 대한 조언은 누가 해주는가? 실없이 굴고 싶을 때는 누구와 어울리는가? 철자 맞추기 게임을 하다가 잘 모르면 누구에게 전화로(또는 온라인상으로) 물어보겠는가? 이런 질문들에 답을 하다보면 당신이 받는 다양한 지원의 유형을 확실히 알 수 있다(부록 1 참고). 우리는 특정 욕구를 충족시키기 위해 다양한 사람에게 의존한다. 잡화점보다는 부티크에서 쇼핑하는 것과 비슷한 이치다.[18] 특정 정보나 자원을 많이 끌어낼 더욱 큰 근원을 보유한다는 맥락에서 전문가는 이러한 현상이 바람직하다고 말한다.

인간관계의 밀도도 중요하다. 당신과 당신의 지인을 동시에 아는 사람들의 비율은 얼마나 되는가? 요즘 사람들의 호위대는 서로 간의 연계가 느슨한 편이지만, 그중에는 촘촘하게 결속된 집단도 있다. 바로 소형 버스에 함께 탄 사람들의 집단으로 여기에는 보통 가족이 포함된다. 동일한 나이, 생활 방식, 가치를 공유하는 친한 친구 집단도 결속이 강력할 확률이 높다. 작가인 이선 워터스는 '도시 종족(워터스가 20대와 30대 초반에 알게 된 친구들)' 사이의 연대에 대해 이야기한 적이 있다. 아래의 글을 보면 그가 중요하게 여긴 것은 친구들 사이의 밀도라는 사실을 알 수 있다.

확실히 이 사람들은 각기 나와 관계가 있으며 그들끼리도 아주 독특한 관계를 맺고 있다. 이들은 서로 연인, 친구, 경쟁자, 동업자 그리고 함께 집을 임대해 사는 관계다. 이 25명 중 아무나 무작위로 두 명을 연결해보라. 그러면 여러 가지 활동의 기록, 수백 시간 동안 대화를 나누며 공유하게 된 비밀이나 뒷공론 그리고 세상을 바라보는 수많은 방식에 대해 알게 될 것이다.[19]

촘촘하게 결속된 집단에는 사람들을 하나로 묶는 연대감이 있다. 신뢰와 정서적 지원을 주고받는다는 의미에서 연대감의 가치는 값을 매길 수 없이 중요하지만, 동시에 당신에게 제한을 가할 수도 있다. 가깝게 결속된 그룹 내에서는 사회적 기준이 더욱 엄격하게 적용된다. 노골적으로든 은근하게든 어떻게 행동해야 하며 누가 그룹에 속할지에 대한 규칙이 존재한다. 예컨대 워터스는 자유분방한 이조차 외부인을 그룹으로 불러들이기 어려워한다고 파악했다. 그는 때때로 새로 사귄 여자 친구와 자신의 '종족민' 중 하나를 선택해야 한다는 사실을 깨달았다. 이는 가족 모임에 처음으로 약혼녀를 초대했을 때와 비슷하다. 그 경우 가족들은 약혼녀를 미심쩍게 여기고 텃세를 부리기도 한다. 어떤 특정 그룹에 속하려면 대가를 치러야 하는 셈이다.

중요한 이방인과 맺는 관계는 따뜻하거나 부드럽지 않을 수도 있다. 그러나 다른 그룹과 연결된 그들은 당신의 지평을 넓혀준다. 워터스가 관찰한 바에 따르면 친구의 친구는 주변부의 경계에 자리한다. 그들은 약한 유대감을 형성하며 종족을 다른 사람들이나 그룹에 연결하는 역할을 한다. 외부의 접촉이 없었다면 얻지 못했을 정보와 아이디어를 교환할 수 있게도 해준다. 이때 양쪽 세계 모두에 가장 이로운 것은 촘촘하게 결속된 집합체를 포함하고 있으면서 느슨하게 연결된 상태다. 그러면 당신은 내부인이라는 안정감을 느끼면서도 다양한 사회적 집단 사이를 자유롭게 오가는 유연성을 지닐 수 있다.[20]

당신의 연령, 성별, 성격, 처한 상황이나 지역에 따라 자연스럽게 호위대가 형성된다. 여성과 외향적인 사람은 커다란 네트워크를 형성하는 경향이 있다. 자녀나 가까운 친척이 없는 독신자와 고학력에 고수입을 올리는 사람은 좀 더 '유동적이고 자유로운' 관계를 맺는다.[21] 당신이 사회적 인맥을 필요로 하는 다수의 이해관계를 맺고 있거나 영업 같이 복합적인 일을 한다면 호위대에 다양한 분야에서 만난 중요한 이방인이 포함된다. 그러나 삶이 그다지 복잡하지 않더라도 시간이 지남에 따라 자신에게 도움을 주는 다양한 사람들로 호위대를 형성할 수 있다.

도티 메이휴는 두 번 결혼한 이력을 가진 50대 후반의 전직 식당 종업원이다. 도티는 말씨가 부드럽고 약간 수줍음을 탄다. 그녀는 컴퓨터를 사용하지 않으며 큰 변화를 싫어한다. 인구가 549명밖에 되지 않는 인디애나 주의 작은 마을 메데리빌에서의 삶을 즐기는 이유도 그녀가 큰 변화를 싫어하기 때문일 것이다. 그러나 그녀는 전 직장 동료는 물론 첫 번째 결혼 생활을 하면서 알게 된 사람들과도 연락한다. 다양한 마을 주민과의 교류도 즐긴다.

도티의 호위대에는 남편과 세 딸을 통해 알게 된 중요한 이방인이 있다. 그녀는 딸 애슐리가 두 번째 발작을 일으키기 전까지는 호위대에 관심이 없었다. 그러던 어느 날 16세의 딸이 갑자기 쓰러져 병원으로 실려갔다. 애슐리는 3일 동안 인공호흡 장치에 의존해야 했다. 여러 가지 검사를 했지만 의사들은 발작의 원인을 찾지 못했다. 도티는 그때를 회상하며 이렇게 말했다.

"의사들은 크게 걱정할 필요가 없다고 했어요. 나이가 어린 만큼 발작이 재발하지 않을 확률이 높다고요."

하지만 의사들이 내린 진단과 처방은 모두 잘못된 것으로 드러났다. 몇 주 후 애슐리는 다시 발작을 일으켰고, 도티는 딸의 체육 선생이자 인명 구조 강사인 조안 시거에게 전화했다. 도티의 말을 들어보자.

"같이 저녁 식사를 한 적도, 시거 선생의 가족에 대해 아는 것도 없었어요. 다만 시거 선생이 인명 구조 훈련을 받은 데다 우리 집과 아주 가까운 곳에 산다는 정도는 알았죠. 바로 달려온 시거 선생은 애슐리의 손을 잡고 이마를 문질렀어요."

몇 번이나 병원에 입원해 치료를 받았음에도 불구하고 애슐리의 발작 증상은 점점 더 심해졌다.

"시거 선생은 전화만 하면 바로 달려왔어요."

첫 발작 이후 5개월 동안 애슐리는 셀 수 없을 정도로 자주 발작을 일으켰다. 그럴 때마다 도티는 두려움에 떨었다. 그러던 어느 날, 결국 일이 벌어졌다. 발작을 일으킨 애슐리가 새파랗게 변하기 시작했다. 딸아이가 호흡을 멈추자 도티는 911이 아닌 조안 시거에게 전화했다. 위나맥에 있는 가장 가까운 병원에서 앰뷸런스가 오려면 25분이 넘게 걸리기 때문이다. 그녀는 시거가 훨씬 먼저 도착할 것이라는 사실을 알았다. 시거의 인명 구조 수업을 들은 적이 있는 애슐리의 같은 반 친구 두 명도 경찰 라디오로 구원 요청을 들었다. 그들 역시 애슐리의 상태를 익히 알았다. 앰뷸런스가 두티이 집에 도착했을 때, 시거는 애슐리에게 인공호흡 시술 중이었다. 애슐리의 반 친구 두 명은

시거를 돕고 있었다. 세 명의 중요한 이방인이 애슐리의 목숨을 구한 것이다.[22]

삶의 마지막 순간을 누구와 보낼 것인가?

이혼처럼 다시는 메우기 힘든 틈만 제외하면 가장 안쪽 원은 상당히 안정적이다. 반면 4번째 원은 변하기 쉬우며 소모적이다. 직업을 바꾸거나, 부모가 되거나, 교제를 끝내거나, 학교로 다시 돌아가는 등 삶에서 중요한 전환기를 맞이하면 전에 알던 지인을 잃는 경우가 생긴다.

그런데 우리에게 시간이 얼마나 남아 있는지를 주관적으로 의식하는 것도 사회적 선택을 하는 중요한 요인이 된다. 46세의 레이몬드 차우는 광고대행사의 크리에이티브 서비스 부문을 이끈다. 차우는 홍콩에서 태어나고 자랐다. 그는 홍콩에서 20년째 미국인 파트너와 함께 산다. 차우의 가장 안쪽 원에는 파트너와 가족 그리고 가까운 친구 몇 명이 있다. 하지만 그 역시 깨어 있는 시간의 대부분을 일에 할애한다. 따라서 그의 사회적 호위대를 형성하는 사람들 대부분이 중요한 이방인, 고객과 동료, 매일 '스쳐 지나가는' 광고업계 종사자들이다.[23]

그런데 몇 년 전 벌어진 사건을 계기로 차우는 가장 안쪽 원에 속한 사람들에게 전적인 관심을 쏟게 되었다. 그 이유를 이해하려면 홍콩의 역사를 알 필요가 있다.

1997년 7월 1일, 영국은 156년 동안의 지배를 끝내고 홍콩을 완전히 중국에 '이양'하기로 했다. 주민들은 영국으로부터 홍콩을 반환

74

받은 뒤에, 중국 정부가 번영과 부를 안겨준 자유방임적 통화 정책에 철퇴를 가할 것인가를 두고 논란을 벌였다. 1989년에 일어난 천안문 광장 학살 사건은 홍콩 주민들의 불안을 한층 더 고조시켰다. 그들은 개인의 자유 역시 위태로워지지 않을까 염려했다. 차우는 이렇게 말했다.

"저 자신을 중국인이라고 생각하긴 했지만, 공산주의 통치를 원하지는 않았어요. 중국 정부가 국민에게 총을 겨누는 모습을 본 이후부터는 더더욱 그랬지요."

이 불확실한 기간 동안 인구의 12분의 1이 홍콩을 떠났다. 하지만 차우는 전혀 홍콩을 떠나고 싶지 않았다.

"가까운 친구와 제가 사랑하는 사람들 모두가 함께 있었기에 크게 걱정하지는 않았어요."

그의 우려대로 이양 직후 홍콩은 경제적 혼란에 빠졌다. 당시 태국에서 시작되어 대부분의 아시아 국가에 영향을 미친 경제 대란 때문이었다. 이양으로 문제는 더욱 복잡해졌다. 부동산 가치는 급하락했다.[24] 실업률이 치솟았고 이민을 가지 않은 사람들은 필사적으로 일에 매달렸다. 홍콩은 오래전부터 일중독자의 도시로 알려져 있다. 차우는 이렇게 말했다.

"많은 사람이 하루 두 끼를 동료들과 먹지요. 그리고 집에 갔다가 다시 직장으로 돌아와서 일을 해요. 제가 일하는 광고업계는 특히 바빠요. 회계나 금융 분야 역시 마찬가지지만 말이에요. 의사들도 하루에 9시간 내지 10시간을 일합니다."

이런 현상은 노력하는 계층에만 국한되지 않는다. 택시 기사인 차우의 동생 역시 일주일에 6일을 일했다. 이양 이후의 불확실성 때문에 홍콩은 더욱 경쟁적으로 변했다.

"상사보다 더 늦게 남아 있는 일이 빈번해졌지요. 그러다가 그게 거의 모든 이의 습관이 되어버렸어요."

2003년 경제가 회복되기 시작할 무렵에 사스(SARS, Severe Acute Respiratory Syndrome. 중증 급성 호흡기 증후군-옮긴이)가 창궐했고 홍콩은 또 다른 위기에 처했다.

"사스는 홍콩 이양 사건보다 훨씬 심각했어요. 홍콩의 거의 모든 것이 정지됐죠. 전염 경로를 전혀 파악할 수 없어서 누가 보균자인지도 몰랐죠."

다행히 차우는 사스가 가장 심할 때 회사를 그만두고 쉬고 있었기에 집 밖으로 나갈 일이 거의 없었다. 부득이하게 나가야 할 때는 대중교통 이용을 피했다. 지인들은 그의 관심 밖으로 완전히 밀려났다. 차우는 가족과 친한 친구 몇 명하고만 전화나 이메일로 연락을 주고받았다. 토요일이면 그는 비디오 웹캠으로 아버지와 대화했다. 차우는 당시를 이렇게 표현했다.

"마치 전쟁이 벌어진 것 같았다니까요."

우리는 연구 결과를 이용해 홍콩에 사스가 퍼졌을 당시 레이몬드 차우가 한 사회적 선택을 설명할 수 있다. 노화와 질병, 정치적 격변, 전염병 창궐 등 우리 힘으로 통제할 수 없는 일이 벌어지면 종말이 다가오는 것 같이 느껴지고, 삶의 유한성을 절감하게 된다. 자연히 중요한 이방인에 대한 관심이 떨어진다. 다시 말하면, 호위대의 구성은 우리의 요구에 따라 재편된다. 보통 우리는 편안함과 참신함 두 가지를 모두 필요로 하고 추구한다. 하지만 그 균형이 어느 한쪽으로만 기울어지는 순간이 있다. 어떤 식으로든 끝이 온다는 생각이 들면 우리는 정서적으로 기댈 수 있으며 친숙한 것을 선호하는 경향을 보인다. 그래서 가까우며 잘 알고 의지할 수 있는 사람들을 바짝 끌어당긴다.

반대로 시간이 아주 많은 것처럼 느껴지면 삶을 재미있게 만들어줄 무엇인가를 구한다. 새로움에 목말라하며 새로운 기술을 가르쳐주고 자신의 발전을 돕는 중요한 이방인들을 찾는다. 심지어 우리를 긴장시키거나 불편하게 만드는 사람, 예를 들어 괴팍하게 구는 교수라도 제대로 된 정보를 주기만 하면 기꺼이 참으려고 애쓴다.

학계에서 '사회 정서적 선택 이론'으로 알려진 이 아이디어를 고안한 사람은 스탠퍼드대학의 심리학자 로라 카르스텐센이다. 그녀의 초기 연구 목표는 노인들이 가까운 사람들로 이루어진 작은 사회적 호위대를 만드는 이유를 알아내는 것이었다. 카르스텐센은 노인들이 사회로부터 자신을 유리시키는 이유가 죽음을 맞이할 준비를 하는 것이라는 사회적 통념을 받아들이지 않았다. 대신 자신만의 독창적인 실험을 고안해 노인들이 나이 그 자체 때문이 아니라 '미리 예견된 죽음'을 준비하기 위해서 인간관계의 원을 줄이는 것임을 밝히고자 했다. 이 실험에서 특히 흥미로운 부분은 그녀가 사회적 선택도 쉽게 조작될 수 있음을 증명했다는 점이다.[25]

처음에 카르스텐센은 실험 지원자들에게 두 개의 다른 시나리오를 상상할 것을 요청했다. 첫 번째 시나리오는 30분의 자유 시간이 주어진다면 누구와 그 시간을 보낼지를 선택하라는 것이었다. 참가자들은 가족, 최근에 안 공통점이 많은 지인, 전에 읽은 책의 저자 등을 선택할 수 있었다. 예상한 대로 참가자 중 연령이 가장 높은 그룹(65세에서 92세 사이의 집단으로 평균 연령은 72세)은 가족과 함께하고 싶어 했다. 그들보다 젊은 참가자들은 중요한 이방인이나 안면이 있는 지인 같이 가깝지 않은 사람을 선호했다.

두 번째 시나리오는 몇 주 후 다른 나라로 이주할 계획인데 바쁜 와중에 30분의 시간을 내서 사교 생활을 한다는 설정이었다. 이 경우는 누구를 선택할 것인가? 두 번째 시나리오에서 참가자들은 가족과 친한 친구를 두고 떠나는 상황을 상상했다. '마지막 몇 주'라고 범위에 한계를 두자 이번에는 젊은 참가자들도 노인들처럼 가족과 시간을 보내는 쪽을 선택했다.[26]

흥미롭게도 노인들의 답 역시 상황에 따라 변했다. 실험에 참여한 노인들에게 다음의 상황을 설정한 후 질문을 던졌다. 주치의가 전화로 획기적인 의학 기술이 개발되어 앞으로 20년을 더 살 수 있게 되었다는 말을 전하면 어떻게 될까? 상황이 바뀌자 노인들도 젊은 사람들처럼 가족과 남은 시간을 보내고 싶어 하지 않았다.[27]

카르스텐센과 동료 연구자는 다양한 인구를 대상으로 이 실험을 반복했는데 결과는 변함없었다. 예를 들어 에이즈 환자들의 답변 역시 노인과 같았다. 9 · 11 테러 직후에는 노인과 젊은 응답자 모두 가족이나 친한 친구를 선호했다.

이 이론은 개인주의 성향이 덜 강한 문화권에도 적용되는 것으로 나타났다. 미국 젊은이들과 마찬가지로 홍콩의 젊은 세대 역시 중국으로의 이양 같은 외부의 위협이 없을 경우 정보를 얻을 수 있는 관계를 선호했다. 반면 그들보다 나이 든 세대는 시간이 가외로 주어지지 않는 한 가장 가깝고 친한 사회적 동반자를 선택했다.[28] 카르스텐센과 동료 연구자들이 사스가 미친 영향을 관찰한 결과는 그 당시 레이몬드 차우가 내린 사회적 선택을 반영했다. 즉, 불안정한 상황에서는 모든 연령대의 사람들이 참신함보다는 안전과 지원을 추구했다.[29]

사스가 창궐한 후, 차우의 광고회사에서는 사람들에게 무엇이 중요한지를 묻는 설문 조사를 자체적으로 실시했다. 그 결과 역시 우선순위가 완전히 바뀌어 있었다. 사람들은 생존하고 건강을 유지하는 일이 돈보다 중요하다고 생각했다. 차우는 이렇게 말했다.

"엄청난 변화였죠. 모두 가족과 시간을 더 보내고 싶어 했어요."

차우의 말이다. 이 현상은 얼마 동안 지속되었을까? 차우의 광고회사는 후속 조사를 하지 않았다. 하지만 오늘날의 홍콩에 대해 그는 이렇게 말했다.

"대개의 사람들은 과거의 삶으로 돌아간 듯해요. 장시간 열심히 일하는 게 일반적이죠."

사스 때문에 경제가 완전히 바닥을 치긴 했지만, 12개월이 지나자 부동산과 주식 가격이 다시 상승했다. 차우는 이렇게 덧붙였다.

"행복한 미래의 필수 조건으로 여겨지는 성공과 부가 사스로 인한 위기감을 추월한 거지요. 이제 사스는 옛날이야기가 됐어요."

카르스텐센의 후속 연구도 차우의 견해를 뒷받침한다. 사스가 잠잠해지고 여행 자제 주의보가 해제되자 모든 연령대의 홍콩 주민들이 가까운 사람들보다 지인과 함께 있고 싶어 했다. 중요한 이방인이 다시 사회적 의제로 떠오른 것이다.[30]

좋고 나쁨에 상관없이 살면서 일어나는 사건을 찬찬히 살펴보면 위의 연구 결과가 이치에 맞음을 알 수 있다. 때로는 삶의 끝을 의미하는 사건이 일어난다. 그런 일이 벌어지면 그 어떤 때보다 사랑하는 사람들과 가까이 있고 싶은 마음이 든다. 또는 '너무 젊은 나이에' 갑작스럽게 죽은 친한 친구의 장례식에서 '죽음에 가까워지는' 경험을 하기도 한다. 이를 계기로 오래전부터 알아온 친구들과 연락을 하며 지내겠다고 다짐한다. 하지만 대개 그런 다짐은 오래 가지 않는다. 이는 당신이 무심해서가 아니다. 욕구에 따라 동기도 함께 바뀌기 때문이다. 두려움과 슬픔이 가시면 지평선은 확장되고 익숙한 것보다는 흥미와 발전, 새로운 경험을 추구하게 된다. 사실 우리는 앞서 말한 두 가지 관계 모두를 필요로 하고 원한다. 우리는 가까운 사람들 없이 살지 못한다. 동시에 호위대에 중요한 이방인을 두지 않고는 멀리까지 갈 수 없다.

파자마 차림으로 돌아다니기를 즐기는 총장

펜실베이니아 주립대학에서는 해마다 똑같은 해프닝이 벌어진다. 오리엔테이션 주간만 되면 신입생들은 집에 전화를 걸어 '나이 든 이상한 남자'가 홀 아래쪽 방에서 자고 있다고 말한다. 이 소식을 접한 부모들은 짐짓 불안해한다. 하지만 파자마 차림으로 기숙사를 터벅거리며 돌아다니는 그 수상한 남자가 총장이라는 사실이 곧 밝혀지면서 신입생들은 안심을 한다. 59세의 그레이엄 스패니어는 펜실베이니아 주립대학 총장으로 고등교육계에서 가장 학식 있고 존경받는 인물 중 한 사람이다. 스패니어는 새 학기가 시작될 때마다 일주일간 1학년 기숙사에서 생활한다. 그러면서 경계를 넘어선 협력에 대해 이야기한다.[31] 24개 캠퍼스, 3만 8200명의 직원을 관리하는 스패니어는 이렇게 말한다.

"총장으로서의 품위와 위엄을 유지하는 방법에 관한 책도 나와 있지만, 제 스타일하고는 맞지 않더군요."

스패니어는 위에서 지배하는 대신 스스로 중심에 선다. 이 방식은 상아탑에 연연하지 않는 대담한 행정가에게 힘을 실어준다. 그는 대학을 자신의 개인적인 호위대를 관리하듯 꾸려 나가며 계속해서 새로운 중요한 이방인을 충원한다.

함박웃음을 짓는 키 크고 건장한 체격의 스패니어를 만나면 그가 '힘'을 과시하는 데 관심이 없음이 느껴진다. 대신 그는 재미를 추구한다. 그는 하루 종일 책상에 앉아 있는 일이 '지루'하다고 말한다. 그래서 5월이면 새로운 교직원들과 펜실베이니아를 이리저리 둘러보는 환상적인 수수께끼 여행을 떠난다. 단순히 펜실베이니아 주립대학의 여러 캠퍼스를 돌아다니는 것이 아니라 할리데이비슨과 허쉬초콜렛 공장은 물론 독립기념관 등의 역사적인 장소를 누비고 다닌다.

"대학 기숙사에서 지내며 함께 이곳저곳을 둘러보지요. 그러면서 서로를 알게 됩니다."

스패니어의 말이다. 새 학기가 시작되면 학생들은 학생회관에서 마술 쇼를 하는 스패니어를 볼 수 있다. 아니면 체육관에서 학생 혹은 직원과 라켓볼을 치는 그를 발견할 수도 있다. 스패니어와 영문학과 교수인 그의 부인은 대학 라켓볼 리그의 선수권 보유자다. 풋볼 시합이 얼릴 때면 스패니어는 펜실베이니아 주립대학의 마스코트인 니타니 라이언(Nittany Lion) 의상을 입고 휴식 시간에 열리는 쇼에 참가해

행진을 하기도 한다. 그리고 토요일 저녁이면 시내 클럽에서 디컨스 오브딕시랜드(Deacons of Dixie land, 펜실베이니아 중부에서 결성된 8인조 전통 재즈 밴드−옮긴이)와 함께 워시보드(washboard, 금속 빨래판을 손톱으로 튀기는 악기−옮긴이)를 연주한다. 또한 그는 자신에게 온 이메일에 직접 답장을 한다.

"사람들과 접촉하고 연결하는 방법이에요. 내 위치상 존재하는 장벽을 허무는 방법이기도 하고요."

스패니어의 배경만 보면 행정과 교육에 대한 비전통적인 접근 방식이 어디에서 비롯되었는지 알기 힘들다. 그는 시카고 남부 이주민 노동자 가정의 세 자녀 중 첫째로 태어났다. 어머니는 접수 계원이자 비서였다. 아버지는 트럭 운전수로 일하다가 한동안 세탁소를 운영했고, 나중에는 우체국장이 되었다. 그의 아버지는 수많은 베이비붐 세대와 마찬가지로 소년단의 성인 대장, 1960년 대통령 선거 당시 민주당 케네디 후보 진영의 선거구 위원, 로터리 클럽 회원 등으로 활동하면서 '적당히 지역사회 활동에 참여' 했다.

부모가 고생하는 모습을 지켜본 스패니어는 일찍부터 자신의 인맥을 구축해야 한다는 사실을 깨달았다. 그는 아홉 살부터 아기 돌보기, 잔디 깎기, 피자 만들기 등 '언제나' 일을 했다.

"고등학교와 대학을 다닐 때도 이런 식으로 지도자로서의 자질과 행동 양식을 개발했지요. 제 주변에 있는 모든 것과 사람들을 흡수한 다음 그중 최고를 골라냈죠."

스패니어는 스포츠, 음악 그리고 학업에서도 뛰어난 능력을 보였다. 그는 집안에서 처음으로 대학에 진학했고 라디오 아나운서와 은

행원으로도 일했다.

"하지만 제가 거물이라고 생각한 적은 없어요. 그저 열심히 해서 저 자신을 입증해야 한다고 생각했죠. 다른 사람들처럼 특권을 가지고 일을 시작한 것이 아니라서 뭐든 당연하게 여기지 않았어요. 사람들은 모두 인맥을 형성하고 싶어 하지요. 지도자들은 장애물을 허물기 위해 무슨 일이든 하면서 더욱 효율적인 사람이 됩니다."

스패니어의 '스타일'과 인간관계는 장소, 취미, 연령 그리고 계층 사이에 생기는 일반적인 경계를 완전히 허문다. 그의 안쪽 원에는 부관과 다른 고위 행정가들이 있다. 그러나 스패니어는 폭넓은 범위의 중요한 이방인들과 계속해서 관계를 맺으며 그들이 사는 방식을 보고 아이디어와 열정을 얻는다. 이런 노력이 그를 탁월한 지도자로 만든다.

사회과학자들이 사용하는 전문 용어로 표현하자면, 펜실베이니아 주립대학 같은 기관은 '경계가 있는' 연결망, 직원과 학생이라는 특정 회원제로 운영되는 '그랜팔룬'으로 간주될 것이다. 하지만 그는 대학 바깥에서 알게 된 지인 덕분에 자신이 관장하는 기관에 대한 아주 독특한 관점을 얻었다. 그리고 학교라는 울타리 너머의 세계에 진출할 수 있도록 도와주는 시각과 자원도 획득했다.

재계에도 경계를 넘어선 협력으로 지혜를 얻는 이들이 있다. 널리 존경받는 GE의 전 최고경영자 잭 웰치는 GE의 2000년 연례 보고서를 통해 효과적인 기업은 본질적으로 "경계를 두지 않는다."고 말했다. 웰치는 그 이유가 실제적으로는 주지의 일원이 아닌 사람들인 고객, 공급업자, 사업체 소유자 심지어는 다른 기업과의 관계까지 회사의 일부이기 때문이라고 밝혔다. 어떤 면에서 그는 고전적인 형태의 그랜팔룬을 훨씬 더 광범위하고 유연한 카라스로 바꾸었다.

이 연례 보고서의 영향력은 대단했다. GE 내에서 다양한 혁신을 이끌어낸 것은 물론 도요타, 월마트, 모토로라, 시스코(Cisco)와 같은 기업에서도 반향을 일으켰다. 웰치는 스패니어가 펜실베이니아 주립 대학을 운영한 방식처럼 격식을 차리지 않고 공개적으로 GE를 이끌었다. 아이디어 자체의 가치에 따라 받아들여지거나 폐기되는, 모두가 게임에 참여하는 기업 문화를 만든 것이다.[32]

가장 빠른 청소 도구가 만들어지기까지

시장에서 가장 성공한 제품에 대한 기록을 살펴보라. 제품들이 비슷한 분위기 속에서 만들어졌음을 발견할 수 있을 것이다. 예를 들어 프록터앤드갬블(P&G, Procter&Gamble)의 스위퍼(Swiffer)는 가정용품 중 '빠른 청소' 도구 분야에서 80퍼센트라는 어마어마한 점유율을 자랑한다. 하지만 스위퍼의 코드명인 '맙 2000(Mop 2000)'에 대해 사람들은 저마다 다른 추억을 가지고 있다. 스위퍼가 처음 나왔을 때 그 생김새가 '막대기에 꽂힌 기저귀' 같다는 생각을 누가 했는지, 아니면 무엇이 그런 생각을 촉발시켰는지 정확하게 말할 수 있는 사람도 없다(어떤 중역 하나는 사실 기저귀가 아니라 대형 패드 같다고 꼬집어서 디자이너를 움찔하게 만들었다).[33] 하지만 그 모든 일을 성사시킨 사람이 크레그 와이넷이라는 점은 대부분 동의한다. 사실 와이넷은 전에 '회사에 적합하지 못하다'는 이유로 P&G의 몇몇 중역이 고용을 거부한 사람이었다.

이야기는 1990년대 초 와이넷이 독립 컨설턴트로서 P&G의 몇 가지 프로젝트에 참여한 후 성공을 거둔 때로 거슬러 올라간다. 프로젝트 성공 후 와이넷은 감기약 빅스(Vicks)의 브랜드 매니저로 P&G에 입사 제안을 받았다. 그는 제품 시장을 넓히기 위해 장갑을 덥히는 기구를 만들 때 쓰이는 산화 철가루를 이용한 고통 완화 온열 랩의 개발을 제안했다. 와이넷은 자신이 속한 사업부가 한계를 넘어설 가능성이 있다고 전망했다. 하지만 그의 상사는 다음의 메모를 남겨서 그의 기를 죽였다.

"자네는 시간이 남아도는가 보군."

와이넷이 지금까지도 서랍에 보관하고 있다는 그 메모는 10년 전 '제품 가격을 낮추려 하지 않으며 혁신적인 기업으로 보기 힘든' 회사로 묘사된 P&G의 심각한 문제를 상징한다.[34] 실리콘밸리에서 갑작스럽게 성공을 거둔 신생 기업들이 온라인으로 협력해 게임의 판도를 바꿀 새로운 아이디어를 실현시키기 시작했을 당시에 P&G는 도태되고 있었다. P&G가 혁신을 이루어내기까지는 수년이 걸렸다. 와이넷의 상사는 옛날 방식을 고수하기 좋아하는 전형적인 중간 간부였다. 그는 익숙한 영역 밖으로 나가기를 주저했으며 위험 부담이 있는 프로젝트에 착수하기보다는 단기 이익에만 주력하려는 경향이 있었다.

당시 P&G의 최고운영책임자인 더크 재거와 최고기술경영자 고든 브루너는 하락한 회사 이미지와 낮은 영업 실적을 쇄신하려면 특단의 조치를 취해야 할을 깨달았다. 그들은 너서 몇십 년째 새로운 제품이 출시되지 않은 홈케어 사업에 손댔다. 미스터 클린(Mr. Clean)은 1958년 시장에 출시되자마자 공전의 히트를 기록했지만 점점 경쟁이 치열해지면서 수익 마진이 줄었다. 재거와 브루너는 이 사업 부문의 직원들에게 '기발한 아이디어'를 내면 R&D(Research and Development) 예산을 돌려받게 해주겠다고 공지했다. 그리고 기업 혁신 기금을 조성해 신제품 개발에만 사용할 수 있게 했다. 조치를 취한 그들은 어서 빨리 혁신이 이루어지기를 희망했다.

타이밍은 정말 중요하다. 크레이그 와이넷은 적절한 시기와 장소에 있었다. 애틀랜타에서 작은 광고대행사를 운영하던 커플의 아들로 태어난 그는 타고난 사업가로, 어릴 때는 비닐봉지에 장작을 담아 파는 방법으로 용돈을 벌었다. 개편으로 회사가 어수선할 때 그는 재거를 찾아갔다. 하지만 그의 명석한 머리에서 새로운 아이디어가 바로 튀어나오지는 않았다. 기금 자체가 혁신을 자극하는 것은 아니기 때문이다. P&G 내에 새로운 아이디어를 고안하고 그것을 구체화시킬 그룹이 필요했다.

와이넷은 아이디어 공장 역할을 하는 기업 신개발(CNV, Corporate New Ventures)부를 맡았다. 경영 전문가들은 이런 부서를 '지식 시장'이라고 부른다. 이는 대부분의 획기적인 아이디어가 낮은 계급에서 나오는 기업 위계에서 혁신을 이끌어내기 위해 사용되는 방식이다.[35] 와이넷은 재거와 브루너에게 직접 보고하고 그들의 질문에 답변을 했다. 정보는 더 이상은 위에서 아래로만 흐르지 않았다. 새로운 시스템은 직속상관을 통해 제안한 아이디어가 한 번 걸러지는 관행을 개선했다. 본질적으로 기업 신개발부가 생기면서 중역실로 들어가는 문이 활짝 열렸다. 신선한 아이디어만 있으면 누구라도 중역들과 함께 그에 관해 논의할 수 있었다. 자신의 아이디어를 직접 발표하기가 부끄러운 직원들은 사내 통신망을 이용하도록 권장했다. 한마디로 옛날 P&G 구내식당을 부활시키자는 아이디어였다.

전에는 P&G 구내식당에서 식품사업부 소속 연구자가 세탁제품사업부의 프로덕션 매니저와 담소를 나누곤 했다. 가벼운 농담을 주고받는 와중에 이들은 밀가루와 설탕, 쇼트닝을 섞은 혼합물을 비누 만드는 제분기에 넣고 '복슬복슬' 해질 때까지 돌려보자는 아이디어를 냈다. 던칸하인즈(Duncan Hines)의 첫 번째 케이크 믹스는 그렇게 만들어졌다. 당시 R&D 부문은 한 건물에 있었고, 거의 모든 사업부의 직원들이 함께 식사를 했다. 그 후 P&G의 규모가 커지고 세계 진출을 함에 따라 각기 다른 노하우를 보유한 직원들이 서로 마주하는 일이 드물어졌다. 와이넛은 각 사업부를 연결해 각자가 보유하고 있는 전문성을 나눌 방법을 찾아야 함을 깨달았다.

어떤 의미에서 P&G는 기업 신개발부를 만들어 기업 관료주의에 빠지는 것을 피했다고 볼 수 있다. 분별력 있는 중역과 행정가들은 필수적인 사실을 직관적으로 파악하고, 고위경영진을 역동적인 에너지를 창출하는 그룹에 투입한다. 그리고 그 에너지를 잘 활용해 훌륭한 아이디어를 내는 사람들이 전통적인 기업 위계질서 하에서는 얻기 힘든 자원을 이끌어내는 것이다. 회사 자체를 호위대라고 생각하면, 경영진이 중심이고 여러 가지 사업부는 중요한 이방인 역활을 한다. 이 경우 지위보다는 창의성이 더 중요하다. 이렇게 유연성 있는 구조에서 개인은 필요에 따라 각기 다른 위치를 차지하기 위해 각축을 벌일 수 있다. 행정가나 중역을 호위대의 중심에 배치하면 경험 많은 직원에서부터 유능한 신입사원이나 조용한 사색가 등 누구든지 그들에게 쉽게 접근해 서로 소통하고 협력할 수 있다.

물론 M.B.A. 세미나에서 '호위대'나 '중요한 이방인' 같은 용어를 사용하지는 않는다. 하지만 경영의 대가들은 최고경영자와 약한 유대감을 형성하는 하위직 직원의 중요성을 강조한다. 비즈니스 세상은 지도력에 대한 조언으로 가득 차 있다. 이 분야 전문가들은 이렇게 말한다. "이제는 리더십뿐만 아니라 '팔로워십(followership, 리더십에 반대되는 말로서 추종자 정신, 추종력 등을 뜻한다-옮긴이)'에 대해서도 살펴봐야 한다." "큰 기업이 망하는 이유를 찾으라." "그들은 자멸하고 있다. 모든 시스템과 과정을 갖추어놓았더니 복잡한 문제를 해결할 사람은 아주 소수만 남고, 나머지 98퍼센트는 문제를 만들기만 한다. 회사를 계속해서 성장시킬 좋은 아이디어가 없다."[36]

개인의 호위대에서 가장 가까운 사람들은 중심부, 즉 최고급 리무진에 탄 '실권자' 가까이에 붙어서 간다. 가까운 사람들이 주변에 있으면 편안하다. 그들이 하는 생각은 대개 예측 가능하다. 하지만 당신은 그들에게만 의지해서는 안 된다. 스스로를 제한하게 되기 때문이다. '아하!'라고 외치게 만드는 생각은 바깥쪽 차선을 달리고 있는 중요한 이방인들에게서 나온다.

회사에서도 마찬가지다. 업계를 막론하고 자신이 가장 잘 아는 동료에게 의지하는 촘촘한 네트워크는 '표준 이하의 실적'으로 연결된다. 하지만 다른 그룹이나 부문으로 들어갈 수 있는 출입구인 '구조적 구멍'에 접근하는 직원은 새로운 정보와 추가적인 자원을 풍성하게 얻을 수 있다. 따라서 이런 방식으로 운영되는 기업은 혁신적인 동시에 생산적이다.[37] 크레이그 와이넷은 직접 그 효과를 봤다. 그는 이렇게 말했다.

"P&G에서 가장 좋은 곳은 주변에 있습니다. 그런 곳을 '솔기'라고 부르는데요. 거기서 아주 흥미로운 새로운 아이디어들이 나오죠."

스위퍼도 바로 거기에 숨어 있었다. 재거와 브루너가 열심히 문지르고 닦은 덕분에 홈케어 사업부는 R&D 예산을 다시 따냈다. 그들은 소비자 설문을 실시했고 여러 가지 종류의 자루걸레로 직접 집 안을 닦아보았다. 그러면서 집안일 중에서도 바닥 닦기가 가장 힘들다는 사실을 알았다. 술이 길고 가느다랗게 나뉜 자루걸레는 스펀지보다 잘 닦였다. 하지만 수돗물로 계속 세척하는 깨끗한 걸레를 따라갈 수는 없었다. 업계 최고의 바닥 청소 도구를 만들었다고 믿었던 직원들은 크게 실망했다.

홈케어사업부가 새로운 걸레 개발에 대해 문의하자 와이넷은 이렇게 대답했다.

"바닥을 닦는 좀 더 나은 방법이 있을 겁니다."

와이넷은 집에서 걸레질을 별로 하지 않았다. 가끔씩 걸레질을 하긴 했으나 그 일이 정말 싫었다. 걸레질을 하면 할수록 물이 점점 오염되어서 오히려 주변을 더 더럽게 만들기 때문이었다. 더러운 물이 바닥에서 철벅거리며 튀게 하지 않고, 한군데 모아놓을 수 있는 걸레를 개발해야 한다는 점에 모두 동의했다.

와이넷은 P&G 내의 호위대를 불러 모았다. 경질 용액을 만들고 있는 과학자, 부직포 소재를 개발한 연구사, 마케팅 전문가, 광고 담당 직원 등이었다. 그는 제품 개발 과정에서 소비자도 중요한 역할을 한다고 확신했다. 이런 관행은 P&G 기업 문화의 한 부분이며 인터넷의 발달로 소비자의 의견을 듣기가 한결 쉬워졌다.

와이넷은 호위대에 외부 계약자까지 포함시켜야 한다고 믿었다. 그는 제품 개발 회사인 디자인컨티넘(Design Continuum)을 고용했다. 디자인컨티넘은 기업 신개발부가 거둔 첫 번째 성공작인 철가루를 담은 온열 랩 써마케어(ThermaCare)를 개발하는 데 기여했다. 와이넷이 전에 일한 사업부에서는 온열 랩 개발을 일축해버렸다. 스위퍼 '웨트젯(WetJet)' 모델은 디자인컨티넘의 보스턴 사무소에서 만들어졌다. 즉, 마른 벽에 칠을 할 때 사용하는 머리 부분이 회전하는 기구를 홈데포(Home Depot)에서 사오고, 1리터짜리 플라스틱 음료수 병에 물을 가득 채운 뒤 거꾸로 뒤집어 1.5미터 가량의 막대기 손잡이에 묶는 식으로 급조되었다.

디자인컨티넘은 P&G에 '건식' 걸레를 포함한 관련 제품 생산을 제안했다.[38] 그러나 와이넷은 개발한 기구의 특허를 출원하기 직전에 일본의 경쟁사인 카오코퍼레이션(Kao Corporation)에서 P&G의 것과 아주 흡사한 마른 걸레 제품 특허를 먼저 냈다는 사실을 알았다. P&G는 내부에서 개발한 제품만 판매한다는 관행에서 벗어나 카오코퍼레이션의 기술 라이선스를 취득했고, 제품 이름을 스위퍼 드라이 맙(Swiffer Dry Mop)이라고 지었다. 어떤 의미에서는 경쟁사인 카오코퍼레이션이 P&G의 호위대로 들어온 것이다.

뉴욕 주립대학 존스경영대학원의 아반 야사왈라와 헤먼트 샤쉬탈 교수에 의해 진행된 연구는 P&G의 접근 방식에 담긴 지혜를 입증한다. 그들은 신제품을 얼마나 신속하게 개발하느냐에 따라 사업의 성패가 달린 회사들, 특히 뉴욕 주 북부에 위치한 하이테크 기업들을 분석했다. 그 결과 다양성을 추구하는 직원들은 가장 혁신적인 기업으로 모여든다는 사실이 밝혀졌다. 모두가 저마다의 재능을 테이블에 올려놓고 협력하는 와중에 새롭고 더 나은 아이디어가 나온다. 하지만 야사왈라와 샤쉬탈 교수는 많은 기업이 그렇지 않다는 점을 지적한다. 그런 조직에서는 직원들이 "깊은 의심과 불안에 고통받는 것처럼 행동하고 편성된다". 그들은 "비슷하게 생각하고 비슷한 정도로 기술을 보유하고 있으며 다른 이를 불신하는 사람들"이 모인 지하실로 향한다.[39]

와이넷은 사람들이 자유롭게 서로의 경계를 넘나들며 협력하게 만들고 '상황 사이에 숨어 있는 관계'를 보게 만드는 일이 쉽지 않다고 인정한다. 하루아침에 변화가 일어나지는 않았지만 써마케어와 스위퍼가 성공하자 긍정적인 일들이 연쇄적으로 일어났다. 회사는 더욱 많은 예산을 책정해 획기적인 아이디어를 내게 했다. 이후 신개발부는 특정 제품군에만 머무르지 않고 일련의 제품을 만드는 데 공헌하여 P&G의 투자가들을 기쁘게 만들었을 뿐만 아니라 소비자의 습관까지 바꾸었다. P&G는 자신을 중앙에 두고 주의를 기울여 다양한 부류의 이방인을 사귀는, '경계를 넘어서는' 방식을 택했다. 이는 1940년대 이후 지속된 옛날 방식의 단순한 '그룹 사고'나 간단한 '인맥 형성'과는 차원이 다르다. 하지만 와이넷은 다음의 점을 강조한다.

"초인대에게서 이겸을 얻으려면 그들에게 깊숙이 들어가 신중하게 의견을 들어야 해요. 그건 어려운 일이에요. '사고하는 것'은 믿기 어려울 정도로 비싼 작업입니다. 우리 몸의 고작 2퍼센트를 차지하는 뇌가 20퍼센트의 칼로리를 소모하듯이 말이지요. 하지만 누구라도 자신이 세상을 보는 방식을 바꿀 수 있습니다."

중요한 이방인들과 영향력 지도 그리기

새로운 시각을 가진 중요한 이방인과 협력할 수 있는 능력에 따라 오늘날 사회가 직면한 가장 심각한 문제 몇 가지가 해결될 수 있다고 말한다면 과장일까? 절대 그렇지 않다. 에바 쉬퍼는 아프리카 가나의 북동에 위치한 불모의 국경 마을 볼가탕가(Bolgatanga)에서 이를 증명했다. 쉬퍼는 33세의 사회과학자이다. 그녀는 지역의 수원지를 감독하는 기관인 화이트볼타 용수위원회(White Volta Basin Board)에 자문을 하기 위해 볼가탕가를 방문했다. 그녀는 물이 어떻게 사용되느냐에 따라 각자의 역할과 이해관계가 첨예하게 달라지는(우리 사회에서도 흔히 일어나는 문제다) 관계에 놓인 17명을 만났다. 그리고 공통된 합의를 이끌어내기 위해 쉬운 영어로 그들을 설득해야 했다.[40]

에바 쉬퍼는 독일 중서부 지방의 작은 마을 뒤렌(Düren) 출신으로, 금테 안경을 쓴 사랑스러운 외모의 여성이다. 그녀는 나미비아의 시골에 3개월간 머물면서 처음으로 아프리카를 체험했다. 그곳에서 그녀는 박사 학위 논문을 위한 현장 조사를 했다.

시간이 흘러 그녀는 워싱턴 D.C.에 본부를 둔 농업 부문 정책연구소인 국제식량정책연구소(International Food Policy Research Institute) 소속으로 볼가탕가의 팀을 이끌도록 파견되었다. 대개 서구식 복장으로 일하는 그녀는 지역 주민들을 만날 때 전통 의상을 차려입기도 한다. 그녀는 자신의 일과 아프리카에서 맺은 개인적인 인간관계에 대해 열정적으로 이야기한다. 가나어에 '중요한 이방인'이라는 단어는 없지만, 생존하기 위해 폭넓은 인맥을 형성해야 하는 것은 어느 나라든 마찬가지라고 그녀는 말한다.

"이곳에서도 가족이 가장 중요할 거라고 예상했어요. 하지만 저 같은 이방인도 가족 같은 관계를 형성하고 발전시킬 수 있었어요. 그것도 아주 쉽게 말이지요."

볼가탕가에서 쉬퍼가 머물 집을 구해주고, 2개월 만에 전화기를 얻도록(보통 9개월이 걸린다) 도와준 남자는 '삼촌'이 되었다. 새로운 '형제'와 '자매'도 많이 생겼다.

가나의 면적은 미국의 오리건 주와 비슷하다. 하지만 인구는 오리건 주의 6배이다. 가나는 가난, 불안정한 전력 수급, 만연한 기근과 질병의 위협으로 고통받는 나라로 국민의 평균수명은 56세다. 게다가 가나는 물 부족과 수질오염 문제까지 안고 있다. 종종 가해지는 테러 위협도 가나 국민들을 떨게 만든다.[41]

1998년, 정상적인 활동을 무력화시키는 가뭄에 대처하기 위해 가나 국가수자원위원회는 수자원 정책을 지방 단위로 조정하는 용수위원회를 만들었다. 이렇게 하면 모든 이에게 득이 될 통합적인 물 관리 체계를 개발할 여러 가지 노하우를 결합시킬 수 있을 것이라는 생각에서였다.

그러나 쉬퍼가 2006년 발족된 화이트볼타 용수위원회와 함께 일을 시작했을 때 회원들은 모두 서마다의 의제와 관점을 가지고 있었다. 그녀는 이렇게 말했다.

"사람들은 관개시설에 대는 물, 마시는 물, 생태계의 한 부분을 차지하는 물이 따로 있는 것처럼 이야기했어요. 다 같은 물인데 말이에요. 결국 조정 과정을 거치지 않은 채 문제를 다음 위원회로 넘겨버렸고, 전체적이고 지속가능한 해결책은 찾을 수가 없게 됐지요."

화이트볼타 용수위원회는 일을 집행할 권한도 없었다. 예를 들어 회원들은 강 가까이에서 농사를 짓다가 강둑이 부식되면 강물의 흐름을 막아버리는 침니(沈泥) 현상이 생긴다는 것에는 동의했지만 그런 관행을 멈추게 할 방법을 찾지는 못했다. 쉬퍼는 다음처럼 말했다.

"제 일은 이런 관행을 잘 관리하고 대안을 만들어낼 사람이 누구인지 사람들이 이해하도록 돕는 것이었어요. 때론 어떤 문제를 억지로 해결하려고 노력할 필요가 없을 때도 있어요. 부자나 영향력이 센 사람만 확보한다면요."

'좀처럼 쉽게 파악하기 힘든 복잡함'을 풀기 위해 쉬퍼는 용수위원회의 회원들이 상황을 멀찌감치 떨어져 볼 수 있게 할 방법을 찾았다. 그녀는 사회 연결망 분석의 원칙을 적용해 회원들이 이른바 '영향력 지도' 그리는 일을 도왔다. 누가 관여하고 있는가? 참여자들은 어떤 식으로 연결되어 있는가? 그들의 목표는 무엇인가? 서로 간에 어떻게 영향을 미치는가? 영향력 지도는 이 4가지 기본 질문에 근거해 만들어졌다.

쉬퍼가 영향력 지도를 그리는 과정을 살펴보자. 일단은 커다란 포스터 크기의 게시판(아직 아무것도 그려지지 않은 지도)으로 시작한다. 먼저 각각의 참여자를 '루도 인간(루도Ludo는 매끈매끈한 5센티미터 정도 크기의 몸통 같이 생긴 나뭇조각으로 가나에서 인기 있는 게임을 할 때 쓰는 말이다.

완구회사 피셔프라이스Fisher-Price에서 나오는 얼굴이 없거나 옷을 입지 않은 '작은 인간'을 상상해보라)'으로 둔다.

　그 다음에는 포스트잇을 이용해 모든 '관계자'를 이름으로 구분한다. 한 사람에게서 또 다른 어떤 사람으로 연결되는 색깔 선은 관계자 사이의 연결 고리를 나타낸다. 두 사람 사이를 잇는 선 끝의 화살표는 그 연결 고리의 흐름을 가리킨다. 예를 들어 샘이 조에게 무엇인가를 하라고 지시하면 화살표는 샘으로부터 조에게로 향한다. 관련 당사자들 간에 교환 활동이 일어날 때는(그들은 정기적으로 정보를 교환한다) 화살촉이 양쪽 끝에 달린 선을 사용한다. 각각의 루도 인간에 이름을 쓰고, 물 사용과 관련된 개인의 목표를 지정한다. 예컨대 경제적 발전을 지향한다면 'D(development)', 환경보호를 지향한다면 'P(protection)'라고 적는다. 마지막으로 루도 인간을 장기판 말에 올려놓는데 참여자가 가진 영향력(특별한 상황에서만 영향을 미치는 힘을 의미한다고 쉬퍼는 강조했다)에 따라 장기 말에 타거나 타지 못하는 사람이 생긴다. 경우에 따라 마을에서 아주 영향력이 강한 회원이라도 물 사용 정책을 바꾸는 데 발언권이 없을 수도 있다.[42]

　이처럼 간단하지만 시각적으로 두드러진 도구를 사용한 방법은 빈번한 정전으로 불편을 겪는 지역과 다른 사람들보다 언어 능력이 떨어지는 참여자가 속한 그룹에 적격이다. 간단한 그림으로 서로 간의 관계를 표현하는 것이다.

　영향력 지도를 말로 설명하면 아주 복잡하고도 혼란스럽게 느껴진다. 하지만 이 방법은 놀라울 정도로 효과가 있다. 이를 테면 "누가 관여하고 있는가?"와 같은 간단한 질문이 중요한 정보를 이끌어낸다. 이 질문에 용수위원회 관리는 많은 사람들의 이름을 거명한 반면, 마을에 사는 용수위원회 회원들은 그보다 훨씬 적은 수의 이름을 거명할 수 있다. 하지만 네트워크 분석가들이 종종 지적하듯 기억에는 오류가 생길 수 있다. 모든 참여자를 관리할 책임이 있는 용수위원회 관리조차 이렇게 말했다.

"토론을 하면서 처음에는 잊어버렸던 참여자들이 생각났어요."

쉬퍼는 그룹의 모든 사람이 서로 만나 각자의 지도에 대해 이야기를 나눌 때까지 그 과정을 진행했다. 사람들은 결과물, 즉 훈련을 받지 않은 사람 눈에는 여러 가지 게임 말 옆에 상자와 화살표 그리고 글자가 어지럽게 뒤섞여 있는 그림을 보고 상황을 이해한 것이 아니었다. 과정 자체가 단서였다. 지역 기술 관리 한 명은 이렇게 말했다.

"가장 재미있다고 생각한 부분은 모든 사람을 영향력이 있는 장기 말 위에 앉힌 거였어요. 모든 것이 이런 식으로 앞에 펼쳐지면 전체적인 그림을 보기가 쉽습니다."

이 과정은 얼마나 효과가 있었을까? 가나의 행정 절차는 느리다. 그리고 17명이나 되는 사람들의 태도에 변화가 생기려면 시간이 꽤 걸린다. 쉬퍼는 자신이 급격한 변화를 이끌어낸 것을 뽐내지 않았다. 하지만 그녀는 성공적으로 임무를 수행했다. 그녀는 이렇게 말했다.

"함께 전체 네트워크가 어떻게 생겼는지 파악하면서 용수위원회 회원들은 자신의 의견을 표현할 수 있었어요. 이전의 경험을 이야기하며 모든 것을 어떻게 합칠지도 토의했지요. 거기서 나온 결과와 공동의 미래상이 있었기에 그들 사이의 관계가 개선된 겁니다."

볼가탕가의 교훈은 서로 의견이 다르고 좁은 시각을 극복하지 못하는 개인들이 모인 모든 그룹에 적용시킬 수 있다. 반상회, 사친회, 작은 사업체 등이 그 예다. 쉬퍼는 다음처럼 덧붙였다.

"사람들과 일하다 보면 답답한 일이 벌어질 때가 있어요. 사람들이 어떤 사물이나 현상을 우리와 똑같은 시각으로 본다고 가정하기 때문이지요. 누군가 어리석은 행동을 할 때도 마찬가지에요. 우리 눈에는 어리석게 보일지 몰라도, 그 사람이 이해한 바로는 이치에 맞기에 그렇게 행동하는 겁니다. 함께 일하는 중요한 이방인들과 영향력 지도를 그리는 이유도 그 때문이죠."

영향력 지도를 그리면 자신의 위치를 확실하게 파악할 수 있어서 문제를 푸는 데 도움이 된다. 쉬퍼는 친구(이 사람을 팻 존스라고 부르기로 하자)에게 이 과정을 소개했다. 국제 원조 기구에서 존스를 가나의 한 학교로 파견했다. 그러나 존스는 체제 개혁을 제안할 때마다 저항에 부딪쳤다. 쉬퍼는 존스에게 참여자와 그들 사이의 연결 고리, 목표와 영향력이 미치는 영역을 눈에 쉽게 들어오게 배치하는 방법을 가르쳤다. 그때서야 존스는 몇몇 사람들이 자신을 단순한 기금 조성자로만 여긴다는 사실을 깨달았다. 그리고 개혁을 환영하는 사람들이 돈이 목표인 사람들보다 권력이 약하다는 것도 알게 되었다. 쉬퍼는 이렇게 말했다.

"그는 처음부터 목표를 달리 잡았어야 했어요."

존스는 실행 가능한 타협안으로 기금 조성을 시작했다. 기금은 학교 발전을 위해 사용될 것이라는 점을 확실하게 밝히고서 말이다.

존스처럼 '넘기 어려운 벽'에 맞닥트리면 대개 그 벽을 넘지 못할 것 같이 느껴진다. 그러나 영향력 지도를 그리면 정면에서는 잘 보이지 않던 벽 주변의 길들이 보인다. 높은 곳으로 올라가 더 큰 그림을 보는 것이다. 그러면 사람들 사이에 벌어지는 일이 파악되고, 그들이 서로에게 얼마나 영향력을 행사하는지도 알 수 있다.

일반적으로 가장 영향력이 큰 참여자, 말하자면 그레이엄 스패니어 같은 이는 여러 사람과 연결되어 있다. 인맥 형성 작업, 즉 다른 상황에서라면 서로 연결되지 않을 사람들이나 그룹을 연결하는 작업을 통해 힘과 조정 능력을 얻을 수 있다. 유력 인사들은 자신에게 필요한 것에 아주 가까이 있다. 그들은 모르는 사람과 선이 닿기 위해 굳이 노력하지 않아도 된다. 하지만 당신이 그 정도 위치에 있지 않다고 해도 여러 사람과 인맥이 닿아 있으면 유용한 점이 많다. 당신이 정보와 영향력의 흐름을 잘 알고 있다면 말이다.

팻 존스는 자신의 상황을 그림으로 그려보면서 새로운 사실을 깨달았다. 국가 차원의 중요 정책 입안자와 연결되려면 자신의 최대 적이자 그 지역에 있는 모든 학교의 행정을 책임지는 관계 부서장을 거쳐야 한다는 사실을 말이다. 존스는 학교 일에 관련되어 있지만 개혁과 자금을 상호 배타적인 목표로 보지 않거나 최소한 다른 이의 의견에 귀를 기울일 줄 아는 유력 인사들과 관계를 맺기 위해 노력했다.[43]

높은 곳에서는 완전히 다른 풍경을 볼 수 있다. 또한 문제를 해결할 능력이 어떤 한 개인에게 있는 것이 아님을 깨닫게 된다. 우리는 자신이 맺은 인간관계를 잘 파악하고, 주변의 호위대에 포진해 있는 다양한 사람들을 알아둘 필요가 있다. 그리고 다양한 요소가 어떤 식으로 하나에 집중되어 당신의 일상에 영향을 미치는지 이해하면 새로운 시각에 눈을 뜰 수 있다. 그것이 바로 당신을 변화시키고 미지의 영역으로 나아가게 하는 힘의 결집체다.

3장

다양한 이방인을
사귀면 좋은 점

전혀 다른 부류의 사람들을
서로 만나게 하는 일의 가치를 절대 과소평가하지 마라.
그런 식의 소통은 언제나 있어왔으며
특히 현 시대에는 진보를 위한 가장 중요한 원천 중 하나다.

—

존 스튜어트 밀

빨간 모자 클럽 회원들의 일탈

남편과 함께 쇼핑을 간 수 엘렌 쿠퍼는 밝은 빨간색 빈티지 페도라 (fedora, 챙이 위로 휜 펠트제의 중절모-옮긴이)를 샀다. 몇 달 후, 캘리포니아 풀러턴에 거주하며 벽화 화가이자 프리랜서 삽화가로 활동하는 쿠퍼는 생일 때마다 하는 의식을 치루었다. 50세가 된(또는 50세 이상이 된) 친구들에게 빨간 모자를 선물한 것이다.

또한 쿠퍼는 수십 년 전 고풍스런 헌책방에서 우연히 접한 시, 〈경고〉를 프린트해 액자에 넣었다. 〈경고〉는 나이 든 여성이 누릴 수 있는 자유에 대해 이야기한다. 시에 나오는 여성은 자주색 옷과 빨간 모자를 착용하고 침 뱉는 법을 배우는 등 젊었을 때 너무 '절제'하며 살았던 삶을 어떤 식으로든 보상받겠다고 선언한다. 그러면서 "이제부터 조금씩 연습을 해야 하지 않을까? 늙어서 갑자기 자주색 옷을 입으면 나를 아는 사람들이 놀라 자빠지지 않을까?"라고 말한다.[1]

쿠퍼는 시에서 접한 아이디어가 괜찮다고 느꼈다. 그래서 친구들에게 자주색 옷을 입고 빨간 모자를 쓴 뒤 점심을 먹으러 나가자고 제안했다. 일상에서 해방되어 아무런 근심 없이 즐겨보자는 취지였다.

"그날 오후 마법 같은 일이 벌어졌어요."

쿠퍼의 말이다. 그녀와 친구들은 모임을 '빨간 모자 클럽'이라고 칭하고 또 다른 재미있는 일을 벌이기로 엄숙하게 선서했다. 그로부터 10년이 지난 후 입소문 덕분에 빨간 모자 클럽이 여기저기에서 생겨났다. 빨간 모자 클럽이라는 이름은 어딘가 모르게 나이 든 부유한 미망인들의 모임을 상기시킨다. 하지만 꼭 그런 것은 아니며, 규칙이 없다는 것이 이 클럽의 유일한 규칙이다.

현재 빨간 모자 클럽은 미국 전역과 해외에 4만여 개의 지부를 가지고 있다. 회원 수도 100만 명이 넘는다. 빨간 모자 클럽 회원들은 플래티넘 마스터카드의 주요 고객으로, 언론을 장식하거나 브로드웨이 뮤지컬의 소재가 되기도 한다. 회원들은 주로 전업주부나 직장에 다니는 어머니들이다. 기혼자는 물론 미망인, 이혼녀, 독신자 등도 있다. 그들은 가정에서 자신이 가치 있다고 느끼지 못하며 가사일에 별다른 흥미도 없다.

자신의 존재감에 회의를 느끼는 빨간 모자 클럽 회원들은 사소한 기행을 즐긴다. 이를 테면 주요리가 나오기 전에 후식을 먹고, 포도 밟아 터뜨리기 대회에 나가고, 비행기에서 낙하산을 타고 강하하면서 60세 생일을 기념하는 식이다. 네 자녀의 어머니인 나이 지긋한 할머니가 사격 연습장에서 자신에게 내재된 람보를 끄집어내 마구 총을 쏘거나 10대 아이들과 어울려 레이저총으로 술래잡기를 하며 소리를 지르는 모습을 상상해보라. 어떤 지부는 한껏 멋을 부리고 파트너 없이 참석하는 '월플라워(wallflower) 무도회'를 열었다. 사육제 마지막 날인 '참회 화요일'에 10대 시절 고적대 활동을 할 때 쓰던 바통을 돌리며 행진하는 행사를 개최한 지부도 있다.

하지만 이는 단순히 중년에 새로운 우정을 쌓거나 자신에게 내재된 '어린아이'를 끄집어내 한바탕 즐기는 여성들의 이야기가 아니다. 빨간 모자 클럽은 중요한 이방인 관계가 주는 이점을 간접적으로 드러내는 일종의 사회 실험실이다. 인맥은 잠재적 자원이며 자기 인식에 불을 댕기고 종종 예상하지 못한 방향으로 우리를 이끈다. 우리는 아는 사람들과 일상적인 일회성 대화를 하면서 중요한 정보와 새로운 아이디어를 얻는다. 그리고 어떤 제품을 살지 결정하거나 보통 가정에서 덜 환영받을 성격을 실험해보기도 한다.[2]

전 영부인 로라 부시가 시댁에 방문했을 때 겪은 일을 예로 들어보자. 조지 부시 주니어는 소파에 앉아 다리를 커피 탁자에 올려놓고 있었다. 그런데 갑자기 그의 어머니 바브라가 소리쳤다.

"커피 탁자에서 다리를 내려놔라."

그 말에 아버지인 조지 부시 시니어가 이렇게 말했다.

"이런, 조지는 미국의 대통령이오."

그러자 바브라 부시는 곧바로 이렇게 대답했다.

"그게 무슨 상관이에요. 난 조지가 내 커피 탁자에 발을 올려놓는 게 싫다고요."

"대통령도 어머니 말씀은 들어야 하잖아요."

로라 부시가 시어머니의 편을 들었다.[3]

이 일화는 가까운 사람들이 우리를 리모컨으로 TV 화면을 정지하듯이 일시 정지시켜 버리는 성향이 있음을 보여주기도 한다. 가까운 이들은 우리에게서 하나의 면만 본다. 하지만 가벼운 인간관계를 맺고 있는 사람들은 우리의 다양한 면, 즉 티보(TiVo, 미국의 유명 디지털 비디오 레코더DVR 브랜드. TV 프로그램을 내장된 하드디스크에 저장했다가 나중에 시청할 수 있다—옮긴이) 같은 면을 끄집어낸다.

빨간 모자 클럽 회원들은 각자의 이상을 끌어낼 수 있도록 서로 격려한다. 대신 구속은 하지 않는다. 주요 목표는 즐거운 시간을 갖는 것이다. 쿠퍼가 설명했듯이 새로운 회원들은 때때로 '자유롭다는 생각에 들뜨기도' 한다. 그들은 마음껏 현재의 자신을 표현한다. 예전의 이미지에 순응하거나 자신의 어떤 면이 변하고 있다고 설명할 필요 없이 말이다.[4] 빨간 모자 클럽은 회원들에게 부담스럽지 않고 예측하기 쉽지 않은 인간관계의 다양함을 제공한다. 사람들은 새로운 경험을 하고, '새 옷'을 입어보기 위해 이 클럽에 가입한다.

"한번은 버스 여행을 가는데 어떤 회원이 직장에서는 아주 '직장 여성답게' 차려 입고 행동도 조심성 있게 한다고 말했어요. 그러면서 직장 동료들이 자기가 빨간 모자에 자주색 옷을 입고 깃털에 모조 보석을 단다는 사실을 절대 믿지 않을 거라는 거예요! 어떤 의미에서는 배우가 자기 역할에 몰입하는 것과 비슷하니 그 회원도 배우로서 자기 역할을 하는 셈이죠."

각기 다른 배역을 맡아 그 역할에 몰입하는 것이 새로운 아이디어는 아니다. 셰익스피어가 16세기에 쓴 《뜻대로 하세요(As You Like It)》에서 침울한 제이퀴즈는 "우리 모두는 그저 단순한 연기자일 뿐이며 한 사람은 일생을 살면서 여러 가지 역할을 연기한다."고 말한다. 그 때부터 이 개념이 상투적인 경구로 받아들여졌다고 생각하는 사람들이 있다. 저명한 심리 이론가 윌리엄 제임스는 1890년 자신이 쓴 책에서 "많은 수의 사회적 자아를 가진 이가 있다면, 직접적으로든 간접적으로든 다수가 그를 아는 것은 물론 자신의 마음속에 그의 이미지를 품고 있는 이도 많을 것이다."[5]고 말했다.

현대인들도 많은 요구에 대처하기 위해 다양한 개성을 살리고 관리할 필요가 있다. 우리는 호위대 안의 한 집단에서 또 다른 집단을 오가며 자신에게 꼭 맞는 생활을 영위하려 노력하며 산다. 옷장에 손을 뻗어 상황에 맞는 옷(또는 자아)을 고르고, 이야기를 하는 등 각자 역할에 맞게 연기를 한다. 한 사람이 부모, 배우자의 파트너, 시장 분석가, 블로거, 와인 감식가, 태극권을 배우는 학생, 차고 세일 (garage sale)이라면 사족을 못 쓰는 쇼핑족, 가수 엘리샤 키스의 팬이 된다.

심리학자 케네스 거겐은 이를 가리켜, 우리가 만나는 사람들과 중요한 이방인들이 우리의 정신 구조 속에 '자리 잡고 있다'고 설명한다.[6] 사람들은 더 이상 한 세기 전처럼 하나의 자아, 압도적으로 가까운 유대 관계 하나로 구성된 '기본 자아'만 가지고 살지 않는다. 우리 모두는 다양한 무대에서 연기하는 여러 가지 정체성의 집합체이다. 중요한 이방인들은 지속적으로 우리에게 정보를 주며 이 일은 계속 반복된다. 거겐은 이렇게 말한다.

"우리는 인간관계의 다양성 속을 매일 여행하는 시대에 살고 있습니다. 어느 하나가 특별히 우세하지 않기에 하나의 관계에서 다른 관계로 자연스럽게 이동할 수 있지요."[7]

오늘날 많은 사회과학자는 자아를 보다 포괄적인 것으로 생각한다. 그저 특별하기를 바라는 하나의 '개인적인' 자아가 아니라 다른 사람들과 연결되고 어딘가에 소속되려고 노력하는 '사회적 자아'가 되고자 한다고 보는 것이다. 사회적 자아의 정체성은 중요한 이방인과 맺는 약한 유대감 그리고 더욱 큰 사회구조에 속한 회원으로 정의 내릴 수 있다. 또는 그룹(교회위원회, 축구팀)이나 특정 개성의 집합체(이슬람교도, 강철 노동자)가 될 수도 있다.[8]

여러 계층의 사람들과 교류함으로써 '확장'되거나 복잡해진 자아를 가지는 것은 다양한 댄스 스텝을 배우는 일과 비슷하다. 즉, 어떤 음악이 나오든 당신은 거기에 맞추어 춤을 출 수 있다. 사회생활을 하며 상황이나 설정이 달라져도 잘 적응하고, 여러 가지 정보를 더 많이 얻는다. 가벼운 인간관계 덕분에 우리는 스스로가 어떤 사람인지 파악할 수 있다. 우리가 믿는 것을 바꿔놓을 수 있는 여러 가지 사회적 영역을 헤쳐 나가기도 수월해진다. 심지어는 계층의 사다리에서 위로 올라갈 수도 있다.

사실 우리 자신에 대해 알고 있는 것들 대부분이 인간관계에서 비롯된다. 물론 유전자와 경험도 중요하다. 하지만 다른 사람이 거울을 들고 있고, 우리는 그들의 눈을 통해 스스로를 본다. 가까운 사람들이 우리의 개성 형성에 영향을 미친다는 것은 의심할 여지가 없다. 하지만 익숙한 영역 밖으로 우리를 이끌고 자아의식을 확장시켜 세상과 그 속에 서 있는 우리의 자리를 더욱 잘 이해하게 도와주는 이는 중요한 이방인들이다. 그들과의 일상적인 교제와 대화는 우리의 지평을 넓혀준다.[9]

우리는 다중적인 자아를 갖고 있다

"난 많은 모자를 써요. 문제가 되는 경우는 그중의 하나가 제대로 맞지 않을 때뿐이죠."

아내, 어머니, 의붓어머니 그리고 할머니인 팻 히콕이 이렇게 농담을 한다. 60대 초반인 히콕은 평생 동안 다양한 활동을 해온 에너지 넘치는 인물이다. 낮에는 전문 보모로 일하는 그녀는 빨간 모자 클럽의 '여왕'이다. 그녀는 다른 지방에 사는 회원들과 (대개 이메일로) 연락을 주고받으며 짬이 날 때마다 측근들과 함께 모험을 즐길 수 있는 놀이를 계획한다. 그녀는 '1단계'를 할까 숙고했다.

"(그보다 덜 적극적인) '4단계'는 한 달에 한 번 정도, 두세 개의 옷만 입고 외출하는 거예요."

히콕의 말이다. 그녀는 2003년 샌디에이고에 살 때 빨간 모자 클럽에 가입했다. 거리 축제에서 빨간 모자를 파는 여성을 만난 일이 계기였다.

"그때 난 새로운 친구를 사귀고 뭔가 재미있는 일을 벌이고 싶었어요. 그래서 가입했죠."

30년간 함께한 남편과 라스베이거스로 이사하기로 결심한 후 히콕은 '씬 시티 스윗하츠(Sin City Sweethearts)'라는 이름으로 새로운 지부를 열었다. 그녀는 가입하는 모든 사람을 환영했다. 작은 지부의 구성원들은 너무도 다양하다. 마치 히콕이 일부러 다양한 사람들을 모은 것처럼 생각될 정도다.

"교회에서 일하는 여성, 세 번의 결혼 경력이 있는 유대인 여성, 최근에 사별한 미망인, 자녀와 손자들을 기르는 흑인 동성애자 등이 우리 모임의 회원이에요. 멜팅 팟(melting pot, 인종의 용광로)을 만드는 데 관심이 있는 건 아니에요. 나는 뷔페 요리를 좋아해요. 그들을 만나면서 예전에는 꼭 닫아뒀던 내 삶의 창을 열었어요."

이렇게 말하며 히콕은 무척 행복해했다.

하지만 다양한 모자를 쓰기 위해 반드시 빨간 모자 클럽에 가입해야 하는 것은 아니다. 사람들은 우리가 다른 역할을 할 수 있는 기회를 제공한다. 우리가 쓰는 모자는 함께하는 사람이 누구고, 무엇을 하고 있으며, 어떤 상황이냐에 따라 달라진다. 당신과 농구를 하는 사람이 있다고 치자. 그는 당신에게 내재된 라이벌 의식이나 탁월한 유머 감각을 끄집어낼 수도 있다. 하지만 같은 사람을 교회에서 만났다면 어떨까? 당신은 재미를 추구하는 운동선수의 기질을 보이지 않을 것이다. 이처럼 우리는 다중적인 자아를 가지고 있으며 스스로도 그 사실을 의식한다.

1995년, 애리조나 주의 대학 공동체에서 실시한 조사에서는 38명이 559가지의 특이한 개성을 보유하고 있다는 결과가 나왔다.[10] 조금 덜 복잡한 생활을 원하며, 이메일과 전화가 너무 많이 오고, 자신이 진 책임이 너무 많다고 불만을 토로하는 사람도 더러 있다. 하지만 이제는 되돌아갈 수 없다. 램프의 요정은 이미 오래전에 램프에서 빠져나갔다. 현대인은 여러 가지 역할을 하며 살아야 한다.

몇십 년 전만 해도 정체성을 연구한 몇몇 사회과학자들은 계속해서 다른 역할이 자리를 차지하고 있으면 '역할 갈등'과 '역할 과부하'에 걸릴 위험이 있다고 경고했다.[11] 하지만 그런 우려에도 불구하고 다양한 역할을 수행함으로써 생기는 몇 가지 장점이 있다. 어머니와 직장 여성의 역할을 동시에 하면 생활이 치열해지고 스트레스가 쌓인다. 마치 묘기를 부리고 있는 것처럼 느껴질 정도다. 또한 맡은 역할 가운데 압도적인 하나가 다른 역할을 잠식하는 경우도 있다.[12] 아이를 키우는 한 전업주부가 디너파티에서 무심결에 옆 사람의 고기를 잘라주기 시작했다는 오래된 우스갯소리도 있다. 그 여성은 '어머니'라는 역할에서 결코 벗어나지 못하는 것이다.

어떤 역할 이론가들은 '복잡한 감정'이 드는 이유가 어떤 특정 상황이 오로지 우리 마음속에서만 일어나는 현상이라고 해도 두 가지 상반되는 역할을 작동시키기 때문이라고 추정한다.[13] 당신이 기업 변호사이며 최고경영자에게 제3세계에 새로운 공장을 여는 것에 대해 조언하고 있다고 가정하자. 당신은 변호사로서 사세 확장을 해야 한다고 설명하는 중이다. 하지만 한편으로는 사회운동가로서의 자아의식이 깨어난다. 변호사는 회사가 번성하기를 바라지만 사회운동가는 속으로 이렇게 묻는다. '그럴 경우 치러야 할 희생은 어떻게 하지?'

그런 현실을 차치하고서라도 우리 역할의 대부분, 특히 중요한 이방인과 함께 활동하는 역할은 분리된 단계에서 실행된다. 계속해서 나오는 새로운 연구 결과에 의하면 더욱 중요한 것은 복잡한 자아를 가짐으로써 얻는 이점이 그것이 야기할 수 있는 위험보다 훨씬 크다는 사실이다. 케네스 거겐은 이렇게 말한다.

"인간관계를 다양하게 맺고 있을 경우 경제적 이점을 누릴 수 있습니다. 자신에 대해 좋은 감정을 느낄 수도 있고요."[14]

다른 사회과학자들도 그의 의견에 동의한다. 우리는 다른 사람의 눈을 통해 자신을 본다. 자신의 행동에 대한 사람들의 반응에 따라 무한한 희망을 확신하거나 깊숙한 곳에 숨어 있는 두려움을 확인한다. 사람들은 각기 다른 상황에서 우리의 자아가 어떻게 될지에 대한 아이디어를 제공한다. 우리는 사람들의 반응을 보고 어떤 행동을 해야 할지 말지를 판단한다. 다른 사람들이 인정해야만 스스로를 가치 있다고 생각하는 경향도 있다. 사회학자 페기 토잇은 이렇게 말한다.

"일반적으로 더 많은 역할 정체성을 가지고 있을수록 자신의 삶에 목적의식과 의미를 부여하고 이익이 되는 행동 지침과 사회적 피드백을 얻을 가능성이 높습니다. 즉, 정신이 건강해지는 건 물론이고 전반적인 행복을 더 많이 누릴 수 있습니다."[15]

확실히 우리가 실행하는 역할 중 몇 가지는 더 중요하거나 두드러진다. 스트레스 레벨에 긍정적인 효과를 미치는 역할도 있다. 그렇다고 해서 그 두 가지가 반드시 함께 가는 것은 아니다. 17가지 다른 역할을 비교하고 중요도에 순위를 매기면서 토잇은 주목할 만한 사실을 알아냈다. 즉, 여성은 중요한 관계에 근거한 역할에 가치를 두는 반면 남성은 성취도에 근거한 역할을 선호한다는 것이다.

하지만 토잇은 두드러진 역할이 심리적 행복감을 진작시킬 것이라고 예상했는데 사실은 그렇지 않았다. 학교 앞 건널목 지킴이나 빨간 모자 클럽 회원처럼 그만두기 쉬운 자의적인 역할은 우울증이 발생할 확률을 줄여주는 것은 물론 자존감, 통솔력, 육체 건강을 강화시킨다. 반면 집중과 에너지를 요구하는 배우자, 부모, 근로자와 같은 의무적인 역할은 '역할 긴장'으로 통하기도 한다. 우리는 배우자와 말다툼을 하거나 직장에서 오랫동안 일을 할 때 스트레스를 받는다. 아이들이 말썽을 부릴 때도 마찬가지다. 이런 상황에 대처하는 것은 공원을 걷는 일과는 전혀 다르다. 따라서 토잇은 의무적인 역할은 긴장으로 가득 차지 않은 상황에서만 정신 건강에 좋다고 결론 내렸다.[16]

다양한 부류의 중요한 이방인을 사귀어야 하는 이유

어떤 역할을 수행하는 것은 인간관계를 맺는 일과 다르다. 하지만 일반적으로 이 두 가지는 공존한다. 관객이 없으면 배우도 필요 없듯이, 보는 사람이 있을 때 우리는 역할에 가장 진실해진다. 부모와 자녀, 고용주와 피고용인, 교사와 학생처럼 모든 역할에 고유의 '파트너'가 있는 것은 아니다. 하지만 중요한 이방인은 거의 모든 역할에 관련되어 있다. 혼자 작업하는 화가에게도 선생님, 대리인, 고객 그리고 그가 먹을 것을 사는 행상 등이 있다. 이 화가는 상대에 따라 조금씩 다른 역할을 수행할 것이다. 이렇게 상황에 따라 달라지는 각기 다른 자아가 부리는 마술을 사회학자들은 '복잡 역할군'이라고 부른다.

고인이 된 사회학자 로즈 코저는 간단하거나 제한된 역할군은 소외감과 지루함을 야기할 수 있다고 주장했다. 모든 사람과 사물에 친숙하면 전력을 다할 필요가 없어진다. 삶에 새로운 요소가 끼어들 틈도 없다. 반면 복잡 역할군은 끊임없이 당신의 지적 능력과 문제 해결 능력을 시험한다. 예를 들어 '내과의' 역할을 하려면 환자, 병원 행정가, 제약 회사 직원 그리고 의대생들과 지속적으로 교류해야 한다. 내과의는 각각의 사람들과 교류할 때마다 다르게 행동해야 한다. 코저는 이렇게 말했다.

"그런 행위는 우리가 새로운 역할 파트너에게 정신적으로 적응할수 있게 해줍니다. 또한 판단력을 실험하고, 화해하며 타협하고, 의도와 목적 동기 그리고 시각을 고려하게 해주지요."[17]

우리는 가까운 사람을 대할 때 자동 조종 장치가 마음을 좌지우지 하게 내버려둔다. 하지만 잘 알지 못하는 사람을 대할 때는 간단한 말만으로는 부족하다. 그래서 코저가 말한 '공들인' 화법을 구사해서 '모든 사람이 알아들을 수 있게' 해야 한다.[18]

코저의 이론을 이용하면 역사 교수인 헨리 그래프가 다른 분야의 학자들과 즐겨 만나는 이유를 설명할 수 있다. 그래프의 표현에 따르면, 그 모임에 참석하면 '멋진 마음'이 생긴다. 그래프는 대통령학 분야의 미국 최고 전문가 중 한 명이다. 전 미국 대통령이었던 고(故) 해리 트루먼과 제럴드 포드가 그래프의 강의를 들었다. 그는 백악관을 드나들며 거물들에게 조언을 하던 인물답게 자신감과 권위가 있는 어조로 말한다. 현재 80대인 그는 명민하며 건강하다. 몇 년 전 은퇴했을 때, 그는 시대에 뒤떨어진 존재가 되고 싶지 않았다. 하지만 60여 년이라는 긴 세월을 보낸 컬럼비아대학에는 그가 있을 자리가 없는 듯했다. 그는 자신의 인생과 더불어 정신적인 자극을 받을 기회가 점점 줄어든다고 생각했다. 그가 자문을 해주었던 학생들과 함께 연구하던 동료 교수들도 모두 학교를 떠나고 없었다.

"명예직에 있으면 여기저기서 초대장이 오게 만들고, 사람들의 메일 주소록에 이름을 올리고, 무슨 일이 어떻게 진행되는지 알기 위해 계속해서 사람들과 접촉해야 합니다."

상황을 개선하고자 그래프는 컬럼비아대학 명예교수회(EPIC, Emeritus Professors In Columbia)를 공동 설립했다. EPIC을 통해 그래프는 의학, 물리학, 미술 그리고 전에는 접해보지 못했던 분야의 교수들을 사귀었다. 그는 월례 EPIC 오찬에서 만난 외부 인사들과의 시간을 즐겼다. 일반적으로 논란이 되는 주제에 대해 토론을 하기 때문이었다. 그러면서 계속 사고를 하고 다양한 부류의 중요한 이방인들과 생생한 대화를 나눌 수 있었다. EPIC 회원으로서 적극적인 활동을 하던 그는 자신의 전문 분야 밖으로 진출할 용기와 더욱 정교한 화법을 구사하겠다는 의지가 생겼다. 그의 멋진 마음이 연마된 것이다.

그래프의 일화는 다양하고 넓은 인간관계를 형성하는 것이 어떤 역할을 더하고, 조정하고, 그만둘 때 특히 중요하다는 사실을 보여준다. 전문가들은 기존의 역할이 편안하게 느껴지지 않을 때, 직장에서 더 이상은 견디기 힘들 때, 인간관계가 너무 복잡하고 어려워질 때 또는 인생에서 다른 '계절'로 옮겨갈 때 새로운 역할을 맡기 위해 오디션을 본다고 말한다. 그래프에게 있어 오디션은 은퇴였다. 돈에 가치를 두는 사회에서 '일꾼' 역할을 하지 못하게 되는 것은 특히 힘든 경험이다.[19] 빨간 모자 클럽 회원 중 몇 명에게는 자식이 성장해 집을 떠나고 난 '빈 둥지'가, 핑거맨의 경우는 어머니가 되는 전환기가 이 힘든 경험에 해당된다.

변화를 일구려면 바뀔 수 있다고 믿어야 하며 지원을 아끼지 않는 '사람들'이 주변에 있어야 한다.[20] 이 '사람들'은 우리가 사랑하는 가장 가까운 이들일 수도 있지만, 전에 생각해보지 않은 방법을 제시하고 새로운 역할을 맡도록 격려하는 중요한 이방인일 가능성이 더 높다. 그들은 우리가 미지의 영역에 발을 들여놓도록 회유한다. 그렇게 해시 우리는 삶을 소성하는 솜 더 숙련된 기술을 얻어 어떤 일이 닥쳐도 앞으로 전진할 수 있다.[21]

불쌍한 사람들의 서열

10년도 훨씬 전에 일어난 일이다. 어느 월요일 오후, 점잖고 성실하며 스스로의 표현에 따르면 '농담 잘하는' 남자 더그 데이비스는 갑판 만드는 일을 끝냈다. 189센티미터 키에 튼튼하고 다부진 체격을 소유한 금발의 데이비스는 건강의 화신이었다. 그는 새로운 사업을 막 시작한 참이었고, 약간의 통증을 느끼곤 했지만 대수롭지 않게 생각했다. 그는 최악의 상황만은 벌어지지 않을 것이라고 생각했다. 5년 전, 결혼을 하고 3개월이 지난 시기에 데이비스는 일명 '약한' 백혈병이라고 불리는 만성 골수성 백혈병의 차도를 위해 싸웠다. 그는 골수 이식 수술을 받은 후 불임이 되었다. 하지만 그들 부부는 치료를 시작하기 전에 정자를 냉동해두라는 담당 의사의 의견에 따랐고, 3살 난 아들과 생후 몇 개월이 지난 딸을 두었다. 그리고 그가 새로 시작한 갑판 제작 사업도 번성하고 있었다.

화요일에 데이비스의 건강은 더욱더 악화되었다. 그는 독감에 걸렸다고 생각했다.

"그때는 몰랐지만 내 몸이 적혈구 세포를 먹어 치우기 시작했던 겁니다. 그래서 서둘러 수술을 받아야 했어요."[22]

의사는 먼저 데이비스의 비장(脾臟)을 제거했다. 그러자 포도상구균 감염에 취약해지고, 피가 몸 전체로 흐르지 않고 막혀버리는 증상이 나타났다. 이 상태를 의학 용어로는 '파종성 혈관 내 응고(Disseminated Invravascular Coagulation)'라고 부르며 줄여서 DIC라고도 한다. 그리고 DIC는 세칭 '죽음이 다가온다(Death Is Coming)'라고도 일컬어진다.[23]

데이비스는 죽지 않았다. 하지만 수족이 검게 변했다. 손가락을 움직일 수 없게 되자 왼쪽 팔뒤꿈치에서부터 아랫부분까지 약 13센티미터를 절단해야 했다. 그리고 일주일 뒤에는 오른쪽 팔을 절단했다. 고압산소실에 들어가 체내에 산소를 공급했지만, 몇 주 후에는 두 다리까지 절단해야 했다. 당시 그의 나이 25세였다.

더그 데이비스는 항상 스스로를 뭐든 '직접 손으로 해봐야 직성이 풀리는' 사람으로 생각했다. 그는 자전거 타기와 달리기를 좋아했다. 어릴 때는 몇 시간이고 레고로 무엇인가를 만들곤 했다. 공작과 컴퓨터 수업을 좋아하던 반항적인 학생이었던 그는 뭔가를 만지작거리며 고치기 좋아했고 솜씨 좋은 목수로 이름을 날렸다. 그러던 그가 병원에 누워 충격과 우울함 속을 헤매고 있는 것이었다. 데이비스의 팔과 다리는 그의 정체성에서 가장 중요한 부분이었다. 부인과 가족이 함께하며 돕고 격려해주었지만 그가 느끼는 비통함을 알 수는 없었다. 다행히도 그는 고향인 위스콘신 주의 프레도니아에 있는 병원에서 나와 곧바로 밀워키 프라이덜트병원의 척수손상센터로 갔고 거기에서 많은 중요한 이방인을 만났다.

프라이덜트병원에서 데이비스는 인공 수족을 만들어준 보철사를 만났다. 한 젊은 치료사는 그가 정신적 고통을 이겨내는 데 도움을 주었다. 데이비스는 아직도 그 치료사와 연락하고 지낸다. 그가 '할 수 없었던 것들을 하도록 계속해서 도와주는' 젊고 예쁜 여성 치료사도 있었다. 그녀는 데이비스에게 우유 팩을 주면서 열어보라고 했다. 또한 그녀는 가로 7칸, 세로 6칸인 직사각형 판을 세로로 세워놓고 벌어진 틈 속으로 말을 떨어뜨려 가로나 세로 혹은 대각선으로 같은 칩 4개를 놓으면 이기는 보드게임 커넥트 포(Connect Four)의 여행용 사이즈를 가져와 그에게 도전하곤 했다. 데이비스는 이렇게 말했다.

"절대 나를 이기지 못할 거라고 농담을 하곤 했어요. 실제로도 그녀는 나를 이긴 적이 없지요."

같은 척수손상 병동에 입원한 다른 환자들도 그에게는 중요한 존재였다.

"모두 함께 저녁을 먹곤 했어요. 환자들 중에는 허리 아래가 마비되거나 머리를 거의 움직이지 못하는 사람도 있었죠."

데이비스는 스스로가 '운이 좋다'고 느꼈다. 의사가 수술을 할 때 팔꿈치와 무릎을 보존해준 덕분에 보철사들이 그에게 맞는 인공 수족을 제작하기 쉬웠기 때문이다.

"새로운 팔을 달고 난 직후에 혼자 힘으로 식사를 하기 시작했어요. 보철사는 곧 일어서서 걸을 수 있게 해주겠다고 장담했어요. 그 다음 날 당장은 아니지만 1년 안에는 될 거라고요. 다른 사람들과 비교했을 때 제 상황은 그렇게 나쁘지 않았죠."

데이비스는 우리 모두가 중요한 이방인들과 하는 일에 푹 빠졌다. 심리학자들은 이것을 '사회적 비교'라고 부른다. 나보다 못생기고 덜 똑똑하며 기술이 별로고 그다지 좋지 않은 상황에 놓인 사람을 보면 우리는 '밑을 보고' 비교한다. 그러면 내가 처한 상황이 긍정적으로 보이며 스스로가 꽤 괜찮다고 여겨진다. 반면 자존감이 낮을 때는 '위를 보고' 비교하며 다른 사람의 개성이나 소유물을 탐한다. 이렇게 되면 기분이 상당히 나빠진다. 이렇게 위/아래로 비교하는 대상은 주로 지인들이다. 가장 가까운 사람들과는 동급 비교를 유보하는 경향이 있다.[24] 가장 가까운 그룹에 속한 사람과 비교해서 한 사람이 다른 사람보다 우월(또는 열등)하다고 느끼면 깊이 맺은 인간관계에 문제가 발생할 수도 있기 때문이다. 하지만 중요한 이방인과의 사이에서는 그런 위험이 없다.

사회학자 알리 혹스차일드는 이를 '불쌍한 사람' 서열이라고 명명했다. 그는 샌프란시스코 베이 지역의 저소득 공영 주택단지에 거주하는 활기 넘치는 다양한 노인층을 대상으로 연구를 실시했다. 그 결과 노인들은 건강이 악화되었거나, 자녀가 있지만 거의 찾아오지 않거나, 남보다 더 빨리 늙는 사람과 자신을 비교할 때는 '아래를 보고 비교해' 안됐다고 생각한다는 사실을 알아냈다. 꾸준히 정치 활동에 참여하는 주민들은 하루 종일 카드 놀이를 하는 이들을 불쌍하다고 생각한다. 건강이 좋지는 않지만 스스로 자신을 돌보는 사람들은 양로원에서 사는 사람들을 불쌍하게 여긴다. 혹스차일드는 "거의 모든 이에게 이런 '불쌍한 사람'이 있는 것 같다."는 결론을 내렸다.[25]

더그 데이비스는 한쪽 팔에 금속으로 만든 갈고리를, 다른 한쪽 팔에는 진짜 손 같이 생긴 플라스틱 의수를 달고 있다. 두 다리 역시 그의 것이 아닌 의족이다. 당신은 데이비스를 '불쌍한 사람'이라고 생각할 수도 있다. 하지만 직접 데이비스를 본다면 생각이 달라질 것이다. 30대 후반이 된 그는 한 여성의 남편이자 활발한 성격의 10대 자녀 둘을 둔 아버지다. 그는 연장 제조 디자이너로 하루 8시간 전일제로 근무하며 사회생활을 즐긴다.

만약 당신이 토요일 오후 차를 몰고 데이비스의 집 근처를 지나간다고 가정해보자. 당신은 잔디를 깎거나, 개에게 공 던지기를 시키거나, 아이들과 축구 또는 무선 자동차 경주 놀이를 하는 그의 모습을 볼 수 있을 것이다. 차에서 내려 잠깐이라도 그와 이야기해보면 인공 수족 따위는 까맣게 잊어버리게 된다.

그 역시 처음에는 가족과 친구들, 그리고 불구가 아닌 사람들이 자신에게 어떤 반응을 보일지 걱정했다. 보철을 하기로 결정한 것도 그래서이다. 하지만 지금은 보이는 것보다 실용성이 더 중요하다는 사실을 안다. 보철로 완전히 가린 다리는 무겁고, '분홍빛이 도는' 팔은 쉽게 더러워진다. 데이비스는 이제 새로 사귈 사람들의 반응을 걱정하지 않는다.

"캠프에 가면 우린 대부대로 움직입니다. 캠핑을 하면서 많은 사람을 만나죠. 처음에는 좀 불편해하는 사람도 있어요. 그러면 제가 농담을 해요. 내 다리는 차가워지지 않는다고 자랑하기도 하죠. 바비큐를 만들 때 아이들이 다가오면 손이 아니라 갈고리를 이용해 돌려보내요. 그런 식으로 행동하면 사람들도 농담을 하기 시작합니다."

데이비스의 사회적 호위대에는 매년 텍사스 올니에서 개최되는 외팔이 비둘기 사냥대회에서 만나는 사람들이 포함된다. 이 대회는 팔절단 수술을 받은 사람들이 참여하는 스포츠 행사다.

"고향에서는 저처럼 절단 수술을 받은 사람을 거의 볼 수 없어요. 그러다 사냥대회에 나가 사람들을 만나면 다들 나름대로의 방식으로 일을 한다는 걸 알게 되죠. 그런 모습을 보면서 많은 걸 배웁니다."

사냥대회 참가자는 혼자서 거의 아무 일도 하지 못해서 24시간 보호자가 붙어 있는 사람과 데이비스처럼 독립적으로 활동할 수 있는 사람으로 나뉜다. 그는 특히 이런 상황에서 빛난다. 크고 다양한 집단의 일부로서 데이비스는 심리학자 마릴린 브루어가 '확장된 자아' 라고 명명한 약한 유대감을 통해 형성된 자아를 기른다. 커다란 사회체제의 일원이 되면 그 그룹을 대변하는 '모범적' 회원이 되라는 요구를 받는다. 모범적인 가톨릭교도나 모범 경찰처럼 말이다. 데이비스는 스스로를 '장애인'으로 생각하지 않는다. 하지만 비둘기 사냥대회에서 만난 절단 수술을 받은 이들을 보며 자신이 겪었던 초기의 고난과 현재의 위치에까지 오른 자신을 생각한다. 그러면서 다른 참가자들과 일체감을 느낀다.[26]

데이비스는 우리가 스스로를 확장하고 다른 종류의 사람들과 교류하면 여러 가지 상황에 부딪혔을 때 그에 적절하게 대처하는 능력을 발전시킬 수 있음을 입증한다. 2장에서 반복해 강조했듯이 '다양성'은 허물어져가는 제도에 새로운 생명을 불어넣는다.

복잡계(複雜界, 기상, 생명 현상, 화학물질, 수리통계, 경제 활동 등 수많은 요소가 모여 만드는 체계-옮긴이)를 연구하는 스캇 페이지 교수는 엘리 릴리가 만든 이노센티브닷컴(InnoCentive.com)의 예를 인용한다. 이노센티브닷컴은 과학계의 회원들(일명 '탐구자')이 복잡한 문제를 올리는 웹사이트로, 가입하고 싶으면 누구든 문제를 풀어보려 시도하면 된다. 처음 4년 동안 이노센티브닷컴은 전 세계에서 8만 명의 '문제 해결사'를 끌어들였다. 이 웹사이트를 연구한 결과 여러 가지 과학 훈련을 받은 문제 해결사들이 함께 문제를 풀려 시도하면 답이 나오는 것으로 드러났다. 다시 말해서 각기 다른 시각을 보유한 사람들을 한데 묶어놓는 것이 비슷한 화학자만 모아놓은 그룹에 의존하는 것보다 훨씬 효과적이라는 뜻이다.[27]

페이지에 의하면 개개인은 다양한 배경과 성향을 보유한 사람들을 호위대로 영입할 때 더 발전할 수 있다. 그렇게 함으로써 오래전부터 당연하게 생각해온 전제에 대해 의문을 갖게 되기 때문이다. 페이지는 이렇게 말한다.

"중요한 이방인은 문제를 새로운 시각으로 보게 해주는데, 그렇게 되면 그 문제를 풀 수 있는 확률이 엄청나게 높아집니다. 새로운 정보를 알게 되는 것 이상의 의미가 있죠."

아이디어나 능력을 도구라고 가정해보자. 다른 사람들은 우리에게 없는 도구를 가지고 있기 마련이다. 따라서 중요한 이방인을 통해 알게 된 새로운 기술과 아이디어 그리고 정보는 '가능성'을 엄청나게 높여준다.[28]

버스 기사가 고위층과 어울릴 수 있는 이유

몇 년 전, 크리스마스가 얼마 남지 않았을 때 벌어진 일이다. 나이든 흑인 여성 한 명이 할렘에서 5번가로 가는 버스에 탑승한 후 복도를 왔다 갔다 하며 다른 승객들로부터 돈을 걷고 있는 듯 보였다. 버스에 타고 있던 '단골' 승객들은 주로 흑인과 히스패닉계였다. 그들은 5번가 부근 부자 동네의 고층 건물, 호텔 그리고 고급 식당에서 청소부 혹은 잡역부로 일했다.

"후방 거울로 그 부인을 봤어요."

버스를 몰던 기사 바브라 그린이 그 순간을 회상했다. 그린은 건장한 체격에 목소리가 크고 짧게 친 금발 머리만큼 환한 미소를 짓는 여성이다.[29]

그 흑인 노부인은 버스에서 내리면서 그린에게 흰색의 낡은 봉투

120

를 건넸다. 그 안에는 소액권으로 200달러 이상의 돈이 들어 있었다. 뉴욕 시 버스 기사로 30년간 일해온 그녀는, 8년째 같은 노선의 버스를 운전해왔다. 그녀는 매일 만나는 단골 승객들을 알고 있다. 하지만 이름까지는 알지 못했기에 스페인어로 존경과 사랑을 뜻을 담은 단어인 '마미(mami)'나 '파피(papi)'라고 불렀다.

"그분들이 어디에 사는지 훤히 알아요. 그래서 밤에 내려줄 때는 집까지 가는 길이 괜찮은지 좀 더 살펴보죠."

저임금 노동자들이 거주하는 주택단지에서 '보수공'의 딸로 성장한 그린은 봉투 안에 든 1달러, 5달러 그리고 10달러짜리 지폐가 기증자들에게 얼마나 큰 의미를 가지는지 잘 안다.

현재 50대 초반인 그린은 자신의 뿌리를 결코 잊어본 적이 없다. 이는 아마 그린의 배경이 보통 사람들과는 다르기 때문일 것이다. 고등학교를 졸업한 그린은 5년간 은행원으로 일했다. 그 뒤 월급이 은행원에 비해 두 배이고, 연금이 두둑하며, 의료보장도 잘된다는 말에 솔깃해 그린은 버스 기사로 직업을 바꾸었다.

그녀는 버스 기사로 일하면서 '세상을 보는 창'을 가지게 되었다. 아침마다 그녀는 차(tea)를 파는 아시아 여성, 다른 버스 기사, 배차원 (주로 남성이며 백인이 아니다) 그리고 뉴욕 구석구석에 사는 다양한 인종의 통근자들을 매일 만나고 상대한다. 특히 정이 가는 승객들이 있기는 하지만 그린은 거의 모든 승객과 교류한다. 그중에는 번쩍거리는 디자이너 로고가 박힌 쇼핑백을 든 지긋한 나이의 부유한 여성 승객도 포함되어 있다. 그린은 계속해서 배운다. 그녀는 가난한 살림 때문에 보모를 고용할 수 없었던 나이 든 부모님의 외동딸로 자라면서 스스로 이런 재능을 연마했다.

"식당, 술집 어느 곳이든 부모님과 함께 다녔어요. 일곱 살 때 처음으로 부모님을 따라나섰죠. 어른 같이 행동하는 착한 꼬마가 되어야 했어요. 그렇게 사교하는 법을 배웠죠. 전 서류를 다루는 일은 잘 못하지만 말로는 뭐든지 해결할 수 있어요."

그린은 뉴욕 특유의 억양을 쓴다. '커피(coffee)'를 '카우피(cawfee)'로, '토크(talk)'를 '타크(tawk)'라고 발음하는 것을 들으면 그녀가 평생을 뉴욕에서 보냈다는 사실이 확실해진다. 또한 그녀는 상대방의 눈을 보고 무엇이든 거침없이 이야기할 수 있다. 확실히 그녀는 도시 노동자나 노조원들과 잘 어울린다. 하지만 그녀의 사회적 호위대에 의사, 변호사, 그리고 '세계 각지로 날아가 회의에 참석하는' 기업 중역까지 포함되어 있다는 사실은 이해하기가 쉽지 않다.

그린은 최신 유행의 멋진 레스토랑에서 식사를 하고, 브로드웨이 공연을 즐긴다. 또 롱아일랜드와 대서양 사이에 위치한 파이어 아일랜드에 여름 별장도 가지고 있다. 파이어 아일랜드는 부유층의 별장이 즐비한 곳이다. 그녀는 몇 해 전 50세 생일을 축하하는 의미에서 애리조나에 있는 멋진 관광 목장에서 일주일을 보내며 돈을 물 쓰듯 하기도 했다. 그리고 이후 매년 그 목장을 찾는다. 50대 중후반이 되면 그녀는 은퇴를 하게 될 것이다. 그러면 그녀는 풍족한 연금으로 플로리다에 있는 콘도에서 겨울을 즐길 계획이다.

"저는 제 수준에 맞지 않는 사람들과도 어울려요."

그린은 최근 들어 정기적으로 관광 목장을 찾는 손님 중 한 명이 맨해튼의 부유층이 거주하는 어퍼이스트사이드 출신이라는 사실을 알게 되었다.

"그 사람에게 이런 농담을 던졌어요. '어머, 그러니까 당신은 80년 대에 내가 버스에 태우고 다니던 부잣집 자제 중 한 명이었는데, 어느 덧 20년이 지나 함께 저녁 식사를 하네요.' "

저소득 주택단지 출신의 바브라 그린은 역경을 극복했다. 빅토리아 시대부터 지배 계급과 피지배 계급이 없어졌다고 생각하고 싶지만, 사회적 계층의 사다리에서 위로 올라가거나 다른 계층에 속한 사람과 지속적으로 교제하는 일은 여전히 어렵다.[30] 우리는 교육이 계층 극복의 수단이 될 수 있다고 생각한다. 그러나 사회학자 보니 에릭슨이 실시한 놀라운 연구 결과에 따르면, 바브라 그린 같은 사람이 계층의 벽을 넘어설 수 있었던 것은 교육 덕분이 아니다. 그린은 예술, 음악, 책, 스포츠, 레스토랑, 비즈니스의 흐름, 극장, 영화, 패션에 대한 지식 등 '문화적 교양'이 풍부했기에 계층의 벽을 뛰어넘을 수 있었다.[31] 칵테일파티에 참석한 사람들은 주로 문화적 화제를 입에 오르내린다. 즉, 문화적 교양이 풍부하면 대화에 잘 참여할 수 있고, 자연히 다양한 부류의 사람들과 어울리게 된다.

우리는 주로 호위대의 중요한 이방인을 통해 문화적 교양을 쌓는다. 물론 처음에는 집과 학교에서 배운다. 하지만 에릭슨의 연구에 의하면 문화적 교양을 쌓는 데 가정만 필수적인 역할을 하지는 않는다. 인생을 살아가며 우리는 계속 다른 종류의 문화를 배운다. 예컨대 동료를 통해 괜찮은 비즈니스 잡지를 접하고, 골동품 가게 주인에게서 미술 정보를 얻고, 헤어디자이너를 통해 최신 유행 패션에 대해 듣는다. 사무실에서 만난 IT 산업에 종사하는 20대 남자와 누가 그래미상

후보에 올랐는지 이야기하기도 한다.

"문화적 다양성을 습득하는 가장 효과적이고 강력한 방법은 다양한 위치에 있는 사람들과 교류하는 것입니다"[32]

에릭슨은 자신의 이론을 시험하기 위해 사회경제적 사다리에 포진한 직업 목록인 '직업 테스트'를 이용했다. 그는 실험 참가자들에게 목록에 나열된 각 직종과 관련해 '이야기를 나눌 만큼 잘 아는' 사람이 있으면 그 직종 옆에 체크를 하게 했다. 그 다음에는 그가 친척, 친구, 그저 아는 사람 가운데 어디에 속하는지 표시하게 했다(이와 비슷한 테스트가 부록 2에 나와 있다). 거의 20년 동안 에릭슨의 시험 결과는 동일했다.

"여러 가지 다양한 직업에 종사하는 사람을 알고 있으면, 언제 어디서나 필요한 정보와 자원을 얻을 수 있습니다."

이는 교양 과목 프로그램에 등록해 '거의 모든 것을 약간씩' 얻는 것과 같다. 보통 제일 짧은 목록에는 친척과 친구가 많이 포함된다. 우리에게 문화를 가르쳐주는 '교사'는 약한 유대감으로 연결된 중요한 이방인으로 긴 목록에 포함되는 경우가 많다.

에릭슨은 때때로 그의 연구에 특권을 거의 누리지 못하는 직업을 포함시킨 이유가 무엇이냐는 질문을 받는다.

"그런 질문에는 상위층 그룹에게는 하위층 그룹이 전혀 필요하지 않다는 편견이 함축되어 있는데요. 저는 그 의견에 전적으로 반대합니다. 우리에겐 여러 가지 다양한 자원이 필요합니다. 다양성은 인식과 마음을 풍성하게 만들어줍니다. 주변에 거만한 전문가 친구만 두면 한계가 생길 수밖에 없어요."[33]

일반적으로 유복한 사람들은 그렇지 못한 이들보다 문화에 관한 더 많은 지식을 가지고 있다. 에릭슨도 이 점을 인정한다. 하지만 그는 그러한 현상이 벌어지는 이유가 엘리트들에게 더 다양한 호위대가 있어서이지 특권을 누리기 때문은 아니라고 주장한다.

그렇다면 이론적으로는 누구든지 다양한 세상에서 중요한 이방인을 사귀어 문화적 교양을 습득할 수 있다. 우리가 실시한 직업 테스트에서 바브라 그린은 평균을 훨씬 상회하는 점수를 얻었다. 22가지 직업을 실은 전국 단위 조사에서는, 19가지 직업에 종사하는 사람들을 안다고만 답변해도 높은 점수를 받는다.[34] 그런데 바브라 그린에게 같은 테스트를 실시하자 그녀는 22가지 직업 종사자 모두를 알고 있다고 대답했다.

문화적 교양이 있다는 말은 고상한 취향을 연마했다는 뜻이 아니다. 에릭슨도 이 점을 지적한다. 즉, 문화를 먹어 치우는 '문화 육식 동물'이 되는 편이 더 낫다. 정통 오페라보다 TV 드라마를 잘 아는 것이 더 나을 수도 있다. 사회경제적으로 상위층인 사람들은 고급문화에 탐닉할 것 같지만 실제로는 그렇지 않다. 문학과 법률 석사 학위가 있으며 고전에 정통한 라틴 아메리카 상류층 가정 출신의 뉴욕 시총영사도 〈엔터테인먼트 투나잇(Entertainment Tonight)〉 같은 TV 쇼만 보면 끝없이 이어지는 만찬, 파티, 외교 모임에서 언제나 최고의 화젯거리를 내놓을 수 있다고 인정한다.[35] 비슷한 맥락에서 바브라 그린도 관광 목장에서 만난 상류층 승마자들과 이야기를 나누기 위해 심원한 승마술의 역사에 대해 섭렵할 필요가 없다.

'문화적 재치'가 있다는 말은 누군가와 어떤 이야기를 나누더라도 그 상황에 맞추는 법을 안다는 뜻이다. 또한 장르의 경계를 넘어 아는 것이 많을수록 누구와 이야기하든 공통의 화제를 찾기가 쉽다. 그리고 이는 끝없이 그리고 저절로 지속되는 프로세스의 한 과정이 된다. 에릭슨은 이를 '둥근 고리' 라고 표현한다.

"다양한 인맥을 쌓으면 어떤 문화를 형성하게 됩니다. 인맥과 문화를 이용하면 더 나은 직업을 얻을 수 있고, 그 직업을 통해 인맥과 문화가 더욱 풍성해져요. 그 과정이 반복되는 겁니다."

둥근 고리는 일종의 느슨한 유대감의 고리다.[36]

마크 그라노베터는 직업에 관련된 고리가 어떤 식으로 작동하는지 보여주기 위해 빨간 공과 하얀 공으로 가득 찬 항아리를 제시했다. 항아리 속의 빨간 공은 유용한 인맥, 즉 좋은 구직 정보를 아는 사람들을 의미하며 우리와 약한 유대감을 맺고 있다. 하얀 공은 그 밖의 모든 사람을 뜻한다. 인맥이 좋은 사람의 항아리에는 빨간 공이 더 많다. 그는 새로운 기회를 이용해 더 나은 직업으로 바꿀 때마다 새로운 인맥을 형성한다. 그런 과정을 반복하면 항아리 안의 빨간 공이 늘어나 계속해서 더 좋은 직업을 갖게 될 것이다.[37]

하버드 비즈니스 스쿨 교수인 보리스 그로이버그는 월스트리트의 분석가들이 직장을 옮길 때 여성이 남성보다 훨씬 더 '스타(star)의 지위' 를 보유한다는 사실을 알아냈다. 남성은 회사 내 인맥에 기대는 반면 여성은 회사 이외의 곳에서 일하는 사람들과 인간관계를 형성해 성공을 일군다. 즉, 회사 밖에서 빨간 공을 확보한다.[38]

항아리를 이용한 추론은 직업을 바꿀 때뿐만 아니라 인생에서 일어나는 도전이라면 무엇이든 적용시킬 수 있다. 빨간 공이 우리의 기술 목록에 잠재적으로 새로운 '도구'를 더해줄 수 있는 중요한 이방인을 상징한다고 가정하고 3장에 나온 사람들을 다시 한 번 살펴보자. 바브라 그린의 항아리 속에는 그녀가 운전하는 버스를 타는 수많은 승객이, 팻 히콕에게는 그녀가 이끄는 빨간 모자 클럽의 각기 다른 개성을 지닌 여성 회원 4명이 있다. 더그 데이비스에게는 같이 '비둘기 사냥을 하는 사람들'이 있다. 이들의 항아리 속에 담긴 빨간 공에는 각기 다르게 인식하고 말하고 행동할 수 있는 잠재력이 있다. 모든 빨간 공은 좀 더 복잡한 자아(가짜나 비정상적이라는 의미가 아니다)를 개발해 표현하도록 영감을 불어넣는다. 그리고 그들과 교류할 때마다 하는 행동은 또 다른 새로운 인맥을 형성하는 다리 역할을 한다. 이런 식으로 항아리 안의 빨간 공이 자꾸 늘어난다.

느슨한 유대감의 고리는 계속해서 변화한다. 그라노베터는 시간이 지남에 따라 항아리 안의 하얀 공 몇 개가 빨간 공으로 바뀐다고 생각한다. 사람들은 일생을 살면서 결혼, 이사, 전업 등의 일을 겪는다. 새로운 환경은 사람을 더욱 가치 있게 만들어주기도 한다. 교육 출판계에서 편집자로 일을 시작했을 무렵, 블라우는 동년배이자 갓 대학원을 졸업한 수잔 슬레신을 만났다. 슬레신이 자신의 인맥을 이용해 클라우를 보조하는 자리에 배치한 것이다.

몇 년 후 〈뉴욕〉에서 일하던 슬레신은 편집자 조운 크론을 블라우에게 소개했다. 크론은 블라우에게 〈뉴욕〉에 글을 기고해줄 것을 요청했다. 즉, 슬레신의 중개로 블라우는 언론 분야에 종사하게 되었다. 이후 슬레신은 〈뉴욕타임스〉의 편집자 겸 기자가 되었고, 여러 가지 책을 저술했다. 슬레신은 지금도 블라우의 항아리 속에서 반짝거리며 빛나는 빨간 공 중 하나다.

그라노베터는 다음과 같이 확실하게 밝혔다.

"공이 원래 가진 특성과 사회구조 내 위치는 중요합니다. 그 공이 빨간색으로 변화하는 데 영향을 미치기 때문입니다. 하지만 그러한 요소들은 시간이 지나면 변합니다. 당신의 빨간 공이 자리를 이동해 (교수가 일선에서 은퇴하는 것처럼) 흰색으로 변할 수도 있습니다."[39]

우리는 함께하는 사람과 비슷해진다

그라노베터의 항아리 이론은 우리 모두가 각자의 취향, 선호도 그리고 욕망을 가진 특별한 존재지만 진공 속에 사는 것은 아님을 지적한다. 언론인 말콤 글라드웰은 음반 산업 모임에서 자신의 저서 《티핑 포인트(The Tipping Point)》에 대해 연설을 한 후 칵테일파티에 참석했다. 파티에서 그는 "대중음악은 시장조사에 집착한 라디오 때문에 망했다."고 주장하는 어떤 중역을 만났다. 당시 글라드웰은 다음 책인 《블링크: 첫 2초의 힘(Blink: The Power of Thinking Without Thinking)》을 쓰고 있는 중이었다. 그 중역의 말을 듣고 글라드웰은 어떤 생각을 떠올렸고 결국 그 아이디어를 특정 산업에서 소비자 그룹의 평가가 제한되었음을 주장하는 장에 적용시켰다. 후에 글라드웰은 자신의 웹사이트를 통해 다음처럼 밝혔다.

"제가 그 회의에 참석하지 않았다면 과연 시장조사에 대한 시각을 발전시킬 수 있었을까요? 잘 모르겠지만, 아마 못했을 겁니다."

중역은 글라드웰이 그날 만났던 수많은 전문가 중 한 명으로 자신의 생각을 거만하게 늘어놓은 것뿐이었다. 하지만 글라드웰은 별것 아닌 그 만남이 자신을 변화시켰다고 인정한다.

"어떤 특정 그룹을 대상으로 연설을 할 때면 그 그룹의 의견을 접하게 됩니다. 그리고 그런 접촉은 당신의 사고방식에 영향을 미칠 수밖에 없습니다."[40]

우리 정체성의 일부이자 다른 사람 또는 사회 그룹에 연결된 확장된 자아는 계속해서 중요한 이방인의 영향을 받는다. 언제 누구와 만나든 우리는 어떤 인상을 받는다. 그렇게 해서 파생된 이미지와 아이디어는 인식에 색을 입히고 행동에 영향을 미친다. 그때 우리는 새로운 정보로 강화된 자아로서 또 다른 만남을 가지며 거기서 더 큰 효과를 본다.[41]

이렇게 한결같고 역동적인 과정은 1964년 여름 1000명에 가까운 중상류층 집안의 젊은이들이 안락한 집을 떠나 신변에 위협적인 길을 간 이유를 설명하는 데 도움이 된다. 당시 고등학교 3학년이던 뉴욕 화이트플레인즈 출신의 짐 케이츠도 그런 젊은이였다. 케이츠의 부모는 이혼했으며 아버지는 맨해튼에 거주했다. 케이츠의 부모는 '좌파 성향의 사람들과 친구'였지만 직접 실천하는 행동주의자는 아니었다.

어느 날 우연히 옛 동창을 통해 만난 브랜디스대학 1학년생이 케이츠와 그의 동창에게 미시시피 주 그린우드에서 식량과 옷을 배급하는 운동을 도와줄 용의가 있는지 물었다. 당시 인권 단체들은 그린우드에서 투표권 등록 캠페인을 벌이려고 계획하고 있었다. 이미 학교에서 주최하는 그 지역 '빈곤 타파 운동'에 동참하고 있었기에 둘은 망설였다. 하지만 브랜디스대학 학생이 준 책자와 대학 신문을 읽고 생각이 바뀌었다. 자신들이 누리고 있는 안락함과는 동떨어진 현실에 눈을 뜬 것이다. 그들은 일주일 동안 전단지를 만들어 뿌렸고, 10명의 참여자를 모았다. 그리고 웨스트체스터군에서 200명 이상의 학생을 동원했다. 학생 비폭력 조정위원회인 스닉(SNCC, Student Non-Violent Coordinating Committee)의 지원자 중 한 명이 미시시피에서 거의 살해되다시피 했다는 사건을 전해 들었을 때 케이츠는 모순되게도 친구에게 이렇게 말했다.

"무슨 일이 있어도 난 거기 가지 않고 여기 있을 거야. 하지만 그럼에도 내가 거기 가려고 하는데, 네가 날 붙잡으면 그건 정말 재수 없는 일이겠지!"[42]

1년이 지나서 케이츠는 오하이오 주 옥스퍼드에서 열린 자유의 여름(Freedom Summer) 오리엔테이션에 참가했다. 자유의 여름 캠프는 전국에서 모인 대학생들이 실천적 행동주의 운동에 대한 집중 강좌를 듣는 자리였다. 그때 학생들이 들은 뉴스 중 하나는 이들보다 먼저 현장에 나간 지원자인 제임스 체니, 앤드류 굿맨 그리고 마이클 슈베르너가 실종되었다는 것이었다. 큰소리를 내지 않고 소곤거리는 정도로 이야기를 했지만 대부분의 사람들은 그 세 명이 죽었다고 생각했다.

다른 지역은 마지못해서라도 변화하기 시작했는데, 미시시피는 지독하게 '남부식 삶의 방식'을 고수하려고 했다. 1950년대 전미 유색인종지위향상협회(NAACP, National Association for the Advancement of Colored People)와 다른 흑인 단체들은 1954년 공립학교에서의 인종분리가 위헌이라는 대법원 판결이 난 후 짐 크로우 법(Jim Crow Law,

미국 남부 인종차별법을 통칭함-옮긴이)에 도전하고 있었다. 버스 보이콧(bus boycott, 버스 안에서 흑인과 백인을 분리해 좌석에 앉게 하는 것을 거부한 운동-옮긴이), 연좌 농성, 프리덤라이드(freedom ride, 1960년대 흑인 민권 운동가들이 대중교통 기관의 인종차별 철폐를 위해 벌인 남부로의 버스, 기차 여행-옮긴이)의 성공으로 흑인 운동가들의 희망은 한껏 부풀어 올랐다.

그러나 미시시피에서는 변화가 더디게 일어났다. 수 세대에 걸쳐 흑인들의 값싼 노동력에 의존해 '부유층 대농장주'의 삶을 살아온 미시시피 거주 백인들은 통합과 현대화에 크게 반대했다. 미시시피 지역의 경우, 고등학교 교육을 마친 사람들의 비율과 흑인 투표 등록률은 최저 수준이었다. 반면 빈곤도와 린치 발생률은 최고치를 기록했다.[43] 스닉을 주도한 백인 인권 운동가들은 편협한 극렬분자들이 그들의 노력을 좌절시키기 위해 온갖 방해를 일삼을 것을 예상했다.

하지만 미국 나머지 지역에 사는 대부분의 이들은 그 당시 미시시피 지역에서 벌어지고 있는 폭력 사태를 잘 몰랐다. 겨우 3개월간 열렸을 뿐인 자유의 여름 캠프는, 미시시피에서 벌어지는 폭력의 현장을 노출시켰을 뿐만 아니라 미국인의 의식을 변화시키고 우리가 지금 생각하는 '1960년대'의 시작을 알리는 역할을 했다.[44]

짐 케이츠 같은 부유층 청년이 안락한 집을 떠나 생명의 위협을 감수하면서까지 자유의 여름 캠프에 지원하게 만든 것은 무엇이었을까? 사회운동과 네트워크 사이의 고리를 연구하는 데 전 생애를 보낸 사회학자 더그 맥애덤은 그 이유를 알아내고 싶었다. 맥애덤은 캠프에 참가한 사람들의 리스트를 찾아 인터뷰를 했다. 그는 애틀랜타의 킹 센터에서 우연히 자료가 담긴 상자를 찾았다. 그 상자에는 959명의 참가자가 제출한 5장짜리 설문지가 들어 있었다. 설문지를 조사해보니 959명 중 720명은 실제로 그해 미시시피로 갔지만, 나머지 239명은 나타나지 않았다. 그는 239명을 비교 대상이 되는 통제 집단으로 설정했다. 이 두 그룹을 비교한 맥애덤은 캠프에 참여하지 않은 사람들과 실제로 참여해 최전선에 선 사람들의 차이점을 발견했다.

태도 면에서는 전국에서 모인 각기 다른 종교를 가진 지원자들을 구분할 수 없었다. 대부분이 경제대공황과 제2차 세계대전을 겪고 미국의 전후 약속을 진심으로 믿고 살아온 부모 밑에서 충분한 보호와 관심을 받으며 자란 청년들이었다. 부모의 경제력 덕분에 그들에게는 사회 활동에 참여할 돈과 시간이 있었다. 지원자의 90퍼센트가 다양한 단체에 속해 있었으며, 둘 이상의 단체에 가입한 지원자도 62퍼센트였다. 거의 절반 수준인 48퍼센트는 인권 단체의 회원이었는데, 이는 큰 조직의 일부가 된다는 것이 무엇을 의미하는지 알고 있다는 증거였다. 맥애덤은 이렇게 설명했다.

"보통 하나가 되기 위해 거치는 첫 번째 단계는 행동주의를 체험해보는 것입니다."[45]

동기는 모두 제각각이지만 젊은이들이 쓴 신청서에는 분명 젊은이다운 이상주의가 나타나 있었다. 일반적인 생각과는 달리 그들은 반항의 의미로 자원입대하지는 않았다. 또한 그들의 부모 대부분은 인권 운동에 동조했다. 실제로 많은 젊은이가 국가를 위해 '행동하라'는 고(故) 케네디 대통령의 말을 언급했다. 젊은 나이에 모험을 한다는 의미에서 참여한 이들도 있었다. 짐 케이츠 또한 그해 여름에 낸터컷의 극장에서 일을 하려다가 계획이 무산되는 바람에 캠프에 가기로 결심한 것이었다.

2월 또는 3월에 캠프 참가 신청을 한 젊은이들은 캠프가 시작되는 6월이 되기까지 생각을 바꾸기도 했다. 미시시피에서는 구타와 방화는 물론 살인까지 자행되었으며, '북쪽에서 군대'가 온다는 소문에 폭력의 수위가 점점 높아지고 있었다. 그런 소식은 지원자들로 하여금 옆으로 비켜서 상태를 관망하게 만들기에 충분했다. 그리고 다른 지원자들, 특히 여자와 21세 미만의 청소년은 부모들이 신청 허가서에 사인을 해주지 않아 캠프에 참가하지 못하기도 했다.

하지만 맥애덤은 캠프에 나타나지 않은 사람과 참가자를 구분하는 가장 중요한 요소가 '사회적 접근성'임을 알아냈다. 자유의 여름 캠프에 흥미를 느낄 만한 사람을 10명 이상 꼽아보라고 하자, 전체 신청자의 4분의 1이 비슷한 다른 프로젝트 참가자들의 이름을 댔다. 여기서 주목할 점은 실제로 캠프에 참가한 이들은 신청만 한 사람보다 두 배 이상 많은 이름을 써냈다는 것이다. 신청 철회는 그들이 아는 행동주의자들의 실망이나 비난을 살 수 있음을 의미했다.[46] 또한 참여자들은 비참여자들보다 많은 사회단체, 특히 인권 운동 그룹에 소속되어 있었다. 즉, 그들은 사회적 대의에 더욱 깊이 몰두했다. 이 캠프는 사회운동가 역할을 '직접 체험해보는' 기회는 물론 비슷한 생각을 품은 사람들을 만나는 계기를 제공했다.

신청서만 보고서 친한 친구와 지인 가운데 누구를 통해 캠프에 참여했는지 구별할 수 없다. 하지만 맥애덤의 설명처럼 "다리 역할을 히는 악힌 유대김의 영향 없이는 어넌 운동도 널리 퍼져 나갈 수 없다". 자유의 여름 캠프 참여 경험이 많은 사람을 인터뷰해보니 이 점이 확실하게 드러났다. 참여 동기가 무엇이냐는 질문에 경험자들 대부분이 그들의 각성을 촉구하는 사람이나 단체와 이야기를 나눈 것이 시작이었다고 대답했다. 그 대상이 친한 친구이거나 그렇지 않은 경우도 있었다. 짐 케이츠를 자극한 브랜디스대학 학생은 친구의 친구였다. 그리고 교사나 지역단체 간사의 영향을 받은 사람도 있었다. 미시시피에서의 경험에 대해서는 주로 다른 지역에서 온 지원자, 마을 사람, 함께 일한 교사 그리고 그들이 머문 집의 가족과 맺은 유대감에 대해 이야기했다. 지원자의 상당수가 처음으로 가난한 시골에서 사는 경험을 했다. 흑인 공동체에 속한 것이 처음인 사람도 많았다. 이처럼 그들은 다양한 중요한 이방인과 교류하며 의식의 지평을 넓혔다. 세상 속에서 자아를 다르게 인식하는 계기가 되었던 것이다.

"40명과 함께하는 프로젝트에 소속되어 있었어요. 그중엔 친구들도 있었지만 대부분은 모르는 사람들이었어요. 그들이 저에게 문을 열어줬죠."

자신을 '착한 척' 하기 좋아하는 사람이라고 표현한 추드 앨런의 말이다. 앨런은 아이젠하워를 지지하는 중서부 출신 공화당파 집안에서 태어났다.[47] 앨런은 '성생활에만 관심 있고 사회운동에는 둔감한' 젊은 아가씨가 아니었으며, 당시 정숙한 아가씨들처럼 결혼할 때를 대비해 남녀 관계를 미루었다.

캠프 참가자들은 언제나 둘씩 다녔지만, 파트너를 고르지는 않았다. 누구와 다닐지는 그날 할 일이 무엇이냐에 따라 달라졌다. 한 번은 짐 케이츠가 그곳 고등학교에 다니던 윌리 커티스 존슨과 함께 투표 등록 운동을 마치고 돌아오는 길에 일어난 일에 대해 이야기했다.

존슨은 험악한 분위기의 남자들이 무리 지어 앞에 서 있는 모습을 보았다. 화가 난 백인 남자는 피해야 한다고 일찌감치 배운 존슨은 문제를 일으키지 않기 위해 길을 건넜다. 그러나 백인으로서 누리던 특권에 익숙해 있던 케이츠는 계속해서 길을 걸어가다 무리에서 튀어나온 한 남자에게 저지당했다. 그 백인 남자는 이렇게 말했다.

"이봐, 너 해질 때까지 마을을 떠나는 게 좋을 거야. 안 그러면 그 세 녀석 꼴 날줄 알아."

케이츠는 그가 말한 세 명이 체니, 굿맨, 그리고 슈베르너를 뜻한다는 것을 알았다. 불과 며칠 전에 케이츠는 일기에 "그 셋의 유령이 우리 일에 그림자를 드리우는 지경이라니!"라고 적었다. 그 장면을 지켜보던 존슨이 케이츠를 부르며 길 건너편에 있는 자신의 의붓아버지가 경영하는 이발소로 빨리 들어오라고 손짓했다. 놀라서 꼼짝도 못하던 케이츠는 등을 돌려 길을 걷기 시작했다. 그날 케이츠는 잘 아는 사이는 아니었던 어린 흑인 소년의 기지 덕분에 목숨을 건졌다.

앨런, 케이츠 그리고 다른 지원자들은 그해 여름 이후 그들의 삶이 "영원히 변했다."고 말했다. 그들은 예전 같으면 전혀 알 수 없었을 사람들을 만나 결코 듣지 못했을 이야기를 들었다. 더그 데이비스처럼 특별한 경험이 그들의 자아를 확장시킨 것이다. 심리학자 마릴린 브루어는 이렇게 광대한 방식으로 '자아의 경계가 다시 그려지고' 특정 역할이 어떤 그룹이나 집단의 일원에 의해 '활성화' 될 때, 그 역할은 우리에게 중요한 의미를 가지게 된다고 말한다. 우리는 소속된 그룹이 명예롭게 보이도록 행동하고 싶어 한다.[48] 케이츠가 용기를 내서 자신을 위협하는 남자들로부터 돌아선 것은 그러한 이유에서였을 것이다. 그때 케이츠는 임무를 수행하고 있었다. 케이츠와 동료 지원자들이 각자의 캠퍼스로 돌아가서 개인적인 무용담을 자랑하지 않은 이유도 같은 맥락에서 설명된다.

"사람들이 우리가 한 경험을 알고 있긴 했지만, 그걸 이용해 돋보이고 싶지는 않았어요. 우린 보병이었거든요."

개인적 자아보다 대의가 더 컸던 것이다.

미시시피를 떠난 후, 자유의 여름을 경험한 사람들은 1960년대를 특징짓는 다른 여러 가지 자유주의 운동에 참여했다. 자유주의와 사회 정의가 정체성의 주체가 된 것이다. 그들의 삶은 자신들과는 무척 다른 중요한 이방인(이들끼리도 서로 다르다)으로 채워졌지만, 역시 체제의 변화를 이끌어내는 일에 전력했다. 정치적 성향을 숫자로 나타내보자. 극좌를 '1', 극우를 '10'이라고 하면 지원자들은 처음에 3.5에서 시작했다. 하지만 미시시피를 경험한 신청자들의 약 3분의 2가 '훨씬 좌측으로' 옮겨간 반면 그렇지 않은 사람들은 아주 작은 변화만을 보였다. 그러나 맥애덤은 이런 수치 비교로는 자유의 여름이 미친 영향을 제대로 포착할 수 없다고 말한다.

"단순하고 좁은 의미에서 단지 그들의 태도가 변했다고 보는 건 잘못된 해석입니다. 세상을 보고 해석하는 방법 자체가 바뀐 것입니다."

작은 세상과 거리의 평판

아주 매력적이거나 듣는 순간 바로 느낌이 와서 의심 없이 즉시 받아들이게 되는 아이디어가 있다. 예를 들어 모르는 사람도 6명(6단계)만 거치면 아는 사이라는 아이디어는 거실용 게임, 연극 그리고 수많은 영화와 TV 쇼에 영감을 불어넣었다. 사람들이 이 아이디어를 쉽게 받아들이는 이유는 우리 모두 인간관계에서 6단계를 거쳐본 경험이 있기 때문이다. 예를 들면 다음과 같은 일이 생길 수 있다. 당신이 야구장에 갔다가 누군가를 만났는데, 알고 보니 대학 동창이었다. 그는 기숙사에서 같은 방을 썼던 친구가 마티 모라와 약혼을 했다는 말을 들었다고 당신에게 전한다. 그런데 마티는 당신 어머니의 치과 의사다.

위에서 예로 든 종류의 일이 '규칙적'으로 일어난다고 믿어지는 이유가 있다. 사회학자 던컨 왓츠는 그 이유를 우리가 어떤 사건에 놀라서 그 사건이 얼마나 자주 일어나는지 잘 모를 때 좀 더 주의를 기울이게 되기 때문이라고 말한다.[49] 왓츠는 《6단계: 연결된 시대의 과학(Six Degrees: Science in a Connected Age)》의 저자이기도 하다. 1967년 스탠리 밀그램은 '작은 세상'이라는 실험을 했다. 실험 자원자들은 자신의 사회적 네트워크 내에 있는 사람 중 한 명을 시켜 봉투를 이방인에게 전달하라는 요청을 받았다. 처음 실시한 연구에서는 5퍼센트, 후속 연구에서는 29퍼센트의 완수율을 나타냈다.[50] 2003년의 한 실험에서는 이메일을 이용했는데 2만 4163명 중 384명만이 목표를 달성했다.[51]

사람들에게 널리 받아들여지고 있는 또 다른 관념도 있다. 어떤 말을 퍼뜨리고 싶거나 새로운 아이디어를 발전시키려면 지식을 보유한 사람, 다른 사람들이 존경하는 인물, 유행을 선도하는 사람, 신기술이나 새 상품이 나오면 바로 사용해보고 그에 대해 이야기하기 좋아하는 얼리어답터와 같은 '유력자'를 찾아야 한다는 것이다. 즉, 인맥 형성이 잘된 사람의 도움을 받아야 한다. 마케팅 교과서는 '인맥의 심장'에 도달하는 작업의 중요성에 대한 일화로 가득하다. 확실히 유명인사를 이용하면 효과가 있긴 하지만, 그런 사람이 필요한 경우는 많지 않다. 자유의 여름 캠프가 이를 증명한다. 유명 인사는 없었지만 메시지가 퍼져 나갔고, 일상의 인간관계를 통해 운동의 규모도 점점 더 커졌다. 빨간 모자 클럽도 마찬가지다. 수 엘런 쿠퍼가 주력 그룹과 처음으로 소풍을 다녀온 뒤부터 클럽이 성장하기 시작했다. 깜짝 놀란 그녀는 자신을 영화 주인공 포레스트 검프에 비유했다.

"특별한 이유 없이 뛰고 있는데 갑자기 몇 명이 합류하더니 또 몇 명이 더해졌어요. 그러다가 어느새 어마어마한 군중이 함께 뛰고 있는 거예요!"[52]

일반적으로 생각하듯이 전문가가 일반인보다 언제나 나은 의견을 내는 것은 아니다. 2003년 엘론대학과 퓨 인터넷 앤 아메리칸 라이프 프로젝트는 오랫동안 인터넷 전문가들을 대상으로 디지털 기술 사용의 증가가 사람들과 사회 전반에 어떤 영향을 미칠 것이라고 예측하는지 조사했다. 그리고 3년 후 다시 조사를 하면서 첫 번째 조사 대상자와 그들의 동료에게 설문지를 보냈다. 연구자들은 이메일 리스트에 올라 있는 사람들과도 접촉했는데, 그들 중 몇몇은 웹을 구축하는 데 최일선에 섰던 사람들이었다. 1993년 이전부터 온라인을 사용한 '인터넷의 선구자'들, 업계 여론 주도층, 잘 알려진 미래주의자와 일반인들을 비교한 결과로 나온 두 번째 보고서의 핵심은 다음과 같다.

"업계를 주도하는 사람들과 그렇지 않은 사람들의 견해가 거의 균등하게 분포되어 있다는 점이 놀랍다."[53]

최근 조사 결과도 일반인들이 하는 일상적 대화의 중요성을 주목한다. 양조 맥주 체인인 락 바텀 브루어리(Rock Bottom Brewery)의 입소문 광고를 분석한 연구에서 마케팅학 교수 데이비드 고즈와 디나 메이즐린은 입소문(어떤 한 개인이 자신의 사회적 네트워크 안에서 아직 추천을 하지 않은 상태)이 '점점 증가하는' 현상에 흥미를 느꼈다. 학자들은 3개월 동안의 입소문을 분석하며 락 바텀 브루어리를 잘 알고 그곳에서 자주 저녁 식사를 하는 '단골 고객'과 그저 한 번 식사를 했을 뿐인 '일반인'을 비교했다. 뜻밖에도 단골보다 일반인이 식당을 칭찬하고 선전하는 데 더욱 기여했다. 연구자들은 계속해서 입소문을 내려면 '여론 주도자'에게만 의지할 수 없다는 결론을 내렸다. 물론 단골들도 자신의 호위대에게 락 바텀 브루어리에 대해 이야기한다. 하지만 그것은 한두 번으로 그친다. 그 식당 이야기를 계속해서 해야 할 필요성을 느끼지 못하기 때문이다. 그러므로 계속해서 입소문이 퍼져 나가게 하려면 단골보다는 주변에 포진해 있으면서 다른 사회 네트워크에 다리를 놓기 좋은 위치에 있는 사람들을 공략하는 편이 낫다.[54]

'작은 세상' 그리고 '핵심적 개인의 우위성'이라는 겉보기에 변하지 않을 것 같은 두 가지 원칙을 다시 생각해보자. 그러면 이 원칙이 사회 변화 운동, 마케팅 그리고 우리가 다른 사람들과 대화할 때 일어나는 교류와 접촉에 중대한 영향을 미친다는 사실을 알 수 있다. 인간은 다층적인 삶을 산다. 따라서 우리는 호위대의 사람들은 물론 다른 네트워크에 있는 다양한 중요한 이방인과도 만나 교류할 수 있다. 디지털 기술 덕분에 중요한 이방인과의 교류가 훨씬 쉬워졌다. 누군가와 접촉하기 위해 6단계를 모두 거쳐야 할 때도 있지만, 그렇지 않은 경우가 더 많다.

작은 세상 연구에서 왓츠와 동료 연구자들은 참가자에게 물건을 보낼 때 연결 고리를 잇기 위해 어떤 특정 인물을 고른 이유를 물었다. 초기 네트워크 분석가들이 발견했듯이 목표(보통 지인들)를 고르는 기준은 대개 그들이 하는 일이나 사는 곳이다. 즉, 사회적으로 인맥 형성이 잘되어 있는지는 고려하지 않았다. 이로 인해 '사회적 조사'는 '뛰어난 개인이 모인 소수 집단'에 의존하지 않으며 평등하게 이루어지는 것 같다는 결론이 도출된다. 핵심은 구체적인 사항을 실행하는 데 달려 있다. 정보 전달은 바이러스가 퍼져 나가는 것과 다르다. 왓츠는 다음 사람이 자동적으로 감염되는 것이 아니라는 점을 분명히 한다. 아이디어나 정보가 전달될 경우 체인을 이루는 각각의 고리는 무엇보다도 그 정보를 받는 사람이 다시 그 정보를 전달할 동기부여가 되었느냐에 달려 있다.[55]

사회학자 알렉산드라 마린은 사람들이 누군가에게 구직 정보를 알려주거나 그러지 않기로 결정을 내릴 때도 비슷한 현상이 일어난다는 것을 알아냈다. 자신이 다니는 회사에서 사람을 구한다는 사실을 알게 된 대부분의 사람은 '어떤 사람이 일자리를 찾고 있으면' 정보를 기꺼이 알려준다.

"사실상 네트워크 안의 사람들이 선택을 한다는 점을 인정합니다. 그들은 단순한 '파이프(사회학자들이 쓰는 용어)'가 아닙니다. 당신에게 그 정보를 말할지 말지를 결정하는 사람이죠. 그들은 자신의 생각과 인식에 따라 결정을 내립니다."

또 다른 연구에서는 지난 6개월 동안 사람들이 어떤 서비스에 대해 좋거나 나쁘다는 의견을 표시한 이유를 물었다. 그런데 다른 사람들이 '느낀 욕구' 때문이라는 답변이 가장 많이 나왔다. 사람들은 세금을 낼 때쯤 누군가에게 회계사를 추천하고, 다른 사람이 여행을 계획하고 있을 때 여행 웹사이트를 추천한다.[56] 그렇다면 여기서 우리가 기억해야 할 교훈은 무엇일까? 중요한 이방인에게 당신이 무엇을 필요로 하는지 알리라는 것이다.

궁극적으로 우리가 누구에게 이야기할 것이며 그 정보나 아이디어가 계속해서 전달될지를 결정하는 요소는 아주 복잡하다. 하지만 정보의 소비자인 우리는 진위 여부를 파악하는 데 점점 요령을 발휘하고 있다. 이에 대해 입소문 광고대행사인 버즈에이전트(BzzAgent)의 설립자 데이브 발터는 소비 풍경이 '~에서(장소)' 마케팅에서 '~와(인물)' 마케팅으로 바뀌었다고 말한다. 우리는 더 이상 눈길을 사로잡는 포장이나 광고 문구 또는 소수의 기자나 전문가가 내놓는 미사여구에 현혹되어 구매 결정을 하지 않는다. 대신 블로그에 올라온 평을 읽거나 웹사이트에 방문해 제품을 비교한다. 가장 두드러진 경향은 사람들과 제품에 대해 이야기를 나눈다는 것이다.[57]

현대인들은 너무나 자주 소비자로서 구매 결정을 해야 한다. 따라서 어떤 제품이나 서비스에 대해 이야기하는 것은 현대 생활에서 빠질 수 없는 부분이 되었다. '~와' 마케팅의 시대에 사는 우리는 소비 과정에서 자신이 보유한 힘을 느끼기를 원한다. 기업들이 막대한 시간과 돈을 투자해 웹사이트를 구축하고, 소비자와 직접 소통을 하려는 이유가 여기에 있다.

2000년에 이루어진 한 연구에 의하면 미국 경제의 약 3분의 2가 부분적으로 입소문에 영향을 받는다고 한다.[58] 성서 시대에나 통용되었던 전략인 입소문이 21세기에 부활했다니 참으로 놀라운 일이 아닌가? 네트워크화된 개인주의로 인해 입소문은 자연스럽게 힘을 가지게 되었다. 마케팅 전문가들은 우리의 개인적 호위대를 공략하고 싶어 한다. 그들은 우리가 과장된 광고에 회의적이며 제품에 대해 서로 이야기를 나눈다는 사실을 안다. 이러한 과정은 인터넷을 통해 더욱 활성화, 가속화되었다. 웹 이용자의 약 30퍼센트가 온라인에서 제품이나 서비스의 품질을 평가하고, 81퍼센트가 제품을 구매하기 전에 온라인에 올라온 제품 평을 읽는다.[59] 하지만 입소문의 80~90퍼센트는 현실 세상에서 일어난다.[60]

데이브 발터는 약 40만 명의 '버즈에이전트' 군단을 관리한다. 이들은 돈을 받지 않고 자원해서 새로운 제품에 대한 정보를 퍼뜨리며 서로 나눈 대화를 보고서로 작성한다. 이들은 회사와 관계된 끄나풀이나 비밀 마케터가 아니다. 이 사람들은 자신의 명예를 걸고 입소문을 퍼뜨리는 일을 한다. 받는 '상'은 기껏해야 포인트 점수고, 87퍼센트의 버즈에이전트는 이것을 사용하지도 않는다. 그렇다면 이들은 왜 이런 활동을 하는 걸까? 발터는 그 이유가 다른 사람들에게 정보를 알려주고, 자신의 의견이 타당하며 정보를 많이 알고 있음을 보여주기 위해서라고 말한다. 어떤 제품에 대해 이야기하는 것도 다른 사람들에게 자신을 보여주는 방법이다.[61] 바이킹 난로를 가지고 있거나 집에 태양열 판을 설치하는 것도 당신의 정체성을 내비쳐준다. 어떻게 사느냐가 우리의 정체성을 규정하는 것이다.

제품과 서비스에 대해 대화를 나누다보면 다른 사람들과 교류하고, 같은 입장에 설 수 있다. "대형 TV 중에 어떤 제품에 제일 좋은 것 같아요?" "그 집 오소부코(ossobuco, 송아지 정강이 살을 와인, 토마토, 양파 따위와 같이 찐 이탈리아 요리-옮긴이)를 맛봐야 해요." "내가 무료 음악 사이트를 찾았어." "머리 어디에서 잘랐어요?" "내 알레르기에 대해 새로운 사실을 알게 됐어요." "새로 소파를 사려는데 어디 좋은데 알아?" 소비 지향 사회에서 이런 정보 교환은 일종의 문화적 교양의 한 형태이다. 마지막으로 참석했던 사교 모임을 떠올려보라. 새로운 전자 제품 이야기를 불쑥 꺼내는 사람, 최근 다녀온 여행에 대한 정보를 나누는 사람, 최근에 고용했던 전기 기술자는 부르지 말라고 조언하는 사람 등을 만났을 것이다.

"버즈에이전트만이 '어떤 브랜드에 관련된' 이야기를 할 수 있는 건 아닙니다."

노스이스턴대학 소통학과 부교수 월터 칼의 말이다. 그는 버즈에이전트들이 사람들과 교류하는 시간의 29퍼센트를 제품과 서비스, 또는 그 회사에 대해 언급한다는 사실을 알아냈다(그들의 일을 하는 것뿐이니 그리 놀랍지는 않다). 하지만 소통학과 경영학 수업을 듣는 학생들, 즉 '보통 사람'들도 자기 시간의 14퍼센트를 같은 일에 할애하는 것으로 나타났다. 또한 이러한 대화는 대개 계획된 것이 아니었다.[62]

에린 차일즈는 전형적인 버즈에이전트다. 두 자녀를 둔 35세의 차일즈는 시간제로 변호사 일을 하는 평범한 사람이다. 차일즈는 채팅방에서 새로 나온 아기용품에 대해 이야기를 나누다가 광고대행사를 알게 되었다. '새로운 제품을 사용해보는 일을 즐기는' 차일즈는 공짜로 70달러짜리 칫솔을 받을 수 있다는 것에 끌려 버즈에이전트의 세계로 발을 들여놓았다.

차일즈의 초기 목표가 된 대상의 대부분은 중요한 이방인이었다. 차일즈는 공원에 그물망을 쳐놓고 앉아 다른 엄마들과 제품에 대해 이야기했다. 업무상 회의에 참석하기 위해 비행기를 탈 때면 동료에게 리스테린(Listerine) 치아 미백제에 대해 이야기했다. 집에 이웃이 방문하면 프레츨, 치즈, 크래커에 그레이 푸폰(Grey Poupon) 겨자를 곁들여 내놓았다. 아기의 피부가 건조해질까봐 염려하는 엄마들에게는 유세린(Eucerin) 데일리 로션을 추천했다. 가정부에게 걸레로 플레지 더스터(Pledge dusters)와 계면활성 수건을 사용하라고 지시하기도 했다.

"예전에는 가정부가 제게 있는 줄도 몰랐던 청소용품을 가르쳐줬어요. 상황이 역전되니 참 재미있어요. 전혀 예상하지 못한 사람들을 통해 정보를 얻을 수 있다는 사실도 놀랍고요."

흥미롭게도 월터 칼은 에이전트와 에이전트가 아닌 사람들 사이에 대단한 차이가 없다는 사실을 알아냈다. 성별, 수입 그리고 다른 인구통계학상의 변수는 그다지 중요한 역할을 하지 않는다. 그러나 인간관계는 중요한 역할을 한다. 우리 모두는 잠재적으로 버즈에이전트다. 전문가나 특별한 사람들만 입소문을 내는 것이 아니다. 때때로 중요한 이방인을 통해 중요한 뉴스가 우연히 전달된다. 의도적으로 조직화된 입소문 광고를 통해 중요한 뉴스가 퍼져 나가기도 한다.

에린 차일즈는 버즈에이전트로 활동하면서 자신의 열정과 진실함을 드러낸다. 그녀는 어떤 제품이나 서비스, 회사에 대해 이야기할 때 억지스럽거나 부자연스럽다는 인상을 주지 않는다. 즉, 그저 매일 하는 대화의 일부분이라는 것이 확실하게 드러난다. 그래서 사람들은 차일즈가 어떤 제품에 대해 정말 좋은 인상을 받았으며 자신도 그것을 써보겠다고 생각한다.

이런 현상은 제품에만 국한되지 않는다. 네팔의 로만탕(Lo Manthang)에 사는 도카 구릉(Doka Gurung)은 '현 시대에 가장 인상적인 공중보건 행정 성공 사례 중 하나'로 일컬어지는 운동의 자원봉사자로 참여했다.[63] 2006년 네팔의 홍역 관련 사망자 수는 90퍼센트 감소했다. 반면 이웃나라 인도는 홍역 합병증이 지속적으로 발발해 한 해 약 10만 명의 어린이가 목숨을 잃었다. 네팔의 비밀 병기는 구릉 같은 5만 명의 어머니였다. 대부분 문맹이었던 이들은 홍역의 위험과 백신 접종의 이점을 말로 설명했다. 백신과 기타 약품이 수천 미터 높이의 가파르고 굽이진 산으로 운반되기 전날 밤, 구릉은 읍사무소 홍보 요원처럼 마을을 돌아다니며 이렇게 외쳤다.

"내일 꼭 아이들에게 홍역 백신을 맞게 하세요!"

구릉을 포함한 어머니들은 비타민 A, 구충제 그리고 구강 재수화 염류를 배급하는 일도 했다. 아무 대가 없이 행한 '사회를 위해 공헌하고 존경받을' 일이었다. 30대 초반인 구릉은 이 범상치 않은 군단의 일원으로 거의 10년째 활동하고 있다.

"저희가 백신 접종이나 약에 대한 정보를 알려주지 않았다면 어떻게 됐을까요?"

도카 구릉의 영향력은 그녀가 형성해놓은 마을의 중요한 이방인과의 관계에서 나왔다. 또한 그녀의 정체성은 다른 사람들과의 교류로 더욱 공고해졌다. 신뢰와 믿음은 마을 주민들이 백신 접종에 관한 일에 대해서는 구룽을 '전문가'로 보게 만드는 특성이다. 이 특성은 '알리는 사람'으로서 그녀가 보유한 다른 자산보다 훨씬 더 중요하다. 로만탕 주민이자 네 자녀의 어머니인 구룽은 도시 빈민가 아이들이 '거리의 평판'이라고 부르는 것을 가지고 있다. 칵테일파티에서 맬컴 글라드웰을 붙잡고 이야기를 늘어놓은 음반업계 중역의 예가 이와 유사하다. 그 중역은 업계에 대해 알고 있었으며 자신의 의견을 열정적으로 토로했다. 때문에 언론인인 글라드웰은 그를 상당히 믿을 만한 소식통으로 받아들였다. 그 중역은 업계를 이끄는 선도자는 아니었지만, 창의력이 풍부한 한 언론인의 마음에 새로운 아이디어의 씨를 심었다.

마지막 분석에서 우리는 호위대의 중요한 이방인, 그리고 그들과 나누는 일상적인 대화가 우리를 익숙한 영역 밖으로 인도한다는 사실을 확인했다. 중요한 이방인들은 우리가 좀 더 복잡한 자아를 발전시킬 수 있도록 인도한다. 세상을 합리적으로 보고 그 안에서 우리가 설 자리를 찾도록 도와주기도 한다.[64] 중요한 이방인과의 연결은 우리가 행복한 삶을 사는 데 필수적이다. 다음 장에서 이에 대해 구체적으로 알아보도록 하겠다.

4장

중요한 이방인과 아픔을 나누다

우리는 건강의 왕국과 아픔의 왕국의 시민권 모두를 가지고 있다.
모든 사람이 건강의 왕국으로 가는 여권만 사용하기를 원하지만
어쩔 수 없이, 아주 잠깐이라도
아픔의 왕국의 시민이라는 사실을 상기하지 않을 수 없다.
—
수전 손택, 《은유로서의 질병》(1990) 중에서

죽지 않는 남자의 행복한 죽음

아트 부크월드는 숨가쁘게 죽어가면서도 삶의 끈을 놓지 않았다. 부크월드는 50대 초반의 동료 언론인 조지 플림턴과 '죽음에 대해 품고 있는 환상'에 관해 이야기를 나누었다. 당시 그는 자신이 93세가 되어 윔블던(Wimbledon) 테니스 코트에서 남자 결승이 벌어지고 있을 때 경기를 보다가 급사하는 장면을 상상한다고 말했다.[1] 30년이 지난후, 건조한 유머를 구사하는 이야기꾼 부크월드는 그 계획을 수정해야 했다. 80세가 된 그는 당뇨병으로 다리를 잃었다. 게다가 신장 기능도 정지해버렸다. 그는 수술을 하기 전에 마지못해 투석을 받았다. 한 번에 5시간이나 걸리는 투석을 그는 일주일에 세 번씩 받아야 했다. 그러나 수술을 받은 후 부크월드는 이렇게 선언했다.

"이제 그만. 이래 가지고는 산다고 할 수가 없어. 더 이상은 안 하겠어!"[2]

부크월드는 투석을 하는 과정이 '세탁기에 봄이 연결된 것 같이' 느껴진다고 표현했다. 주치의는 투석을 하지 않으면 몇 주 안에 사망하게 된다고 경고했다. 가족과 친한 친구들은 그의 결정을 이해하면서도 한편으로는 곤혹스러워했다. 그는 스스로 삶을 좌지우지할 수 없는 상황이라면 최소한 죽음에 대해서 만큼은 발언권을 가지기를 원했다. 결국 그는 결연한 의지로 호스피스 병동으로 옮겼다.

이 소식이 퍼져 나가자 워싱턴 D.C.에서 인기 있는 라디오의 토크쇼를 진행하던 다이앤 렘이 부크월드를 자신의 프로그램에 초대했다. 그는 바로 출연을 수락했다. '뭐 어때, 어차피 할 일도 없는데' 라는 생각에서였다. 호스피스 병동에서 진행된 방송에서 그는 자신이 내린 결정, 죽음에 대한 생각 그리고 자식들의 반응 등 우리들 대부분이 깊이 생각하지만 말하기 꺼리는 것들을 이야기했다. 방송이 나간 뒤에 그는 많은 편지와 이메일을 받았다. 주요 매체로부터 출연 제의가 들어오기도 했다. 그의 소감을 들어보자.

"인터뷰는 재미있었습니다. 운명의 수레바퀴를 보는 것 외에 일거리를 줬잖아요?"

부크월드는 예상치 못한 방송 출연 등으로 세간의 관심을 받았다. 그러자 가까운 사람들은 물론 중요한 이방인들이 그의 침대가로 모여들었다.

"나는 병실에 누워 많은 사람의 이야기를 접했어요. 10대 학창 시절, 캘리포니아대학에 다닐 때, 해병대에 복무할 때, 파리에서 지낼 때 만났던 친구 등 내가 아는 모든 사람 혹은 워싱턴에서 나를 안다고 말하는 모든 사람의 이야기를 들었어요. 거의 3000통의 편지를 받았는데, 그들 중 대다수가 어떤 식으로든 나와 연결된(또는 연결되었다고 생각하는) 사람들이었죠. 실제로 찾아온 사람들도 많았어요. 편지나 전화를 받고, 사람들을 만날 때마다 옛날에 있었던 사건이 생각나더군요. 그들에게서 받았던 작은 선물도요."

병실 바깥의 대기실은 부크월드만의 '응접실'이 되었고, 사람들은 맛있는 음식을 가져와 그와 이야기를 나누었다.

"사람들은 내가 정말 즐거워한다는 걸 믿지 못하더군요. 재미를 보고 싶으면 워싱턴 호스피스 병동으로 가라는 말이 퍼졌어요."

그리고 그의 신장이 다시 기능하기 시작했다. 부크월드는 병원 관계자들 사이에서 '죽지 않는 남자'로 알려졌다.

긍정적인 감정과 웃음은 효과 좋은 약이다.[3] 거기에 농담을 가미하면 금상첨화다. 부크월드는 자신의 날카로운 유머를 이용해 죽음과 죽음 이후의 삶, 그 모든 것의 의미를 해부하는 질문을 던졌다. 그는 자신의 추도식을 직접 계획했고, 오랫동안 해왔던 《워싱턴포스트》의 칼럼 기고도 재개했다. 또한 그는 새로운 책을 쓰는 작업에도 착수했다. 호스피스 병동에서 살아 나가는 환자는 10명 중 1명이었다. 부크월드는 그 대열에 끼었을 뿐 아니라 회고록 《안녕을 고하기엔 너무 이른 때(Too Soon to Say Goodbye)》가 출간될 때도 살아 있었다.

부크월드의 이야기는 우리의 마음을 사로잡고 상상력을 키우게 한다. 그 이유는 그가 자신만의 방식으로 죽음을 맞이했다는 것 때문만은 아니다. 우리 또한 자신 혹은 사랑하는 사람의 생사와 관련해 중요한 결정을 내려야 하는 상황에 처하는 경우가 많다. 아무도 부크월드의 신장이 기적적으로 다시 기능하게 된 이유를 알지 못한다. 의사의 예상을 훌쩍 뛰어넘어 7개월 이상을 살았던 이유 또한 알 수 없다.

하지만 '사회 통합'이나 '사회 지원'에 관한 연구를 통해 부크월드의 상황을 다른 시각에서 볼 수 있다. 당신이 아프거나 예기치 못한 일을 당했을 때 주변에 사랑하는 사람들이 있으면 위안이 된다. 하지만 삶을 지탱해 나가려면 중요한 이방인도 필요하다. 수많은 사람이 병실에 찾아와 부크월드와 이야기를 나누고 조언을 해주었다. 그는 친밀한 인간관계와 가벼운 인간관계 모두를 누렸다. 그는 질병과의 싸움에서 승리하지는 못했지만 행복하게 죽음을 맞이했다. 당신이 어떤 사람이든, 나이가 많든 적든 그 이상 좋은 일이 또 있을까?

인간을 건강하게 해주는 유대감

오늘날 미국인의 건강 상태는 복잡하다. 저녁 뉴스에 나오는 인터뷰의 핵심보다 훨씬 미묘하고 불확실하다. 특정 그룹의 사람들이 다른 그룹 사람들보다 병에 걸릴 가능성이 더 큰 경우도 있다. 하지만 중산층이고 대학 교육을 받은 미국인들은 대체로 건강하다. 요즘 사람들은 건강에 아주 많은 신경을 쓴다. 놀라울 만큼 건강 상태가 좋은 100세 이상의 노인도 많다.[4] 사람들은 여전히 병에 걸리지만, 전염성 질병을 고치거나 예방할 수 있는 방법이 많이 개발되었다.

전 세계적으로 죽음의 주요 원인은 만성 질병이다.[5] 질병통제예방센터(CDC, Centers for Disease Control and Prevention)에 의하면 전체 미국 인구의 25퍼센트에 해당하는 9000만 명이 최소 하나 또는 그 이상의 만성 질병을 앓고 있는 것으로 나타났다. 즉, 25퍼센트 중 절반이 여러 가지 만성 질병에 시달린다. 그중에는 생명에 위협적이며 몸을 쇠약하게 만드는 질병을 앓는 사람들도 있다.[6] 미국인들은 그 어느 때보다 건강하다. 하지만 수백만 미국인이 '아픔의 왕국'으로 여행을 떠나며 때로는 체류 기간을 연장하기도 한다. 암, 당뇨병, 신장 질환, 에이즈, 관절염 그리고 호흡기 질환과 같은 질병은 수십 년 동안 지속될 수도 있다. 그 경우 환자는 아주 외롭고 힘든 경험을 하게 된다.

질병의 만성적인 고통으로의 전환은 현대 의학에 관한 기본 스토리에 의문을 야기시킨다. 다시 말해서 의사들이 육체적 또는 정신적 고통의 원인을 찾아야만 우리를 '고칠' 수 있다는 관념에 대한 논박이 일고 있다. 문제는 기술과 약리학의 발전에도 불구하고 의사들이 질병의 원인이나 치료책을 찾지 못하는 경우가 많다는 것이다. 아트 부크월드의 사례처럼 의사들이 할 수 있는 최선은 약이나 치료법을 알려주는 것이다. 때때로 약이나 치료법은 질병만큼 사람을 힘들게 한다. 그러나 우리는 그 이상을 원한다. 그래서 치유에 관한 대안적 문화 이야기 즉, 우리의 마음과 성격, 의학으로 문제를 해결할 수 없는 상황에서도 희망을 주는 공식과 이야기에 시선을 돌리게 된다.[7]

사람들은 사랑하는 이의 죽음은 물론 자신을 힘들게 하거나 생명을 위협하는 상황에 대처해야 한다.[8] 우리는 2008년의 어느 날, 인터넷 서점 아마존에 들어가 회고록 부문을 검색해본 적이 있다. 검색 결과 '질병에 대처하는 법'이라는 문구가 들어간 제목은 총 66개였다. '정신 건강'과 '질병'이라는 단어가 쓰인 제목은 각각 80개와 210개가 검색되었다. '정신적 외상(外傷)에 대처하는 법'이라는 문구가 달린 것은 896개였다. 역경을 극복한 이야기는 어떤 사람이 인생에서 어려운 시간을 극복하는 방법을 보여준다. 우리가 남의 이야기에 끌리는 이유는 자신의 자서전을 계속해서 고치고 재평가하는 과정에 있기 때문이다.[9]

〈굿모닝 아메리카(Good Morning America)〉팀의 TV 뉴스 진행자 로빈 로버츠는 2007년 유방암에 걸렸다는 사실을 알게 되었다. 그녀는 TV 프로그램을 통해 자신의 투병 과정을 수백만 시청자에게 공개했다. 의사의 진찰을 받을 때, 화학요법과 방사선 치료를 받을 때, 가발을 사러 갈 때 등 그녀는 모든 암 투병 과정을 공개했다. 그 속에서 로버츠는 울고 웃었다. 시청자들은 아트 부크월드가 영원히 살기를 기원했듯이 그녀를 응원했다.

우리는 부크월드, 로버츠 같은 대중적인 인물과 개인적으로 아는 사이가 아니다. 하지만 우리는 그들의 사적인 부분까지 잘 안다. 그들은 우리에게 있어 중요한 이방인이다. 심지어 우리는 그들을 나 자신과 동일시할 수도 있다. 그들이 겪은 개인적 경험(사회적 유대감과 건강이 연결되어 있음을 증명한다)으로 인해 우리는 인간관계가 얼마나 큰 힘을 가지는지 알 수 있다. 건강 역사학자 앤 해링턴은 '건강한 유대감'이라는 표현을 쓴 바 있다. 부크월드와 로버츠의 일화는 사람 사이의 유대감이 의사가 내린 처방과 다름없음을 상기시킨다.[10]

일부러 감기에 걸리기

1990년대 피츠버그 지역의 일간지 광고란에 재미있는 광고가 실렸다.

피츠버그대학/카네기멜론대학에서 감기 연구를 실시합니다
참여자는 지역 호텔에 격리되어 지내며 일반 감기 바이러스에 노출됩니다. 자격을 갖춘 지원자(18~55세)는 연구 종료 후 800달러의 수고비를 받을 수 있습니다.

광고를 보고 수백 명의 참가자가 몰렸다. 그중에서 남성 125명과 여성 151명이 선발되었다. 모두 건강한 이들이었다. 그들은 몇 가지 신체검사와 인성 평가를 받았다. 그리고 병력과 습관에 대해 인터뷰를 했다. 흡연·음주·운동을 하는지 여부, 수면에 대한 질문 그리고 비타민 C와 아연을 복용하는지 등을 물었다. 그리고 친밀한 인간관계와 가벼운 인간관계에 대한 질문으로 지원자의 '사회 통합' 정도도 평가했다. 지원자들은 최소 2주에 한 번씩 만나거나 이야기를 나누는 사람이 누군지(당시는 이메일이 통용되지 않던 시기였다) 답변했다. 그들의 호위대가 얼마나 다양한지를 알아보기 위해서였다. 연구자들은 배우자, 부모, 인척, 자녀, 가까운 친척, 친구, 동료, 이웃, 학교 동기, 동료 자원봉사자(자선단체나 지역사회 봉사 단체), 종교 그룹 회원, 비종교 그룹 회원(사회, 취미, 오락 등 광범위한 범주로 나누며, 볼링 클럽에서 만난 친구부터 사친회에서 만난 학부형까지 누구든 포함시킬 수 있다) 등 각 유형의 인간관계별로 1점씩 점수를 부여했다.

실험 대상자들은 피츠버그 번화가에서 그리 멀지 않은 곳에 위치한 호텔의 격리된 층에서 6일간 거주했다. 연구자들은 그들을 검역하고, 감기 바이러스가 들어간 비강액을 조심스럽게 주입했다.[11] 실험 대상자들에게는 TV가 딸린 일반 객실이 배정되었다. 커다란 라운지에는 의자, 소파, 당구대 그리고 TV와 VCR이 있었다. 그들은 직접 가져온 잡지나 책을 읽거나 노트북으로 작업을 할 수 있었다. 즉, 시간을 보내는 데 도움이 되는 일은 무엇이든 할 수 있었지만 다른 참가자들의 숙소에는 절대 접근할 수 없었다. 또한 복도나 라운지에서 다른 참가자들과 사교 활동을 하는 것은 허락되었지만, 서로 1미터 정도

떨어져 있으라는 지시를 받았다. 기침이나 재채기를 함으로써 상대 방에게 감기 바이러스를 옮길 수도 있기 때문이었다. 사용한 휴지를 버릴 비닐 봉투도 지급되었다. 또한 매일 그 봉투를 제출해 실험 대상 자 각각의 '점액 생산'을 측정했다. 바이러스 항체가 증가하고 점액 과 울혈이 짙어지는 등 객관적 징후를 보인 실험 대상자는 감기에 걸 렸다는 판정을 받았다.

실험에 참여한 모든 사람이 병에 걸리지는 않았다. 놀랍게도 모두 에게 감기 바이러스를 주입했지만, 인간관계가 두터운 사람은 감기 에 걸리는 확률이 훨씬 낮았다.[12] 2주 동안 하나에서 세 가지 유형의 인간관계를 맺은 사람들은 6가지 이상의 다양한 인간관계를 맺은 사 람들보다 감기에 걸린 확률이 4배 더 높았다. 다시 말해서 다양한 호 위대가 면역 체계를 강화하는 약을 복용하는 것과 똑같은 역할을 했 다는 뜻이다. 세포, 단백질, 조직 그리고 기관이 협력해 바이러스와 다른 외부의 침입자를 막아냈다. 20년 동안 '바이러스 공격' 연구를 한 심리학자 쉘던 코헨은 위험 요소에 대해 언급하면서 '낮은 수준 의 사회 통합은' 흡연과 필적하는 위험성이 있다고 주장했다.[13]

사회적 네트워크가 행복에 영향을 미친다는 아이디어가 나온 것은 한 세기 전의 일이다. 하지만 1970년대에 공중보건학을 연구하던 대 학원생 리사 버크먼이 사회적 유대감과 사망률 사이에 강력한 상관 관계가 있다는 사실을 발견하면서부터 이 아이디어에 더욱 무게가 실렸다. 1964년, 캘리포니아 앨러미다에서 실시한 공중보건 조사에 7000명이 참가한 바 있다. 버크먼은 이들에게서 모은 자료를 찾아보 기로 결심했다. 설문지에는 결혼 여부, 친구의 수 그리고 종교 단체나 자원봉사 단체 가입 여부 등이 나와 있었다. 덕분에 버크먼은 응답자들의 네트워크를 종합적으로 파악할 수 있었다. 연구 결과는 놀라웠다. 가까운 인간관계가 결여되거나 중요한 이방인을 포함해 사회적 유대감이 약한 사람은 광범위한 사회적 네트워크를 형성한 사람들보다 9년 일찍 사망할 확률이 높았다.[14]

이후 전 세계에서 실시된 여러 가지 지역사회를 대상으로 한 연구들은 사회 통합에 다른 이점을 연결시켰다. 다양한 유대감을 형성한 사람들은 사회적으로 고립된 이들에 비해 정신적, 육체적 건강 상태가 더 좋았으며 음주나 흡연 같이 건강을 위협하는 습관에 젖어들 확률도 낮았다.[15] 셸던 코헨의 연구에서 일관성 있게 드러나듯이, 사회적으로 통합된 생활 방식을 견지하는 사람은 전염병에 덜 취약하며 심장마비, 암, 우울증, 불안 장애로 고통받을 확률도 낮았다.[16] 물론 여기서 말하는 증거는 직접적인 것이 아니다. 원인이 아닌 상관관계에 대해 말하고 있는 것이다. 조사를 할 때 참여자들의 이전 건강 상태를 고려하긴 했으나, 아픈 사람들은 다른 이유 없이 말 그대로 몸이 좋지 않아서 사회 활동을 하지 않은 것일 수도 있다. 그러나 누적된 자료는 사회참여를 많이 하면 건강 면에서 여러 가지 이점을 누린다는 점을 강력하게 시사한다.

96명의 심리학자와 220명의 동시대 작가들이 쓴 자서전을 분석한 결과도 놀라울 정도로 이와 유사하다.[17] 연구자들은 각 책의 맨 처음 10페이지를 읽고 작가가 어머니, 형제, 사촌, 친구, 동료, 룸메이트 등의 사회석 역할을 언급한 횟수를 셌다. 작가들은 개인적인 인맥을 자세하게 설명하지는 않았지만, 전반적인 자아의식을 세상에 내보였다. 연구자들은 사회적 역할을 많이 하는 작가의 순위를 매겼다. 그 결과 상위 3위에 오른 작가들은 하위 3위에 든 작가들보다 6년 더 오래 살았다(이 조사 또한 사회적 역할을 언급하는 것이 장수와 연관이 있는지에 대해 해답을 주지 않는다).

주변인과의 유대감이 얼마나 중요한지 다양한 조사와 연구 결과를 예로 들어 강조하는 것은 우리와 가까운 사람의 중요성을 과소평가하기 위해서가 아니다. 사실 거의 모든 연구가 가까운 사람들의 중요성, 특히 노인들에게는 친한 사람이 더욱 중요하다는 점을 강조한다. 하지만 두 가지 종류의 유대감을 모두 고려한 조사자들은 네트워크가 섞여 있을 경우 선택 가능한 조건이 더 다양해진다는 사실을 알아냈다.[18] 결론적으로 사랑하는 사람들이 중요한 것은 당연하지만, 우리가 맺는 모든 인간관계가 심리와 생리에 영향을 미친다는 뜻이다. 반드시 인간관계를 많이 맺을 필요는 없다. 우리의 행복에 영향을 미치는 것은 다양성이다.

20년 동안 고독을 연구한 사회신경과학자 존 카시오포는 '(폐쇄된) 집단'에 갇혀 있는 것은 사람을 정신적, 육체적으로 병들게 하는 사회적 고립의 또 다른 이면이라는 주장에 동의한다.[19] 그러나 사회 통합이 모든 경우에 다 들어맞는 만병통치약은 아니다. 카시오포는 우리가 특정 신체 유형이나 눈 색깔을 유전으로 물려받듯이 일정 수준의 사회적 포용(또는 사회적 배제로 겪는 고통의 민감도로 표현되기도 함)을 원하는 욕구를 가지고 태어난다고 지적한다.[20] 따라서 어떤 사람에게 '연결'되어 있다고 느끼는 감정이 사람에 따라 너무 적거나 많을 수도 있다.

술 취한 사람들의 그룹

헨리 펄먼(가명)은 70대를 향해 가고 있지만 절대 그 사실을 광고하지 않는다. 그는 팔팔하고, 깔끔하며, 스타일도 좋다. 여름에는 보기 좋게 구리빛으로 선탠을 하기도 한다. 몇 년 전 자신이 알코올의존자라고 선언한 사실을 고려하면 그의 건강 상태는 놀라울 정도로 좋다. 맨 처음 알코올의존자 갱생회인 AA(Alcoholics Anonymous) 모임에 나갔을 때 펄먼은 그날 밤 집에 가서 '한잔' 할 생각이라고 선언했다. 그러자 한 남자가 그에게 다가와 종이쪽지를 건넸다. 쪽지에는 이렇게 적혀 있었다.

"전화하세요. 그것에 대해 이야기해봅시다."

신기하게도 펄먼은 그에게 전화를 했고 그 후로는 술을 마시지 않았다.

펄먼은 주변에 친한 사람들을 두는 부류의 남자가 아니다. 그는 오랫동안 인간관계를 맺지 않았지만 '형제'처럼 가까운 친구가 한 명 있다. 펄먼은 그 이외에 다른 사람들과는 감정적으로 편안한 기분이 드는 정도의 거리를 두는 것을 선호한다. 그는 과거에 맨해튼의 미드타운에 있는 분주한 은행에서 고객 담당 매니저로 일을 했다. 그는 업무를 처리하는 과정에서 고정적이고 규칙적으로 익숙한 사람들을 만났지만, 그들과의 관계에는 어떤 조건도 붙지 않았다.[21]

표면적으로 볼 때, 강력한 유대 관계가 충분하지 않은 펄먼이 외롭고 위험한 지경에 처해 있다고 생각할 수 있다. 50년 동안 술을 마셔온 사람의 건강이 좋을 수 없다는 점은 확실히다. 그러나 사람과의 연결이 어떻게 '우리를 감동시키는지', 다시 말해 사회적 유대감이 어떻게 우리를 질병으로부터 보호해주고 병이 치유되도록 도와주는지 정확히 아는 사람은 아무도 없다. 그 과정은 우리의 개인적인 이력과 특성 그리고 우리가 물려받은 유전자는 물론 환경과 사회적 요소까지 섞인 복잡한 혼합체다.

펄먼의 호위대는 대부분 중요한 이방인으로 구성되어 있다. 장애인 부모의 외아들로 자란 그는 일찍부터 자신의 필요를 채우기 위해 다른 사람에게 어려운 일을 부탁하지 않는 법을 익혔다. 시간, 장소 그리고 기분에 따라 그는 사람들에게 자신이 가진 것을 조금씩 나누어준다. 하지만 그는 아무런 대가도 바라지 않는다. 예전에 은행에서 일할 때, 그는 언제 누가 나타날 것이며 그 사람이 얼마나 돈을 버는지를 알아맞출 수 있었다. 그는 특별한 사람들을 위해 규칙을 살짝 어기기도 했다. 신분증이 없는데도 수표를 현금으로 바꿔주는 식으로 말이다.

"유독 기다려지는 사람들이 있었어요. 그들에게는 끔찍한 이야기도 할 수 있었거든요."

별난 고객이 괴롭힐 때마다 펄먼은 줄을 선 사람들의 얼굴을 유심히 훑어보았다. 자신이 좋아하는 사람들이 있는지 찾아보기 위해서였다. 그와 눈이 마주친 친한 고객들은 눈알을 굴리거나, 창구에 서서 음모라도 꾸미는 듯 속삭였다.

"그런 수모를 참아야 한다니 정말 믿을 수가 없어요."

펄먼은 그렇게 잠시 고객과 교류하며 위안을 받았다.

"엄청나게 큰 위로가 됐어요. 그건 서로 간에 느끼는 감정이에요. 왜냐하면 줄이 아주 길 때도 고객들은 '펄먼 씨에게서 처리하려고 기다렸어요'라고 말하곤 했거든요."

과학자들은 사회 통합이 일반적으로 받아들여지는 행동의 표준에 따라 '기능'한다고 생각한다. 다시 말해 다양한 호위대를 가진 사람들은 건강을 유지하고(그들의 친구나 지인들은 건강하다고 간주하고), 균형 잡힌 식사를 해야 하며, 비타민을 섭취하고, 규칙적으로 운동을 하는 등 건강한 습관을 유지해야 한다는 사회적 압력을 더욱 많이 받는다. 또한 다양한 인간관계를 맺은 사람들은 호위대가 많지 않아 보호막이 얇은 소외된 이들보다 흡연과 음주를 해야 한다는 사회적 압력에 덜 굴복하는 것 같다.[22] 헨리 펄먼의 경우, 그의 직업이 부과한 사회적 표준이 음주를 어느 정도 제어하는 역할을 했다. 그는 은행에서 일하는 40년 동안 거의 매일 술을 마셨지만 다음 날이면 어김없이 출근을 해 책임감과 의식을 가지고 일했다. 직업이 일정한 구조와 규칙을 제공한 셈이다. 그런데 은퇴를 하자 그를 제어할 요소가 사라졌다. 펄먼은 다음처럼 시인했다.

"자유 시간에 미술관에 간다거나 하는 식으로 도시를 즐기는 일은 거의 없습니다. 밤엔 술을 마시고 낮엔 잠을 자니까요."

은행 고객과 동료로 구성된 다양한 '공동체'의 한 부분으로서 느꼈던 안정감을 잃어버린 것이다. 펄먼에게 은행은 건설 현장 노동자부터 기업 최고경영자까지 다양한 사람들과 접촉할 수 있는 기회를 제공했다. 하지만 은퇴 후 그가 만나는 사람들은 거의 다 음주가다. 그는 업타운에 있는 최신 유행의 바에서 밤을 보낸다. 그곳에서 만나는 사람들은 펄먼이 매일 밤 술에 취해 지낸다는 사실을 문제 삼지 않는다. 그들도 똑같은 삶을 살기 때문이다. 결국 펄먼은 더욱더 술에 빠지게 되었다.

AA 모임의 회원들은 펄먼에게 음주와 관련된 '사람, 장소, 물건'을 피하라고 경고했다. 이 오래된 AA의 경구는 사회적 기준의 중요성을 반영한다. 즉, 더욱 건강한 자아를 만드는 데 도움을 줄 사람과 상황을 찾으라는 의미다. '절대자'를 믿는 것도 이 프로그램의 일부다. 그리고 절대자를 부정하는 무신론자와 불가지론자들에게는 신(GOD)을 '술 취한 사람들의 그룹(Group of Drunks)'으로 생각하라고 조언한다. 펄먼은 회원들의 조언을 따랐고 어느 정도는 술에 취하지 않은 상태를 유지했다. 술 친구들 대신 좀 더 다양한 중요한 이방인, 즉 사회적 삶이 더 이상 음주를 중심으로 돌아가지 않으며 알코올의존증에서 회복기에 접어든 사람들과 어울린 덕분이었다.

"그 사람들을 친구라고 말할 수는 없지만 거의 매일 만나는 사이입니다. 그러니 어떤 사람이 보이지 않으면 걱정이 돼요. 괜찮은 걸까? 술을 많이 마셨나? 아픈 건 아닌가? 그 사람들이 프로그램에서 낙오되면 걱정이 됩니다."

펄먼은 그들 역시 자신을 걱정한다고 믿는다.

다른 사람과 매일 접촉하는 것이 반드시 도움이 된다는 보장은 없지만, 사회 통합은 우리에게 선택 사항을 제공한다. 의지할 수 있는 다양한 사람들(동료, 클럽 회원, 고객, 음주 그룹 등 누구든지 상관없다)은 우리가 균형감각을 유지하고 기분을 북돋우는 데 도움을 준다. 그 효과는 하루에 사과 하나를 먹는 것보다 훨씬 낫다.[23] 그리고 어떤 상황에서 무엇인가가 잘못되었을 경우, 그 일을 다른 곳에서 진행시키거나 한발 물러나 앞서 논의한 여러 가지 자아 중 하나를 불러 해결할 수 있다면 그 상황을 너무 심각하게 받아들이지 않게 될 것이다.

존 카시오포는 자신의 전문 연구 분야인 고독 탐험에 이 아이디어를 접목시켰다. 그는 실험 참가자들에게 개인으로서의 자신에 대한 진술('나에게는 친구가 없다', '외톨이가 된 것 같다')과 그들이 맺은 인간관계에 대한 진술('사람들이 나를 이해한다', '대화를 나눌 사람이 있다') 그리고 단체 소속에 대한 진술('나는 어느 파 소속이다', '나는 어느 단체 회원이다')에 얼마나 동의하는지(또는 동의하지 않는지) 그 정도를 평가해달라고 요청했다. 카시오포는 위의 세 가지 유형이 모두 연결되어 작용할 때 고독하다고 느낀다고 말한다. 이는 독신으로 생활하는 사람들(미국인의 43퍼센트)에게는 좋은 소식이다. 독신자들은 자신들이 너무 획일적으로 취급되어왔다고 불만을 토로한다.[24] 카시오포는 결혼을 하지 않았다고 해서 본질적으로 소외된 것은 아님을 밝혀냈다.

"결혼이 고독감을 낮추어준다고 '예상'할 수는 있지만 '장담'할 수는 없습니다. 좋은 친구와 가족이 있는 독신자는 고독하지 않을 수 있습니다. 반면 결혼한 사람이라도 소외된 상태라면 상당히 외롭다고 느낍니다. 다른 식의 사회적 투입을 한다고 해서 외로움을 완전히 극복할 수 있는 것은 아니지만 이 두 가지를 전혀 상관없는 별개의 것으로 볼 수는 없습니다."[25]

사회 통합은 우리 삶에 어떤 일이 벌어지고 있는지에 상관없이 행복해지는 데 큰 기여를 한다. 다양한 호위대는 조언과 정보 제공, 경제적 지원과 감정적 지원(위로, 격려), 물질적 원조, 허드렛일이나 심부름을 도와주는 등의 사회 지원을 해주며 우리는 이로 인해 건강상의 이점을 누릴 수 있다.[26]

적절한 사회 지원을 받음으로써 우리는 스트레스로부터 자신을 보호할 수 있다. 이 말은 사실 행복에 관한 이야기를 할 때면 어김없이 나온다. '스트레스 완충' 효과의 예로 과테말라의 첫 출산을 앞둔 예비 어머니들을 들 수 있다. 출산을 앞둔 대부분의 여성은 심한 불안감을 느낀다. 연구자들은 출산을 위해 병원에 입원한 임산부 중 임의대로 몇 명을 선정해 홀로 출산 과정을 경험하게 했다. 또 다른 몇 명은 진통이 시작되었을 때부터 듈라(doula, 훈련을 받은 출산 보조원)를 투입해 함께 출산 과정을 밟게 했다. 듈라와 함께 한 임산부들은 출산 시 합병증이 적었고 출산 후 아기에게 반응하는 속도도 더 빨랐다.[27]

그저 자신의 이야기를 들어주는 사람이 있는 것만으로도 도움이 된다. 자신이 겪고 있는 힘든 일을 상대에게 자세하게 이야기하는 단순한 행동으로 스트레스가 완화되기 때문이다.[28] 최근 실시된 실험을 한 번 살펴보자. 일본 도쿄에서 이루어진 이 실험에서 연구자들은 특별 제작된 상자에 한 무리의 쥐를 집어넣었다. 상자에는 선이 감겨 있었으며 연구자들은 임의대로 쥐의 발에 0.5초 동안 전기충격을 가했다. 다음 날에는 세 가지로 조건을 달리 했다. 먼저 쥐들을 다시 전기충격 상자 속에 집어넣었다. 그리고 같은 상자에 파트너로 전기충격을 받은 쥐를 넣은 경우, 전기충격을 받지 않은 쥐를 넣은 경우 그리고 마지막으로 파트너를 넣어주지 않은 경우로 구분했다. 전기충격을 받은 경험이 있는 쥐는 다시 상자에 들어가는 것만으로 공포 반응을 보였다. 쥐들은 '얼어붙어' 숨 쉬는 것을 빼놓고는 전혀 움직이지 않았으며 체온이 상승했다. 그러나 충격을 받지 않은 쥐가 함께 있을 때는 공포 반응이 그리 심하지 않았다. 이런 실험 결과는 우리가

위기에 처했을 때 외부에서 다른 사람을 영입하는 것이 중요하다는 사실을 말해준다.[29]

2007년 H&R 블록(H&R Block, 세금 관련 서비스 회사-옮긴이)은 새로운 표어로 "당신에게는 사람이 있습니다"를 채택했다. 고객이 집에서 H&R 블록이 만든 컴퓨터 소프트웨어를 사용해 세금 계산 작업을 하다가 문제가 생기면 클릭 한 번이나 전화 한 통만으로 직원의 도움을 요청할 수 있다는 사실을 알리기 위해서였다. 심리학에 바탕을 둔 좋은 전략이었다.

자각은 스트레스 완충 작용에서 중요한 측면을 차지한다. 우리는 곁에 '사람'이 있다고 생각하는 것만으로도 일을 더 잘한다. 두 그룹의 건강한 실험 지원자들에게 사람들 앞에서 연설을 하라고 요청(많은 사람의 심장을 쿵쾅거리게 만들 만한 요구다)했다. 할 말을 잊어버려 머뭇거리고 있을 때, 무대 옆에서 이들에게 귀띔을 해줄 이가 있다는 말을 들은 사람들은 (실제로는 그렇지 않아도) 아무런 지원도 없을 것이라는 말을 들은 사람들보다 심장 박동이 느리고 혈압도 낮았다.[30] 비슷한 맥락에서 자녀가 암에 걸린 부모 중 그들을 도와주는 사람들이 있다고 보고한 경우는 지원을 해주는 사람이 없다고 한 경우보다 생리학적으로 스트레스를 덜 받는 것으로 나타났다.[31] 반대의 경우도 마찬가지다. 아무도 지원해줄 사람이 없다는 생각이 스트레스를 증가시킬 수 있다. 유방암 환자 또한 암 진단을 받기 전의 사회적 고립이 몸에 생긴 종양의 종류나 치료의 효과보다 건강과 관련된 삶의 질 문제에 너욱 심내한 엉향을 끼친 것으로 나타났다.[32]

그러므로 헨리 펄먼이 '엄청난 위로의 원천'이라고 인정한 고객을 생각하는 것은 전혀 우연이 아니다. 매일 은행 창구에 앉아 불만을 쏟아내는 고객들을 상대해야 하는 펄먼의 상황을 바꾸는 데 은행 이용객들은 아무런 도움도 주지 않았다. 하지만 펄먼은 친숙한 이용객들을 상대하면서 '그의 편인 사람들'이 그가 잘하고 있다는 사실을 알려주고 있다고 느꼈다. 그렇게 짧은 순간의 접촉이 실제로 그의 신체에 생리 반응을 일으켜 스트레스를 줄이는 효과(연설자나 암에 걸린 자녀를 둔 부모들이 그들을 돕는 지원군이 주변에 있다고 생각할 때 스트레스를 덜 받는 효과를 본 것과 같이)를 가져왔는지는 알 길이 없다. 하지만 이 최소한의 사회적 지원 덕분에 그는 불쾌한 고객과의 만남을 잊었고, 정말로 재수 없는 날은 아니었다고 스스로를 위안할 수 있었다.

치매에 걸린 전 미식축구 선수

2007년 1월, 마이애미의 여기저기에서 슈퍼볼 파티가 벌어졌다. 그 가운데 전 콜츠(Colts) 팀의 타이츠 엔드(tight end, 미식축구에서 공격 측 포지션의 하나—옮긴이) 존 맥키 주변으로 팬들이 사인을 받기 위해 모여들었다.[33] 전직 모델로 180센티미터의 늘씬한 키에 여전히 아름다운 외모를 간직한 존 맥키의 부인 실비아가 그 옆에 서 있었다. 실비아는 남편이 순진한 팬들을 향해 양 주먹을 앞으로 내밀어 슈퍼볼과 올스타 반지를 보여줄 때마다 어색한 미소를 지었다. 맥키는 슈퍼볼 반지를 가리키면서 둔탁하고 단조로운 톤으로 이렇게 말했다.

"75야드 터치다운으로 점수를 낸 댈러스 카우보이스(Dallas Cowboys)를 물리친 덕분에 이 반지를 받을 수 있었습니다."

실비아는 존이 그저 자랑을 늘어놓는 것이 아님을 알고 있었다. 맥키는 그저 기억하고 있는 몇 안 되는 과거의 순간 중 하나를 되풀이하는 것뿐이었다. 그는 아무에게나 똑같은 말을 10번, 20번 아니 100번 넘게 되풀이했다.

10여 년 전 실비아 맥키는 남편의 부적절하고 반복적이며 충동적인 행동이 피크 병(Pick's disease, 치매의 한 형태로 드물게 발병한다)으로 인한 증상이라는 사실을 알았다. 처음에는 그저 뭔가를 잘 잊어버리는 정도였는데 점점 증상이 나빠졌다. 그는 자신에게 여동생이 있다는 사실조차 기억하지 못했다. 심지어 그는 술집에서 만난 낯선 사람과 가라오케에 가서 노래를 부르고는(전에는 전혀 하지 않던 행동이다) 라스베이거스에 가서 공연을 해보겠다고 진지하게 말하기도 했다.

실비아가 사태를 파악했을 때는 이미 너무 늦었다. 대학 때부터 실비아가 사랑했던 남자는 그 자신도 모르는 사이에 그들이 쌓아온 모든 것을 허물어뜨렸다. 실비아는 50대 중반의 나이에 승무원 훈련 프로그램에 등록을 했다. 생활비와 남편의 의료비를 충당하기 위해서였다.

병은 지극히 사적이며 가정적인 문제로 시간이 경과할수록 육체적, 정신적, 감정적 그리고 재정적 희생이 커진다. 만성적 질병과 싸우면서 생기는 스트레스로 인해 환자의 고통은 더욱 심해지고 가족들도 점점 약해진다. 쉘던 코헨의 바이러스 공격 연구 결과를 보면 이 과정이 어떻게 진행되는지 단서를 찾을 수 있다. 코헨은 바이러스 공격 연구에서 스트레스를 많이 받은 사람들이 감기 바이러스에 더욱 취약하다는 사실을 알아냈다. 스트레스의 정도를 측정하기 위해 코헨은 부정적 감정, 실험 대상자가 말한 스트레스를 받는 상황의 수 그

리고 삶이 혼란스럽다고 믿는 신념을 지표로 사용했다.[34]

코헨은 간병인을 대상으로 실험을 진행하지는 않았다. 하지만 만약 그랬다면 간병인들도 높은 스트레스를 받고 있다는 결과가 나왔을 것이다. 다른 연구자들은 간병인(전체의 66퍼센트가 여성)에게 불안증이나 우울증 등 건강에 문제가 생길 위험이 높다는 사실을 알아냈다.[35] 의학에 관한 문제가 대부분 그렇듯 단순하게 문제가 결합되어 발생한다고는 보기 힘들다. 사람마다 스트레스가 시작되는 출발점이 다르기 때문이다. 다른 사람보다 스트레스에 잘 대처하는 기술을 보유한 간병인은 더 많은 사람을 돕는다. 하지만 병자를 간호하며 스트레스를 경험한 사람들은 대체적으로 부정적인 일에 더 많이 시달린다. 그 증거로 4년 동안 이들의 사망률이 63퍼센트나 증가했다는 조사 결과를 들 수 있다.[36]

치매는 그 자체가 난제다. 1년 동안 치매 환자를 간병한 사람의 거의 3분의 1이 우울증 증상에 시달렸다는 보고도 있다.[37] 충분히 가능한 이야기다. 치매 환자에게는 하루 24시간을 꼬박 매달려 있어야 한다. 갓난아기 돌보는 일보다 더 힘들다. 특히 그 '아기'가 존 맥키처럼 신장 189센티미터에 몸무게가 107킬로그램이나 되는 건장한 체구라면 더욱 그렇다. 실비아가 캘리포니아에 있는 집을 팔고 존의 이름이 더 많이 알려진 볼티모어로 이사한 것도 치료를 돕기 위해서였다.

"그러면 존의 기억이 좀 더 길게 지속되는 데 도움이 될 거라고 생각했어요. 존은 아직도 콜츠에 익숙해요. 게다가 그가 종잡을 수 없이 돌아다니는 단계에 들어서도 사람들이 이해해주리라 생각했어요."

결국 맥키는 이리저리 돌아다니는 단계까지 병이 악화되었다. 실비아는 식당에서 파이를 접시 채 들고 도망가려는 맥키를 저지해야 했다. 슈퍼마켓에서는 캔디를 가지고 달아나려고 했다.

"디너파티에서 먼저 자기 후식을 다 먹은 다음에 다른 사람들 것까지 몽땅 먹어 치울 걸요!"

이렇게 말하면서 실비아는 웃었다. 그녀가 미치지 않은 것은 유머 감각 덕분이다. 하지만 이런 그녀도 웃어넘길 수 없는 사건이 있었다. 몇 해 전 공항에서 벌어진 일이다. 맥키가 금속 탐지기를 통과하는데 반지 때문에 경보가 울렸다. 실비아는 그때를 회상하며 떨리는 목소리로 이렇게 말했다.

"존은 가만히 서 있지 않았어요. 계속해서 뛰었지요. 축구장 라인의 홀을 향해 뛰어가듯이 말이에요."

당시 실비아는 비행기 승무원으로 몇 년째 일하고 있었다. 그녀는 9·11 테러 이후, 문제가 생기면 일단 총을 쏘고 질문은 나중에 하는 관행이 퍼졌음을 알았기에 두려움을 느꼈다. 경찰관들이 맥키를 맹렬하게 뒤쫓았다. 실비아도 그들 뒤를 따라 달리며 이렇게 외쳤다.

"제발 쏘지 마세요. 그 사람은 지금 상황을 이해하지 못해요."

이 사건 이후 맥키 부부는 자동차나 기차로만 여행을 한다.

고난은 계속되었다. 실비아는 남편의 병과 관련된 글이라면 닥치는 대로 읽었다. 앞으로 일어날 일에 대비하기 위해서였다. 예컨대 실비아는 맥키가 기저귀를 찰 날이 올 것이라는 사실도 미리 알았다.

"전 기다리지 않았어요. 그래서 존이 받아들일 수 있는 상태일 때 실행했죠."

실비아는 맥키를 설득시키기 위해 NFL(National Football League, 미국

풋볼 리그)에서 '특별 속옷'을 보냈다고 말했다. 그리고 매일 복용하는 약도 'NFL 비타민'이라고 속였다. 맥키는 NFL에서 지시한 사항이라면 무엇이든 따랐기 때문이다. 실비아는 강인했고, 관련 지식에 해박했으며, 상황을 순순히 받아들이는 태도를 유지했다. 하지만 그녀는 혼자서 모든 일을 할 수는 없음을 알았다.

"맥키의 병이 깊어지면서 사람들을 찾을 방법을 모색하기 시작했어요."

실제로 사회적 유대감을 다양하게 맺고 있는 사람이 간호를 할 경우 정신 건강에 문제가 생길 위험이 낮다.[38]

맥키 부부의 막내딸은 커다란 도움을 주었다. 하지만 가장 가까운 다른 사람들은 맥키 주변에 있기 불편해했고, 그의 정신 감퇴 현상에 어떻게 대처해야 할지 몰랐다. 오랜 친구 중 몇 명은 맥키 부부를 더 이상 찾아오지 않았다. 각종 행사에 초대를 받는 일도 줄어들었다. 자연히 맥키 부부는 중요한 이방인들에게 의존하게 되었다. 집에 방문해 시중을 들어주는 도우미, 집에 찾아와 맥키와 함께 앉아 있다 가는 은퇴한 경찰관, 노인보호센터 직원, 실비아가 가입한 다양한 알츠하이머 지원 그룹의 회원들 그리고 비슷한 정신 감퇴 현상을 앓고 있는 남편을 둔 다른 NFL 선수들의 아내 등이 바로 그들이다. 항공사 동료들도 실비아의 사정을 알고 있었다.

하지만 실비아가 계속해서 버틸 수 있도록 지원을 아끼지 않은 가장 멋진 사람들은 따로 있었다. 바로 볼티모어 중심가에 있는 선술집 마운트워싱턴의 손님들이었다. 그들은 실비아가 잠시나마 정상적인 삶을 살고 있다고 느끼게 도왔다. 이 사람들은 존을 미식축구 영웅으로 기억하면서도 현재 그의 모습을 있는 그대로 받아들였다.

"딱 〈치어스〉라니까요."

실비아가 재치 있게 말했다. 마운트워싱턴의 주인은 맥키를 위해 무알코올 와인을 들여놓았다. 실비아는 맥키의 손에 20달러짜리 지폐를 쥐여주고는 마음껏 음료를 마시게 했다.

"존도 다른 사람들처럼 품위 있게 와인을 주문할 수 있어요. 게다가 여기저기 돌아다녀도 술집에 있는 사람들이 불평하지 않아요."

실비아는 얼른 한마디를 더했다.

"잠시도 눈을 떼지 못했는데 그 집에서는 그렇게 하지 않아도 되니 얼마나 안심이 되는지 몰라요."

중요한 이방인들에게 의지하기

존 맥키는 자신의 병으로 인해 가족에게 일어나는 그 모든 드라마를 알지도 이해하지도 못한다. 그의 입장에서는 다행스러운 일이다. 그러나 만성 질병으로 고통을 받는 많은 사람은 자신에게 도움이 필요하며 주변 사람들이 어떤 대가를 치러야 하는지 잘 안다.[39]

전직 TV 프로듀서이자 언론인인 리처드 코헨(셸던 코헨과 아무 관계없다)은 20대 중반에 다발성 경화증을 앓았고, 50대에는 대장암 진단을 받았다. 그는 맹인이 되었으며 혼자서는 서지도 못할 정도로 몸이 쇠약해졌다. 그의 병은 부인이자 〈투데이(Today) 쇼〉 공동 진행자인 메레디스 비에라와의 관계에 영향을 미쳤다. 10대인 세 명의 자녀와 함께할 수 있는 일도 제한되었다. 코헨은 이렇게 말했다.

"내 가족도 희생자입니다. 우린 같은 옷을 입고 같은 음식을 먹지요. 여러 가지 면에서 같은 사람들이에요. 그래서 내 가족도 나와 똑같은 부담을 집니다. 메레디스는 특히 더해요. 그녀는 자신이 굳건히 서야 한다는 사실을 알고 있습니다. 암과 다발성 경화증이 나를 완전히 정지시켰으니 말이에요."

사랑하는 사람들에게 지워질 막대한 고통을 생각하면 코헨과 만성 질환을 앓는 다른 사람들은 좀 더 많은 이에게 도움을 요청해야 하지 않을까? 그들은 끝이 보이지 않는다고 느끼며 힘들어한다. 질병, 정상적인 삶을 정지시키는 고통, 아무것도 진전되는 것이 없는 상황은 마치 '이미 너무 늦은' 것 같은 느낌이 들게 한다.[41] 리처드 코헨은 이렇게 말했다.

"이건 어쩌다 한 번 재수 없게 발목을 삐거나 무릎이 아파 집에 묶여 있어야 하는 상황이 아닙니다. 한쪽으로 물러나 있는 것이 삶의 방식이 되어버렸어요. 심리적으로 위축되는 일이 점점 늘어나니 마음이 무겁습니다."[42]

가까운 사람들 이외에 누군가가 환자에게 도움을 주는 것은, 충격의 영향을 줄이려고 충격을 받지 않은 쥐를 상자 안으로 들이는 일과 비슷하다. 사랑하는 이들(환자와 같은 충격을 받아왔다)도 도움이 될 수 있지만 박스 바깥에 있는 사람들만큼은 아니다. 유방암 환자들과 가족을 대상으로 조사를 실시한 심리학자 니알 볼저는 이렇게 밝혔다.

"사랑하는 사람들은 환자와 아주 가깝기 때문에 오히려 계속해서 지원을 해주기 어려울 수 있습니다."

환자들이 암 진단을 받은 지 각각 4개월과 6개월 후에 추가로 조사를 실시한 볼저는 가족과 파트너의 지원이 현저하게 떨어졌다는 사실을 알아냈다.[43] 이는 가족이 환자를 걱정하지 않거나 사랑하지 않아서가 아니라 그들도 지치고 고통을 받았기 때문이다.

외부인에게 고개를 돌리면 휴식이 필요한 간병인과 자신을 짐 같이 여기는 환자 모두의 부담을 덜 수 있다. 리처드 코헨은 이렇게 묻는다.

"매일 불평만 하는 사람과 함께하는 삶을 상상할 수 있겠습니까?"

그는 가까운 사람들보다 중요한 이방인에게 도움을 요청하는 일이 더 쉽다는 사실을 안다.

"애초부터 그렇게 가까운 사이가 아니니 선을 그을 필요가 없어요. 내 인생에서 그 사람들이 차지하는 자리가 정해져 있고, 거기에 맞춰 자연스럽게 선이 생기죠. 거리감으로 인해 그 사람들이 그다지 위협적으로 느껴지지 않습니다. 일을 그만두고 떠나버리면 그 사람 자체도 잊혀지거든요."[44]

인간은 중요한 이방인들과의 만남을 제한하려는 경향이 있다. 따라서 그들이 도움의 손길을 내밀면 보통 예상치 못한 제안에 약간 의아해하지만 감정적으로 부담은 없다. 예를 들어 이웃이 내 화초에 물을 주겠다고 제안하고, 회계 부서 직원이 일과 후 재미있는 영화 몇 편을 빌려서 내 집에 들른다고 생각해보라. 또는 브리지 게임을 같이 하는 사람이 코스트코(Costco)에서 라자냐를 사다준다면 어떨까? 별로 가깝지도 않은 사람이 나를 챙겨주면 기분이 좋아진다. 게다가 대부분의 사람은 그리 가깝지 않은 이들에게 화를 잘 내지 않는다. 최악의 상황일 때 자신이 느끼는 어두운 기분으로 그를 끌어들이려고도 하지 않는다.

리처드 코헨은 자신이 때때로 부정적인 기운을 가족에게 내뿜는 것을 막을 수 없다고 인정한다. 그렇게 행동한 뒤에 코헨은 후회하고 죄의식을 느꼈으며 가족이 겪을 고통을 걱정했다. 그는 대장암 때문에 여러 번 수술을 받았으며 갖가지 합병증을 앓았다. 이때가 특히 힘든 기간이었다. 그의 아내 메레디스는 나중에 다음처럼 말했다고 한다.

"수술이 끝나고 집으로 돌아온 당신이 아주 멀게 느껴지곤 했어요. 다 포기하고 싶다는 기분이 들지 않았다고 하면 그건 거짓말이에요. 당신의 분노가 우리 모두를 몰아냈어요."[45]

가까운 사람들이 함께할 수 없을 때도 있다. 그럴 때는 중요한 이방인들에게 의지할 수밖에 없다. 제리 닐센 박사는 아문센-스콧 남극기지(Amundsen-Scott South Pole Station)에서 1년간 의료 스태프로 일한 적이 있다. 자신의 유방에 혹이 생겼다는 사실을 알았을 때, 그녀의 가장 가까운 친척은 약 1만 8000킬로미터 떨어진 곳에 살고 있었다. 그녀는 최저 온도가 영하 90도에 육박하고 1년의 절반은 완전한 어둠 속에 묻히는 세상의 끝에 고립되었다. 또한 그녀는 자신이 '가장 아픈 환자이자 유일한 의사'인 특수한 상황에 처했음을 깨달았다. 그녀는 알고 지낸 지 몇 달 되지 않은 다른 '극지방 사람'들에게 의지해야 했다. 그 경험을 수록한 회고록《얼음에 간히다(Ice Bound)》에서 닐센은 다정했던 그들을 '나를 구해준 친구와 친절한 이방인 공동체'라고 불렀다.[46]

닐센에게는 달리 선택의 여지가 없었다. 그리고 가까운 사람들이 주변에 있는 상황에서도 중요한 이방인은 특별한 역할을 한다. 그들은 당신과 가까운 사람들에게 숨쉴 틈을 주며 혼란스러운 순간을 이겨내는 데 도움이 된다. 또한 감정적 지원을 해주며 당신이 사랑하는 사람들을 걱정한다는 감정을 표현하도록 격려하기도 한다. 헤어디자이너나 바텐더에게 속내를 드러내본 적이 있는 사람은 그들이 정신건강 상담가로 손색이 없음을 어렵지 않게 받아들일 것이다.[47]

이방인들은 보통 당신이 이야기를 하게 내버려두며 가족이나 친한 친구처럼 반드시 특정한 방향으로 당신을 이끌려고 애쓰지도 않는다. 또한 그들은 상황을 좀 더 신선한 시각에서 볼 수 있도록 도와주고, 새로운 접근 방식에 마음을 열도록 이끌며, 가족들은 할 수 없는 방식으로 다른 무엇인가에 몰두할 수 있게 해준다. 그리고 당신과 똑같은 경험을 해본 적이 있는 중요한 이방인은 사랑하는 사람들에게는 없는 통찰력과 정보를 가지고 있다.

유방암에 걸린 여자들로 결성된 드래곤 보트 팀

해마다 서머타임이 시작되면 22명의 여성이 노를 들고 나타난다. 얼굴 윤곽이 뚜렷하고 강렬한 파란 눈을 가진 운동선수 같은 용모의 게일 마일즈(짧게 친 회색 머리카락 때문에 그녀는 '애니 홀' 처럼 보인다)도 그들 중 하나다. 마일즈와 팀원들은 '드래곤 보트(dragon boat)' 에 오른다. 드래곤 보트는 약 12미터 길이에 노로 젓는 배로 선수(船首)에는 밝은색 페인트로 용의 머리가 그려져 있다.

"바다 속을 향해 가파른 경사로 떨어지는 산으로 둘러싸인 피오르드, 하늘을 날아다니는 까마귀와 대머리독수리, 이따금씩 모습을 나타내는 수달과 항구 근처에 모여 있는 바다표범이 장식하는 풍경을 보면 바다로 나가고 싶은 마음이 절로 들어요."

마일즈의 말이다. 그러나 매년 그녀를 바다로 불러들이는 것은 다름 아닌 동지애다. 그녀는 유방 종양 절제술 한 번, 유방 절제술 두 번, 외과 재생 수술 세 번, 화학요법, 방사선 치료, 남편의 죽음을 겪었다. 또한 최근에 암이 간으로 전이되었다는 사실을 알았다. 자녀와 오랜 친구들 그리고 다른 가까운 사람들은 한결같이 그녀를 지원해 왔다. 하지만 그녀는 이외의 사람들에게서도 큰 힘을 얻는다. 그녀는 사회 각층에서 모여든 다양한 여성들과 함께 보트를 탄다. 즉, 자신보다 나이가 어리거나 많은 다양한 체형의 여성들(신참과 경험자 포함)이 그녀의 동지다. 이들은 자기 옆에 있는 여자가 운동선수든 오랫동안 소파에 앉아 TV만 보는 카우치 포테이토(couch potato)든 신경 쓰지 않는다. 오로지 유방암을 앓은 전력만 있으면 회원이 될 수 있다.

마일즈와 다른 19명의 팀원들은 보트 양쪽에 두 줄로 나란히 앉는다. 이들의 코치인 '북잡이'는 뱃머리에 앉아 북을 치며 소리를 쳐 노 젓는 방향이 일치하도록 조율한다. '키잡이'는 선미(船尾)에 장착된 3.6미터 길이의 노로 배를 조종한다. '쿵, 쿵, 철썩' 노가 물에 닿았다가 회전한다. 노가 머리 위로 올라갔다가 다시 내려온다. 북잡이는 북을 두드리는 강도(강-약-강-약)를 계속해서 달리한다. 배의 속도를 조절하기 위해서다. 처음에는 노가 부딪치고 서로 물을 튀긴다. 멀리서 보면 보트는 마치 다닥다닥 붙은 수많은 다리가 제멋대로 움직이는 벌레 같다. 하지만 팀원들이 집중해서 리듬을 타면 노는 거의 아무런 소리도 내지 않고 물살을 가른다. 하나가 되어 움직이는 것이다.

그들은 '닥터 돈(Dr. Don)' 맥킨지에게 감사한다. 맥킨지는 내과 의사로 브리티시 컬럼비아대학에서 근육/관절 의학 치료를 연구하는 학자다. 유방암 환자들은 한때 수술 후 팔 근육을 사용하지 말라는 권고를 받았다. 상체 운동을 하면 림프액이 쌓여 만성적으로 붓는 현상인 림프부종에 더욱 취약해진다고 일반적으로 받아들여지기 때문이다. 이런 현상은 수술을 받고서 수년이 지나도 발생할 수 있다고 여겨졌다. 그러나 카약(kayak) 선수이자 마니아인 맥킨지의 생각은 달랐다. 그는 운동을 하면 유방암 환자들의 림프부종이 악화될 확률을 줄일 수 있다고 믿었다.

1996년 맥킨지는 유방암에 걸리고도 살아남은 31세에서 62세의 여성 24명을 모집해 자신의 이론을 실험하고자 했다. 그는 2000년 역사를 가진 중국 스포츠인 드래곤 보트 조정 경기를 선택했다. 힘이 들고 반복적으로 동작을 취해야 하지만, 무게를 지탱해내야 하는 스포츠는 아니었기 때문이다. 맥킨지의 팀원 가운데 조정을 해본 사람은 단 두 명뿐이었다. 3개월에 걸쳐 고된 훈련을 받았지만 새로이 림프부종이 발생한 팀원은 아무도 없었으며 모두가 더욱 강인해졌다. 맥킨지는 이렇게 보고했다.

"드래곤 보트 조정 훈련을 받은 여성이 느낀 운동 효과는 실로 놀랍다. 특히 육체적 변화는 심리적 변화를 따라가지 못할 정도다."[48]

게일 마일즈는 브리지 게임을 하다가 드래곤 보트 경기에 대해 들었다. 친구의 시누이가 닥터 돈의 첫 번째 팀에 소속되어 있었기 때문이다. 타고난 운동 감각을 가진 마일즈는 힘과 체력을 되찾고 싶었다.

"암의 부정적인 면과 암 환자들이 겪은 고통에 대해 이야기하는 일반적인 시원 그룹 활동에는 관심이 없었어요."

마일즈는 드래곤 보트 경기에 참여하기로 결심했다. 스포츠를 즐길 수 있는 데다 그녀가 병에 걸렸다고 해서 불쌍하게 여기는 팀원은 아무도 없을 것 같았기 때문이다.

"팀원들 간의 협력과 유대는 놀라운 시너지 효과와 힘을 만들어냈어요."

배에 타고 있을 때의 드래곤 보트 팀은 여느 스포츠 팀과 비슷해 보인다. 하지만 탈의실 풍경은 전혀 평범하지가 않다. 예컨대 한 여성이 예술적으로 문신을 한 자신의 유두를 드러내 보인다. 그러면 다른 사람이 유방에 넣은 식염수 보형물이 움푹하게 들어갔다고 불만을 터뜨린다. 또 다른 사람들은 횡복직근 근피판술(TRAM flap, 복부 조직과 피부를 이용해 유방을 재건하는 시술)에 대해 열띤 토론을 벌인다. 하지만 각자가 겪은 '전쟁 이야기'를 굳이 비교할 필요는 없다고 마일즈는 말한다.

"여기 모인 사람들은 생명의 위협을 받아본 경험이 있고, 신체의 일부분이 훼손됐어요. 그리고 아직 그 모든 불행이 끝나지 않은 상태죠. 굳이 말로 표현하지 않아도 그 사실을 공유하고 있는 거예요."

맥길대학의 캐서린 사비스톤과 메간 맥도너는 드래곤 보트 조정 경기 첫 시즌이 진행되는 동안 유방암을 극복한 사람들의 그룹을 추적했다. 그들 대부분은 육체적으로 더 나은 모습이 되고 싶어서 경기에 참여한 것으로 나타났다. 이들은 사랑하는 사람들이 자신에게 필요한 지원을 아끼지 않는다고 믿었다. 하지만 3개월 후, 조정 경기 신참들은 다른 팀원들이 자신에게 자신감과 삶을 지탱할 정신적인 힘을 북돋아주었다는 사실을 깨달았다. 사비스톤은 다음과 같이 주장한다.

"가족들은 그런 일을 할 수 없어요. 똑같은 경험을 해보지 못했거든요."[49]

암이 재발하자 마일즈는 드래곤 보트 팀원들에게 제일 먼저 그 사실을 알렸다.

"팀원들은 자연스럽게 모든 걸 받아들였어요. 또 다른 일을 경험하는 것처럼 말이에요. 그런데 제 가족들은 아주 감정적이었어요."

이런 마일즈의 행동은 전혀 놀랍지 않다. 중요한 이방인으로 구성된 드래곤 보트 팀의 일원이라는 사실이 그녀의 수명을 연장해주지는 못할지도 모른다. 최근 실시된 대규모 임상 실험은 초기 주장과는 달리 지원 그룹의 존재가 암 재발이나 사망률에 미치는 영향이 거의 없다는 결과를 내놓았다.[50] 그러나 드래곤 보트 팀 활동은 분명 마일즈의 삶에 큰 영향을 끼친다.

마일즈의 팀원 중 두 사람이 사망했다. 그녀도 인정한다.

"장례식에 가면 다들 '나도 죽을 수 있겠구나' 하는 생각을 해요. 하지만 모두 자신이 죽었을 때 팀원들이 그 사실을 알았으면 해요. 다른 사람들은 알 수 없는 나의 어떤 면을 팀원들은 알기 때문이죠."

가족보다 지원 그룹에 의지하는 환자들

'같은 배에 탔다'는 은유적 표현은 19세기 중반 이후 금주회와 '술고래 클럽'이 회복기에 접어든 알코올의존자들을 '상담역'으로 이용하기 시작하면서부터 회자되었다.[51] 알코올의존자 갱생회인 AA는 수많은 자기 개발 그룹의 모델이 되고 있다. 이 그룹은 1935년 두 명의 중요한 이방인이 서로의 음주에 관해 이야기를 나눔으로써 술에 취하지 않은 상태를 유지한데서 시작되었다. 비슷한 문제로 고통을 받는 AA의 회원들은 알코올의존증이라는 영역의 지도를 가지고 있었다. 질환을 직접 경험해본 그들은 다른 알코올의존자들에게 있어 진정한 내부인이었다. 그들은 함정은 물론 완치로 가는 지름길도 안다.

오늘날에는 일상에서 벌어지는 갖가지 위기 상황, 질병, 다양한 가족 구성으로 인한 문제 등에 대처할 수 있도록 도와주는 여러 가지 유형의 자기 개발 그룹이 존재한다.[52] 그리고 이 그룹들 모두 시대에 따라 변화하고 있다. 뉴저지 주 서밋에서 암을 극복한 사람들을 대상으로 여러 가지 프로그램을 운영하는 미쉘 비스카는 이렇게 말한다.

"최근 우리가 조사한 바에 따르면, 사람들은 말을 많이 하는 전통적 방식의 단체를 원하지 않습니다. 암이 아닌 다른 것들을 주제로 삼아 연결되고 싶어 해요."

비스카는 이러한 현상이 나타난 데 인터넷이 일정 부분 기여했다고 평가한다.

"온라인에서 이루어지는 지원을 조금 더 안전하고 편안하게 느끼는 사람들이 있습니다."[53]

이제는 어떤 질병에 대한 정보를 수집하거나 같은 병을 앓는 환우와 이야기를 나누기 위해 반드시 집 밖으로 나가지 않아도 된다. 여론조사 기관 해리스폴(Harris Poll)은 2007년 인터넷에서 건강 정보를 찾는 사람들을 의미하는 사이버콘드리악스(cyberchondriacs, 온라인을 의미하는 cyber와 자기의 건강에 대하여 필요 이상으로 염려하는 상태를 의미하는 hypochondria가 결합한 신조어-옮긴이)의 수가 1억 6000만 명이라고 발표했다. 이는 2년 전과 비교해 37퍼센트 증가한 수치다.[54] 수만 명이 온라인 커뮤니티에 가입해 있다. 사이버 세계에서 이루어지는 지원은 실용성이 관건이다. 예를 들어 암은 누구나 걸릴 수 있는 질병이어서 어디에나 지원 그룹이 있다. 하지만 사우스다코다 주의 작은 마을에 사는 이가 C형 간염에 걸렸다면 어떻게 될까. 지원 그룹을 찾기가 쉽지 않을 것이다.

의료인들이 온라인에 공간을 마련해놓고 환자들을 지원하는 경우도 있다. 인터넷을 지칭하며 하이디 도노반은 이렇게 말한다.

"아무튼 사람들은 '거기' 있어요."

도노반은 피츠버그대학 간호학과 부교수로 난소암 생존자를 위한 쌍방향 온라인 프로그램을 운영한다. 이 프로그램을 통해 환자들은 자신의 병에 대한 질문을 하거나 그동안 말하기 두려웠던 감정을 표현할 수 있다. 각 환자들에게 특정 간호사를 배정하고, 질문을 하면 24시간 내로 답을 준다. 병뿐만이 아니라 환자 자체에 대해 알고 있는 사람과 신뢰를 바탕으로 연결 관계를 구축하므로 중요한 이방인 관계가 형성되고 발전한다. 도노반의 말에 의하면, 특히 증상이 여러 가지인 병에 걸린 환자들은 자신이 겪고 있는 고통스럽고 두려운 과정으로부터 사랑하는 사람들을 보호할 필요가 있다고 느낀다. 그런 부정적인 감정을 사랑하는 사람들과 정기적으로 나누기는 어렵다. 하나의 프로그램으로 수많은 난소암 환자를 도울 수는 없지만, 자신이 관리한 소수의 환자는 확실히 도움을 얻었다고 도노반은 말한다.[55]

환자들은 정보와 감정적 지원을 구하기 위해 온라인에 접속한다. 이는 육체 활동과 농료 지원이 합쳐진 프로그램이 필요하다는 증거다. 안 될 것이 없지 않은가? 당신과 열정을 나눌 수 있는 새로운 사람들과 함께 운동을 하면서 사교를 하는 것이다. 미쉘 비스카는 새로운 드래곤 보트 팀(현재 미국과 캐나다에 수백 개의 팀이 있다)을 결성하는 중이다. 또한 비스카는 생존자를 위한 요가 그룹과 '기쁨을 되찾는' 운동 시간도 제안한다. 다른 지역에서는 주말은 물론 계절 내내 또는 그보다 더 오랫동안 지속되는 프로그램도 생겨났다. 예를 들면 플라이 낚시, 사냥, 카누 타기, 달리기, 농구 심지어는 암 생존자들을 위한 극기 훈련 캠프까지 종류가 다양하다.[56] 기금 마련을 위한 자전거 경주 대회 또는 다양한 명분과 주제 하에 주최되는 걷기나 달리기 대회를 지원 그룹 활동으로 보기에는 약간 무리가 있다. 하지만 이 일련의 활동은 영감을 불어넣고 새로운 기술을 익히게 해주며 중요한 이방인을 만날 수 있는 기회를 제공한다.

메리 베네스는 2003년 다발성 경화증 진단을 받았다. 2006년에 그녀는 오클라호마 털사에서 열린 2006 다발성 경화증 환자 자전거 경주 대회를 참관하기 위해 급수장이 있는 곳에 자리를 잡았다. 이틀간 240킬로미터를 달리는 힘겨운 경주는 다발성 경화증 환자에게 무리였다. 그녀는 남편이 일했던 아메리칸에어라인즈의 직원 한 명과 대화를 나누게 되었고, 그에게 다음 해에는 직접 대회에 참가하고 싶다고 말했다.

"결국 그 사람이 속한 팀에 합류하게 됐어요. 그보다 더 좋은 지원 그룹은 찾기 어려웠을 거예요. 한 커플은 나보다 자전거를 더 오래 탔는데, 긴 구간을 달릴 때는 언제나 나와 보조를 맞춰 달리며 괜찮은지 살펴줬어요. 그 사람들이 응원해준 덕분에 절대 못 올라갈 거라고 생각했던 언덕에도 올라갈 수 있었죠."

가까운 사람들과 중요한 이방인의 조화

1970년대 이후 역학자들은 스트레스와 질병, 인간관계와 행복 사이에 연관성이 있다고 확신한 후 이를 건강 증진에 활용하려 노력해 왔다. 이로써 스트레스와의 전쟁에서 지지 않으려면 호위대를 더욱 공고히 다져야 한다는 사실이 널리 알려졌다. 이 분야의 한 선구자는 이렇게 말했다.

"병을 극복한 사람과 병을 앓고 있는 사람 모두에게 지원을 주고받는 법을 가르쳐야 합니다."[57]

40년 전 이런 촉구가 있은 뒤, 과학자들은 사회적 유대감의 중요성에 대한 자료를 모으기 시작했다. 현재 대중은 스트레스 예방에 관한 풍부한 자료를 얻을 수 있다. 하지만 사람들 사이의 유대감을 강화하도록 돕는 방법은 그다지 많이 배우지 못했다.

확실한 것은 모든 사람에게 효과적인 방법은 없다는 사실이다. 병에 걸린 대부분의 사람은 전통적인 지원 그룹에 도움을 청하지 않는다.[58] 암 환자 세 명 중 두 명, 또는 다른 만성 질병을 앓는 환자들도 전통적인 지원 그룹에는 절대 참석하지 않는다.[59] 리처드 코헨도 그런 사람에 속한다. 그는 이렇게 말했다.

"지원 그룹…… 좋죠. 하지만 나를 거기 데리고 가려면 날카로운 총검으로 위협해야 할 겁니다."

여성은 남성보다 지원 그룹을 더 많이 찾는다. 하지만 그들도 지원 그룹에 계속 머물지는 않는다. 필요한 것을 얻으면 더 이상 나가지 않는다. (아직까지는) 드래곤 보트 경기 대회 같이 활동 지향적인 그룹을 추적하는 사람은 없지만 상식과 연구 결과에 비추어보면 그러한 활동이 모든 이에게 효과가 있다고 보기도 힘들다. 예를 들어 과체중 여성들에게 드래곤 보트 대회에 참여해볼 것을 제안하자 극명한 차이점이 나타났다. 12주에 걸친 시험 기간이 끝나고 평가를 해보자 참여자들 모두 육체적인 면에서는 더욱 강인해지고 기분도 좋아졌지만 사회적이고 감정적 면에서는 그다지 성공적이지 못했다. 유방암을 극복한 환자들과 달리 이 여성들은 서로를 '비슷한 타인'으로 보지 않았다.[61] 이들은 결속하는 대신 누군가를 비난하거나 체형에 따라 서로를 비교하기도 했다.

"왜 저 여자가 여기 있는 거지? 진짜 과체중이 아니잖아?"

27세에서 35세 사이의 상대적으로 젊은 여성들은 55세에서 65세 사이의 나이 든 여성들 옆에 앉으려 하지 않았다. 이 경우 얻을 수 있는 교훈은 시행착오다. 캐서린 사비스톤은 다음처럼 말한다.

"시간이 지나 배우고 자아 성찰을 해보면 자신이 어떤 종류의 지원을 필요로 하며 누가 그것을 해줄지 알게 됩니다."

각자에게 맞는 답이 있는 것이다. 시련에도 불구하고 정신적으로 균형 감각을 유지할 수 있는 능력에 대해 이루어진 최신 연구에 따르면 사람들마다 원하는 지원이 다르다.[62] 핵심은 각자에게 꼭 맞는 지원군을 찾는 것이다. 병원비가 너무 많이 나와 부담스러울 때 기꺼이 돈을 빌려줄 사람을 지원군으로 두면 유용하다. 하지만 잘못된 점이 무엇인지 알아내고자 할 때 그런 사람은 별로 도움이 되지 않는다. 부적절한 사회 지원을 받을 경우, 특히 그 도움 속에 당신이 그 상황에 대처하지 못할 것이라는 암시가 어떤 식으로든 내포되어 있으면 이익보다 손해가 더 크다.[63]

좀 더 예방적인 전략은 자신이 보유한 '자연 발생적 인맥' 인 가족, 이웃, 동료, 주치의 그리고 당신에게 필요한 무엇인가를 줄 수 있는 사람들을 동원하는 것이다.[64] 만약 그들이 적절한 지원을 해줄 수 없다고 해도 그 일이 가능한 사람을 찾는 것을 도울 수는 있다. 계속적인 연결이 이루어지는 문화 속에서는 이처럼 실용적인 맞춤식 접근법이 이치에 더 맞는다. 몇 사람과 접촉했을 뿐인데 당신의 네트워크 안에 위치한 모든 사람에게 연결될 수 있는 것이다. 말하자면 이 책의 편집자는 암에 걸린 친구 혹은 그들의 친구들에게 이메일을 받곤 했는데, 내용은 주로 '어떤 사람이 치료를 받는 동안 집안일을 도와줄 사람을 고용하는 데 드는 돈을 보조해주거나, 먹을 것을 사다주는 등 필요한 어떤 일을 할 수 있도록 도움을 요청'하는 것이었다고 밝혔다. 10년 전이었다면 이런 식으로 신속하게 도우미를 구할 수 없었을 것이다.

자연발생적 네트워크는 정신병 환자를 돕기 위한 방법으로 고안되었으며, 후에 장애인들에게로 확대되었다. 기록이 남은 가장 초기 사례로 근육 위축증을 앓던 캐나다인 주디스 스노우를 들 수 있다. 교육정책의 일환으로 정부는 스노우에게 간호원을 지원했다. 그런데 그녀가 대학을 졸업하자 지원이 중단되었다. 그녀는 생활하는 데 필요한 기본적인 일을 처리할 수가 없었다. 한때 직업을 가지고서 일을 할 수 있었을 만큼 독립적이었던 이 여성은 어쩔 수 없이 사립 요양원에 들어갔다. 그녀는 요양원에서 지내는 몇 년 동안 점점 더 쇠약해졌다. 이를 안타깝게 여긴 5명의 친구는 차례를 정해 돌아가며 스노우를 돌보았다. 곧 다른 사람들도 그녀를 돕는 행렬에 합류했다. 이런 도움이 없었다면 그녀는 사망하고 말았을 것이다. 그녀의 초기 지원 그룹 가운데 반은 친구고 반은 중요한 이방인이었다. 그들의 도움으로 스노우는 결국 다시 집으로 돌아가 자신의 의지대로 삶을 꾸려나갈 수 있게 되었다. 그녀는 이렇게 말했다.

"건강 문제라고 생각한 것이 실은 지원 문제인 경우가 많아요."[65]

자연발생적 네트워크는 안전망을 쳐주면서 환자에게 통솔권을 부여한다. 어떤 상황에서든 바람직하게 균형이 잡힌 상태인 것이다. 이것은 호위대를 상황에 맞게 조정하는 작업이라고 볼 수 있다. 이미 한 배에 탄 이들에게 당신이 필요로 하는 정보, 경험, 공감하는 마음이 없다면 그 일을 할 수 있는 다른 사람을 영입하면 된다. 즉, 가까운 사람들과 중요한 이방인을 조화롭게 섞는 것이다. 지원에도 여러 가지 종류가 있다. 1대 1 지원과 그룹 지원, 직접 대면하는 지원과 온라인 지원 등이 그것이다. 우리가 실시한 인터뷰에 따르면, 들을 준비만 되어 있으면 상황에 맞는 인물이 적절한 시기에 꼭 맞는 역할을 해주는 것처럼 보였다. 실제 사례를 몇 가지 들어보자.

파올로(가명)는 몇 년째 요가 수업을 들어왔다. 어느 날 그녀는 같이 요가를 배우는 교습생들에게 자신이 당뇨병 진단을 받았다고 말했다. 그러자 한 교습생이 파올로의 집에서 2시간 떨어진 곳에 종합치료센터가 있으니 가보라고 조언했다. 자신의 친한 친구가 1형 당뇨를 앓고 있는데, 그곳에 다닌다는 이야기였다. 파올로의 의사는 그 센터에 대해 전혀 언급한 적이 없었다.

대학원 십입생인 트루디(가명)는 몸무게가 22킬로그램이 늘고 고혈압이 위험 수치에 도달했으며 편두통까지 앓고 있었다. 식사량이 많은 가족 농장에서 자란 그녀가 집에서 다이어트를 하는 것은 거의 불가능했다. 그러나 교수들과 함께 박사 과정을 밟던 동료들은 트루디의 고충을 이해했다. 덕분에 그녀는 바뀔 수 있었다. 동료들은 실험실에 있는 사탕과 과자를 모두 치웠다. 몇 명은 트루디와 함께 필라테스와 요가 수업에 등록했다. 그렇게 해서 트루디는 3개월 만에 14킬로그램을 감량했다.

호위대를 필요와 상황에 맞추어 편성하는 것은 지극히 타당한 일이다. 한 가지 주목할 점은 건강에 관해 서로 상반되는 정보를 판별하는 데도 도움이 필요하다는 것이다. 예컨대 전에는 하루에 물 8잔을 마셔야 한다는 조언을 들었는데, 요새는 목이 마를 때만 수분을 섭취해야 한다는 새로운 정보가 떠돈다. 비타민을 복용하는 것은 좋지만 과하면 피가 묽어질 수 있다고 한다. 호르몬은 골다공증을 방지하지만, 암에 걸릴 위험을 초래하기 때문에 아예 끊어버려야 한다는 정보도 있다. 이런 식으로 정보가 넘쳐난다.

게다가 당신이 병에 걸렸다면 혼란은 가중된다. 수술을 할까 아니면 지켜보며 기다릴까? 약 때문에 빈혈이 심해지거나 다른 위험한 문제가 발생하면 어떻게 하지? 그 분야의 이름난 의사와 환자의 마음을 잘 헤아리는 의사 중 누가 더 나을까? 심지어는 보험 때문에 생기는 문제도 있다. 이처럼 환자가 소화해야 하는 정보는 너무나도 많다. 한 여성은 병에 걸렸다는 진단을 받은 사람들이 느끼는 혼란을 이렇게 표현했다.

"병에 걸리면 대체 얼마만큼 똑똑해져야 하는 거죠?"

하지만 여러 사람의 도움을 받으면 환자 자신과 간병인의 스트레스를 줄일 수 있다.

개인적 네트워크를 주의 깊게 평가해보라. 그러면 직접 시련을 겪은 사람들 혹은 우리가 공감할 수 있는 경험을 한 사람들을 영입할 수 있다. 그들은 우리에게 정보, 신선한 시각, 전에는 고려하지 않았던 아이디어를 제안한다. 사실상 우리가 인터뷰한 대다수가 그들이 겪은 위기나 만성 질병 때문에 보통 상황에서라면 결코 몰랐을 이들을 만났다고 말했다. 물론 그들과 좀 더 가까운 관계로 발전할 가능성은 별로 없다. 대개 일시적인 관계를 맺었을 뿐이기 때문이다. 유아복 디자이너인 로라 할리데이는 독신으로 현재 50대 초반이다. 할리데이는 종양 치료를 받으며 만난 어떤 여성에게 우정 비슷한 감정을 느꼈다. 그녀는 이렇게 말했다.

"그 사람과 방사선 치료와 화학요법을 같이 받았어요. 그런데 치료가 끝나자 그걸로 끝이었어요. 한때 공통의 관심사가 있긴 했지만, 더 이상은 그 문제에 대해 이야기를 하고 싶지 않은 거예요."

보험회사에서 림프부종 치료비를 부담하게 하는 법안을 통과시키기 위해 로비 운동 그룹에 참여하는 할리데이는 이제 자신이 다른 단계에 있다고 생각한다. 그녀는 이렇게 말했다.

"이제는 지원하는 역할을 하고 싶어요."[66]

빅 기브(Big Give)

2008년 민주당 대선 후보였던 존 에드워즈의 아내 엘리자베스 에드워즈는 아무도 가입하고 싶어 하지 않는 두 클럽의 회원이다. 다시 말해 그녀는 자녀를 잃은 사람들의 클럽과 암에 걸렸다가 생존한 사람들의 클럽에 가입되어 있다. 2006년 엘리자베스 에드워즈는 미국 전역을 돌며 자신의 회고록 《축복 구하기(Saving Graces)》 낭독회를 하면서 클럽에 가입한 동기를 밝혔다.

"사람들은 제가 강인하다고 말합니다. 그런데 거기에는 비밀이 있습니다. 제 강인함은 우리가 함께 쌓아올리고 짠 거미줄 같은 연결망에서 나온다는 걸 말씀드리고 싶습니다."

어디를 가든지 에드워즈는 똑같은 메시지를 전달했다. 그 메시지는 "가족 그리고 친구들과 가까이 지내라. 하지만 그들 이외의 사람들도 눈여겨보라."였다. 식당 여종업원의 이름을 불러주고, 잠시 시간을 내 나와는 다른 사람들과 이야기를 해보고, 있는 그대로 사람을 포용하며, 가능한 때 돌려주라. 다시 말해 사람들을 연결해 자신만의 안전망을 짜라는 것이다. 에드워즈의 아들 웨이드는 16세에 세상을 떠났다. 그녀 자신 또한 암에 걸려 투병 생활을 했다. 그녀는 남편인 존과 자녀들 그리고 가까운 친구들과 친척들에게 거듭 감사의 마음을 표한다. 그러면서 가까운 사람들만큼 주변 사람들도 중요하다고 강조한다. 에드워즈는 이렇게 말했다.

"집배원 에드워드와 야채 가게 샘의 미소를 보며 전 강해졌어요."[67]

지금까지 우리는 중요한 이방인들의 지원을 강조했다. 반대로 우리와 가까운 사람들이 위치하는 원 바깥의 사람들에게 지원을 베푸는 것도 유익하다. 헨리 펄먼은 AA에서 만난 선배 회원에게서 "남에게 줬던 것만 간직하게 된다."는 말을 들었다. 그는 술에 취하지 않기 위해 회원들에게 '서비스'를 베풀어야 했다. 커피를 타고, 도넛을 사오고, 모임이 끝난 뒤에 청소를 하고, (가장 중요한 일인) 새로운 회원을

맞이하는 일 등을 한 것이다.[68]

1984년, 24세의 스티브 맥체니는 자신이 HIV바이러스 양성이라는 사실을 알았다. 맥체니는 처음에 스스로를 외부와 분리시켜 고독하게 있다가(남동생과 가까운 여자 친구에게만 그 사실을 알렸다) 나중에는 세상으로 나왔다(다양한 지원 그룹 활동을 했다). 현재 맥체니는 보다 넓은 관점에서 사람들을 돕기 위한 활동을 한다(에이즈에 걸린 사람들을 위한 요가 클럽을 이끈다). 병의 증세는 맥체니가 자신을 받아들이는 속도와 비례해 점점 더 나아졌다.[69]

신디 깁스는 노스캐롤라이나 주 샬럿으로 이사했는데, 그곳에서 암에 걸리고도 생존한 12명의 환자들을 만났다. 그들은 스스로를 '강한 희망'이라고 불렀다. 처음에 그들은 암은 결코 잠들지 않는다는 의미로 24시간 동안 걸으며 기금을 모금하는 활동인 '생명을 위한 릴레이(Relay for Life)'에 참가했다. 그리고 암과는 관련이 없는 로널드 맥도널드 하우스(Ronald McDonald House, 중증 질병에 걸린 아동과 그 가족이 기거할 수 있는 시설을 제공하는 자선 기관-옮긴이)를 위한 기금 모금도 했다. 깁스는 다음처럼 말했다.

"변화를 일구려고 노력하는 우리를 상징하는 행동들이었지요."

페기 토잇은 부정적인 일이 장기간 지속될 때 사람들이 대처하는 방식을 분석했다. 토잇은 환경, 사회경제적 지위, 성별, 인종 그리고 호위대 구성과 같은 요소가 선택할 수 있는 범위를 제한하거나 강화할 수 있음을 인정한다. 그러나 문제에 직면했을 때 '개인적 힘(어떤 사항을 결정하고, 행동에 옮기고, 새로운 과정을 만드는 능력)'이 강한 사람일수록 그 상황을 개선하는 방식으로 환경을 관리해 나간다. 그런 사람은 보통 '개인적 대처 능력'이 뛰어나며 무엇보다도 자긍심이 높고, 긍정적이며 자신이 그 상황을 요리할 수 있다고 믿는 '능력'이 출중하다. 그리고 우울증이나 불안증 증세도 적게 겪는다.[71] 상냥하고 다른 사람과 어울리기를 좋아하는 '사교적인' 사람들도 이러한 특징을 보인다. 이런 사람들은 정신은 물론 육체도 훨씬 건강하다.[72]

우리는 이미 벌어진 사건의 의미를 변화시켜 '겉보기에는 해결할 수 없고 빠져나갈 수도 없는 어려움'을 극복한다. '음주운전을 반대하는 어머니회(Mothers Against Drunk Drivers)'나 '자폐증 어린이 돕기 기관(Autism Speaks)' 같은 집단을 생각해보자.[73] 사회참여를 통해 새로운 역할을 맡으면 불행을 보는 시각도 바뀔 수 있다. 더 이상 희생자, 환자, 고통받는 사람, 시중드는 사람 또는 생존자 같다고 느끼지 않으며 활동가, 지원자, 로비스트, 교사 그리고 자기 계발 그룹의 지도자가 된다.

주디스 스노우는 세계를 돌며 사회 포용을 주제로 강의를 한다. 다른 장애인들의 사회참여를 유도하기 위해서다. 실비아 맥키는 NFL의 권력자들에게 꾸준히 전화를 하고 편지를 보내 '88 계획(남편이 입었던 유니폼의 등번호를 땄다)'을 발족했다. 덕분에 치매를 앓는 은퇴한 미식축구 선수들이 8만 8000달러 상당의 보건 의료금을 지급받을 수 있게 되었다. 스노우와 맥키 모두 삶의 아픈 경험을 이용해 다른 사람들을 돕는다. 오프라 윈프리가 자신의 자선 쇼 이름으로도 사용했던 '빅 기브(Big Give, 큰 자선이라는 뜻-옮긴이)'를 하면 기부를 하는 쪽에도 이로움이 돌아온다. 또한 기부는 사회 통합처럼 많이 하면 할수록 더욱 이롭다. 기부를 하면 육체와 정신 건강이 개선되고 만성 질병이나

우울증을 앓을 확률도 줄어든다.[74]

정신적, 육체적으로 고통받으며 커다란 부담을 지고 있는 사람들을 그들의 영역 밖으로 이끌어 좀 더 큰 그림을 그리게 해주는 것은 무엇일까? 회복을 좀 더 빠르게 해주는 다른 이의 사려 깊은 태도일까? 아니면 받은 것을 다른 사람들에게 전달할 줄 아는 사람으로 만들어주는 다양한 부류의 사람들과 함께하는 활동일까? 이 질문에 대한 답을 결코 찾지 못할 수도 있지만, 사회적 배경과 성격이 독립적으로 작용하면서도 서로 영향을 미친다는 주장에 대한 증거가 많이 제시되었다.[75]

캘리포니아 로마린다에 사는 제7일 안식일 예수재림교회 교인들, 일본 오키나와나 이탈리아의 사르디니아에 사는 사람들을 생각해보라. 그곳 사람들은 우리보다 좀 더 오래 산다. 위에 언급한 세 군데의 주민들은 건강하며 좋은 음식을 먹고 운동을 많이 한다. 그들은 가족과 친구들에게 둘러싸여 있다.[76] 하지만 심리학자 브렌트 로버츠는 그들이 지역 공동체 활동을 왕성하게 하기 때문에 좀 더 조화로운 생활을 하고 긍정적인 성격을 가지게 되었다고 추측한다.

로버츠는 자신의 '사회참여' 이론을 근거로 이러한 추측을 내렸다. 그의 사회참여 이론은 "사회 기관에 시간과 노력 등을 많이 투자하는 사람들은 다른 이들보다 성격이 따뜻하고 책임감도 강하며 체계적이다. 그리고 걱정이 적고 덜 우울해한다"는 내용이다.[77] 로버츠는 성격상 사회 투자를 더 많이 하는 사람들이 있다(사회단체나 기관은 이런 유형의 사람들을 선호한다)는 사실을 인정한다. 과학자들은 이를 '선택 효과'라고 부른다.

그러나 "원칙이 없다면 만들 때까지 있는 척이라도 하라."는 말이 있듯이 '사회화 효과'도 무시할 수 없다. 특정 역할을 하기로 결정했다면 다른 사람들과 잘 지내고, 책임감 있게 행동하며, 성격도 차분해야 한다. 원래는 전혀 그렇지 않더라도 어떤 역할을 잘 해보겠다고 결심하고 노력하면 좋은 성격을 발전시킬 수 있다. 이론적으로 각 사람이 각자의 목표에만 투자를 해도 "대부분의 사회 투자 활동을 하다 보면 서로 만나게 되어 있으며 거기에서 앞서 말한 효과를 주는 유대감이 형성된다"고 로버츠는 강조한다.[78]

아스트리드 매티세는 이 유형에 딱 들어맞는다. 예쁘고 자그마하며 다소 수줍음을 타는 성격의 소유자인 매티세의 짙은 갈색 눈에는 다정함과 연민이 잔뜩 묻어 있다. 그녀는 어릴 적 베네수엘라에 살았는데, 그때 외할머니가 저혈당으로 고통받는 모습을 보았다. 그녀는 외할머니를 통해서 당뇨병에 대해 알게 되었다.

"병 때문에 할머니의 성격이 완전히 바뀌었어요. 할머니가 억지로 주스를 목구멍으로 들이켜 부어야 했던 적이 있는데 금세 그 사실을 잊어버리셨어요. 혼자 있기 좋아하는 내성적인 분이었는데 그 일이 많이 창피하셨나 봐요. 가끔 우리들에게도 짐을 지었다며 우시곤 하셨어요."

2개월 후 할머니는 돌아가셨다. 1993년에 매티세는 자신이 1형 당뇨병에 걸렸다는 사실을 알았다. 다행히 의사들은 매티세의 할머니가 병에 걸렸을 때보다는 당뇨병에 대해 잘 알고 있었다.[79]

1995년 매티세는 컴퓨터 관련 일과 대가족을 뒤로 하고 베네수엘라를 떠나 마이애미에 도착했다. 그녀는 인생을 다시 시작하기로 굳게 결심했다. 배우자와 헤어진 지 얼마 되지 않은, 두 자녀를 둔 33세의 여성으로서는 힘든 결정이었다. 사실 그녀의 부모님도 이혼을 했다. 성격상 완벽주의자인 그녀는 대학 시절 우울증과 섭식 장애로 힘든 시간을 보내기도 했다. 이렇게 '힘든 시기'가 있었지만 그녀는 굴하지 않았다. 매티세는 존 카시오포가 비중 있게 연구했을 법한 유형의 인물이다. 카시오포는 이렇게 말한다.

"한 개인의 심리적인 사건이 사회적 연결과 사회적 만족감을 얻을 수 있는 일을 방해하는 경우는 드뭅니다."[80]

매티세는 '운'이 좋아서 성공한 것뿐이라고 겸손하게 말했다. 그녀는 우연히 당뇨병과 영양에 관한 대학원 수업 광고를 접했다. 모르고 지나칠 수도 있었던 수업이다. 그녀는 직접 교수를 찾아갔다.

"제가 마이애미에서 할 수 있는 일에 대해 교수님과 이야기했어요. 대학 때는 식이요법학이라는 학위가 있는 줄도 몰랐죠."

교수는 매티세가 대학원 세미나를 들을 수 있도록 허락했다. 또한 학사 학위를 따도록 격려를 아끼지 않았다. 3년 후 그녀는 관련 업체에 입사지원서를 냈고, 곧장 채용되었다. 인구의 61퍼센트가 히스패닉이고 라틴 공동체 인구 중 8.6퍼센트가 당뇨병으로 고생하는 마이애미의 지역적 특성이 취업에 도움이 되었다. 또한 두 개 언어를 구사하는 것도 유리하게 작용했다.[81]

매티세는 자신의 병에 아주 많은 신경을 쓰며 산다. 하지만 누구도 그녀를 자기중심적이라고 생각하지 않는다. 그녀는 인슐린 펌프 제조사를 대상으로 교육을 하며, 여가 시간에는 다양한 당뇨병 단체 활동을 한다. 2007년 그녀는 존슨앤드존슨에서 수여하는 자원봉사 정신상을 받았고, 상금으로 탄 1500달러를 청소년당뇨연구소(Juvenile Diabetes Institutes)에서 운영하는 여름 캠프에 기부했다. 그녀는 이렇게 말했다.

"당뇨병을 계기로 사람들과 접촉하고 시야를 넓히는 경험을 할 수 있었어요. 나 자신을 좀 더 잘 돌봐야겠다는 결심도 하게 됐고요. 저와 비슷한 사람들에게 모범이 되려고 노력합니다. 저를 보고 자신들도 건강하게 살 수 있다는 자신감을 얻었으면 좋겠어요."

브렌트 로버츠의 이론이 맞았다. 매티세는 당뇨병 관련 단체와 공동체에 '투자'했다. 그 결과 다양한 부류의 중요한 이방인을 만날 수 있었고 그 과정에서 성격도 바뀌었다.

"그렇게 많은 사람 앞에서 연설을 할 수 있을 거라고는 생각지도 못했어요. 좋아하는 일을 열정적으로 하니 수줍음도 없어지더군요."

우연일 수도 있지만 50대 초반에 접어든 매티세의 주변은 중요한 이방인으로 가득하다. 이제 더 이상 당뇨병 증상으로 고통받지 않는 그녀는 이렇게 말했다.

"당뇨병 때문에 내가 하려던 일을 포기한 적은 없어요."

5장

새로운 이방인을
만나게 되는
제3의 장소

한쪽 길모퉁이 쪽으로 산책하며 내려갈 때
살아 있다는 즐거움과 축복을 느낄 수 있다.
하지만 그러려면 반드시 저기 한쪽 길모퉁이에 갈 곳이 있어야 한다!

—

레이 올덴버그, 《아주 좋은 장소(The Great Good Place)》 중에서

행복과 장소의 긴밀한 상관관계

"전부 쉽게만 생각했어요."

대학을 졸업하고 뉴욕에 왔을 때를 회상하며 캐런 로비노비츠가 말했다.[1] 당시는 1990년대 중반으로 꿈 많은 패셔니스타 로비노비츠는 〈우먼스 웨어 데일리(Women's Wear Daily)〉에 일자리를 얻었다. 패션업계에서 꿈을 펼치고 싶어 하는 여성이라면 목숨이라도 걸 만한 일이었다(영화 〈악마는 프라다를 입는다〉의 여주인공도 그녀와 직업이 같다).

로비노비츠는 〈어글리 베티(Ugly Betty, 뉴욕의 패션 잡지사를 배경으로 직장인들의 생활을 보여주는 ABC 방송국 방영 코미디 드라마-옮긴이)〉가 아니다. 풍성하고 짙은 금발의 그녀는 기억에 남을 만한 멋진 얼굴의 소유자다. 그녀는 무슨 신발을 신어야 하고 최신 유행하는 레스토랑이 어디며 맨 앞줄로 밀치고 나가는 법도 안다. 밤이 되면 그녀는 어퍼이스트사이드의 안전하고 편안한 자신의 아파트로 돌아간다.

이렇게 모든 것을 갖추었음에도 불구하고 로비노비츠는 비참했다. 대학 시절 친구들은 성인으로 가는 고속도로에서 각자 다른 길을 선택했고, 하나둘씩 자동차 후방 거울에서 사라져버렸다. 그녀의 호위대에서 저 멀리 뒤쪽으로 물러난 것이다.

"맨해튼에도 아는 사람들이 있었지만 저와 교감을 나눌 만한 인물은 없었어요. 게다가 에머리대학 출신인 저는 작은 연못에 사는 큰 물고기 같았죠."

현재 로비노비츠의 주변은 온통 피라냐(piranha) 투성이다.

"패션 산업에 종사하는 여자들은 아주 경쟁적이에요. 다른 사람을 제치는 것을 아무렇지 않게 생각하죠. 그러다 보니 주변에 편안한 관계의 사람들이 없었어요. 저 자신이 안됐다는 생각이 들었죠. 저는 작가인데 글을 쓰고 싶다는 마음이 전혀 생기지 않았어요. 몇 차례 질나쁜 남자들과 엮이기도 했고요."

접수 데스크 이상으로는 승진하지 못하고 있다는 사실에 우울해하던 로비노비츠는 자가면역질환인 그레이브스병(Graves' disease, 안구돌출성 갑상선종 - 옮긴이)에 걸렸다는 진단을 받았다. 그녀는 자신의 인생이 바닥을 쳤다고 생각했다.

"어느 날 무작정 사표를 썼어요. 무엇을 해서 돈을 벌어야 할지 아무런 계획이 없었죠."

로비노비츠는 웨스트빌리지로 이사했다. 웨스트빌리지는 도시계획가 제인 제이콥스가 자신의 저서 《미국 대도시의 죽음과 삶(The Death and Life of Great American Cities)》에서 기념했던 지역이다. 이 책은 수많은 건축가와 도시계획가에게 영감을 불어넣었고, 새로운 구역이나 도시를 디자인할 때 인간적인 요소도 고려하도록 일깨웠다. 제이콥스는 이 책에서 구멍가게, 카페, 저층(대개 3층 높이) 갈색 사암 건물, 얽히고설키게 심어진 나무 때문에 발레를 하듯이 걸어가야 하는 허드슨스트리트(제이콥스는 특히 이 거리를 사랑했다) 등을 묘사했다.[2] 로비노비츠가 웨스트빌리지로 이사한 것은, 제이콥스의 책이 출간된 지 30년이 지나서였다. 이 지역은 몇 가지 면에서 고급 취향의 도시민이 찾아드는 곳으로 변모했다. 하지만 지역민들끼리 참견하지는 않으면서 편안하게 교류할 수 있는 분위기는 여전했다.

웨스트빌리지 곳곳을 걸어 다니며 로비노비츠는 제이콥스가 '거리의 눈'이라고 표현한 것을 느낄 수 있었다. 사람들은 서로에게 주의를 기울였다. 그녀는 간이식당 겸 빵집인 숍신스(Shopshin's)를 좋아했는데, 그곳에 출입한 지 한 달도 지나지 않아 주인 케니와 사귀게 되었다. 그녀는 케니와 세탁소, 네일 숍, '모퉁이에 있는 작은 사탕 가게'와 같은 주변 이웃에 대해 이야기를 나누었다. 그 과정에서 로비노비츠는 소속감을 느꼈다.

"거리에서 만난 사람들과 눈을 마주치고 미소를 지어요. 밖에 나가서 점심을 먹기도 하고요. 어쩔 땐 노트북을 들고 나온 다른 사람들에게 둘러싸여 있기도 해요. 그러다 이웃을 만나면 그가 다른 사람을 소개시켜 줘요. 이제는 글을 쓰고 싶은 마음이 들고, 외출도 더 많이 하게 됐어요."

로비노비츠의 일화는 '장소'의 위력을 증명한다. 우리가 살고, 일하고, 쇼핑하고, 사람들과 만나 섞이는 곳에서 약한 유대감을 맺고 삶의 질을 높이려 노력해야 한다. 사는 곳과 그곳에서 맺어지는 인간관계를 따로 떼어놓고 볼 수 없다.[3] 여기 사회적, 물질적, 유전적 면에서 많은 이점을 누리며 성장한 한 젊은 여성이 있다. 그녀는 어린 시절에 사교성이 좋았던 어머니와 어느 호텔에서 보낸 휴가를 아직도 기억한다. 그 여성은 이렇게 말했다.

"휴가지에서 만난 다른 사람들도 아이들을 데려왔어요. 어머니는 '가서 저기 있는 아이들에게 네 소개를 해봐.'라고 말씀하셨죠. 그 정신이 살아가는 내내 제 안에 스며들었어요."

하지만 좋은 학교에서 세련된 매너를 배우고, 스스로를 '사교의 대가'라고 생각하는 사람이라고 해도 황량하고 삭막한 곳에서는 난관에 부딪힐 수 있다.

장소는 무척이나 중요하다. 리처드 플로리다는 도시 문제 전문가다. 그는 2006년 전국 8000개 지역사회에서 3만 명을 대상으로 여론조사를 실시했다. 그 결과 플로리다는 행복과 장소에 긴밀한 상관관계가 있음을 발견했다. 그에 주장에 의하면 개인적인 인간관계, 일, 장소는 '삼각형의 한 축'을 이루는 중요 요소다.[4] 상황은 우리가 행동하고 생각하는 방법, 역할, 어떤 일에 관여할 때의 규칙에 영향을 미친다.[5] (쓰러져가는 황폐한 동네를 걸어갈 때와 무료 콘서트를 보기 위해 기대감에 차서 공원에 들어설 때를 비교해보라.)

사람을 달가워하지 않는 동네에 살거나 경쟁이 심하고 살벌한 작업환경에서 일한다고 생각해보자. 가벼운 인간관계를 맺어 키워 나가기가 거의 불가능하다. 그리고 연결되어 있다고 느끼지 못하면 소속감도 느낄 수 없다. 캐런 로비노비츠는 웨스트빌리지로 이사하고 난 뒤 정신적, 육체적 상태가 나아졌다. 그녀는 다시 글을 쓰기 시작했고 원고를 팔 수 있었다. 이 일을 단순히 우연이라고만 할 수 있을까? 그녀는 〈마리끌레르〉에 실은 기사 덕분에 이메일 친구인 멜리사 델 크루즈를 만났고, 그녀와 함께 첫 번째 책인 《2주 만에 유명해지는 법(How to Be Famous in Two Weeks or Less)》을 냈다. 이 책의 장 제목 중에는 '수다 떨기가 가져오는 결과'가 있다. 둘의 관계를 고려할 때 다룰 만한 가치가 있는 내용이다. 장소는 로비노비츠가 변신하는 데 중요한 역할을 했다. 훌륭한 자질을 갖추었다고 해서 실제로 성공할 수 있는 것은 아니다. 한 사람이 성공하려면 악의 섞인 비판을 받지 않고 자유롭게 자신을 표현할 수 있는 환경, 자신과 비슷한 사람과 다른 사람을 모두 만날 수 있는 곳이 필요하다. 즉, '공간 만들기'를 해야 한다.

2003년, 미래학자 레이니어 에반스는 자신의 웹사이트 트렌드와칭 닷컴(trendwatching.com)에서 우리가 먹고 무엇인가를 사는 것뿐 아니라 사교 활동도 할 수 있는 '공공장소에 거실을 차려놓은 것 같은 상황'을 묘사하며 '공간 만들기'라는 표현을 썼다.[6] 에반스는 웨스트빌리지나 유럽의 카페 그리고 일본의 찻집처럼 손님들이 오랫동안 머무르는 것을 허용하는(그렇게 하도록 장려하는) 최초의 소매업체로 스타벅스를 꼽았다. 공간 만들기라는 용어에서 '공간'은 이방인이 중요한 이방인이 될 수 있는 구체적이고도 물리적인 환경이다. 여기에는 상업지, 주거지, 공공장소 등이 포함된다. 그곳에서 만나는 사람은 처음에는 가볍게 알고 지내는 지인이었다가 시간이 지나면서 친구나 연인으로 발전할 수 있다. 무엇보다도 공간 만들기를 하면 '장소에 근거한' 인간관계를 맺을 수 있다. 일정한 유형의 가상 세계 공동체도 마찬가지다. 사이버공간은 여러 가지가 섞인 '혼성적 유대감'을 형성힐 수 있는 징소다. 사람들은 온라인과 현실 세계 그 어니에서는 만날 수 있다.[7]

위에서 말한 개념은 레이 올덴버그가 1989년에 출간한 《아주 좋은 장소》에서 처음으로 언급되었다. 이 책을 읽은 수많은 소매상, 부동산 개발업자, 도시계획가는 사교의 중요성을 고려하게 되었다. 올덴버그 자신도 한국전쟁이 진행되는 동안 장소가 가지는 복원의 힘을 경험했다. 당시 그는 남프랑스에 주둔하고 있었다.[8] 그는 버스 정류장에서 자신의 아파트까지 상당히 먼 거리를 걸어오다 술집에 잠시 들러 '뇌쇄적인 매력'을 지닌 술집 여주인과 한담을 나누고 집으로 돌아가곤 했다.

올덴버그는 그 술집을 '제3의 장소'라고 명명했다. 집(제1의 장소)이나 직장(제2의 장소)이 아닌, 잡담을 나누고 소일하며 일상의 근심과 걱정에서 벗어날 수 있는 술집이나 그 밖에 격식을 차리지 않아도 되는 곳이 '제3의 장소'다. '복잡하지 않은 인간관계'를 발전시킬 수 있는 곳은 모두 제3의 장소가 된다.[9] 올덴버그가 말한 '가벼운 우정과 친목'을 그곳에서 만나는 여종업원, 이웃, 영업사원 그리고 그 밖의 모든 사람과 도모할 수 있다.[10] 그들은 당신에 대해 많은 것을 물어보지 않는다. 하지만 당신은 그들의 존재만으로도 깊은 안도감을 느낄 수 있다. 올덴버그가 말한 제3의 장소는 중요한 이방인과 관계를 맺을 수 있는 영역이다. 그는 이렇게 말했다.

"그 사람들을 만나면 진심으로 함께 있고 싶어집니다. 하지만 그들을 집으로 들인다면 그렇게 편안하지는 않을 겁니다. 당신의 배우자도 싫어할 것이고요."

레이니어 에반스에 의하면 세상에는 아주 다양한 유형의 '공간 만들기'를 할 장소가 존재한다. 숫자를 파악할 수 없을 정도로 말이다.

에반스는 말한다.

"스타벅스 하나만 놓고 봐도 매장이 얼마나 많습니까? 숫자가 어마어마합니다."[11]

정전된 아파트에서 벌어진 즉흥 파티

2007년 추운 겨울 저녁 시간, 시애틀의 캐피톨힐에 있는 브레번 아파트가 정전되었다. 만약 그때 당신이 그 부근에 있었다면, 아파트 주민들이 공동 부엌과 도서관에 모여 있는 장면을 목격했을 것이다. 가스난로 부근에서 북적거리는 주민들, 반쯤 요리된 저녁 식사를 어떻게든 먹을 수 있게 하려고 애쓰는 사람들을 동정하며 벽난로 쪽으로 다가가는 주민들도 보았을 것이다. 그런데 한 사람이 자기가 만든 야채수프를 주민들에게 퍼주고, 또 다른 주민이 볶은 요리를 나누어주자 정전 사고가 즉흥 파티로 변했다.[12]

고층 건물에 살면서 이웃을 사귀는 일은 쉽지 않다. 개발업자 데이너 비하르는 원래 슈퍼마켓 창고가 있던 자리에 들어설 복합 건물(총 153세대)을 디자인하면서 이 점을 염두에 두었다.

"미혼일 때는 언제나 젊은 사람들이 있는 곳에 살고 싶었지요. 그런데 아파트에는 수줍음을 타는 저 같은 사람이 남의 이목을 끌지 않으면서 사람들과 어울리고 대화할 곳이 없었어요. 할 수 없이 일이 끝나면 집에서 혼자 케이블 TV를 보며 냉동 피자를 녹여 먹곤 했어요."[13]

'자신이 좋아하는 활동을 할 때 좀 더 쉽게 사람들과 친해진다'고 생각한 비하르는 브레번에 무선 인터넷을 사용 가능한 작업 공간, 운동 시설, 영화 상영실, 공동체 정원(시애틀에서는 '피-패치P-patch'라고 부름),[14] 요가, 공예, 공작을 배우는 스튜디오 등 모든 사람을 위한 장소를 마련하고자 했다.

비하르가 설계한 아파트는 기록적으로 짧은 시간 내에 매진되었다. 아파트 구입자 중에는 최신 유행을 좇는 젊은이, 동성애자, 고급화를 추구하는 사람도 있었다. 하지만 비하르를 놀라게 한 것은 아파트 구매자의 대부분이 30~40대 전문직 여성, 공동체 생활을 원하는 50대, 노년층, 자녀가 있는 가족 그리고 결혼한 부부라는 사실이었다. 물론 모든 사람이 같은 생각으로 아파트를 산 것은 아니었다. 하지만 정원 가꾸기를 좋아하는 사람들은 계속해서 피-패치를 가꾸고, 영화광은 영화를 볼 스케줄을 잡고 옛날식 팝콘 기계에 옥수수 낱알을 채워 넣었으며, 파티를 즐기는 사람들은 포트럭(potluck, 참석자들 각자가 음식을 가져와 나눠 먹는 파티-옮긴이)을 열 계획을 세웠다. 비하르는 이렇게 말했다.

"이곳에서 우리는 다른 사람들과 연결되고, 어딘가에 소속되고자 하는 마음속 깊은 곳에 자리한 욕망을 실현시킵니다."

'연결'은 맨해튼 로어이스트사이드에 있는 편집 매장을 탄생시킨 힘이기도 하다. 이 매장은 남 캘리포니아 출신의 줄리아 워먼과 니나 워먼 자매가 탄생시킨 독창적 작업의 산물이다.[15] 30대 초반, 일을 그만두어도 될 정도의 돈을 모은 줄리아 워먼은 직장을 그만두고 몇 달 동안 남미를 돌며 배낭여행을 했다. 새로운 사람들과의 만남을 즐기는 줄리아 워먼은 소녀 시절부터 언제나 새 학기가 시작되는 첫 날을 손꼽아 기다리곤 했다. 그녀는 사회봉사 활동도 좋아했다. 여행에서 돌아온 줄리아는 직업을 바꾸고 싶었다. 한편 역시 활동적인 성격의 여배우 겸 코미디 작가인 줄리아의 동생 니나는 집세를 벌기 위해 임시로 사무직 일을 하고 있었다. 줄리아는 여행을 하는 동안 동생과 이메일로 소식을 주고받다 함께 사업을 시작하기로 결정했다. 사업 콘셉트는 그녀들의 고향에서 힌트를 얻었다. 줄리아와 니나는 일명 스튜디오 시티(Studio City, 캘리포니아 주 샌페르난도밸리 내 위치한 24개 공동체 중 하나—옮긴이)인 '밸리(the valley)'에서 성장했다. 때문에 베벌리힐스의 부자 동네 출신인 몇몇 친구들은 워먼 자매를 가난한 지역 출신으로 보기도 했다.

"최신 유행과는 거리가 멀 수도 있지만, 사람들을 있는 모습 그대로 받아들이는 고향 같은 곳이죠."

줄리아의 말이다. 워먼 자매는 제품과 서비스를 마구 섞어 '고향 같은 분위기', 즉 밸리의 모습을 재창조한 편집 매장 '밸리(the Valley)'를 열었다. 그녀들도 쇼핑할 때 이런 유형의 가게가 있었으면 하고 바랐다.

"옷만 파는 것은 아주 간단하죠. 하지만 우리가 원한 건 단순한 옷 가게가 아니었어요. 보통 매장에서는 점원이 손님을 위아래로 훑어보고, 꼭 무엇인가를 사야 한다는 압박감을 느끼게 해요. 하지만 우리는 손님들이 자유롭게 쇼핑을 할 수 있기를 바랐어요. 가게 주인이나 점원과 놀기만 할 수도 있고요. 그리고 우린 꼭 비싼 제품만 팔고 싶진 않았어요."

줄리아의 말처럼 밸리에서는 18달러밖에 하지 않는 저렴한 셔츠를 판다. 물론 그 옆에 나란히 진열된 200달러짜리 블라우스를 살 수도 있다. 또 줄리아가 남미를 여행하면서 알게 된 열대 과일 아사이(acai)

를 시식하거나 아래층으로 내려가 손발톱 가꾸기, 얼굴 마사지, 심지어 '고통 없는' 브라질식 제모(이것도 줄리아가 남미 여행을 하다가 알아온 것이다) 같은 미용술을 받을 수도 있다. 많은 손님이 복층 구조인 밸리에 있으면 누군가의 집에 와 있는 듯한 기분이 든다고 말한다. 워먼 자매가 추구한 대로 된 것이다. 밸리에는 소파와 오래된 나무로 만든 흔들의자가 있다. 벽에는 가족사진이 걸려 있으며 코르크로 만든 바닥은 따뜻하고 숲 속 같은 분위기를 자아낸다. 마치 '사람들이 언제나 편안하게 생각하는' 어린 시절의 집 같다. 줄리아는 이렇게 덧붙였다.

"여자들이 원하는 모든 것을 할 수 있는 동시에 안락하게 쉴 수 있는 장소를 만들고 싶었어요. 밸리에서 15분 정도만 있으면 누구든 차분해져요. 원한다면 몇 시간이고 더 있을 수도 있고요."

우리가 건설하는 집과 공동체, 디자인하는 상점과 운동장의 유형은 역사의 흐름과 함께 변화한다. 사회적으로 팽창하는 시대가 있었던가 하면 제한되던 시대도 있었다.[16] 현재는 '공간 만들기' 수요가 증가하는 추세다. 예컨대 최신 유행 스타일의 간이식당에는 공동 테이블이 있다. 혼자 식사하는 사람들이나 사업차 여행하는 여행객의 수가 증가하자 이를 겨냥한 마케팅 전략이다. 누구나 이용 가능한 공동 테이블은 그 매장에서 가장 인기 있는 장소라고 마리아 찰스 알렉산더는 말한다. 그는 레스토랑 컨설턴트이자 솔로다이닝(SoloDining)의 창립자다.

"공동 테이블에 앉으면 즉시 사회 접촉을 할 수 있습니다."

공동 테이블에서는 왕성한 대화가 오간다. 손님들끼리 인사를 주고

받고 가게 주인이나 종업원이 사람들을 소개시켜 주기도 하면서 말이다. 알렉산더는 공동 테이블이 시대정신을 대변한다고 주장한다.

"1990년대 후반부터 이런 조류가 구체화됐어요. 미디어에서 공동체의 부재를 개탄하기 시작할 때였죠."

우리가 2001년 9월 11일 전에 이 조류를 따르는 데 머뭇거렸다면 세계무역센터와 국방부에 가해진 공격에 이런 조류 역시 함께 낭떠러지 끝으로 내몰렸을 수도 있다. 9·11 테러 이후 2000개에 달하는 지역공동체가 황폐화되었다. 자연보호와 사적 보존을 위한 민간단체인 내셔널트러스트(National Trust)의 메인스트리트센터(Main Street Center, 도심에 생명을 불어넣는 일을 하는 비영리 기관)에서는 다시 활력을 찾은 '메인스트리트' 지구 26의 점포 1400개를 대상으로 여론조사를 실시했다. 케네디 스미스는 메인스트리트센터의 전 국장이다. 그는 조사 결과, 비극이 벌어진 9월 당시에는 소매점 매출이 급격히 줄어들었지만, 그 다음 달부터 메인스트리트 점포의 4분의 1 이상에서 사실상 매출이 증가했으며 반 이상이 변화가 없었다고 말했다. 가장 극적인 매출 상승세를 기록한 점포는 공간 만들기를 할 수 있는 곳이었다. 레스토랑은 43퍼센트, 서점은 25퍼센트 이상 매출이 증가했다. 스미스는 이렇게 덧붙였다.

"고객들은 9·11 테러 이후 다른 사람들과 함께하기를 바란다고 사업자들에게 말한 것으로 드러났습니다."[17]

사업자들은 우리가 1990년대 초에 그랬던 것처럼 '누에고치 같이 칩거' 하기보다는 나서서 사교하고 싶어 한다는 것을 인식하고 있다. 이를 이용한 전략은 간단하다. 매력적이고 집처럼 아늑하며 재미있는 장소를 만들어놓고 고객들에게 그저 즐기기만 하다가 가도 괜찮다고 하면 된다. 여러 가지 용도를 혼합해서 이용할 수 있게 하는 것은 공간 만들기에서 아주 중요한 요소다.

서점은 무엇인가를 먹고 이메일을 체크하는 공간이 되었고, 쇼핑몰에서는 콘서트를 후원한다. 은행에서 영화를 보여주는가 하면 요가 수업을 열기도 한다. 오리건 주 포틀랜드의 움푸쿠아(Umpqua)은행은 그 지역 밴드를 고용해 자체적으로 CD를 제작했다. 그리고 움푸쿠아은행 지점이 있는 5개 도시에서 그 밴드의 콘서트를 연다. 몇몇 슈퍼마켓에서는 앉을 자리, 카페, 초밥 판매대 등을 설치했다. 심지어 어떤 슈퍼마켓에는 놀이방도 있다. 컨설턴트가 권유한 '더 오래 있다가 가게 만드는 환경'을 조성한 것이다.[18] 당신이 반드시 다른 사람들이나 직원들과 이야기를 나누게 될 것이라고 장담할 수는 없지만, 사람들과 편안하고 느긋하게 어울릴 수 있는 장소에 있다면 그럴 가능성이 더 높아진다.

여성 쇼핑객들을 의례 '가정주부'로 간주한 1950년대 당시, 시카고의 사회학자 그레고리 스톤은 몇 가지 설문을 실시했다. 여성들을 상대로 커다란 체인점과 소규모 독립상 중에서 무엇을 더 선호하는지와 특별히 마음에 들었던 쇼핑 경험을 말해달라고 요청한 것이다. 그는 이 설문의 답에 근거해 쇼핑객을 4가지 유형으로 나눴다. 첫 번째로 '개인화'된 쇼핑을 좋아하는 사람은 친절하고 따뜻한 직원이 있고 집처럼 편안한 느낌의 상점을 찾는다. 두 번째는 가치와 비용에 따라 쇼핑을 하는 '실속파', 세 번째는 작고 오래된 구멍가게 같은 곳을 좋아하는 '윤리파'다. 그리고 마지막은 아무 데서나 되는대로 쇼핑하는 '무관심파'다.

첫 번째 유형의 쇼핑객은 다른 세 가지 유형과 확연히 다르다. 스톤은 도시민들이 의미 있는 사회적 유대감을 형성하지 않는다는 당시의 통념을 개인화 지향 쇼핑객이 반박한다고 주장했다. 개인화를 지향하는 쇼핑객은 '강한 개인적 애착'으로 중요한 이방인과 '두 번째로 중요한 인간관계'를 맺고 발전을 추구한다. 그들은 종종 아주 가까운 사이가 되기도 했다. 이는 도시를 덜 낯설게 만드는 그들 나름대로의 방식이다. 이런 쇼핑객은 자신을 알아준다고 느껴지는 상점이 있으면 차를 타고 도시를 가로질러 그곳까지 가는 일을 마다하지 않았다.[19]

2000년대가 되어 거대 소매업체 때문에 소규모 상점들이 쫓겨나고, 시장 풍경은 바뀌었지만 스톤이 분류한 4가지 유형의 쇼핑객은 여전히 존재한다. 그리고 특정 가게를 다시 찾게 만드는 계기는 나만의 개인화된 경험이다.

매사추세츠 주 애머스트에 위치한 애니스가든 앤 기프트(Annie's Garden&Gift) 스토어의 목표가 바로 그것이다. 애니 치텀은 어릴 때 직접 경험한 시골 가게를 모델로 사업 구상을 했다. 치텀은 자신이 제일 좋아했던 핫도그 가게 프레즈(Fred's), 버니스 미장원(Bernice's Beauty Parlor), 탈튼 야채상(Talton's Grocery), 패션숍 그리고 그 밖에 애머스트의 '4000명 주민이 집이라고 느끼며 사는 다른 공공장소'가 주는 편안함과 친숙함을 원했다. 이런 곳에 오는 사람은 누구나 '어느 정도 거리는 있지만 관심'을 받는 대상이 된다.

애니스가든은 나무나 꽃만이 아니라 사람까지 기르는 일종의 '양식장'이다. 치텀은 그 지방 공예품이나 집에서 만든 잼 같은 저장 식품을 팔고, 무 재배 콘테스트를 후원하며, 여러 가지 강좌를 연다. 이처럼 그녀는 다양한 방법으로 사람들과 공동체에 다가간다. 그녀는 애니스가든에 들른 사람들이 자연의 아름다움을 음미하고 좋은 대화를 나누다가 가는 것을 좋아한다.

7300평에 달하는 애니스가든에 접한 국도를 달리는 이방인들의 주의를 끌기 위해 치텀은 표지판을 줄줄이 세워두었다. 표지판에는 '옮겨 심을 나무에 표시가 되어 있습니다', '휴가 비용을 모으게 도와주세요' 등의 메시지가 적혀 있다. 가장 이목을 끈 메시지는 '들어와서 저녁으로 무엇을 먹을지 말해주세요'였고 사람들은 정말로 그대로 행동했다.[20]

태도를 표명하면서 공간을 만들면 모두가 승리할 수 있다. 주인은 손님이 돈을 쓰고 가게를 널리 알리며 단골이 됨으로써 보상을 받는다. 동시에 우리는 비슷한 취미를 공유하고 세상에 대한 지식을 풍부하게 만들어주는 사람들로 호위대를 보강할 수 있다. 사람들이 가까워지고 조금 더 개인적인 사이로 발전해 서로를 그리고 이웃을 좀 더 배려하게 되므로 사회에도 이익이다. 맨해튼 공공 공간 프로젝트인 '공간 만들기' 컨소시엄를 맡고 있는 프레드 켄트는 이렇게 말한다.

"인간 사회의 기본적인 상식입니다. 사람들이 연결되어 있다고 느끼며, 그 안에서 애정을 가지고 웃고, 서로 격려하고 이야기를 나눌 수 있게 만드는 편안한 공간이 필요합니다. 행복에 관한 문제죠."[21]

맨해튼 공공 공간 프로젝트 덕분에 전에는 마약중독자의 소굴이라고 알려졌던 브라이언트(Bryant)공원이 달라졌다. 사람들이 찾아와 먹고 휴식을 취하며 콘서트나 영화 상영을 즐기는 도심 속 오아시스가 된 것이다.

레이 올덴버그는 환영받는 장소에서 사람들이 더 많이 웃는다고 덧붙였다. 올덴버그는 작은 중서부 도시에 있는 여러 술집을 분석했다. 모두 단골손님들이 꾸준히 찾아오고, 주요 활동으로 대화가 이루어지며, 친근하면서도 즐거운 분위기의 술집이었다. 이런 기준에 맞는 술집은 〈치어스〉처럼 끝없이 이야기가 계속되고 악의 없는 농담이 오가며 웃음소리가 더 많이 들린다. 올덴버그에게는 그런 사실이 전혀 놀랍지 않았다.[22]

한 박자 느리게 가도 되는 공간에서 우리는 편안하게 휴식을 취할 수 있다. 다른 사람과 연결될 가능성도 더욱 크다. 그래서 많은 호텔이 딱딱한 분위기의 체크인 구역을 없애고 좀 더 작고 개인화된 개별 창구를 만들고 있다. 고객과 최소 5분간 이야기하고 10걸음을 함께 걷는다는 웨스틴(Westin)의 '5-10의 규칙'은 손님과 직원의 관계를 중요한 이방인의 영역으로 밀어넣는다.[23] 식품 영업에 종사하며 여행을 자주하는 50대 초반의 여성은 이렇게 말했다.

"전 언제나 직원들이 내 이름을 불러주고 소통하려고 하는 호텔을 다시 찾아요. 제가 그 직원들을 기억하듯이 그들도 저를 아는 것처럼 느껴지거든요."[24]

심지어 군대에서도 주민들 간의 교류가 원활해지도록 다양한 공동체를 조성한다. 버지니아 주 포트벨부아의 해리포드빌리지는 거대한 잔디 가운데 위치하며 개밀 우제통 대신 우편 구역이 있다. 또한 스타벅스와 기타 여러 상점이 걸어 다닐 수 있는 거리에 위치한다. 부대

내 주택 거주민들에게 '친교 금지'를 지시했던 군의 오랜 정책과 대조적으로 해리포드에는 사병과 장교 모두가 다양성을 즐길 수 있는 길이 열려 있다. 마치 TV 쇼 〈아미 와이브즈(Army Wives)〉에 나오는 군부대처럼 말이다.

사람들을 부드럽게 밀어넣어 오래 머물게 하고 서로 접촉하게 유도하는 공간을 직장 내에 만드는 사례가 늘고 있다. 이것도 반응이 좋다. 친교를 맺기 쉬운 공장에서는 유대 관계가 긴밀한 작업 그룹이 만들어질 확률이 세 배는 더 높다고 갤럽의 연구자 톰 래스는 말한다. 그리고 직원들이 서로 편안하게 어울릴 수 있는 분위기가 조성되었을 때, 생산성과 수익성이 증가하고 무단결근이나 직장 불만 사례가 감소했다.[25]

베스트바이(Best Buy)는 본사가 있는 미네아폴리스의 임직원들을 위해 광장을 조성했다. 건물의 각 층에는 커피포트가 없다. 아침에 커피를 마시려면 사람들로 붐비는 건물 중앙으로 가야 한다. 직원들은 건물 중앙에 위치한 헬스클럽에서 운동을 하거나 배구 또는 포켓볼을 즐길 수 있다. 광장에는 간이 식당가와 선물 가게, 은행, 약국, 병원, 세탁소 그리고 탁아소도 갖추어져 있다.

직장에서 공간 만들기를 하는 데 반드시 수천만 달러를 투자할 필요는 없다. 가장 중요한 것은 공간의 의도와 구성원들의 참여. 비행기 제조업체 보잉은 미국 내 7개 사업소에 와인과 맥주에서부터 스퀘어 댄스(square dance)까지 모든 것을 즐길 수 있는 '클럽' 용도의 공간을 100군데 이상 만들었다. 다양한 그룹의 사람들이 스트레스를 받지 않고 모일 수 있는 공간을 직장에 마련해준 셈이다. 이런 정책은 직원들의 이직률을 줄이는 데 도움이 된다.[26] 사무실과 공장을 다시 디자인하고 사회정책을 재고함으로써 '직원 참여'를 유도하고 더 나은 환경을 조성할 수 있다.[27] '직원 참여'라는 말에는 일에 대한 참여도를 더욱 높인다는 의미가 내포되어 있다. 하지만 이런 분위기를 조성한 결과 직원들은 일 이외의 화제로도 더욱 편안하게 대화를 나누게 되었다.

매일 아침 커피 사러 가는 남자

우리 선조들이 살던 먼 옛날에는 이방인의 출현이 아주 드물었다. 따라서 이방인이 나타나면 환영하거나 죽이는 양극단을 오가는 사건이 발생했다.[28] 하지만 약 1만 년의 시간이 흘러 대도시와 작은 규모의 교외 지역 그리고 소도시는 사회학자 린 로플랜드의 표현대로 '이방인의 세상'이 되었다. 모르는 사람들에게 둘러싸이는 것이 현대인의 일상사다. '도시를 사랑하는 도시민'을 자처하는 로플랜드는 어릴 때 살았던 인구 8000명의 작은 마을을 방문했다. 그곳에서 그는 어린 시절 친구와 시간을 보냈다. 어릴 때는 '끝도 없이' 걸어야 시내의 블록 하나를 다 돌아볼 수 있다고 생각될 정도로 크게 느껴졌던 곳에서 로플랜드의 친구는 이렇게 말하며 한탄했다.

"지금은 거리를 걸어도 아는 사람이 한 명도 보이지 않아. 짧은 세월 동안 정말 많이 바뀌었어."[29]

그레고리 스톤이 말한 개인화된 쇼핑객처럼 우리는 자신을 알아주는 사람들에 목말라 있다. 운이 좋아 사람들을 '사귀기 아주 쉬운' 지역에 산다면 당신은 아마도 '공간 만들기'로 형성된 곳에 둘러싸여 있을 것이다. 그러나 지난 수십 년에 걸친 수차례의 공간 만들기 작업에도 불구하고 여전히 이웃이 누군지 모르고, 찾아가고 싶은 공원이나 안전한 놀이터가 없는 지역사회에 머물며 사교 활동을 거의 할 수 없는 회사에서 일하는 사람이 무수히 많다. '낯섦'을 없애기 위해 우리는 공공장소나 그에 준하는 곳을 '집 같은 공간'으로 변모시킨다. 말하자면 자기만의 '공간 만들기'를 하는 것이다.

토니 오럼에게는 화이트핸(White Hen)이 그런 장소다.[30] 수십 년간 어떤 장소의 특성에 대해 깊이 생각해온 오럼은 매일 아침 7시면 아내에게 커피를 사러 나갔다 오겠다고 말한다.

"그냥 집에서 내려 마시는 게 더 편하지 않아요?"

오럼의 아내는 남편의 행동을 의아해한다. 하지만 화이트핸은 동네 이웃들에게는 없고 집에서도 채워지지 않는 그 무엇을 오럼에게 준다. 즉, 어떤 공동체에 그의 존재를 '알리는' 길이다. 그는 제2차 세계대전 후 개발된 수많은 교외 지역 중 하나인 시카고 노스쇼의 부유층 거주 지역에 산다. 그곳은 구역제 규정으로 상업 지구와 거주 지구가 완전히 분리된 지역이다. 대부분의 미국인들처럼 오럼 역시 차 안에서 많은 시간을 보냈다. 지역이 확대되면서 더 많은 인구가 교외로 나갔고, 소상인들은 거대 쇼핑몰에 밀려 사라져버렸다. 중심가에 남은 상점은 거의 없었고 인적도 드물었다. 그는 집 근처에서 조깅을 하거나 개 두 마리를 산책시키곤 했는데, 이때도 이웃과 마주치는 일이 거의 없었다. 어쩌다 행인과 마주쳐도 서로 무시했다. 차를 몰고 여기저기를 돌아다니는 사람들은 '이웃에 관심을 가지는 지역사회의 수호자'와는 거리가 멀었다.[31] 쓰레기통이 쓰러져 있어도 못 본 척하는 것이 전혀 이상하지 않은 동네였다.

반면 선로 가까이에 위치한 조제 식품점 화이트핸은 서 있을 공간밖에 없을 만큼 작지만 사람들을 연결시켜 주는 소중한 섬이다. 화이트핸에 들어갈 때, 오럼은 종종 다른 사람을 위해 문을 잡아준다. 반대로 다른 사람이 오럼을 위해 문을 잡아주기도 한다.

다리를 심하게 저는 가게 주인의 동생 폴리는 오럼의 취향을 꿰고 있다. 폴리는 오럼이 16온스짜리 컵에 콜롬비아산 수프리모 커피를 가득 채우고는 카운터로 다가와 올시즌 베이글과 그가 제일 좋아하는 스트링 치즈(손으로 찢어 먹는 기다란 치즈-옮긴이)를 주문할 것이라는 사실을 안다. 폴리는 언제나 스트링 치즈가 떨어지지 않게 조치를 취한다. 몇 년 전 두 사람은 함께 다이어트를 했다. 둘은 매일 서로를 체크했다. "오늘은 몸무게가 얼마나 돼, 폴리?" 하고 오럼이 물으면 폴리는 "아, 한 450그램 정도 빠진 것 같아요. 원래 살은 천천히 빠지는 거 아니겠어요?"라고 대답하곤 했다. 그리고 오럼은 소박하지만 확신을 가지고 친절과 관용을 베푸는 폴리의 성품을 높이 산다. 그는 언젠가 폴리가 한 노숙자에게 일자리를 주며 그 이유를 '그 사람은 일자리와 돈이 필요하기 때문'이라고 말하는 것을 듣기도 했다.

오럼은 화이트핸에서 수년간 일해온 마르코하고도 잘 어울린다. 이 젊은 멕시코 이민자는 손님들에게 1달러짜리 지폐를 내밀었다가 장난스럽게 다시 잡아당기는 버릇이 있다. 그런 악의 없는 장난은 영락없이 오럼을 미소 짓게 하는데, 이 또한 화이트핸에서는 항상 벌어지는 당연한 일이다. 어느 해 여름 오럼은 스페인어 속성반에 등록해 수업을 들었는데, 마르코는 훌륭한 회화 연습 상대가 되었다.

"나는 백인 유대인이고 마르코는 검게 탄 피부의 멕시코 이주민입니다. 하지만 우리가 스페인어로 대화를 시작하자 친구나 지인 같은 사이가 됐어요."

화이트핸에서 일하는 사람들은 오럼에게 있어 '매일 태양이 떠오른다는 사실을 확실하게 각인시켜 준다'. 비록 집에서 만나 즐길 만큼 가까운 사이는 아니지만 말이다. 언젠가 오럼은 공공 공간을 연구하기 위해 중국에 방문했다. 그곳에서 오럼은 폴리와 마르코에게 줄 열쇠고리를 샀다. 폴리와 마르코는 오럼의 호위대로, 그와는 아주 다르지만 삶의 질을 위해 아주 중요한 존재들이다.

세월이 흘러 오럼은 시카고 교외의 에번스턴으로 이사했다. 에번스턴은 규모가 작고 사람들이 밀집해 있으며 산책하기 좋은 동네다. 한마디로 제인 제이콥스가 인정했을 법한 곳이다. 이제 오럼은 화이트핸이 '필요'하지 않다(그래도 옛날 생각을 하며 가끔 들르기는 한다). 에번스턴 거리에도 공간 만들기를 할 곳이 많기 때문이다. 그는 분위기가 그다지 좋지 않은 동네에 사는 사람들에게 다음과 같은 제안을 한다.

"아침이나 저녁때 동네를 한번 살펴보세요. 길모퉁이, 가게, 야채상, 신문 가판대, 술집, 놀이터 등이 있을 거예요. 우리의 정체성은 물론 이 사회의 정체성이 계속해서 보충되는 곳이지요."

그리스 식당 케피스(Kappy's)에서의 치유

57세의 토비 로젠바움에게는 그런 장소를 찾았다는 것 자체가 말 그대로 목숨을 구한 사건이었다. 고등학교 교사였던 토비의 남편 제리는 얼마 전 폐암으로 세상을 떠났다.[32] 활달한 성격에 보조개를 가진 빨강 머리의 로젠바움은 35년 만에 혼자가 되었고, 공황장애와 노인성 식욕 부진으로 고통받기 시작했다. 우울증의 부산물인 이런 증상은 보통은 간과되기 쉬우며 배우자를 잃은 사람들, 특히 여성에게서 때때로 일어난다.[33] 어머니의 역할만 하며 오로지 집에서만 생활해서 토비가 우울증에 걸린 것은 아니었다. 토비는 신발 판매원으로 20년, 백화점 귀금속 코너의 직원으로 10년간 일했다. 일과 상관없이 그녀는 22살 때부터 쭉 로젠바움 부인으로 살았다. 그런데 이제 그녀의 곁에는 남편 제리가 없다. 그녀는 정체성의 혼란을 느꼈고, 식욕부진에 걸렸다. 게다가 토비는 친한 친구들 가운데 가장 먼저 사별을 했다. 자녀들이 장성해 독립한 후 토비와 제리는 거의 매일 저녁 나가서 식사를 하곤 했다. 하지만 이제 그녀는 식당에 가고 싶지 않았다. 모두가 '짝을 지어' 식사를 하러 오기 때문이었다.

토비에게는 안정감을 느낄 수 있는 장소가 한 군데도 없었다. 집에 있으면 제리 생각이 났고, 밖에 나가자니 두려웠다.

"전 너무 외로웠어요. 집에서는 먹지도 않았고 계속해서 공황장애를 겪었어요. 정신병에 걸릴까봐 무서웠죠. 혼자 이렇게 생각했어요. '이렇게 있다가는, 아마 더 나빠질 거야.' 뭔가, 나 자신을 돌볼 수 있다고 스스로에게 증명해야 했어요. 제일 힘든 것은 일단 문 밖으로 나가는 일이었고요."

그리고 토비가 들어가기로 선택한 문은 부근에 있는 그리스 식당 '케피스'였다.

"그곳 주인이나 종업원들은 이미 알고 있었어요. 거기 가면 항상 환영을 받았죠. 제리가 아팠을 땐 위로의 말과 응원을 해줬어요. 언제나 제리에게 '제리, 오늘은 얼굴이 좋아 보여요'라고 말하곤 했죠."

제리가 병원에 입원했을 때, 토비는 파이를 사러 케피스에 들렀다.

"제가 얼마냐고 물으며 돈을 지불하려고 했지만 주인 중 한 명인 빅 조지는 돈을 받지 않았어요. 그러면서 이렇게 말했죠. '우리가 할 수 있는 건 뭐든지 해드리고 싶어요.' 거기 사람들은 정말 마음이 따뜻해요."

토비가 미망인이 되어 돌아온 날 밤 빅 조지는 식당 문 옆에 서 있었다. 그녀가 카운터에 자리를 청하자 빅 조지는 의아해했다.

"제가 '난 이제 혼자잖아요' 하고 말하자 조지는 이렇게 대답했어요. '아니에요. 칸막이 좌석에 앉으세요. 여기 혼자 오시는 분들 많아요.'"

전에는 눈치 채지 못했던 사실이었다.

"조지가 사람들에게 '여기 이 분은 토비에요' 하고 말했는데 마치 '이봐요, 괜찮아요'라고 말하는 것 같이 느껴졌어요. 종업원이 식사를 가져올 때까지는 괜찮았는데, 막상 음식을 먹으니 또 공황장애가 오는 것 같았어요. 목이 메려고 했죠. 그때 고개를 들었더니 빅 조지와 사람들이 보였어요. 그때서야 난 혼자가 아니라는 생각이 들었죠."

결국 토비는 케피스를 집처럼 생각하게 되었고, 어쩔 때는 아침에도 그곳을 방문했다. 사회학자는 토비가 케피스의 '식민지민'이 되었다고 말할 것이다. 토비는 케피스에 자주 가며 다른 손님들과 연결되어 있다. 하지만 일반 손님들보다는 케피스를 잘 알면서도 그곳을 '집' 같은 곳으로 여기지 않는 '단골'과도 구별이 된다.[34] 토비처럼 케피스를 찾는 동지들인 안드레아, 앨리스, 도리 그리고 마릴린도 저마다 문제를 안고 있다. 다른 사람들과의 비교를 통해 토비는 자신이 처한 상황이 최악은 아니라는 사실을 깨닫고 삶을 좀 더 편안하게 느끼게 되었다. 그리고 한때 너무도 낯설게 느껴졌던 바깥세상이 이제는 편안해졌다. 절친한 친구 수준까지는 아니었지만 케비스를 찾는 동지들은 이제 토비가 자신의 영역이라고 생각하는 사회적 세상에 존재했다. 놀랍게도 커플들과 있을 때도 마음이 편안했고, 배우자를 암이나 알츠하이머로 잃은 사람들을 보면 위로와 격려를 해주고 싶은 마음이 들었다. 토비는 이렇게 말했다.

"슬픔에 잠겨 있는 동안에는 아무것도 없는 것 같이 느껴져요. 그러다가 새로운 사람들, 그러니까 중요한 이방인들을 만나게 돼요. 그들은 당신이 의미 있는 사람이라고 다시 느끼게끔 도와줘요."

케피스를 따뜻하게 만드는 것은?

토비 로젠바움의 변화가 너무도 극적이었던 나머지 그녀의 아들인 마크 로젠바움은 케피스를 연구하기 시작했다. 마크 로젠바움은 마케팅학 교수로 사회적 배려가 소비자의 행동에 어떤 영향을 미치는지 연구했다. 그는 케피스 같은 특정 가게를 매개로 형성된 약한 유대 관계가 놀라울 정도의 정서적 지원을 한다는 것을 알아냈다. 36세에서 87세까지 83명의 사람이 자원해서 그의 연구에 참여했다. 참여자들은 자신이 좋아하는 식당과의 관계에서 긍정적인 역할을 하고 싶어 했다. 공동체 의식이 조성된 장소에서는 연결 현상이 공고해진다. 가족을 잃었거나 이혼한 손님들은 자신이 받는 정서적이고 실제적인 지원의 대부분이 식당에서 만난 사람들로부터 비롯된다는 것을 알았다.[35] 그렇다면 케피스 같은 곳은 외롭거나 나이 든 사람들에게 최고의 장소가 될 수도 있다는 결론이 나온다. 노인들에게는 사교 활동이 커다란 선물이자 외로움을 달래는 약이다. 그런데 특이한 점이 하나 있다. 삶의 위기를 겪고 있지 않는 손님들이 받는 지원의 25퍼센트도 케피스에서 만난 사람들에게서 비롯되었다는 것이다.

후에 마크 로젠바움이 헬스클럽인 골즈짐(Gold's Gym)에 가입한 회원 207명을 조사한 결과, 아주 건강한 젊은 남녀들도 헬스클럽 직원들 그리고 자주 오는 다른 회원들과 친분을 맺는다는 사실이 밝혀졌다. 이들은 서로 교분을 나누고 감정적인 격려를 주고받았다.[36]

로젠바움의 연구에서 밝혀진 또 한 가지 흥미로운 사실이 있다. 골즈짐 단골 고객들은 자발적으로 서비스를 제공해 상호 이점을 누렸다. 그들은 수건을 모아오고, 사용한 헬스 장비를 직접 닦으며, 직원들에게 협조한다. 그들은 선량한 시민이며 운동하러 오는 다른 사람들을 기꺼이 돕는다. 예를 들어 새 회원에게 어떤 운동복을 입어야 하는지 알려주고 운동 기구 다루는 법 등을 가르친다.

케피스에서도 이와 비슷한 '고객 자원봉사'가 일어난다. 매일 새벽 4시 30분이 되면 몇몇 노인들은 식당 바깥에 세워둔 차 안에서 아침 당번 종업원 헤리엇이 출근할 때까지 기다린다. 노인들은 헤리엇을 따라 식당으로 들어가 서로 인사를 하고 테이블에 위의 소금 통, 설탕 통 그리고 케첩 병을 채운다. 어린이 메뉴를 시킬 때 따라 나오는 크레용 컵도 채운다. 식당이 공식적으로 문을 여는 5시 30분이 되면 그들은 카운터 자리에 앉아 음식을 먹고 농담을 주고받으며 9시까지 있다가 하나둘씩 자리를 뜬다.[37]

사람들이 다른 이와 교제하는 것과 흡사한 방식으로 특정 장소와 교분을 나눈다는 연구 사례는 무수히 많다.[38] 그리고 시간이 지나면 어떤 사람과의 관계에 변화가 생기듯 장소와의 유대감도 상황에 따라 변한다. 2년 동안 거의 매일 케피스에 드나들던 토비 로젠바움을 예로 들어보자. 그녀는 직장을 다니는 딸 대신 손자를 돌보면서 예전처럼 케피스에서 사람들과 시간을 보낼 수 없게 되었다. 하지만 그녀는 지금도 매일 저녁 케피스에 간다. 케피스의 많은 단골손님은 빅 조지가 평온한 분위기를 조성한다고 말한다. 한 사람은 이렇게 말했다.

"빅 조지는 내가 마치 그의 가족이 된 것 같은 기분이 들게 만들어줘요. 물론 직계 가족이 아닌 확대 가족을 말하는 겁니다."[39]

손님들이 계속해서 찾고, 직원들도 행복해하는 사업체나 가게의 비영업 부서를 살짝 엿보면 공통적으로 발견되는 인물이 있다. 바로 연결이 중요하다고 생각하는 붙임성 있고 상냥한 주인 또는 매니저다. 미시건 주 앤아버의 진저맨즈델리(Zingerman's Deli)도 그런 가게다. 연간 매출 3800만 달러에 종업원이 600명이나 되는 진저맨즈델리는 1982년 그 지역 레스토랑에서 일하면서 만난 두 명의 중요한 이방인이 설립했다. 총괄 책임자인 폴 사기노와 주방 감독 애리 바인즈바이크는 일을 그만두고 낡은 야채 가게 점포를 임대했다. 사기노는 당시를 이렇게 회상했다.

"우리는 사람들이 찾아올 수 있는 공간을 만들어 공동체를 위한 봉사를 한다고 생각했어요. 세계적인 석학, 배달 트럭 기사, 고등학생도 올 수 있는 그런 공간 말입니다. 신분 차별 없이 진행되는 일본의 다도 의식에서 힌트를 얻었지요. 모든 사람이 비보처럼 얼굴에 페르시안 드레싱을 묻히고서 식사를 하는 분위기를 상상했습니다."[40]

사업이 성장했음에도 불구하고 사기노와 바인즈바이크는 초심을 잃지 않았다. 사기노는 이렇게 말했다.

"직원과 손님 그리고 공동체에 정말 멋진 서비스를 하는 것 자체가 목적입니다."

진저맨즈델리의 직원들은 새로운 손님이 들어올 때마다 그와 눈을 맞추고 어디에서 무슨 일로 왔으며 무엇을 어떻게 도와줄지를 묻도록 교육받는다. 사기노는 다음의 말을 덧붙였다.

"우리가 손님에게 반드시 필요한 특정 제품이나 반경 10킬로미터 내 다른 곳에서는 절대 살 수 없는 물건을 파는 게 아니지 않습니까? '12달러짜리 콘비프 샌드위치를 주지 않으면 죽어버릴 거예요'라고 말하는 손님은 없어요. 그래서 죽어라 열심히 서비스를 하는 겁니다. 손님 때문에 잠자리에서 나와 일을 한다고 느끼게 만드는 거죠."

물론 어떤 사람이 특정 장소에 자주 드나든다면 그곳에 개인적인 의미를 부여할 수 있다. 또한 그런 맥락에서라면 거의 모든 장소에 의미를 둘 수 있다. 즉, 가치는 매기기 나름이며 개인에 따라 달라질 수밖에 없다. 당신이 집 같이 느끼는 장소를 다른 사람은 단순한 휴게소 정도로 생각할 수도 있다. 예를 들어 2008년에 뉴욕 시장이 40년 동안 운영되어온 장외 경마장을 폐쇄하기로 계획하고 있다는 소식이 알려지자 사람들은 저마다의 생각을 내놓았다. 어떤 사람은 이 장외 경마장을 황폐한 건물 안에 도박사들이 득시글거리는 우중충한 공간으로 생각했다. 반면 고향에서 멀리 떨어져 사는 사람들은 '단골들과 친분을 쌓는 비공식적인 사교 클럽'으로 여기기도 했다.[41] 똑같은 곳이 아닌 각기 다른 장소를 말하는 것 같지 않은가?

공공의 거실이 된 르네의 미장원

17년 전 28세의 르네 해리스는 홀로 두 딸을 키우며 뉴올리언스 중심가의 호텔에서 청소부로 일했다. 일은 육체적으로 고되고 지루했다. 르네는 십수 년째 같은 일을 하고 있는 나이 든 동료 루이스를 동정했다.

"제 일을 먼저 끝내고 나서 루이스 아주머니의 일을 도와주곤 했어요. 아주머니처럼 늙고 싶지 않다고 말한 적도 있어요. 하지만 기술도 없고, 제가 무엇을 좋아하는지도 모르겠고, 결정적으로 고등학교 졸업장도 없었어요. 그래도 뭔가를 배워서 저 자신과 딸들을 위해 좀 더 나은 삶을 꾸리고 싶었죠."

몇 주 후 르네는 집 앞 우편물 더미에서 직업학교가 배포한 전단지를 발견했다. 르네는 집으로 들어가며 그 전단지를 읽었는데, 헤어 스타일링을 배우는 9개월짜리 과정이 눈에 들어왔다. 그녀는 167센티미터의 키에 예쁜 얼굴의 소유자다. 아주 고운 커피색 피부도 그녀의 자랑거리다. 게다가 그녀는 고객에게 항상 일처리를 깔끔하게 잘한다는 칭찬을 종종 들었다. 전단지를 보며 르네는 대닐스(Danneel's) 미장원과 주인 로즈 씨가 생각났다.

"로즈 씨는 저와 언니 그리고 엄마 머리까지 해줬어요. 언니는 아프로(Afro) 스타일의 머리를 했는데 아주 보기 조오~았어요."

대부분의 루이지애나 사람처럼 르네도 '오'를 길게 끌며 말한다. 고등학교 시절 르네는 친구들과 대닐스에 다녔고 '10대 전담'인 클로딘이 머리를 해주었다.

르네 언니의 머리처럼 대닐스는 1970년대의 산물이었다. 1970년대에 흑인 전용 미장원은 수익성이 좋을 뿐만 아니라 자부심을 가질 만한 사업으로 부상했다.[42] 아이론으로 이웃의 머리를 피거나 말며 연습하는 독학 '부엌 미용사'는 더 이상 존재하지 않았다. 로즈 씨와 그녀의 동료는 전문적인 훈련을 받았으며 헤어스타일리스트 자격증도 땄다. 그들은 전문적이고 정치적인 의식을 발전시켰다. 예를 들면 손님의 머리를 지칭할 때 '컬리(curly)하다'라든가 '웨이브 졌다'라는 표현을 썼다. 그리고 머리를 '씻는' 게 아니라 '샴푸'한다고 말했다. 유수의 미용학교를 나온 한 유명 헤어스타일리스트는 이렇게 말했다.

"우리는 의사와 비슷합니다. 먼저 진단을 하고 상한 머리카락을 치료하듯 매만지죠."[43]

미용사들에게는 충성 고객이 있다. 고객은 미용사를 믿고 개인적인 이야기까지 털어놓는다. 그리고 미용사는 흑인 여성이 스스로 의사결정을 내리고 재정적으로 독립할 수 있는 몇 안 되는 직업 중 하나였다.

그날 르네는 미용학교에 다니면 대닐스에 드나들 때 가장 좋아했던 것을 자신이 재창조하는 데 도움이 될 것이라는 사실을 깨달았다. 르네는 이렇게 말했다.

"다들 재미있어 하는 것 같았어요. 당시에는 기다리는 동안 모두 가게에 있는 TV에 열중했어요."

미용실에 가면 놓친 드라마를 보거나 최근에 일어난 사건에 대해 전해 들을 수 있었다.

"뿐만 아니라 누가 파티를 열고, 파티에서 무슨 일이 일어났으며,

다음번에는 어디서 모일지도 알 수 있었어요."

리처드 플로리다는 대닐스 같은 장소가 보편적으로 아주 매력적이라고 말한다. 특히 기계 공장과 비교하면 그 매력이 확연하게 드러난다. 어느 정부 관리의 말에 의하면 1990년대 후반 펜실베이니아에는 헤어디자이너와 미용사가 너무 많은 반면 공장 숙련공은 모자랐다고 한다. 플로리다는 그 이유를 알아보기로 결심했다. 그는 자신이 가르치는 카네기멜론대학 공중 정책 전공 1학년생들에게 다음의 흥미로운 질문을 던졌다.

"장래 직업으로 월급이 많고 평생 일할 수 있는 공장 숙련공과 보수가 적고 경제 사정에 따라 변수가 많은 미용사 중 하나를 고르라면 어떤 것을 선택하겠는가?"

학생들(그리고 나중에는 전국에 분포한 청중)은 어김없이 미용사를 선택했다. 그 이유는 미용 일이 창의적이고 독립적이라는 데 있다. 미용실에는 공장장처럼 지시를 내리는 사람이 없다. 미용사와 고객만 있을 뿐이다. 미용사는 언제나 새로운 기술과 스타일을 배워야 하며 '모든 고객이 새로운 도전'이다.[44]

르네는 그런 것들이 좋았다. 처음에 그녀는 집 밖에서 소수의 머리만을 손질했다. 급기야 창고를 미용실로 개조한 그녀는, 손님들에게 레모네이드와 쿠키를 내놓는가 하면 '여흥'을 위해 토크쇼 또는 영감을 주는 연사의 강연 비디오를 틀었다. 시간이 흘러 그녀는 드디어 자신의 가게인 르네스 플레이스 오브 뷰티(Renee's Place of Beauty)를 열었다. 손님은 넘쳐났다.

"그 당시는 밤새도록 일을 할 수 있었어요."

어느 해 부활절에는 너무 바빠서 밤을 꼬박 새고 다음 날 아침 6시 30분까지 일을 한 적도 있었다.

"사람들은 의자에 쭉 걸터앉아 자기 차례를 기다렸어요. 일을 다 마치고 가게를 나갈 때쯤엔 해가 중천에 떠 있었죠."

혼자 힘으로는 버틸 수 없게 되자 르네는 스타일리스트 4명을 채용했다. 여자 세 명에 남자 한 명이었다. 그리고 가게를 확장 이전했으며 이름을 '디자이닝 위민(Designing Women)'으로 바꾸었다. 함께 일하는 헤어스타일리스트들의 면면이 동명의 TV 시트콤에 나오는 등장인물과 흡사했기 때문이다.

2003년 허리케인 카트리나가 강타했을 때 르네는 조지아 주의 애틀랜타로 이사했다. 그녀는 현재 백화점 내 매장에서 일한다. 유동 인구가 많은 도시에서는 고정 고객을 확보하고 매장 내에서 협력해 공간 만들기를 하기가 더 힘들다. 하지만 스톤이 말한 개인화된 쇼핑객처럼 단골손님들은 먼 길도 마다하지 않고 달려와 르네를 찾는다. 르네가 가장 자랑스럽게 생각하는 점은 그녀에게 마음을 열고 조언을 구하는 고객이 많다는 것이다. 그녀는 고객과 함께 어떤 영역 안으로 들어서는 것 같다고 느낀다. 몇 가지 연구에 의하면 우리는 '말하는 시간'의 3분의 1을 헤어디자이너에게 개인적인 문제를 털어놓는 데 쓴다고 한다. 우리는 헤어디자이너와 자녀, 건강 문제, 결혼, 사귀는 사람, 우울증과 불안증에 대해 이야기를 나눈다. 미용실에서 집이나 직장에서 짊어져야 하는 책임감을 내려놓고 편안하게 자기만을 위한 시간을 가지는 것이다. 확실히 주인이 직접 운영하는 가게라면 마음을 열기가 한층 쉬워진다. 르네도 비슷한 말을 했다.

"저는 헤어디자이너지만 상담사 역할을 더 많이 해요."

르네는 많은 헤어디자이너들이 하는 일을 한다. 그녀는 손님의 말에 귀를 기울이고 공감한다. 상황에 따라서는 조언을 해주기도 한다.

"성직자로 부름을 받은 것 같은 느낌이 들어요. 전 고등학교도 중퇴했고 미용 외에는 아는 것도 없지만 그래도 지혜롭다고 생각해요. 사람들 사이에서 일어나는 문제에 대해 아니까요. 전 질문을 많이 하고 오프라 윈프리 쇼를 봐요. 그리고 사람들의 기분이 나아지게 하는 법을 알죠."

그녀의 말은 과학적으로도 일리가 있다. 연구 결과, 르네 같은 헤어디자이너들이 훈련을 받은 정신 건강 상담사만큼이나 고객에게 도움을 줄 수 있다는 사실이 밝혀졌다.[45]

그리고 골즈짐 헬스클럽의 좋은 사람들과 케퍼스로 출근하는 노신사들처럼 르네의 고객들도 그녀에게 무엇인가를 준다. 과거에 그녀는 가게 문을 닫다가 총을 든 강도에게 돈을 빼앗긴 적이 있다. 심한 충격을 받은 그녀는 가게 임대 기간을 연장하지 않기로 결심했다. 그녀는 그 일에 대해 다음처럼 말했다.

"미용 일을 그만둘 생각은 없어 예전처럼 차고에서 일을 했어요. 오랜 단골손님들은 제 상황을 이해하고 기꺼이 차고를 찾아주셨어요. 또 제가 무서워한다는 걸 알고 편안하게 느끼게 해주려고 뭐든 노력하셨죠."

매년 소프트볼 경기장을 찾는 이유

소프트볼은 미국에서 아주 대중적인 스포츠다. 봄과 여름에는 아마추어 소프트볼 게임을 구경하거나 직접 경기에 참여하는 남녀를 어디서든 쉽게 발견할 수 있다. 소프트볼은 하버드대학과 예일대학 졸업생들이 모여 빗자루의 대로 권투 장갑을 때리는 일이 아주 재미있다는 것을 알게 된 후 시작된 경기다. 오늘날에는 약 2500만 명의 사람이 이웃이나 동료 또는 지인들과 팀을 만들어 대항전을 펼친다.[46] 시즌이 진행되는 동안의 경기장은 마치 거대한 페트리 접시 같다. 과학자들은 이 접시 안에서 이방인들이 공적 공간에 군집하여 중요한 이방인의 영역 그리고 그 이상의 영역으로 옮겨가는 것을 관찰한다.

사회학 박사과정에 있던 앨리슨 먼치가 바로 그런 과학자다.[47] 먼치는 시즌이 진행되는 4개월 동안 남서부에 위치한 중간 크기 도시의 아마추어 남성 패스트 피치(fast-pitch, 소프트볼 경기의 한 종류. 주로 여성들이 하는 경기 형식−옮긴이)팀 '아스트로스(Astros)'를 연구했다.[48] 이들은 동네 외곽에 있는 공원에서 경기를 했다. 관중들은 그들이 거주하는 도시와 마찬가지로 앵글로색슨계 백인과 히스패닉으로 양분되었다. 이전 시즌에서 만나 서로 안면이 있는 관중들도 일부 있었지만, 팀에는 매년 새로운 선수와 관중이 들어왔다. 먼치는 운동장에서 가까운 유대감을 맺고 있는 다양한 부류인 팬들이 어떻게 서로 교분을 쌓는지 궁금했다.

이방인이 모인 관중 속으로 들어갈 때, 그 장소에 대해 잘 알면 스트레스를 유발하는 상황에서도 용감하게 맞설 수 있다. 즉, 장소는 사람들을 알아가는 과정에서 지름길 역할을 하기도 한다.[49] 누가 거기에 있는지를 알면 조금 덜 조심해도 되기 때문이다. 먼치가 아스트로스팀 게임을 관전하고 있을 때, 멀리서 경찰 사이렌이 계속해서 울렸고 여성들은 남성을 대동하지 않은 상태로 혼자 자기 차로 돌아가지 말라는 권고를 받았다. 하지만 가족들이 모이고 팀들이 선의의 경쟁을 벌이는 곳인 운동장은 혼란 속에서도 일종의 성역이 되었다. 경기장에 처음 온 사람도 최소한 아스트로스팀 팬이라는 알려진 영역 안에 같이 '자리 잡을' 수 있었다.[50]

처음에 새로운 사람들은 혼자 앉아서 사회학자 어빙 고프먼이 '시민적 무관심(civil inattention)'이라고 칭한 행동을 하며 자신을 '보호'했다. 시민적 무관심은 다른 사람을 무시하는 의식이라고 볼 수 있다.[51] 대화에 동참하고 싶지 않을 때 우리는 무례하다는 인상을 주지 않기 위해 다른 사람이 하는 말을 듣지 않는 것처럼 행동하며 멍한 눈으로 어딘가를 응시한다. 또한 먼치는 경기장에 처음 온 사람들이 아이들과 함께 앉아서 '물리적이고 사회적인 경계'를 쳤다는 점에 주목했다. 그들은 소지품을 옆 의자에 놓고 신문에 코를 박고 있거나 휴대전화로 통화를 함으로써 '여기는 나의 개인적인 공간입니다'라는 일종의 표시를 했다.

새들조차 서로 일정한 거리를 둔다. 40년 전 인류학자 에드워드 홀은 인간이 만드는 4가지 '거리 영역'을 정의했다. 그의 주장에 의하면 우리는 '공중 영역'에서 다른 사람들과 약 3.6미터 이상의 거리를 둔다. '사교 영역'에서는 1.2미터에서 3.6미터, '개인적 영역'에서는 약 50센티미터에서 1.2미터의 거리를 유지한다. 또한 '아주 친밀한 영역'으로 들어가면 50센티미터 이하로 거리를 둔다. 다른 사람과 가까울수록 당신은 더 잘 보고, 듣고, 느끼고, 냄새를 맡을 수 있다.[52]

오늘날에도 홀의 이론을 인용하는 과학자들이 있다. 반면 개인적 차이, 즉 대화를 나눌 때 상대방과 얼마나 가까이 서는지는 사람마다 다르다는 이유를 들어 홀의 의견에 반박하는 이들도 있다. 어쨌든 우리는 잘 알지 못하는 대부분의 중요한 이방인을 사회적 영역에 둔다. 그러다가 시간이 지나 좀 더 친밀해지면 중요한 이방인은 개인적 영역으로 이동한다. 어떤 사람과 거리를 두는 것은 그 상황이 불편하고 스트레스를 줄 때 상당히 효과적인 전략이 될 수 있다.

아스트로스팀 게임에서 먼치는 3주 만에 처음 온 사람들과 기존의 관중 사이의 거리가 줄어들기 시작하는 것을 목격했다. 두 명의 아스트로스팀 팬이 처음 대화를 시작할 때 꺼내는 말은 어떤 선수를 보기 위해 왔느냐는 것이었다. 이런 초반 탐색전은 대개 '머뭇거리고 망설이는' 경향이 있지만 몇 분만 지나면 친근해질 수 있다고 먼치는 강조했다. 즉, 일단 한 번 만나는 것이 중요하다.

두 사람이 얼마나 떨어져 있으며 서로 무엇에 대해 이야기하느냐는 소통 면에서 그리 중요한 것이 아니다. 그보다는 목소리의 톤, 태도, 행동 등이 더 중요하다. 우리는 처음 본 사람에게 한 발자국 앞으로 다가서거나 뒤로 물러날 수 있다. 먼치는 사람들이 점점 더 많이 눈을 마주치고, 고개를 끄덕이고, 미소 지으며, 팔을 뻗고, 손을 벌리는 것을 관찰했다. 인사와 재치 있는 짤막한 말(예컨대, "세상에, 아기가 정말 많이 컸네요.")을 주고받음으로써 가벼운 잡담을 하는 관계로 발전할 수 있다. 그렇게 되면 그 다음 주에 만나 대화를 시작하는 데 도움이 된다. '유대감이 생성된다는 표식'이 바로 인간관계가 형성된다는 증거다.

어빙 고프먼은 수십 년간 대중의 행동을 관찰하는 과정에서 '유대감의 표식'을 알아냈다. 그는 영화에 나오는 커플을 예로 들었다. 한 사람이 다른 사람에게 몸을 돌리지 않고 정면으로 얼굴을 마주본다. 이러한 행동은 상대에게 신경을 쓰고 있다는 표시다. 나중에 두 사람이 더 가까워질 경우 차리게 될 공손함의 표현이라고 가정할 수 있다.[53] 단순한 시선만으로도 관계를 정의할 수 있다. 그리고 아프가니스탄 작가 할레드 호세이니의 《천 개의 찬란한 태양(A Thousand Splendid Suns)》(2007)에 나오는 한 대목에서처럼 시선이 관계를 재정의할 수도 있다.

아지자가 울면서 깨어나자 라시드는 라일라에게 애를 닥치게 하라고 소리 질렀다. 그 순간 라일라와 미리암은 서로 쳐다봤다. 서로를 경계하지 않으며 상황이 어떻게 돌아가는지 알고 있다는 눈길이었다. 그렇게 아주 짧은 시간 동안 미리암과 말없이 시선을 주고받으며 라일라는 그들이 더 이상이 적이 아니라는 사실을 깨달았다.[54]

시즌이 중반으로 접어들자 아스트로스팀 경기를 고정적으로 찾은 사람들 거의 모두가 (먼치의 표현을 빌리자면) '부유하는 공동체'의 일부가 되었다. 몇 주 전에 처음 만난 사람들이 이제는 간식, 음료수, 담요 그리고 옷을 나눌 정도로 가까운 사이로 발전했다. 그들은 뒷공론을 하거나 자녀 교육에 대한 정보를 교환하고 마을에서 서비스를 제일 잘하는 사람들에 대해 이야기했다. 새로 온 이들은 기존의 팬들을 더욱 개인적인 영역으로 초대하려는 노력의 일환으로 그들과 섞여 앉았다. 또 너 나 할 것 없이 모두 아이들을 지켜볼 수 있도록 외야석에서 아이들끼리 어울려 놀게 했다. 엄마들은 서로에게 중요한 이방인이 되었다. 더욱 가까운 사이로 발전하고 있는 관계에서는 아이들에게 어른들을 '아줌마', '아저씨' 또는 '티아(tia, 스페인어로 아줌마)', '티오(tio, 스페인어로 아저씨)'라고 부르게 했다.

그룹으로 이루어지는 행사에서는 친밀감을 쌓기가 쉽지 않다. 그럼에도 불구하고 먼치가 관찰한 두 여성은 깊은 관계를 맺었다. 그들은 매주 서로를 찾았다. 공공장소에 있는 상황이었지만 그들은 자신만의 개인적인 섬을 만들었다. 먼치는 그들의 대화를 아주 일부만 들었을 뿐이다. 하지만 서로를 향해 몸을 돌리고 고개를 약간 낮춰서 다른 사람들이 듣지 못하게 낮은 목소리로 속삭이는 보디랭귀지로 인해 두 여성이 자신의 결혼에 대해 아주 자세한 부분까지 서로 나누고 있다는 것이 선명하게 드러났다.

먼치의 연구 결과는 적절한 상황에서 시간을 같이 보내면 (그 상황이 아니었다면 서로 연결되지 않았을) 다양한 그룹의 사람들이 가벼운 유대관계를 발전시킬 수 있음을 강조한다. 물론 모든 소프트볼 팬이 서로 관계를 쌓지는 않았다. 예의 바른 인사 외에는 아무런 행동도 하지 않는 사람도 있었다. 하지만 인간관계의 씨앗이 심어진 곳에 정기적으로 게임이 열린 것이 토양을 비옥하게 만들어줘 관계가 발전했다. 관람석은 팬들이 서로에 대해 배우고, 한바탕 웃기도 하고, 사소한 정보를 교환하는 장소다. 동시에 자신이 직면한 문제를 털어놓는 자리이기도 하다. 물론 경기장 바깥으로 나가면 팬들 간의 혹은 팬들과 선수 간의 접촉이 전무하지만 말이다. 이는 장소에 근거한 인간관계의 특징이다. 어떤 팬 한 명은 이렇게 말했다.

"우린 도시 곳곳에서 이곳에 와 놀고 교제를 나누지만, 각자의 집에 가거나 하지는 않아요. 그래서 사람들이 매년 오고 또 오는 게 아닐까요."

헬스클럽에서만 친한 사이

일반인이나 과학자 모두 우리로 하여금 다른 사람에게 마음을 열게 하는 것이 무엇인지를 알고 싶어 한다. 최근 〈월스트리트저널〉에 다음과 같은 헤드라인이 실렸다. '아주 친근하면서도 아주 먼 사이: 헬스클럽 친구는 가장 믿을 만한 친구다…… 오직 헬스클럽 안에서만' 4150만 명의 미국인이 매일 헬스클럽을 찾는다.[55] 이 숫자는 지난 20년 동안 꾸준히 증가했는데 부분적인 이유는 운동을 하면 건강과 몸매가 좋아지기 때문이다. 운동을 열심히 하는 이유는 그것만으로도 충분하다. 하지만 헬스클럽 역시 사회적 장소이다. 헬스클럽에서 형성된 '장소에 근거한' 관계가 놀라울 정도로 친밀한 사이로 발전하는 사례도 있다. 한 〈월스트리트저널〉 기자는 이런 글을 썼다.

"헬스클럽 친구들은 동료, 배우자, 데이트할 때의 힘든 점 그리고 식이요법에 대해 이야기한다. 그들은 평생지기 친구들에게도 하지 않을 말("그 남자 차버려!", "네가 과민 반응하는 거야", "그만둬!", "그만두면 안 돼" 등)을 불쑥 꺼낸다. 하지만 헬스클럽 친구들은 당신이 조언을 받아들이지 않아도 비판하지 않는다. 그리고 서로를 위한 시간을 낸다."

운동하러 갈 때 헬스클럽 친구와 수다를 떨기 위해 15분 정도 일찍 가곤 한다는 어느 35세 여성도 이 점을 인정했다.

"내 인생에서 무슨 일이 벌어지고 있는지는 제일 친한 친구보다 그녀가 더 잘 알 거예요."[56]

도대체 무슨 일이 벌어지고 있는 것일까? 물론 우리는 사랑하는 사람들에 대한 믿음을 간직하고 있다. 하지만 많은 사회과학자는 관계의 복잡성을 설명하려면 좀 더 미묘한 분석이 필요하다고 주장한다. 어떤 경우든 사람들은 쉽게 개인적인 정보를 누설하지 않는다. 대부분의 사람은 친한 친구나 가까운 관계의 사람에게 아주 개인적이고 은밀한 문제를 말하기 주저한다.[57] 그렇다면 어째서 헬스클럽에서는 그런 일이 가능할까?

먼저 관계를 발전시키는 원동력인 자기 폭로에 대해 생각해보자. 이방인을 만났을 때 처음 '시작하는' 단계에서 우리는 최대한 좋은 인상을 주려 노력하며 동시에 그가 어떤 사람인지(배경, 가치, 일상생활의 세세한 부분 등) 평가하려 한다. 그리고 때로는 빠르게 또는 아주 느리게 자신을 노출하는 폭을 넓히는 '실험' 단계로 들어선다. 훨씬 더 다양한 주제로 이야기하고, 우리 자신에 대해 좀 더 밝힘으로써 노출의 '깊이'를 더욱 증폭시킬 수 있다.[58] 우리는 다른 사람을 만날 때마다 '안'으로 들여 누구에게나 보여주는 자아를 지나 그 아래 자리 잡고 있는 모습을 보여줄지 말지를 결정해야 한다. 말하자면 추기 복잡한 춤 같다. 믿음이 생기면 한 발자국 앞으로 나간다. 그리고 멈춰서 다시 내 상태를 살펴본다. 자신이 너무 연약하다는 생각이 들면 한 발자국 물러선다. 우리는 스스로에게 묻는다.

'내게 이득이 될 게 뭐가 있을까? 호의? 재미? 나를 이해해주는 사람의 어깨? 나에 대해 잘 모르기 때문에 편견 없이 내 이야기를 들어줄 사람? 미래를 같이 할 동반자? 내가 필요로 하고 원하는 것을 얻

게 될까? 그렇게 하려면 어떤 대가를 치러야 할까? 이 사람은 나에게 무엇을 요구할까?'

즉, 우리는 어떤 새로운 사람을 만나서 평가하고 교류하는 과정을 되풀이한다.

개인의 품성이나 현재 벌어지고 있는 상황 이상의 그 무엇이 궁극적으로 우리 자신에 대해 이야기하고, 다른 사람에게 의지하고, 그들을 우리 호위대의 일부로 만들려는 '참여' 의지에 영향을 미친다. 우리가 있는 장소도 중요하다. 즉, 공간 만들기를 하기에 이상적인 익숙하며 사생활을 지키기에 적합하고 다른 사람들과 연결될 수 있도록 도와주는 곳이 좋다. 우리의 생활이 점점 더 파편화되고 있다는 점을 감안하면, 헬스클럽은 동일 인물과 자주 마주치는 공간이다. 그리고 운동을 할 때는 정신적으로 안정된 상태다. 당신이 헬스클럽에서 마주치는 사람들은 건강한 신체와 마음의 소유자일 가능성이 높다. 또한 그들과 당신 사이에는 공통점이 있다.

자신을 공개하느냐 마느냐를 두고 꼭 양자택일할 필요는 없다. 우리 안에는 서로 대립되면서도 보완적인 욕망이 존재한다. 즉, 자신을 공유하면서도 경계를 지키고 싶어 한다. 누군가를 처음 만나면 자신의 일부를 보여주고 싶어 하면서도 주저한다. 심지어는 잘 아는 사람과 함께 있을 때도 나만의 공간이 있었으면 한다. 경계를 조절하고 인간관계를 유지하려면 개방과 폐쇄가 모두 필요하다. 인생을 살아가면서 우리는 스스로를 개방하기도 하고 닫기도 하는데, 일반적으로 두 가지 중 하나가 우위를 점하게 된다.[59] 헬스클럽에서는 개방적인 성향이 되는 사람이 많다. 어느 30대 여성은 〈월스트리트저널〉 기사를 인용해 운동 시간이 '일과 중 가장 긍정적인 부분'이라고 말했다.

따라서 중요한 이방인과의 인간관계, 특히 공간 만들기에서 발전된 관계에는 모순이 존재한다. 사람들은 가장 가까운 이에게 비밀을 털어놓고 싶은 욕망을 가지고 있다. 하지만 또 다른 한편으로는 필요상 사람들과 떨어져 있을 때, 안전하다고 느낄 때, 그리고 다른 사람에게서 벗어나고 싶다고 느낄 때 개인적인 자아를 나타내고 싶어 한다.[60] 가장 가까운 사람 그룹에는 속하지 않지만, 헬스클럽 동료 혹은 개를 산책시키며 만난 믿을 만한 사람들과의 관계는 안전하다고 볼 수 있다. 일단 그 헬스클럽이 있는 건물이나 공원을 떠나면 그들의 삶과 내 삶이 교차하지 않기 때문이다. 비슷한 맥락에서 '기차에서 만난 낯선 사람' 현상은 상당히 오랫동안 옆자리에 앉게 된 잘 모르는 사람에게 비밀을 털어놓을 때 일어난다.

버스 터미널과 공항 라운지에서 실시된 연구를 보면 낯선 사람이 먼저 마음을 열면 그에게 우리의 문제를 털어놓을 가능성이 높다는 사실을 알 수 있다.[61] 중요한 이방인 관계에도 비슷한 역학이 적용된다. 예를 들어 당신이 같은 업계에서 일하는 동료와 점심 식사를 하고 있다고 생각해보자. 이 경우 보통 일이나 NBA 플레이오프전에 대해 이야기를 하지, 각자의 배우자나 애인의 불만족스러운 점을 토로하지는 않는다. 이번에는 조금 다른 상황을 떠올려보자. 당신과 동료는 다른 사람들이 식사하는 소리가 들리지 않을 정도로 조용하고 편안한 좌석에 앉아 있다. 그런데 동료가 먼저 아주 개인적인 문제를 털어놓는다. 이 경우 당신도 거의 비슷한 수준으로 자신을 개방할 확률이 높다. 어릴 때 하던 게임과 비슷하다. '네 것을 보여주면 나도 내 것을 보여줄게'와 비슷한 이치다. 친근한 관계로 발전하려면 반드시 서로 자신을 보여주어야 한다. 하지만 선택은 당신에게 달려 있다.

로스앤젤레스에 근거지를 둔 주르당 비지우는 조건이 붙지 않는 사회적 연결이 주는 이점을 즐긴다. 그래서 캘리포니아의 고속도로에서 힘들게 1시간 이상을 보내는 한이 있어도 매주 토요일이면 라구나로 미술 레슨을 받으러 간다. 30대 중반인 비지우는 잘생긴 외모의 소유자다. 곱게 핀 긴 머리는 그의 어깨까지 내려온다. 사실 그는 집에서 편하게 5시간 동안 그림을 그릴 수 있다. 그렇게 하면 시간은 물론 기름값도 절약된다. 하지만 수강생들과 같이 연습하면서 얻는 이점 때문에 강습을 받으러 가는 것이다. 비지우가 들었던 첫 미술 수업은 일주일에 한 번, 3시간에 걸쳐서 이루어지는 '인물 그리기'였다. 그는 같이 수업을 들었던 사람들을 회상하며 이렇게 말했다.

"레슨을 받으러 오는 이유는 모두 제각각이었어요. 하지만 저처럼 다들 그림을 그리러 다시 오고 싶어 했죠. 정말 다양한 사람들이 모여 있었어요. 20대 후반에서부터 80대까지 연령층이 넓었고, 직업도 회계사, 비즈니스맨, 전문 화가, 병원 직원 등 다양했어요. 또 남자, 여자, 흑인, 백인이 다 섞여 있었어요. 그곳에서만 만나는 사람들이었지만 같이 그림을 그리면서 서로의 마음속에 있는 열정을 느꼈어요. 함께 있는 것이 무척 즐거웠고요. 그림이라는 공동의 관심사 덕분에 우리는 그곳에서 함께할 수 있었던 겁니다. 수업이 끝나면 다시 각자의 삶을 살러 가고요."

비지우는 어머니가 언제나 그에게 말했던 것을 갑자기 이해하게 되었다.

"어머니는 공감할 수 있는 사람을 만나고 싶으면 제가 좋아하는 일을 하라고 말씀하시곤 했어요. 그게 제 감성에 가까운 사람들을 찾는 방법이라고 하셨죠. 사람들이 공동체를 만드는 방법도 이와 같지 않을까요."

비지우와 같이 미술 레슨을 받던 사람들은 모두 중요한 이방인이었다. 그중에는 비지우가 영화 작업 때문에 로스앤젤레스로 돌아가지 않았다면 더욱 가까워졌을 사람들도 있었다. 비지우 역시 똑같이 말한다.

"사람들이 진실하다는 걸 알았기 때문에 저도 개인적인 문제를 털어놓곤 했어요."

이방인에게 말 걸기

스캇 하이퍼만은 자신에게 '별난' 취미가 있음을 인정한다. 하이퍼만은 수년째 낯선 사람들의 사진을 찍고 있다.

"지하철 승강장에서 사람들에게 사진을 찍어도 되겠냐고 묻곤 해요. 이방인을 스쳐 지나가며 말은 걸지 않는다는 진언(眞言)이 마음에 들어요. 제가 들었던 이야기 중 제일 멋진 것 같아요."[62]

하이퍼만이 2002년 발족해 현재 약 600만 명의 회원을 보유한(회원 수는 계속해서 증가하는 추세다) 밋업닷컴의 공동 창립자라는 사실을 알게 되면 그의 취미가 그다지 낯설게 느껴지지 않는다.[63] 밋업닷컴의 방문자들은 자신의 우편번호를 기입하고 들어와 치와와, 케이준(Cajun) 요리법, 텍사스 투 스텝(Texas two-step) 춤 또는 그 밖의 사이트에 올라와 있는 3500여 가지 관심거리 중 자신과 비슷한 관심사를 가진 사람을 찾는다. 궁극적인 목표는 사람들을 직접 만나는 것이다.

"9·11 테러 이후 뉴욕이 하나의 커다란 공동체가 되었다는 사실이 충격적이었습니다. 그리고 그 감정이 얼마나 좋은 것인지도 기억하고 있어요."

하이퍼만은 말했다. 그 역시 《나 홀로 볼링》의 무시무시한 평가에 깊은 인상을 받았다. 그는 계속해서 말을 이었다.

"로버트 퍼트넘은 공동체가 지금보다 훨씬 많았던 시대의 장점을 다시 취해야 한다고 주장합니다."

밋업닷컴을 퍼트넘이 염두에 두었던 공동체라고 하기에는 무리가 있다. 하지만 오프라인에서의 사교 활동은 초기 온라인 커뮤니티, 지원 그룹 그리고 데이트 주선 사이트가 활동을 시작한 이후 벌어졌던 일의 자연스러운 연장이다. 즉 어떤 활동, 필요 또는 취미를 공유하는 사람들이 계속해서 서로를 찾는 것이다.

5장의 서두에서 언급했듯이 웹사이트도 충분히 낯선 사람을 찾아 그들이 자신의 중요한 이방인이 될 것을 기대하는 공간 역할을 할 수 있다. 과학자들은 뒤늦게 온라인에서 이루어지는 소통의 복잡성을 설명하기 시작했지만, 가상공간에서의 인간관계도 오프라인에서의 만남과 공통점이 많다. 우선 두 가지 모두 매개체 또는 그 이상 중요해질 수 있는 여러 가지 요소에 영향을 받는다.[64]

가장 먼저 예로 들 수 있는 것은 성격이다. 천성적으로 다른 사람에게 잘 다가가는 사람이 있다. 그리고 인간관계 막대그래프에서 한쪽 끝에서 다음 시점으로 신선하려면 부분적으로 화학반응이 일어나야 한다. 또 모두가 상호 반응하는 '스타일'이 다르다. 바로 개인적인 주제로 들어가는 사람, 말을 많이 하는 사람, 말소리가 큰 사람, 다른 사람의 의견에 강하게 반응하는 사람(내성적인 성격의 사람은 이런 반응에 거부감을 느낄 수도 있다) 등 다양한 스타일이 존재한다. 상대방의 기분 또는 그 사람이 그날을 어떻게 보냈는지에 따라 스타일이 달라질 수도 있다. 이런 수많은 요소는 누구와 어울리고 사귈지를 결정하는 데 도움을 준다. 이는 컴퓨터를 이용한 대화에서도 마찬가지다.

누군가와 연결되려면 동기도 중요하다. 만나서 얻고자 하는 것이 무엇인가? 우정, 정보, 지원 등 많은 것이 있을 수 있다. 또한 개인적인 세상에 좀 더 관심이 있는가 아니면 좀 더 폭넓은 인간관계를 원하는가? 휴대전화, PDA가 대중화되고 공공장소에서의 노트북 사용이 간편해지면서 물리적인 실제 공간과 가상공간 사이의 선이 불투명해졌다. 자연히 동기 또한 불분명해질 수 있게 되었다. 예를 들어 인터넷 카페 아무 곳에나 한 번 가보자. 키보드를 칠 때 나는 '톡톡톡' 소리가 막 볶아 내린 에스프레소 냄새만큼 향기롭다. 언뜻 보면 노트북 사용자들은 모두 똑같은 일을 하고 있는 듯하다. 타이핑과 웹서핑, 이메일 답장 쓰기 등의 일 말이다.

하지만 시간을 두고 그들을 자세히 관찰하고 질문을 던져보면 노트북 사용자들 중 몇 명은 사실 '그곳'에 있는 게 아니라는 사실을 알 수 있다. 카페는 '공간 만들기'를 할 수 있는 전형적인 장소다. 하지만 몇몇 연구가들이 칭했듯 '진짜 유동성이 강한 이동족'들은 지인을 만들 의도가 전혀 없다. 그들에게 있어 장소는 아무런 의미도 가지지 못한다. 그들에게 카페는 생산성을 올리는 곳이자 직장의 연장선이다. 그들은 주변에서 일어나는 활동이나 대화를 무시한다. 호기심에

242

서건 아니면 말을 걸어보고 싶어서건 누군가 노트북 화면을 힐끗 쳐다봐도 그들은 누가 자기를 보는 줄도 모른다.

이와는 대조적으로 '공간을 만드는 사람'들은 그런 순간을 종종 대화의 시발점으로 이용한다. 이들의 목적은 사람을 만나는 것이다. 그래서 인터넷 카페에 있는 것이고, 노트북은 그저 만남을 위한 매개체이자 사회적 모임의 장으로 들어가는 입장권일 뿐이다. 이렇게 공간을 만드는 사람들은 거의 매일 그곳에 오며 그중 많은 이가 식민지민들이다. 이들은 그 카페 가까이에 집이나 직장이 있다. 반면 이동족들은 단순히 분위기 환기를 위해 일하는 환경을 바꾼다는 의미에서 일주일에 한두 번 카페에 온다. 공간 창조자들의 절반가량이 카페에서 새로운 사람을 만나는 반면 이동족들은 거의 그런 일이 없다.[65]

사이버공간에서도 이와 비슷한 상황이 연출된다. 그저 정보를 구하려는 사람이 있는가 하면 잡담을 즐기지만 깊은 대화는 하지 않는 사람도 있다. 그러나 좀 더 친밀한 관계를 맺고 싶어 하는 사람도 분명 있다. "철물점에서 오렌지를 사지 않는다."라는 옛말이 있다. 사람은 필요한 것을 얻을 만한 곳으로 가게 마련이다. 당신이 그 지역 사람들과 사귀고 싶다면 밋업닷컴의 '새로 이사온 사람' 그룹에 가입하면 될 것이다. 만약 악성 임파종인 호지킨병에 걸렸다는 진단을 받았다면 상황이 달라진다. 호지킨병 환우회 같은 인터넷 공동체는 사람들이 위안을 받기 위해 찾는 곳으로 정치에 대해 토론하는 사이트와는 성격이 다르다.

이렇게 '내화'를 나누는 각기 다른 유형의 사이트는 용도와 특성에 맞게 진화한다. 예컨대 온라인 지원 그룹에 올라오는 포스트(메시지)는 토론 그룹에 올라오는 것보다 좀 더 내용이 다정하고 길이도 길다. 온라인 대화의 깊이와 폭도 사람 간의 상호작용에 따라 달라진다. 대화의 내용 또한 실생활에서 생기는 일을 반영한다.[66]

따라서 가상공간과 '살(meat의 의미. 글자 그대로 뼈에 붙은 살을 볼 수 있는 물리적 공간을 묘사하기 위해 네티즌들이 사용하는 용어) 공간' 사이에는 중요한 차이점이 있다. 온라인 채팅은 격식을 차리지 않고 즉석에서 이루어지며 자발적이다. 다른 사람의 얼굴을 '읽을 수' 없고, 목소리의 어조를 들을 수 없으며, 보디랭귀지를 볼 수 없다는 사실에 영향을 받는다. 그리고 실제 얼굴을 대면하고서는 하지 못할 말이나 행동을 가상공간에서 할 수 있다(사회과학자들은 이 현상을 가리켜 '온라인 탈脫억제 효과' 라고 부른다).[67]

물리적인 접촉이나 단서가 없으면 어떤 방식으로든 관계를 끊기가 용이하다. 가끔 우리는 자신을 너무 많이 노출시키고 나서 후회한다. 아니면 누군가를 받아들이고 나서 그 사람이 빈궁하거나 너무 까다롭다는 사실을 알게 된다. 더 심한 경우에는 그 사람이 주장한 본질과 거리가 먼 경우도 있다. 반면 온라인에서는 낯선 사람과 이야기하는 것이 덜 두려우며, 전혀 모르던 사람을 단 시간 내에 중요한 이방인의 영역으로 끌어들일 수도 있다. 온라인에서는 일반적인 사회적 경계를 초월하는 일도 종종 벌어진다.[68] 스캇 하이퍼만은 아니메(anime, 일본 애니메이션) 그룹에 가입한 젊은 밋업닷컴 회원에 대해 언급했다.

"같은 그룹 회원을 만나기 전에 이 청년은 모두가 자기 같을 거라고 예상했습니다. 그런데 그 청년은 60대인 회원을 만나 친구가 됐어요. 똑같은 취미를 가졌다는 이유로 말이에요. 오프라인에서는 자기보다 훨씬 나이 든 사람과 굳이 이야기를 할 이유가 없죠. 그가 직장 상사나 교수 또는 가족이 아니라면 말이에요."

누군가를 처음으로 만날 때, 직접 얼굴을 마주하는 것보다 온라인에서 만나면 인간관계를 시작하기가 더욱 쉽다는 사실을 증명하는 실험도 있다. 전혀 모르는 사이인 학생들을 둘씩 짝짓고 서로를 알아볼 시간을 20분(처음 대하는 사람에게 할애하기에 적절한 시간이다) 준다. 이 실험을 채팅방과 오프라인 모두에서 진행한다. 그 결과 채팅방에서 대화를 나눈 학생들은 서로에 대해 좀 더 안다고 느꼈다. 서로의 태도를 더 잘 예측하기도 했다. 또 하나의 주제에서 다른 주제로 화제를 옮겨가는 것도 쉬웠고, 대화의 깊이와 폭을 비슷한 수준으로 공유할수 있었다. 그리고 그들은 직접 대면한 학생들보다 서로를 더 좋아했다. 참가자들이 한 번은 직접 그리고 또 한 번은 인터넷을 통해 두 번 만난 경우, 각기 같은 사람이라는 것을 모르는 상황에서도 효과는 똑같았다. 직접 대면하는 경우 외모 같은 외적인 요소가 다른 사회적 이점을 가리는 경향이 있다는 점을 감안하면 그리 믿기 어려운 일은 아니다. 이와는 대조적으로 채팅방에서는 '대화의 질'이 다른 사람을 좋아하게 되는 이유로 자주 꼽힌다.

실험 대상이 된 젊은 성인들은 일반적으로 전달 매체의 사용을 편안하게 생각한다. 아마 인터넷과 채팅에 익숙하지 않은 사람들을 대상으로 실험을 했다면 결과가 다르게 나왔을 것이다. 또한 위의 실험 결과는 남성과 여성이 만나는 경우에만 적용된다. 하지만 여성이 다른 여성을 처음 만날 때는 반대의 결과가 나온다. 여성들은 직접 대면할 때 서로를 더 좋아하는 성향이 있다. 온라인상에서 새로운 여성을

만나면 일단 불신하는 경향이 있기 때문이다.[69]

그런데 아무도 인터넷 미팅을 가진 다음에 어떤 일이 벌어지는지 알지 못한다. 서로 직접 대면하지 않아서 생긴 친근감 덕분에 실제로 만났을 때 더욱 친밀해지는지 아니면 그 반대인지 알 수가 없다. 결국 관계의 발전 가능성은 당사자인 두 사람에게 달려 있다. 온라인에서 기본적인 작업을 해놓음으로써 현실 세계에서 인간관계를 맺는 일이 용이해졌다는 느끼는 사람들도 있다. 밋업닷컴 같은 사이트도 그런 사실에 근거해 만들어졌다.

그렇다면 사교 생활을 불편해하는 사람들은 어떨까? 몇몇 연구에 의하면 내성적인 사람은 가상공간에 자리를 마련하는 것이 도움이 될 수 있다. 예를 들어 새로운 상황에 뛰어들기를 아주 힘들어하는 젊은이와 정반대의 성향을 가진 젊은이에게 세 명의 이방인으로 구성된 그룹을 만나도록 주선했다(일대일로 만나는 것보다 훨씬 까다로운 일이다). 만남은 두 가지 방식으로 이루어졌다. 즉, 어떤 4명은 오프라인에서, 또 다른 4명은 인터넷 채팅방에서 만났다. 충분히 예상할 수 있는 결과겠지만 외향적인 학생은 장소를 가리지 않고 모든 만남을 편안하게 받아들였다. 그리고 일대일 대면에서 불안감을 느낀 내성적인 학생은 채팅방에서 '전혀 긴장하지 않고 외향적'으로 행동했다.[70]

그렇다고 해도 여전히 의문은 남는다. 사이버공간에서의 만남이 성공했다고 해서 불안감에 시달리는 사람의 자신감을 키워줄 수 있을까? 만약 그렇다면 내성적인 사람들은 온라인상에서의 소통에 매력을 느껴 현실 세계에서의 사교 활동에는 더욱 소극적으로 되지 않을까?[71] 아직까지는 과학도 이에 대한 답을 제시하지 못한다. 하지만

스스로를 '인터넷 광(狂)'이라고 표현하는 로저 홉스의 경험이 단서가
될 수도 있을 것이다.

온라인 연애 방랑기

"나는 오동통하고 과묵하며 지독하게 어색한 꽁생원이었다. 그리
고 존재의 비밀이라도 간직되어 있는 양 라틴어 교과서에 코를 박고
있었다."

로저 홉스는 고등학교 시절 자신의 모습을 이렇게 묘사한다. 고등
학교 2학년 때, 홉스는 사이버공간에서라면 현실 세계에서 부족한 카
리스마를 다른 매력으로 메울 수 있다는 사실을 우연히 깨달았다.[72]
이야기는 그가 데이트하고 싶은 여자 동급생과 보낸, 땀이 뻘뻘 날 정
도로 끔찍하고 어색한 5분에서 시작되었다. 그는 자신의 서투른 태도
에 노심초사하면서도 간신히 그 여학생의 인터넷 대화명을 물었다.
이틀 밤에 걸친 채팅 끝에 여학생은 "나랑 데이트하고 싶어?"라는 메
시지를 보냈다.

홉스는 충격을 받은 동시에 온라인의 매력에 푹 빠졌다.

"저를 실패로 몰아가며 제 몸을 꽁꽁 옭아매고 있던 긴장의 용수철
을 온라인에서는 벗어버릴 수 있었어요. 손가락이 키보드를 건드리
는 순간, 저는 수많은 사람 중 하나가 아닌 특별한 누군가가 됐어요.
채팅을 할 때는 전혀 말을 더듬지 않았어요. 그리고 질문에 대한 답을
생각할 시간이 충분했고, 상대방이 은근히 추파를 던질 때도 완벽하
게 대응할 수 있었죠."

홉스는 다른 여자 동급생들에게도 구애를 하기 시작했다. 어떤 때

는 한꺼번에 5명과 채팅을 하기도 했다. 여학생들은 모두 자기가 유일한 상대라고 생각했다. 그는 이렇게 말했다.

"여러 명의 여자 친구를 원했던 건 아니에요. 전 그저 또 다른 여자 친구를 사귈 능력이 있다는 걸 확신하고 싶었어요."

홉스는 현실 세상에서는 표현하기 힘든 자신의 어떤 면을 다른 이들이 볼 수 있기를 바랐다. 이는 온라인상에서 흔히 일어나는 일이며, 어떤 특정 상황에서는 중요한 이방인과의 사이에서도 발생한다. 인터넷은 여러 개의 자아가 노니는 거대한 놀이터다. 몇몇 전문가들은 사이버공간에서 대화를 할 때 우리가 소유하고 있지만 다른 사회적 환경에서는 내보일 수 없는 '진정한 자아'가 나타난다고 주장한다.[73] 탈억제 효과 덕분에 우리는 직접 다른 이와 만나서는 하지 못하는 말과 행동을 온라인상에서 할 수 있다. 하지만 덜 알려진 자아 가운데 하나가 내뱉는 말의 결과를 항상 생각하지는 않는다. 이 현상에는 장단점이 있다. 어떤 면에서 우리는 두려움과 묻어둔 감정을 쉽게 공유하는 반면, 비판이나 분노 심지어는 위협을 하면서 그것이 다른 사람에게 미칠 영향을 생각하지 않기도 한다. 홉스는 자아를 찾는 소심한 10대라기보다는 심술궂은 가해자였다. 온라인에서 처음으로 사냥에 성공한 후 홉스는 바람둥이가 되었다. '손가락이 키보드를 부드럽게 건드릴 때 나타나는 멋진 남자가 바로 홉스 자신이라는 걸 확인해야 했기 때문'이다.

홉스는 가상공간에 여자 친구들로 가득 찬 할렘을 만들었다. 그들 중 몇 명과는 실제로 데이트를 했으며, 나머지 여자친구들과는 온라인상에서 '깊고도 확고하게' 연애를 했다. 가장 힘든 일은 꼬리를 잡히지 않는 것이었다. 3년간에 걸친 온라인 연애 방랑기 끝에 그는 초기 '여자 친구들' 중 한 명에게서 텍스트 메시지를 받았고, 자신이 비디오 게임을 한 것이 아니었다는 사실을 깨달았다. 메시지의 내용은 다음과 같았다.

"널 사랑해."

사랑은 자신의 방정식에서 전혀 고려되지 않은 요소라는 것을 그도 인정한다. 그때까지 홉스는 인터넷 세상을 현실 세계에서 물러나 잠시 휴식하는 공간 정도로만 생각했다. 그는 불현듯 깨달았다.

"인터넷도 실제 세상이에요. 다만 더 빠를 뿐이죠."

9월이 되자 홉스는 대학으로 도망쳤고, '진정한 자아를 가진, 매력 있고 진실한 사람이 될 방법을 찾기로' 결심했다. 온라인상에서도 사회적 책임을 져야 한다는 교훈을 얻은 것이다.[74] 첫 학기가 시작되고 몇 달 후 홉스는 〈록키 호러 픽쳐 쇼(The Rocky Horror Picture Show)〉를 보러 갔다가 한 여학생을 만났다. 그들이 나눈 대화는 성공적이었고, 그 여학생은 홉스에게 자신의 대화명을 가르쳐주었다. 홉스는 자신의 인터넷 연락처 목록에 오직 그녀만 올리겠다고 약속했다.

6장

나쁜 이방인 상대하기

지혜로운 사람은 모른 척하고 넘어갈 것이 무엇인지를 안다.

—

윌리엄 제임스

무례하고 고약한 이웃들

2006년 2월, 〈짐's 패밀리(According to Jim)〉 시즌 5가 마지막 주로 접어들었다. 그 달 말에 방송된 '불평하는 남자' 편을 본 시청자들은 시트콤 안에서 이웃 간에 벌어진 오랜 반목이 실제 사건에서 힌트를 얻은 것이라는 사실을 전혀 몰랐다.[1] 시트콤에 나오는 이웃들은 왜 그렇게 오랫동안 사이가 나빴던 것일까? 사실 그런 분쟁은 시트콤의 소재로 적격이다. 이 에피소드에서 주연을 맡은 배우 짐 벨루시는 옆집에 사는 성가신 70대 노인이 오랫동안 자신의 분노에서 이점을 챙겨왔다는 사실을 깨닫는다. 노인이 쓴 동화 시리즈의 주요 등장인물인 투덜거리는 영감이 자신을 모델로 했다는 사실을 알아챈 것이다.

배우의 실제 이야기는 훨씬 더 재미있다.

주연인 벨루시와 함께 특별 출연한 (영화 〈캣 우먼〉으로 유명해진) 베테랑 연기자 줄리 뉴마는 벨루시의 바로 옆집에 산다. 두 사람은 집과 땅 문제로 19년 동안 다투었다. 뉴마는 벨루시가 고래고래 떠들며 볼썽사나운 짓을 해 귀마개를 착용해야 했다고 불만을 토로했다. 또한 뉴마는 벨루시의 집과 접한 담장을 낮추어 그녀가 가꾸는 덩굴장미에 햇볕을 충분히 쏘일 수 있기를 바랐다. 뉴마는 직접 담장을 허물어버리려 시도하기도 했다. 뿐만 아니라 뉴마가 벨루시의 집에 달걀을 던진 적도 있다. 벨루시는 괴롭힘, 명예훼손, 기물 파괴로 뉴마를 고소했고 400만 달러의 피해 보상을 요구했다. 벨루시는 뉴마가 자신을 동네에서 쫓아내려 한다고 주장했다. 결국 둘은 법정 바깥에서 합의를 봤다. 벨루시는 화해의 뜻으로 뉴마에게 자신이 출연하는 시트콤에 사이 나쁜 이웃 역할로 특별 출연해줄 것을 요청했다.

다행히도 실제 생활에서는 매일 이웃과 싸움을 하지 않는다. 그러나 때때로 분쟁이 일어나며, 반드시 할리우드식으로 끝나지는 않는다. 이 책의 6장을 쓰는 동안 블라우는 페이스북 미니피드(minifeed, 다른 회원의 활동과 행방에 대한 잡담)에 '친구(지인을 뜻한다)'가 올린 포스트를 우연히 보았다. 내용은 다음과 같았다.

"폴은 길 건너편에 주차된 유홀(U-Haul, 이삿짐용 트럭 대여 회사-옮긴이) 트럭이 내 이웃까지 실어갔으면 좋겠다고 생각한다."

홍보직에 종사하며 보스턴 교외의 노동자 거주 지역에 사는 폴 켈로그(가명)는 나중에 이메일로 사건의 전후 사정을 자세하게 써서 보냈다.

당신 책에서 언급하기에 내 이웃들이 너무 '심한 건' 아닌지 겁이 날 정돕니다. 우리 동네는 문제가 너무 많아요. 거리에서 마약을 팔고, 경쟁자들이 엄청난 싸움을 벌이고, 툭하면 경찰이 들이닥치고, 집으로 들어가는 진입로에는 핏불(pit bull, 작고 강인한 투견용 개)들이 으르

렁거리고…… 죄다 나쁜 소식뿐이군요. 그러다 지루해지면 이놈들은 우리 집 현관 앞 테라스를 차지하고 앉아 있다가 정원에 똥을 싸거나 꽃을 밟아 헤집어놓곤 해요. 집을 팔고 싶어도 그럴 수가 없어요. 이 말썽꾼들이 하루 종일 테라스에서 진을 치고 있는데 누가 집을 사고 싶겠어요?[2]

사실 폴만 이런 문제에 시달리는 것이 아니다. 2002년 18세 이상의 성인을 대상으로 '무례함'에 대한 조사를 실시한 결과, 64퍼센트는 자신의 이웃이 친절하고 도움이 된다고 대답했다. 하지만 37퍼센트는 이웃 때문에 기분이 상해 '서로에게 친절하게 구는 이웃이 사는 동네'로의 이사를 생각해본 적이 있다고 답변했다.[3] 이웃 그리고 집주인과 반목하다 보면 집에서 쫓겨나는 경우가 종종 생긴다.[4]

앞에서도 계속해서 강조했지만, 중요한 이방인과는 언제든지 관계를 정리할 수 있다. 이것이 중요한 이방인과 맺는 대부분의 관계가 긍정적인 이유다. 조가 운영하는 바와 식당의 종업원이 불친절하다면 다른 곳에 가서 식사를 하면 된다. 골프 코스에서 만난 사람이 너무 말이 많다면 당신의 포섬(foursome, 골프에서 네 사람이 두 조로 나뉘어 교대로 치는 경기-옮긴이)에 다시 초대하지 않으면 된다.

그런데 우리를 미치게 만드는 주변 사람들로부터 탈출할 수 없는 경우에는 어떻게 해야 할까? 당신을 괴롭히는 사람은 어디든지 존재한다. 비단 이웃뿐만이 아니다. 항상 불평만 하고 일을 돕지 않는 공동주택이나 아파트의 주민회 사람도 당신을 괴롭힐 수 있다. 식상의 조용하게 말을 할 줄 모르는 바로 옆의 동료나 당신을 업신여기는 상사도 그 예다. 학교에서는 고압적인 태도의 코치나 조심성 없는 교사가 당신을 괴롭힐 수 있다. 언제나 무례하고 계속해서 모임에 늦는, 당신 딸과 제일 친한 친구의 엄마도 골칫거리다. 사교 모임에서 오래전에 잃은 영혼의 동반자라도 되는 양 계속 당신을 쳐다보는 사람, 골치 아픈 친구의 친구, 교회에 가면 만나는 참견하기 좋아하는 마을 주민 등도 당신을 괴롭힐 수 있다.

6장에서는 주의를 촉구하는 이야기를 할 것이다. 우리 모두는 결코 같이 지내고 싶지 않은 사람과 함께 있는 시간을 참아야 할 때가 있다. 그들 중 몇몇은 중요한 이방인이다. 최근 미국 전역에서 실시된 한 조사에서, "대하기 힘든 사람은 누구이며, 그에게 어떤 식으로 대응하는가?"라는 질문을 던졌다. 매일 언쟁을 벌이는 대상은 보통 친척이었지만, '가족 이외의 인간관계'에 있는 사람도 전체의 40퍼센트를 차지했다(자동차가 고장 나거나 건강에 문제가 생기는 것과는 다른 차원의 문제다).[5]

우리는 종종 가까운 사람들을 미워하는 동시에 사랑한다. 반면 중요한 이방인은 긍정적이거나 부정적인 감정 가운데 하나를 야기시키는 경향이 있다. 사실 우리가 중요한 이방인과 맺는 대부분의 관계는 긍정적이다. 즐겁지 않은 관계는 끝내버리면 그만이기 때문이다. 우리 의지로 끝낼 수 없는 경우만 제외하면 말이다.

우리 삶의 주요 인물은 아니지만 '나쁜' 중요한 이방인은 창피스럽고 성가시게 군다. 사생활을 침해하고 부적절하거나 전혀 사리에 맞지 않는 행동을 하기도 한다. 그들은 당신이 생각하는 일이나 장소에 대한 개념을 왜곡시키기도 한다. 당신이 좋아하는 활동을 피하게 만들 수도 있다. 당신이 (가장 최근에 일어났던 일을 불평할 때 친구들이 조언하는 대로) 그냥 '흐르는 대로 내버려두지' 못하고 힘들어하는 유형의 사람이라고 하자. 그렇게 행동하는 이유는 사회 활동을 하면서 생기는 좋은 일보다 나쁜 일에 더 많은 비중을 두는 경향이 있기 때문이다. 나쁜 인간관계는 좋은 인간관계보다 행복에 훨씬 큰 영향을 미친다.[6]

문제를 일으키는 사람들은 우리의 성격을 실험한다. 우리는 그들의 행동에 적절한 대처를 하면서 자신을 성장시킬 수 있다. 다음과 같은 일련의 질문을 스스로에게 던지면서 말이다. 불쾌한 인간관계에서 나는 어떻게 행동해야 하는가? 내가 너무 순진했던 것은 아닐까? 아니면 상대방이 승낙하지도 않았는데 너무 빨리 관계를 진척시켰던 것은 아닐까? 내 스스로 진실을 왜곡하고, 뒷공론을 일삼고, 다른 사람들이 부정적인 의견을 내놓을 때 별다른 생각 없이 거기에 편승하지는 않았나? 특히 중요한 이방인을 대할 때 그렇게 행동하지 않았을까? 나와 무척 다른 사람과 교류할 때 마음을 열기는 했을까?

직장에서의 왕따

"'나쁜' 중요한 이방인을 상대했던 적이 있습니까?"

블라우가 (익명을 보장하고) 질문을 던지자 사람들은 동료나 상사와 얽힌 이야기를 많이 했다. 직장에서 좋은 친구를 만드는 사람도 많다. 그러나 회사의 규모와 장소에 따라 달라지기는 하지만 직장에서 맺는 대부분의 관계는 중요한 이방인 영역에 들어간다. 아마 당신도 같이 식사하고 여행을 가는 등 직장에서 만난 사람들과 자주 어울릴 것이다. 하지만 일단 직장 밖으로 나오면 동료가 당신을 화나게 하지 않은 이상 그를 생각할 일은 별로 없다.

인터뷰에 응한 이들 중에는 직장에서 조롱과 멸시, 배신과 모욕을 당한 사람도 있었다. 누군가 자신을 무섭게 노려보고, 소리를 지르기도 했다고 말했다. 이들을 괴롭힌 사람들은 종종 보고서 보내는 것을 '잊거나' 필요한 정보를 누락시키는 등 소극적이고 잘 드러나지 않는 방법을 취했다. 그런 공격을 당한 사람들은 스스로가 무능하다고 느꼈다.[7] 공격하는 사람이 동료 혹은 상사인 경우에는 그런 침해 행위를 입증하기가 어렵고 빠져나갈 길이 없을 때가 많기 때문이다.

이런 상황이 얼마나 만연해 있을까? 미국의 직장인 약 800명을 상대로 여론조사를 실시한 결과, 10명 중 한 명이 직장에서 무례한 행동을 하는 사람을 목격했다고 한다. 또한 20퍼센트가 최소한 일주일에 한 번은 남의 무례한 행위에 희생되었다고 대답했다.[8] 부정적인 행동을 좀 더 공격적으로 가할 때 일반적으로 사용하는 단어인 '왕따시키기'에 대한 통계는 불분명한 편인데 그 이유는 다양한 분야의 전문가들이 왕따를 다르게 정의하기 때문이다. 그러나 시간이 지나면서 왕따시키기가 반복적으로 일어난다는 데는 대부분이 동의한다. 주 단위로 볼 때, 미국의 직장 내에서는 14퍼센트에서 36퍼센트 사이의 왕따시키기가 일어난다. 또한 그보다 더 많은 사람이 왕따시키기를 목격했다고 한다. 많은 전문가는 "유감스럽게도 왕따시키기는 수많은 직장에서 지속적으로 발생하고 있다"고 결론을 내린다.[9]

직장 내 무례 행위와 왕따시키기는 직장에서 많은 시간을 보내면서도 일을 끝낼 시간은 모자란 상황에서 발생한 부산물이다. 어느 전문가가 말했듯 우리는 친절하게 굴 시간이 있다고 생각하지 않는다.[10]

마케팅학 교수 로버트 서튼은 수많은 논란을 일으킨 자신의 책 《또라이 제로 조직(The No Asshole Rule)》에서 이 문제를 다루었다. 그는 교수가 된 지 얼마 지나지 않아 겪었던 스탠퍼드대학에서의 일을 회상했다. 첫 해 교원 평가에서 좋지 않은 점수를 받은 서튼은 좋은 강의를 하기 위해 많은 노력을 기울였다. 다음 학기에 그는 학생들로부터 학과 '최고'라는 평가를 받았다. 그런데 이를 시기한 동료 여교수가 거들먹거리는 어조로(대외용으로 보이는 환한 미소를 지으면서) 그의 귀에 이렇게 속삭였다고 한다.

"흠, 밥, 캠퍼스의 아기들을 만족시켰으니 자리 잡고 앉아 진짜 일을 할 수 있겠네요."[11]

누군가의 마음에 상처를 입히는 것은 그다지 힘든 일이 아니다. 전형적으로 왕따를 시키는 쪽은 남성이다. 하지만 직장 내 왕따문제연구소(Workplace Bullying Institute) 이사 게리 네이미에 의하면 여성은 종종 다른 여성을 왕따시키는 데 비해 남성은 남녀를 가리지 않는다고 한다.[12] 네이미에 의하면 남성은 '서열을 이용해' 심리적 상처를 준다. 예를 들어 이들은 상사나 다른 동료에게 특정 직원의 험담을 한다. 반면 여성은 분할하고 통치하는 방식을 사용한다. 그들은 사회 그룹의 힘을 이용해 특정 인물을 소외시킨다.

네이미는 자신이 겪은 일을 이야기해주었다. 어느 날 아침 그는 사무실 관리자의 사무실에 들어갔다가, 한 남자가 몹시 지친 몰골로 머리를 책상에 기대고 있는 모습을 발견했다. 무슨 일이냐고 묻자 그 남자는 네이미를 올려다보며 이렇게 내뱉었다고 한다.

"그 여자들이 무슨 짓을 했는지 상상도 못할 겁니다."

그의 말에 의하면 여직원들은 어떤 사람에게는 점심을 먹자고 청하고 다른 사람은 따돌리는 등 서로 고약하게 굴었다. 게다가 왕따시키기는 대개 아주 교묘하게 이루어졌으며 믿을 수 없을 정도로 자주 일어났다.[13]

보고된 왕따 사건을 분석해보면 왕따를 시키는 사람은 대부분 상사나 동료다.[14] 하지만 거꾸로 상사를 왕따시키는 일도 일어날 수 있다.[15] 켈리 네이버(가명)는 28세 때 자선 재단에서 여러 가지 책임을 맡게 되었다. 관리 업무를 시작한 지 얼마 되지 않은 사람에게는 상당히 힘든 일이었다. 프로젝트 매니저인 짐 샘슨(가명)을 감독할 때는 특히 좌절했다. 자기보다 나이가 어린 여자 밑에서 일한다는 생각에 화가 난(이 일은 거의 20년 전에 일어났다) 샘슨은 네이버의 삶을 끔찍하게 만들었다. 샘슨은 재단의 레터헤드(letterhead, 편지지 윗부분에 인쇄된 발신인 또는 회사의 주소, 이름 따위 – 옮긴이)가 들어간 편지지에 네이버의 이름을 서명하고 재단을 비방하는 내용을 써 언론사에 흘렸다. 또한 그는 특정 이사회 회원에게 아첨을 하고 네이버를 해고시킬 요량으로 그녀를 중상모략했다. 그렇게 거의 1년이 흘렀고, 그동안 운영 일에 빠삭해진 네이버는 오히려 샘슨을 해고했다.[16]

이어서 엘렌 로스(가명)의 이야기를 들어보자. 로스는 직접 '일꾼'을 집으로 불러들였으며, '작업 공간'은 그의 집 부엌이었다.[17] 로스는 랄프 듀란(가명)을 처음 만났을 때를 아직도 기억한다. 그는 로스가 사려는 집을 최종 검사하고 있었다. 듀란은 그쪽 분야에 정통하고 정확하며 꼼꼼해 보였다. 그는 지나가는 말로 자신이 목수라고 했고, 로스는 이때가 기회라고 생각해 거실과 부엌 사이의 벽을 허물고 그 자리에 카운터를 놓는 작업을 해줄 수 있겠냐고 물었다. 듀란도 동의했다. 로스는 듀란이 자신과 같은 이상을 공유한다고 생각했다. 최소한 이론적으로 볼 때 공평한 교환 조건이었다. 로스의 돈과 듀란의 전문 기술을 맞교환하는 것이었으니 말이다. 하지만 공사가 반쯤 진행되었을 무렵, 듀란은 갑자기 다른 일로 바빠졌다. 로스는 듀란을 찾을 수가 없었다.

"그 사람을 해고할 수 있는 방법이 없었어요. 또 그렇게 작은 공사를 누가 대신하려고 하겠어요?"

시간이 지나 드디어 듀란은 모습을 나타냈다. 하지만 그는 언제나 밤에만 찾아왔다. 로스가 공사를 단순하게 끝내자고 이야기를 할라치면, 듀란은 그 제안을 모욕으로 받아들였다. 로스는 '정확하고 꼼꼼한' 것 같았던 듀란의 성격이 사실 강박 장애일지도 모른다는 생각을 했다. 듀란은 전에 진행한 작업이 마음에 들지 않으면 다시 허물어뜨리곤 했다. 로스는 빈정거리는 투로 이렇게 말했다.

"그 사람이 나한테 소리를 지르거나 위협을 한 건 아니에요. 아, 그리고 '야습(moonlighting)' 이라는 단어에 '야간의 부업' 이라는 새로운 의미를 부여했죠. 내가 잠자리에 든 후에 일을 할 때도 있었어요. 내 삶을 정말 비참하게 만들었지만 어쩔 도리가 없었어요. 그냥 꾹 참고 견딜 수밖에요."

개에게 발길질하는 현상

부정적인 상호작용이 장기간 지속될 경우 생기는 영향을 주제로 이루어진 연구는 많다. 그러나 대부분의 연구는 사회적 갈등 상황이 종료된 다음에 실시되었다. 즉, 현재의 상황을 연구한 것이 아니다. 심리학자 리나 레페티는 다른 방식을 취했다. 레페티는 미국 내 주요 국제공항에서 일하는 52명의 항공관제사가 일상적으로 받는 스트레스를 관찰했다. 레페티는 항공관제사들에게 동료와 상사에 대해 묻는 설문지를 매일 작성할 것을 요청했다. 그리고 그들과의 관계를 어떻게 느끼는지, 스트레스가 두통이나 복통 같은 증상으로 나타나지는 않는지 물었다. 기상, 교통량, 착륙 패턴 등 업무와 관련한 요소들은 그들의 말에 의존하기보다는 공항에 기록된 공식적이고 객관적인 수치를 참고했다.

항공관제사들은 자신의 일에 대해 다음처럼 말하기 좋아한다.

"일을 망치면 사람들이 죽는다는 사실만 빼고는 다른 직업과 똑같지요."[18]

항공로를 관찰하는 일은 엄청난 집중력을 요구한다. 극도로 스트레스가 쌓일 수밖에 없다. 별 문제없이 원활하게 돌아가는 날에도 마찬가지다. 항공관제사는 눈을 스크린에 고정시킨 상태에서 헤드셋으로 비행기 조종사와 연락을 취한다. 그와 동시에 레이더가 내는 삑삑 소리를 듣고 주변의 다른 항공관제사들과 소통해야 한다. 규모가 큰 공항에서는 항공관제사와 감독관이 함께 일한다. 아주 짧은 시간 내에 중요한 결정을 내려야 하며, 보통 밤과 주말 근무가 연속적으로 이어질 때가 잦아 수면 부족에 시달리는 경우가 많다.

우리는 항공관제사처럼 부담감이 큰 직업을 가진 사람은 열악한 근무 환경으로 인해 많은 부분을 희생해야 할 것이라고 예상한다. 어느 정도 일리 있는 생각이다. 하지만 오로지 근무 환경 때문에 문제가 발생하지는 않는다. 항공관제사들은 불쾌하고 남을 기만하며 공격적인 동료와 같이 일하는 것을 더 힘들어한다. 심한 스트레스를 받거나 상관 또는 동료와 언쟁을 벌인 날은 기분이 완전히 가라앉는 것으로 끝나지 않는다. 후속 연구에 의하면, 그런 날은 집에 가서 자녀를 혹독하게 벌주는 경향이 강해지는 것으로 나타났다. 과로하면 확실히 스트레스가 더 많이 쌓인다. 하지만 레페티는 "인간관계가 기분에 더 많은 영향을 미친다."는 점에 주목한다.[19]

1993년에 실시된 레페티의 연구는 오로지 남성 항공관제사만을 대상으로 했다. 오늘날 항공관제사의 18퍼센트는 여성이다. 항공관제사들은 레페티의 연구 결과에 동의할 뿐만 아니라 무능한 동료 때문에 자신의 능력이 저해될 수 있다고 믿는다.[20] 노스다코타 그랜드포크스공항에서 근무하는 척 아담스는 이렇게 말한다.

"교통량이 많거나 천둥 같은 것은 얼마든지 처리가 가능합니다. 서로 이야기를 나누면 다음번에는 더 잘 대처할 수 있거든요. 그리고 한 구역에 모으는 비행기 수도 조절할 수 있습니다. 활주로에서 출발하는 비행기의 수를 조절하면 되니까요. 또 일에 대한 평가를 내릴 때는 모두에게 가만히 있으라고 말하면 되고요. 하지만 동료로 인해 생긴 문제는 어떻게 할 수가 없어요. 요주의 인물은 어디로 튈지 모르는 변수 같은 거죠."[21]

항공관제사들은 환경이 계속해서 변한다는 점을 지적한다. 예컨대 날씨가 흐리다가 갑자기 하늘이 맑게 갠다. 월요일은 바쁘지만 화요일은 그보다 덜 분주하다. 하지만 동료는 그렇지가 않다. 위험성이 높은 직업을 가진 사람 중에는 성격이 까다롭고 완벽주의자 기질을 가진 이가 많다. 한 항공관제사는 이렇게 말했다.

"항공관제사들은 A형 행동 양식(Type A, 잘 긴장하고 성급하며 경쟁적인 성향이 특징. 관상동맥계 심장병에 잘 걸린다고 한다―옮긴이)의 성격을 가진 사람들입니다. 일을 할 때는 최고가 되어야 해요. 그렇게 하지 않으면 그건 일을 모르는 겁니다. 그들은 뒷공론을 많이 해요."

근육질에 머리가 희끗희끗한 40대 후반의 아담스는 전직 군인이었다. 경험 많은 다른 항공관제사와 마찬가지로 아담스도 1981년 레이건 대통령이 불법 파업을 벌인 1만 1000명의 항공관제사를 해고한 후 새롭게 항공관제사 대열에 합류했다. 그는 관제 업무를 여우 굴속에 들어가 있는 것에 비유한다.

"다른 사람에게 자기 뒤를 봐달라고 의지하는 거죠. 다른 항공관제사가 뒤에서 뭔가 일을 꾸미고 험담을 하면 자신감이 떨어집니다. 그리고 서로 간의 반목이 일에 나쁜 영향을 미칠 거란 느낌이 옵니다."

그는 갑자기 예전에 함께 일했던 항공관제사에 대해 이야기했다.

"그 사람은 아무것도 아닌 일 때문에 다른 사람 등에 칼을 꽂을 위인이었어요. 그 사람이 관제실에 같이 있으면, 도대체 안전하다는 생각이 들지 않았어요. 나 자신이 될 수가 없었죠."

아담스는 그런 부정적인 상황이 정신과 육체를 소모시킨다는 사실을 잘 안다.

공항의 규모에 따라 항공관제사가 하는 일은 조금씩 달라진다. 그들은 관제탑에서 비행기의 이착륙을 관찰하거나, 지상에 있는 레이더조종센터에서 고도 3000미터 상공에 도달한 비행기를 추적하는 등의 일을 한다. 보통 항공관제사들은 두 명이나 4명씩 팀을 이루어 일을 하는데, 감독관이 이들의 일을 어깨 너머에서 감독하는 경우도 있다. 싫은 동료가 있어도 그를 피해갈 수 있는 방법이 없으며 매일 배정된 곳에 가서 일을 해야 한다.

20년 경력의 베테랑 항공관제사로 인디애나 주 에반스빌에 근무하는 마이크 패터슨은 이렇게 말했다.

"출근을 해서 상황판을 보면 관제탑으로 갈지 레이더실로 갈지를 알 수 있어요. 상황판에는 모든 항공관제사들 이름의 머리글자가 적혀 있어요. 그걸 보고 좋아하든가 짜증이 나든가 둘 중 하나죠. 어떤 사람들은 정말 골칫덩어리거든요. 그런 사람들과 일하기가 겁나는 이유는 보통 '성격이 부정적이다', '아예 성격이란 게 없다', '일을 잘 못한다' 이 세 가지 중 하나에요."

패터슨은 능력이 떨어지는 항공관제사 때문에 일이 늘어나기도 한다고 말했다.

"제가 책임져야 할 영공은 물론 그 사람 것도 살펴봐야 합니다."

패터슨은 다른 사람의 의견을 비판하기만 하는 고약한 감독관에 대해서도 이야기했다.

"그 사람에겐 동료를 존중하는 마음이 전혀 없었어요. 그런 사람 때문에 집에 가서 괜히 개에게 발길질을 하고, 아내에게 소리를 지르며, 술을 마구 들이켜 자신을 진정시킵니다." (얄궂게도 레페티는 이 조사 결과를 '개에게 발길질하는 현상'이라고 이름 붙였다.)[22]

확실히 남성 항공관제사는 스트레스 연구 대상으로 적격이다. 레페티는 항공관제사 이외에 다른 그룹도 연구했다. 바로 미취학 아동을 키우며 저임금을 받고 일하는 엄마들이다. 레페티는 이 연구에서 엄마들이 매일 직장에서 겪는 사람들과의 교류와 상호 반응이 집에서 자녀들을 대하는 행동과 아주 '긴밀한' 상관관계가 있다는 사실을 발견했다. 5일 동안 레페티는 엄마들에게 직장에서의 작업량('숨쉴 틈도 없는 것 같다', '상당히 더딘 하루였다' 등)에 대한 설문에 등급을 매기게 했다. 레페티는 엄마들에게 직장에서 동료와 상사와의 관계 그리고 상호 반응에 대한 질문도 했다. 또한 매일 저녁 이루어지는 자녀와의 상호 반응에 대해서도 물었다. 레페티는 일을 마친 엄마가 저녁에 아이와 만나는 장면을 촬영하기도 했다. 스트레스로 지친 엄마가 자신의 아이를 어떻게 맞이하는지 분석하기 위해서였다.

레페티는 A형 행동 양식을 보이는 사람들과 우울증이나 불안증을 앓기 쉬운 경향이 있는 엄마들이 과중한 업무에 영향을 받았다는 것을 알아냈다. 그런 상황에 잘 대처하는 기술을 가진 사람들은 일이 더욱 어려워졌을 때 잘 헤쳐 나갔지만, 사회적 스트레스의 영향에 면역성을 가진 그룹은 없었다. 스트레스를 받고 퇴근한 후 아이들에게 엄한 벌을 준 항공관제사 아빠들처럼, 직장에서 동료와 언쟁을 하고 퇴근한 엄마 또한 아이들에게 더 짜증을 내고 인내심이 없는 태도를 보였다(대부분이 금방 태도를 바꾸기는 했다). 이런 '부정적 부작용'은 아이들까지 '덜 행복하게' 만든다.[23]

4장에서 지원을 해주는 인간관계는 건강에 놀라운 선물이 될 수 있다고 강조했다. 하지만 그 반대 상황도 얼마든지 일어날 수 있다. 짜증스러운 인간관계는 일상의 행복을 위협하기도 한다. 특히 불공평하게 구는 상사가 있지만 어떻게 할 수 없는 상황에서는 더욱 위협적이다.

영국의 과학자들은 병원, 요양원 그리고 주거용 양로원에서 일하는 간호보조원을 연구했다. 연구 대상으로 간호보조원을 선택한 이유는 이들이 그 주에 할당된 업무에 따라 각기 다른 감독자의 감독을 받기 때문이었다. 이들은 '내 상관은 결정을 내리기 전에 먼저 논의를 해보자고 격려한다', '나는 상관에게 좋은 대우를 받는다'와 같은 47개의 문장에 얼마나 동의하거나 또는 동의하지 않는지를 표시해야 했다. 그들은 3일 동안 30분마다 자동으로 혈압을 측정하는 휴대용 혈압 모니터를 착용했다. 그 결과 잘 지내기 힘든 상관과 함께 보낸 날에는 좋은 상관과 일한 날이나 휴가를 낸 날과 비교했을 때 혈압이 훨씬 상승한 것으로 나타났다. 물론 가족력이나 생활 방식 같은 요소도 관상동맥 질환과 뇌출혈을 일으킬 수 있다. 하지만 직장 상사나 감독관과의 관계가 긴장 상태라면, 그 역시 관상동맥 질환과 뇌출혈을 일으키는 데 일조한다.[24]

다른 사람을 헐뜯으면서 친해진 사이

고(故) 조지 칼린(George Carlin, 미국의 코미디언, 배우, 사회 비평가-옮긴이)은 래리 킹과의 인터뷰에서 이렇게 말했다.

"혼자 있을 때의 인간은 정말 위대합니다. 내면의 아름다움은 물론 인류라는 종이 가진 모든 잠재력을 그에게서 발견할 수 있거든요. 하지만 인간들이 모여 있으면 겁이 납니다. 두 명만 모여도 그래요. 이를 테면 이렇게 말하거든요. '난 밥이 좋아. 린다와 있을 때만 빼고 말야.'"[25]

서로 가볍게 알고 있는 관계의 사람들이 사무실이나 공동체 그룹

같이 닫힌 네트워크의 한 부분으로 있을 때 뒷공론의 영향력은 증대된다. 성별, 인종, 직업과 같은 사실에 근거해 당신 같은 부류에 대해 알고 있는 이야기와 일치한다고 생각되면 사람들은 당신에 대한 이야기를 쉽게 믿어버리는 경향이 있다. 사람들은 그냥 거기에 넘어가 뒷공론이나 거짓말을 믿어버린다.[26]

프린스턴대학의 작은 실험실에서 실험에 참여한 학생들에게 몇 분의 시간을 주고, '도널드'라는 이름의 학생에 대해 설명한 글을 요약하라고 요청했다. 글에는 도널드의 긍정적인 면(예컨대, '도널드는 운동을 잘한다')과 부정적인 면(예컨대, '성질이 급하다')은 물론 모호한 정보(관점에 따라 '자신감' 있게 보이거나 '거만'하게 보이는 행동)도 담겨 있었다. 실험 지원자들은 자신이 일종의 의사소통 실험에 참여하고 있으며, 글에 나온 정보를 요약한 다음 도널드의 이름을 거명하지 않고 그에 대해 설명하게 될 것이라고 생각했다. 도널드에 대해 묘사하는 시간(실험 참가자들은 그렇게 믿었다)이 되었을 때, 한 사람이 대학 먹자클럽에서 도널드를 만난 적이 있다고 말했다. 사실 이 사람은 실험 주최 측에서 심어놓은 일종의 야바위꾼이다. 연구자들은 실험이 이루어지는 방에 들어가기 전, 이 야바위꾼에게 도널드를 좋아하거나 싫어한다는 말을 슬쩍 흘리라고 지시했다.

실험 결과를 보면, 중학교 1학년 때 친구들 사이에서 벌어지곤 했던 일이 생각날 것이다. 야바위꾼이 도널드에 대해 긍정적으로 말하면 실험 참가자들도 도널드를 좋게 평가했다. 이 경우 도널드의 나쁜 점은 거의 언급하지 않으며 모호한 점도 좋게 평가한다. 예를 들어 도널드를 '거만'한 게 아니라 '자신감 있는' 사람으로 본다. 하지만 야바위꾼이 도널드를 싫어한다고 말하면 실험 지원자들 역시 부정적인 평가를 내렸다. 실험 참가자들은 도널드의 모호한 면도 나쁘게 생각했다. 이때 도널드는 '자신감 있는' 사람이 아니라 '거만'한 사람으로 평가되었다. 이처럼 실험 참가자들은 자신들이 읽은 글에 담긴 부정적인 정보만 계속해서 전달했다.

사실 우리들 대부분이 위의 실험과 똑같이 행동한다. 즉, 개인적인 기준으로 정보를 선별해서 알리고, 스스로 만든 편견을 믿는다. 일주일 후 도널드에 대한 인상을 말해보라고 요청하자 실험 지원자들은 글에서 읽은 내용이 아닌 자신이 말한 것, 즉 변경된 사항을 기억하는 경향을 보였다. 그리고 정말 도널드가 그런 사람이라고 느꼈다. 결국 자신이 말한 내용을 믿게 되어버린 것이다.[27]

사람은 어떤 유형의 인간관계에서든지 정보를 선별해서 말할 수 있다. 예를 들어, 극렬한 진보주의자와 이야기할 때 자기 배우자의 정치 성향이 보수적이라는 말은 하지 않는다. 중요한 이방인들이 모인 그룹에서도 편견이 실린 이야기를 비교적 쉽게 믿고, 그 때문에 예기치 않은 후유증이 생기거나 개인의 평판이 떨어지는 상황이 종종 발생한다. 보통 가벼운 대화는 다른 모든 사람과 함께 나누는 것이 예의 있는 행동이라고 여겨진다. 사람들은 도널드를 알지도 못하면서 아무 생각 없이 의견이 우세한 편에 섰다. 그러자 다른 의견을 가진 사람은 자기 의사를 표현하기 어렵게 되었다. 당신이 도널드라고 생각해보자. 누군가 당신의 평판에 금이 가는 말을 한다면, 당신을 알고 좋아하는 누군가가 그 자리에서 반박해주기를 바랄 것이나.

스티븐 카터(가명)는 루크 브리지스(가명)를 '도널드'로 바꿔놓았다.

기혼에 두 자녀의 아버지인 35세의 브리지스는 전도유망한 직책을 맡아 2년 동안 일하기로 계약을 했다. 새로운 인터넷 사업 부문을 만드는 자리로 보수도 좋았다.[28] 브리지스는 최고경영자에게 직접 보고를 했다. 샌디에이고에 있는 본사를 처음 방문한 날, 브리지스는 영업 부문 부사장으로 10년 동안 그 회사에서 일한 스티븐 카터를 만났다. 카터는 브리지스를 따뜻하게 맞이했고 술 한잔하러 나가자고 청했다. 브리지스는 45세의 카터를 자신의 지원자로 여겼다. 카터 또한 그런 브리지스의 생각을 바로잡으려 하지 않았다. 적어도 처음에는 말이다.

브리지스는 그때를 이렇게 회상했다.

"카터는 자신의 입장을 정직하게 털어놨어요. 이 회사에 들어오기 전에는 한 번도 미디어 산업에 발을 들인 적이 없었다고 했어요. 장인을 위해 커튼 판매를 한 적은 있지만요. 아내가 자신을 떠났다는 말까지 했어요. 카터가 모든 일을 제게 말해준 덕분에는 우리는 상당히 개인적인 이야기를 털어놓는 사이가 됐어요. 그 당시 전, '이 사람은 친구가 필요한가보군' 하고 생각했는데, 가끔 그게 어색했어요. 가령 카터는 자신이 어떤 타입의 매춘부를 좋아하며 함께 술집에 가서 여자를 낚자는 등의 말을 아무렇지도 않게 하곤 했어요. 전 그런 게 싫었지만, 카터의 기분을 상하게 하고 싶지는 않았어요. 제 삶에 대해 그가 묻기 시작했을 때 전 숨길 게 없다고 생각했어요. 하지만 지금 생각해보니 카터가 자신을 내보인 것은 일종의 작전이었어요."

그때부터 이상한 일들이 벌어졌다. 친절했던 부사장이 전화를 피하고 이메일에 답을 하지 않는 등 브리지스를 무시하기 시작했다. 그러던 어느 날 카터는 이제부터 모든 일을 자신이 먼저 살펴보겠으니 최고경영자에게 직접 이메일을 보내지 말라고 말했다. 카터는 브리지스가 '상세한 사업계획서'를 준비하면 주말 동안 같이 보며 논의하자고 제안했다. 브리지스는 밤을 새워 사업계획서를 작성했다. 사업계획서를 제출하고 일주일 정도가 지났을 때, 카터가 전화를 했다. 그는 브리지스가 준비한 사업계획서가 그때까지 자신이 검토했던 것들 중 '최고'라고 극찬했다. 하지만 최고경영자와 다른 중역들의 반응은 그와 정반대였음을 브리지스는 나중에 알게 되었다.

"스티븐은 저를 제거하기 위한 계획을 실행했던 겁니다. 줄곧 후방 거울만 보고 있었던 것 같은 기분이었어요."

카터가 자기보다 어린 경쟁자에게 총을 겨누고 있었다는 사실이 확실해졌다. 사무실에 머무는 일이 별로 없었던 브리지스는 자신도 모르는 사이에 먹히기 쉬운 목표가 되었다. 브리지스는 잠재 고객을 만나느라 외근을 하는 경우가 많았다. 게다가 주로 집에서 일을 했던 그는 평판을 '관리'할 겨를이 없었다. 카터는 브리지스가 없을 때를 노렸다. 그는 회사 사람들에게 브리지스의 흉을 보았다. 또한 자신이 브리지스를 싫어한다는 사실을 알렸다. 부사장으로서 브리지스보다 오래 일한 카터는 회사 사람들의 생리를 알고 있었기에, 브리지스가 나쁜 사람이라는 생각을 동료와 상사들에게 쉽게 주입했다.

카터 같은 사람들이 권모술수를 사용하면서도 무사히 넘어가는 이유 중 하나는 사람들이 부정적인 태도를 중심으로 결속하기 때문이다. 뒷공론을 하면 사이가 가까워지는 경향이 있다. 당신이 리타에 대한 충격적인 토막 뉴스를 해리에게 말했다고 치자. 해리와 당신의 유대 관계는 깊어질 것이다(해리가 본래 리타에 대해 품고 있던 생각과 당신이 한 이야기가 일치할 경우에는 더욱 그렇다). 해리는 당신이 같은 편이라는 사실을 알고 기분이 좋아져 당신과의 관계를 더욱 강화시킨다. 그리고 부정적인 감정과 마찬가지로 부정적인 정보가 긍정적인 정보보다 우세하다. 우리는 어떤 사람을 비우호적으로 보는 것에 비중을 더 많이 두고 '좋은' 사건보다는 '나쁜' 사건에 더 주의를 기울인다. 심지어 새로운 인간관계를 시작할 때, 다른 사람들을 같이 헐뜯으면서 관계를 돈독히 하기도 한다.

한 연구에서는 사람들에게 현재 가장 친한 친구들을 사귀게 된 초기, 즉 서로에게 중요한 이방인이었을 당시 함께 나누었던 긍정적인 태도와 부정적인 태도를 목록으로 작성해보라고 했다. 참가자들은 사람들에 대해 서로 긍정적인 태도를 보인 것이 관계를 발전시켰다고 믿었지만, 실은 부정적인 태도도 많이 보였다고 대답했다. 그들은 에이미를 눈치 없고 천박한 여자로 보거나 랠프 네이더(Ralph Nader, 미국의 변호사, 저술가, 연사, 정치인. 소비자보호운동을 주도한 변호사로 유명하며 미국 대통령 선거에 4번 출마함-옮긴이)가 더 이상은 대통령 선거에 나오지 말아야 한다고 생각했다. 물론 긍정적인 태도도 많이 나누었지만 대부분이 영화, 활동, 신념에 대한 것들이었다. 이처럼 무엇인가를 공통적으로 싫어하면 집단의 결속력이 강해진다.[29] 사회학자 로널드 버트는 다음처럼 말한다.

"뒷공론은 정보가 아니라 인간관계를 만들어 유지하는 것과 관련이 있습니다."[30]

어떤 과학자들은 뒷공론을 영장류의 털 손질에 비유한다. 사회적 동물인 유인원은 협력 관계를 형성한다. 이들은 가끔 패거리를 지어 다른 유인원을 괴롭힌다. 그리고 호의를 주고받은 것을 확실히 기억한다. 네덜란드 출신의 저명한 심리학자이자 영장류 연구가인 프란스 드 발은 유인원과 인간 사이의 유사점에 대해 광범위한 논문을 저술했다. 드 발은 유인원이 털 손질을 하는 모습을 관찰하고 자세하게 기록했다. 그는 자주 털 손질을 하는 그룹과 이따금씩 털 손질을 하는 그룹(말하자면 유인원 사회에서의 중요한 이방인 관계) 사이에서 재미있는 차이점을 발견했다. 서로 함께하는 시간이 많은 유인원들 사이에서는 털 손질이 그다지 중요하지 않았다. 하지만 후자의 그룹(중요한 이방인 사이인 유인원들)에 속한 유인원들은 호의를 기억했다가 나중에 털 손질을 해준 유인원에게 음식으로 '보상'을 했다. 드 발은 인간도 이와 똑같다고 말한다.

"인간은 친구나 가족보다는 직장 동료 같은 이방인과 무엇인가 주고받은 것을 더욱 잘 기억하는 경향이 있습니다. 사실 배우자 같이 친밀한 관계에 있는 사람의 점수를 계속해서 매기는 것은 서로를 믿지 못한다는 표시입니다."[31]

학계에서는 관계에서 이루어지는 '교환'에 대한 많은 논의가 이루어지고 있다. 사회적 유대감이 작동하는 구조는 경제와 비슷하다. 양측에 어느 정도의 신뢰 관계가 수립되고 나서야 서로 이점을 주고받는다. 부족이나 작은 공동체에 속해 살았던 선인들은 주변 사람들을 충분히 관찰할 수 있었다. 그때는 '신뢰'라는 것이 지금처럼 관심을 끌기 않았다. 지금은 다른 사람들의 행농이 시간과 공간에 의해 감춰지고 분리된다.[32] 누군가를 신뢰한다는 것은 그 사람을 위해 노력을 하거나 돈을 쓰고 그 사람이 어떻게 행동할지 실제로 알기 전에 정보를 밝힐 의사가 있음을 의미한다. 이런 상호작용이 오가며 신뢰가 쌓이거나 깨진다. 일반적으로 관계가 돈독할수록 신뢰도 강하다.[33] 하지만 중요한 이방인에 대해서는 우리도 영장류와 마찬가지로 확신을 할 수 없다. 그래서 뒷공론의 힘을 빌리는 것이다.

뒷공론은 사회적 기호를 자극한다. 그리고 우리들 대부분은 어딘가에 참여하기를 좋아한다. 뒷공론이 꼭 부정적인 결과를 초래하는 것은 아니다. 단순히 쓸데없는 잡담에 지나지 않거나 결과가 무해하며 심지어는 이점으로 작용하는 뒷공론도 있다. 또한 뒷공론은 직장이나 공동체에서 말을 퍼뜨리고, 사람들이 어떻게 행동해야 하는지를 알게 해주는 방법으로도 사용된다. 따라서 뒷공론은 사람들이 규칙을 지키게 하는 역할을 하기도 한다. 콘티넨털항공은 직원들이 정시에 도착하면 월간 65달러의 보너스를 지급하겠다고 발표하면서 이 방법을 사용했다. 학계 용어로는 '상호 감시'라고 하지만 사실 동료들은 자기 역할을 하지 않고 '무임승차' 하려는 사람들에 대해 뒷공론을 하기 시작했다. 이는 다른 직원들이 자기 일을 제대로 하게 만드는 압력으로 작용했다.[34]

뒷공론은 믿음이 가지 않는 보모, 무정한 의사 또는 입버릇 고약한 직장 동료에 대해 경고해주는 조기 경보 시스템 역할도 한다. 그런데 떠도는 이야기가 사실이 아니라면 어떻게 될까? 최악의 경우 뒷공론은 왕따를 일삼는 고약한 사람이 사용하는 화력 좋은 무기가 된다. 일단 소문에 불이 붙으면 편견에 대항해 싸우기가 아주 힘들어진다.[35] 그렇게 해서 뒷공론은 어떤 사람을 새롭게 조명하기보다는 부정적인 평판만 부각시키는 '메아리'를 만든다. 뒷공론에 가담한 사람들은 '잘못된 확신'을 가지고, 편견이 실린 정보가 진실로 받아들여진다.[36]

뱀파이어의 거짓말

2001년, 로스앤젤레스의 친구 집에서 임시로 거처하고 있던 27세의 앨리슨 베아트리스는 7년 동안 열광했던 TV 드라마 〈뱀파이어 해결사(Buffy the Vampire Slayer)〉의 팬덤(fandom, 열광자를 나타내는 fanatic에 세력권을 뜻하는 접미어 dom이 붙은 조어. 특정 스타나 장르를 선호하는 팬들의 모임부터 스타나 특정 텍스트에 대해 갖고 있는 팬 의식까지를 일컫는 말-옮긴이)에 합류했다. 막 동부에서 이사온 그녀에게는 직업도, 미래에 대한 전망도 없었다. 그녀는 무엇인가를 해보려고 과감히 시도할 때마다 실패했다. 베아트리스는 당시를 이렇게 회상했다.

"그때 제 자존심은 바닥을 친 상태였어요."[37]

하지만 그녀에게는 버피닷컴(buffy.com)의 동료 팬들이 있었다.

"'두려워, 끔찍한 실수를 저지른 것 같아'라는 문장을 쓰면 20명 정도 되는 이방인들이 다 잘될 거라면서 자기들이 견뎌 낸 외로운 시간이나 대륙 횡단에서 살아남은 방법 등을 이야기해줬어요. 변하지 않는 것은 그뿐이었어요. 보이는 대로 돌아가는 유일한 일이었죠."

〈뱀파이어 해결사〉에는 캘리포니아의 신비로운 마을 서니데일에 사는 10대 집단이 나온다. 그런데 이들이 다니는 학교 도서관이 악마의 왕국으로 들어가는 관문인 '헬마우스(Hellmouth)'가 되어버린다. 주인공인 버피의 그녀의 친구들은 나른 세세에서 온 악당 무리와 싸운다. 어떤 시청자는 이 드라마를 〈이것이 내 인생(My So-Called Life)〉

과 〈엑스파일(X-Files)〉을 섞어놓은 것 같다고 비평하기도 했다. 무슨 말인지 잘 이해가 되지 않는다면 뱀파이어 팬덤에 가보면 된다.

2003년, 〈뱀파이어 해결사〉가 종영했을 당시 (35세 이상인 사람 중 많은 이가 이 드라마를 잘 몰랐지만) 300만 명에서 500만 명의 열성 팬이 있었다. 〈뱀파이어 해결사〉는 종영된 이후에도 속편이 제작되고, 〈버피 더 뱀파이어 슬레이어의 슬레이지 컨퍼런스(Slayage Conference on Buffy the Vampire Slayer)〉라는 제목을 단 연례 학술 심포지엄을 통해 소개되고 풍자되는 등 많은 관심을 받았다.

〈뱀파이어 해결사〉에 나오는 10대 모임의 이름을 따 만든 인터넷 동호회 "더 브론즈(the Bronze)"의 '버피 페인들(Buffistas)'을 만나는 것이 앨리슨 베아트리스의 사교 생활을 지배했다. 베아트리스가 인터넷에서 만나 맺은 많은 인간관계는 오프라인으로도 이어졌다. 그녀는 로스앤젤레스에 사는 동료 팬들은 물론 온라인 친구의 친구까지 만났다. 매년 대통령의 날 주말이면 베아트리스와 동아리 회원들(이들 중 가까워진 사람도 있다)은 '포스팅 게시판 파티'를 위해 로스앤젤레스에 모이곤 했다. 이런 파티에서 베아트리스의 역할은 점점 커져 다른 버피 광팬과 행사 기획 사업을 하게 되었다.

더 브론즈는 고등학교와 흡사한 점이 많다. 예전에는 고독한 '그림쟁이'로 알려졌던 베아트리스가 이제는 제일 멋진 여자 중 한 명이 된 점을 빼놓고는 말이다. 온라인 또는 현실 세계에서 단 하나의 공통점으로 사람들과 묶인다는 것, 또는 베아트리스의 표현을 빌려 말하면 '공유된 경험 중 제일 작은 파편'이 추후 다른 놀라운 양상을 낳을 수 있다.

베아트리스가 포스트 조회 수가 높으며 아주 지적이고 통찰력 있는 글을 쓰는 커뮤니티 회원이라고 여겼던 '팬린드'의 경우가 그렇다. 팬린드는 드라마와 그것이 상징하는 것에 대해 문학적 표현과 '흥미로운 이론'을 가미한 글을 올린다. 그리고 자신의 신원에 대해서도 천천히 조금씩 밝혔는데 배경을 보니 그런 학문적 글을 올릴 만하다는 결론이 났다. 팬린드는 하버드대학 부교수로 베어네이키드 레이디스(Barenaked Ladies)라는 밴드 맴버와 친분이 있으며 고고학자와 결혼한 인물이었다. 이들 부부에게는 입양한 자녀가 둘 있는데, 둘 다 이름이 이국적이다. 이웃집 아이가 "흑인 영웅은 없기 때문에 흑인 여자애는 절대 영웅을 연기할 수 없어."라고 말하며 자신의 딸 카이로를 비웃었다는 내용의 글을 팬린드가 썼을 때 커뮤니티 전체가 분노했다. 그리고 그 일을 계기로 커뮤니티 내 모든 사람이 팬린드를 주목하게 되었다.

몇 주 후 고고학자 남편이 발굴 작업을 위해 집을 비워 혼자 외로워하던 팬린드는 자신의 귀여운 아들 '조세르'에게 치명적인 병이 있다는 글을 올렸다. 자세한 내용의 글이 뒤따라 올라왔고, 모두가 팬린드와 그녀의 아들을 동정했다. 더 브론즈 회원들은 철야 기도회를 열었다. 이 소식을 들은 베아트리스의 오프라인 친구들은 팬린드가 인터넷 문하우젠 증후군(Munchausen's syndrome, 믿기 힘든 이야기를 지어내고 자신 또는 사랑하는 사람의 병을 과장하거나 그에 대해 거짓말을 한 문하우젠 남작의 이름을 따서 병명이 생겨났다. 인터넷에는 가상세계 버전이 퍼졌다)을 앓고 있다고 말했다.[38]

베아트리스는 팬린드가 거짓말을 한다고 믿기가 힘들었다. 그러다 팬린드가 예전에 올린 글을 다시 읽어보기 시작했다. 의혹이 증폭되면서 그녀는 사람들이 팬린드에게 돈을 보내기 시작하지 않을까 걱정했다. 과거에도 동호회 회원이 아이를 낳았거나 직장을 잃었을 때 성금을 모은 일이 있었기 때문이다. 한 번은 회원들이 3000달러를 모아 동료 버피 페인으로 회원들 모두가 사랑한 윌리(가명)의 갑작스러운 미국 여행을 지원하기도 했다. 하지만 이 같은 경우는 모두 실제로 누군가가 당사자를 만난 적이 있었다. 그러나 팬린드를 만난 사람은 아무도 없었다. 결국 베아트리스가 제기한 의혹을 믿는 회원들이 모인 '냉소적 비밀결사대'는 팬린드의 주장이 사실인지를 조사하기로 결심했다.

그 결과 아이가 아프다는 말은 거짓말로 드러났다. 심지어 팬린드에게는 남편과 아이가 있지도 않았다. 글을 잘 쓰긴 했지만 팬린드는 교수가 아니라 사서였다. 그것도 컴퓨터 부품을 훔치다 해고된 사서였다. 이런 사실이 퍼져 나가자 치열한 논쟁이 벌어졌고 동호회 전체가 와해될 위기에 놓였다. 팬린드를 옹호하며 그녀를 조사한 사람들을 욕하는 회원도 있었다. 어떤 회원들은 사실을 좀 더 쉽게 받아들이기도 했다. 베아트리스는 사람들이 보인 반응과 그들이 느꼈을 감정을 이해했다.

"아무도 사기꾼에게 자기 마음을 줬다는 걸 인정하고 싶어 하지 않지요. 바보 같이 농락당했다는 것도요."

거짓말은 일종의 이미지 관리
대부분의 진실 왜곡은 팬린드가 저지른 것 같이 신뢰를 깨버릴 정도의 심각한 거짓말에는 못 미친다. 사기성이 짙은 팬린드의 거짓말을 극단적인 경우로 간주하고 인터넷에서나 일어나는 현상이라고 일축하고 싶을 수도 있다. 매체가 메시지 발송인에게 영향을 미치는 것은 사실이다. 온라인의 자아가 그 자체로 생명을 얻는 것은 앞서 언급한 '탈억제 현상'의 한 국면이다.[39]

하지만 거짓말도 사회적 교류의 일면이다. 진실 왜곡하기, 과장하기, 윤색하기, 잘못 해석하기, 거짓 약속하기, 고의로 속이기 등 거짓말을 지칭하는 이름도 많다. 매일 이루어지는 사회적 교류 활동을 다시 검토해보라는 요청을 받으면 사람들은 보통 하루에 한두 번 정도 '의도적으로 호도'를 하는 것으로 나타났다.[40] 심리학자 벨라 드폴로는 이렇게 매일 하는 거짓말, 특히 우리를 괜찮아 보이게 하기 위한 거짓말은 보통 중요한 이방인 관계에서 하게 된다고 주장한다. 드폴로의 연구에 의하면 우리는 친한 친구보다 지인이나 이방인에게 거짓말을 더 많이 한다. 또한 이방인에게 거짓말하는 것을 훨씬 편안하게 느낀다고 한다. 물론 거짓말에도 종류가 있다. 심각한 거짓말과 소소한 거짓말이 그것이다. 보통 심각한 거짓말은 사랑하는 이들에게 하게 된다. 상대를 실망시키고 싶지 않아서 혹은 진실을 밝히면 관계에 문제가 생길까봐 "나 바람 안 피워."[41]라고 거짓말을 하는 것이다.

거짓말은 일종의 '이미지 관리'가 될 수 있다. 중요한 이방인으로 가득한 곳에서 생긴 일을 떠올려보자. 칵테일파티나 휴가 또는 동료들과 함께 있었을 때 말이다. 자신을 과장하거나 뭐든 좋은 면만 부각시키면 그것은 자기중심적 거짓말이 된다. 우리는 이런 때에 평상시보다 거짓말을 두 배나 더 자주한다. 자신을 보호하고 강화하며 힘을 실어주기 위해서다. 예를 들어 유능해 보이게 위해서 혹은 더 이상 조사를 받지 않으려고 고객에게 프로젝트를 완전하게 파악하고 있다고 말한다. 다른 사람에게 좋은 인상을 심어주고 싶어 하는 정도는 주변에 누가 있는지에 따라 달라진다. 가령 여럿이서 대화를 할 때 당신을 잘 아는 사람이 한 명이라도 있으면 완전한 이방인이나 약간만 아는 사람들과 있을 때보다 태도가 좀 더 겸손해진다.[42]

심리학자 로버트 펠먼은 거짓말이 사회생활을 하는 데 윤활유 역할을 하기도 한다고 말한다. 펠먼은 11세에서 16세 사이의 사교술이 좋은 아이들은 좀 더 설득력 있게 거짓말을 하며 인기도 좋다는 사실을 알아냈다. 그리고 여자아이들이 남자아이들보다 거짓말을 잘하며 둘 다 나이가 들어가며 거짓말에 더욱 익숙해진다.[43] 성인은 거짓말의 도움으로 인터뷰나 소개팅을 하고, 일자리를 구하며, 친구를 사귀고 관계를 유지한다.[44] "옆자리에 앉아도 될까요?", "나 나이 들어 보여?", "브라이언이 나를 좋아하는 거 같아?" 등의 질문에 거짓말로 대답하면서 스스로를 '요령 있다'고 생각하는 것이다. 우리가 하는 거짓말 4번 중 한 번은 다른 사람 위주의 거짓말이다. 또한 여성들이 남성보다 이런 종류의 거짓말을 더 많이 한다.

자기 위주든 다른 사람 위주든 모든 거짓말은 장기적으로 관계에 악영향을 미칠 수 있다. 하지만 단기적인 효과는 뛰어나다. 그래서 거짓말이 만연하는 것일지도 모른다.[45] 펠먼은 이렇게 지적한다.

"항상 무뚝뚝하게 군다면 여러 가지 면에서 사람들과 어울리기 힘듭니다. 아무도 '우와, 너 오늘 꼴이 말이 아니다'라든가, '저런, 너 살쪘구나!' 같은 소리를 듣고 싶어 하지 않으니까요."[46]

거짓말의 정도를 측정하기 위해 펠먼은 규모가 큰 주립대학에서 새로운 사람을 만났을 때 학생들이 어떻게 반응하는지를 실험한다는 거짓 명분을 내세워 학부생들을 초대했다. 10분간의 모임이 있은 후 학생들에게 그들이 다른 사람에 대해 적은 글이 '정확한지'(펠먼은 '거짓말'이라는 강도가 센 단어는 쓰지 않으려 했다) 물었다.

"많은 참가자들이 자신은 단연코 정확하게 적었다고 대답했죠."

하지만 그들이 만나는 모습을 촬영한 비디오테이프를 분석하자 진실이 밝혀졌다. 거의 60퍼센트가 최소한 한 번은 거짓말을 했고, 사람들은 10분 동안 평균 두 번에서 세 번 거짓말을 했다. '도널드 효과' 실험에 비추어보면, 학생들이 어떤 특정 인물을 좋아한다고 말한 이유는 단순히 다른 사람이 먼저 그가 좋다고 말했기 때문이다. 극단적인 이미지 관리의 일환으로 더 심한 거짓말을 하기도 했는데, 심지어 자신이 록 스타라고 말한 학생도 있었다.[47]

펠먼은 실험 참가자들이 서로 모르는 사이였으며, '실험실에서 일정 시간 동안 낯선 사람과 이야기를 하는 어색한 상황'에 영향을 받았을 수도 있다는 점을 인정한다. 그는 술집, 카페, 온라인 그 밖에 사람들이 처음 만남을 가지는 곳은 어디든 이 10분 동안의 대화가 가벼운 인간관계의 시작을 표시한다고 말한다. 선의의 거짓말로 대화의 물꼬를 틀 가능성이 높은 것은, 거짓말을 듣는 쪽이 지혜롭지 않아서일 수도 있다. 실험 대상이 어린 학생들이기 때문에 이런 결론은 고려할 가치가 없다고 일축할 수도 있다. 하지만 펠먼과 드폴로가 성인이 거짓말하는 비율을 조사하자 역시 비슷한 결과가 나왔다.[40]

드폴로는 다른 접근 방식을 채택했다. 그녀는 학생들과 공동체 일원들에게 일주일에 걸쳐 가족, 제일 친한 친구, 친구, 지인 그리고 이방인과 10분 이상 나눈 대화를 일기로 기록하고 '말로는 하지 않았어도 행동이나 제스처를 포함해 사람들을 의도적으로 호도하려고 한 사례'도 적어줄 것을 요청했다. 대학생들은 사람들을 세 번 만나면 그중 한 번 거짓말을 했다고 말했다. 18세에서 71세 사이의 공동체 일원들은 5분에서 10분(또는 그 이상 지속되는)간 이루어진 만남에서 한 번의 거짓말을 했다고 말했다. 거짓말은 '아주 사소하고 중요하지 않은' 것부터 '아주 심각한' 것까지 다양했다. 이들이 한 거짓말은 계획적인 것이었을까 아니면 어쩌다가 저절로 나온 것일까? 만약 비슷한 상황이 주어진다면 똑같은 거짓말을 또 했을까? 상대가 누구든 상관없이 사람들은 대부분 계획하지 않은 거짓말을 했고, 어느 정도 죄책감을 느끼기는 했지만 거짓말한 것을 후회하지는 않았다. 그리고 10명 중 7명은 나중에 다시 거짓말을 했다.

친한 사람에게든 중요한 이방인에게든 거짓말을 하고도 잘 발각되지 않는 이유는 우리가 가진 거짓말탐지기의 성능이 그리 좋지 않기 때문이다. 50회 이상의 실험실 테스트에서 어떤 사람(거짓말을 듣는 사람)에게 다른 사람(거짓말을 하는 사람)이 거짓말을 하고 있는지 판단해보라고 요청했을 때, 대부분이 동전 뒤집기를 해서 결정을 내리는 것과 다름없는 행동을 했다. 심지어 거짓말을 식별하는 훈련을 받은 전문가들도 성공할 확률이 56퍼센트 정도 밖에 되지 않았다. 상황이 이쯤 되면 우리가 아무리 노력해도 거짓말 탐지에는 서툴다는 결론을 내릴 수밖에 없다.[49]

드폴로와 다른 전문가들은 미국 문화가 '진실에 편견'을 보인다고

282

말한다. 미국 사회는 다른 사람들이 말하는 것을 액면 그대로 받아들이는 경향이 있다.[50] 그리고 의심이나 회의주의를 배격한다. 이렇게 생각하면 팰린드보다 그녀의 진실을 파헤친 탐정들을 더 비판한 〈뱀파이어 해결사〉 팬들의 행동이 이해가 된다. 우리는 가까운 사람들을 더욱 신뢰하는 경향이 있다. 드폴로는 이렇게 말한다.

"파트너의 거짓말을 읽는 일이 특히 더 어려운 이유는 그들에게 투자한 게 있기 때문입니다."

하지만 그것도 정도 차이다. 냉소적 비밀결사대는 중요한 이방인일 뿐인 팰린드에게 시간을 투자했다. 심지어 냉소적인 성격의 사람도 그 일에 참여했다. 드폴로는 그들이 '점점 더 친밀한 관계로 발전하고 있었던 것'이라고 지적한다.[51]

다른 인터넷 커뮤니티 역시 비슷한 문제들을 겪는 것을 목격한 앨리슨 베아트리스도 그에 동의한다. 처음에 회원들은 자신과 같은 방식으로 느끼는 사람들이 있다는 사실만으로도 흥분했다. 그리고 마음을 열어도 괜찮겠다고 생각하고 경계를 풀었다.

"그때까지는 사람들이 진실을 말하는 것만 경험했어요. 그런데 팰린드가 나타난 순간 실낙원이 돼버린 거예요. 처음으로 '난 이런 사람입니다'라고 말했지만 실은 그렇지 않은 인물이 커뮤니티에 들어온 거죠. 좀 오만하게 보일 수도 있지만 저는 나름대로 '어떻게 나를 상대로 그런 사기를 칠 수 있지?'라고 생각했어요. 우롱당한 것 같은 느낌은 정말 끔찍하죠. 몇몇 사람들 반응을 보면 진실을 알고 싶어 하지 않는다는 것을 알 수 있어요. 진실을 대하면 기분이 더 나빠질 거라는 사실을 아는 거죠. 사람에게 건 믿음을 온통 흔들어놓은 사건이었고, 그런 일은 직접 겪어보지 않으면 이해하기 힘들어요. 상처를 받은 사람이 많았어요."[52]

중요한 이방인과 관계 청산하기

팬린드 사건처럼 급격하게 나빠지는 중요한 이방인 관계는 그렇게 많지 않다. 네트워크화된 개인주의의 시대에서는 잠재적인 사회 활동의 파트너가 우리와 교류하지 않을 수도 있다. 역으로 우리 또한 그들과 교류하지 않고 사회 활동을 맺기도 한다. 자신을 해방시키는 것이 불편한 일이 될 수도 있다. 앞서도 지적했지만 사회적 유대감은 변하게 마련이다. 어떤 두 사람은 시간이 지나면서 서로에게 자신을 더욱 많이 개방하거나 상황이나 개인적 차이 때문에 멀어지기도 한다.[53] 처음에는 끌렸는데 알고 보니 받아들이기 힘든 사람인 경우도 있다.

다행히 우리는 중요한 이방인과 '관계 청산' 하는 것을 그다지 어려워하지 않는다. 데이나 커밍스(가명)가 지인으로부터 그들의 '우정'이 끝났음을 알리는 전화를 받았을 때 무척 놀랐던 이유가 여기에 있다. 커밍스는 그 여성과 만나는 것이 즐거웠다. 하지만 아주 가끔 만나는 사이일 뿐이었고, 그녀를 친구로 생각하지도 않았다. 그래도 좋은 일이긴 했다. 그녀가 더 이상은 커밍스와 어울리고 싶지 않다고 확실하게 밝혔으니 말이다.[54]

중요한 이방인 관계에서는 신호가 잘못 전달되는 일이 자주 일어난다. 세탁하고 바로 입을 수 있는 옷처럼, 중요한 이방인과의 관계를 유지하기 위해 많은 노력을 기울일 필요가 없기 때문이다. 누군가 선을 넘어서지 않는 이상 번거롭게 경계를 구분해야 할 필요도 없다.

물론 선을 넘어서는 일도 생긴다. 가끔 같이 점심을 먹는 사무실 동료가 주말에 영화를 보러 가자고 하거나, 어쩌다 한 번 즉흥적으로 대화를 나눈 이웃이 당신과 가족을 일요일 저녁 식사에 초대할 수도 있다. 동네 선술집에서 만난 사람이 세금 계산을 도와달라고 청하기도 한다.

한 사람이 무언의 규칙에 따라 행동하고, 그의 파트너가 다른 규칙에 따라 움직일 때 친밀한 유대감이 약화되기도 한다.[55] 그런데 심리학자 어빙 알트먼은 가벼운 인간관계에서도 이러한 현상이 일어난다고 말한다.[56]

"그런 일은 아주 빈번하게 일어납니다. 사람들은 종종 서로를 '친구'나 '동료'라고 부르지만 실은 분열된 인간관계, 즉 중요한 이방인이라고 부르는 관계를 맺습니다. 온갖 종류의 분열된 인간관계가 있는데, 규칙에 대한 약속은 있을 수도 없을 수도 있습니다. 어느 정도까지의 친밀감에만 도달하는 관계 그리고 어떤 사람의 일정 부분에만 관련되어 발전하는 관계가 있다는 뜻입니다. 이론적으로는 양쪽이 그들의 관계에 대한 정의를 내리지 않으면 혼란이 일어날 수 있습니다."[57]

돈을 지불하고 서비스를 받는 관계에는 시작부터 불균형이 내재되어 있다. 가령, 당신이 단골 마사지사를 무척 좋아한다고 하자. 그녀의 목소리는 아주 편안하며 마사지할 때의 손놀림도 아주 훌륭하다. 마사지사도 당신을 좋게 생각한다. 당신과 마사지사는 즐겁게 대화를 나눈다. 하지만 그녀는 한 달에 50여 명의 몸을 마사지한다. 그녀에게 있어 당신은 일개 손님일 뿐이며, 평소에는 당신을 생각하지도 않는다. 심리치료사도 마찬가지다. 그는 당신의 가장 내밀한 곳에 감추어진 비밀을 지켜주고 어려운 시간을 극복할 수 있도록 도움을 준다. 새로운 하루를 살아갈 때 당신의 머릿속에는 그의 목소리가 들려온다. 당신은 그 사람의 꿈을 꾸기도 한다. 하지만 그는 환자에게 개인적인 감정을 느끼면 안 된다는 직업상의 윤리 강령에 묶여 있다. 당신이 그를 '사모' 한다고 해도, 그에게 당신은 '월요일 2시 예약 환자' 일 뿐이다.

경험 많은 사람이 신참에게 조언을 해주는 멘토링(mentoring) 관계에서도 어려움이 존재한다. 유럽에서 실시하는 몇 가지 유형의 멘토링 프로그램은 이론적으로 조언을 주는 쪽과 받는 쪽 모두의 경력 개발에 도움이 되는 '학습하는 동반자 관계' 가 특색을 이룬다. 하지만 미국에서는 보통 전통적인 모습, 즉 연장자가 신참에게 기본기를 익히게 도움을 주는 체계의 멘토링이 성행한다. 멘토링의 비교적 새로운 조류는 한 명에게만 의지하기보다는 '발전적 네트워크' 의 일부가 되는 것이다. 하지만 몇몇 조직에서 채택하고 있는 이 방식은 아직까지 초기 단계다.[58] 거의 모든 멘토링은 장래가 유망하고 경험 많은 사람이 주도권을 쥐고 어떤 사람이나 팀이 목표에 도달해 최고의 결과를 내놓을 수 있도록 이끄는 방식으로 이루어진다. 로라 완더(가명)도 그런 일을 겪었다.[59]

20대 초반 시절, 완더는 자료 조사 회사에서 일하며 중서부에 있는 법률회사의 부사장 앨리스 휴턴(가명)을 만났다.

"제 일은 앨리스가 필요로 하는 모든 자료를 확실하게 준비하는 일이었어요. 40대 중반의 그녀는 '나도 나중에 저런 모습의 중역이 되고 싶어' 라는 생각이 들 정도로 매력적이었죠. 그녀는 활달한 텍사스 출신의 여성 사업가로 머리를 크게 부풀리고 화장도 진하게 했어요. 앨리스는 엄마 역할과 일을 병행하며 고전했지만 그걸 싫어하거나 냉소적으로 굴지 않았어요. 우린 1년에 두 번쯤 만났어요. 앨리스가 제 사무실로 올 때는 점심 식사를 함께했고, 한 달에 한 번 정도는 전화 통화를 했죠."

완더와 휴턴은 만날 때마다 사업 이야기를 했다. 완더가 멘토링에 대한 이야기를 꺼내자 휴턴은 기꺼이 도와주겠다는 태도를 보였다. 둘은 서로 다른 도시에 살고 있었지만 관계의 시작은 완벽했다. 멘토링 관계를 맺고 처음 한 전화 통화에서 휴턴은 완더가 알아야 할 문제들을 제기했다. 또한 완더가 목표를 세우도록 도왔으며 과제를 내기도 했다.

"전 정말로 고무됐어요. 그래서 목록을 만들고 앨리스가 하라는 일은 모두 했죠."

8개월 동안 휴턴은 완더를 위해 시간을 냈다. 그러면서 완더는 자력으로 일을 시작할 수 있다는 자신감을 얻었다.

"제가 회사를 그만두자 앨리스는 더 많은 지원을 해줄 것처럼 행동했죠. 그런데 전화가 안 되기 시작했어요. 전 앨리스를 이해하고 인내하려고 노력했어요. 앨리스의 일이 잘 안 풀리고 있는 와중이라 바쁠 거라고 생각했죠."

스스로의 표현에 의하면 완더는 절벽에서 뛰어내렸다. 그런데 낙하산을 주겠다고 약속했던 휴턴이 갑자기 사라졌다.

"두세 번인가 앨리스에게 전화를 했는데, 혹시 그녀가 날 스토커로 생각하지는 않을까 걱정이 됐어요. 그러다가 갑자기 앨리스에게서 아주 긍정적인 내용의 이메일이 왔어요. 어떤 남자와 데이트를 하다가 갑자기 연락이 끊겼는데, 다시 그 사람을 우연히 만나 한줄기 희망을 본 것 같은 기분이 들었어요. 그래서 장문의 답장을 보냈는데 그 이후로는 전혀 소식이 없더군요."

결국 완더는 휴턴에게 연락하는 것을 포기했다. 본인에게서 이야기를 듣지 못했으니 확실한 내막은 알 수 없지만, 완더는 아마도 경력이나 직업적인 문제에서 휴턴이 질투를 느낀 것은 아닐까 하는 생각을 했다. 실제로 자신의 조언을 받던 신참이 부상하기 시작하면 거기에 촉각을 곤두세우는 멘토들이 있다. 완더는 자신에게도 실수한 점이 있다고 인정했다.

"그렇게 긴 이메일은 보내지 말았어야 했어요."

물론 회사 밖의 멘토가 좀 더 객관적이기는 하지만 휴턴과 같은 회사에서 근무했다면 거기서 자연스럽게 생기는 혜택으로 인해 상황이 달라졌을 수도 있었을 것이라고 완더는 덧붙였다. 그리고 완더의 멘토 또한 재고해야 할 문제가 있었을 것이다.

"처음에는 앨리스도 성공한 여성 중역으로서 저 같은 사람의 멘토 역할을 해야 한다고 생각했을 거예요. 그게 앨리스의 성격에도 딱 들어맞거든요. 그런데 우리 관계가 발전하자 앨리스는 자기가 얻을 게 아무것도 없다고 생각한 것 같아요."

상호 이익은 중요한 요소다. 특히 관계가 끊어지기 쉬운 중요한 이방인과의 사이에서는 그 무엇보다 중요한 요소가 될 수 있다. 다른 유인원의 털 손질을 해주고 대가를 바랐던 드 발의 유인원처럼 인간도 관계를 맺고 난 후 거의 바로 서로에 대해 평가를 내린다.

의사소통 수업 시간에 처음 만난 대학 신입생들을 대상으로 한 후속 연구에서 학생들은 10분 동안 양측이 생각하는 '미래의 가치'에 대한 의견을 나누었다. 학생들은 외모, 두뇌, 인기, 성격 또는 앞으로 알아두면 이득이 될 만한 다른 특성에 근거해 서로를 평가했다. 자신의 파트너가 괜찮다고 생각한 학생들은 유대감을 강화할 수 있게 행동했다. 그러나 처음 본 순간부터 파트너를 대단치 않게 여긴 학생들은 유대감 강화에 그다지 신경 쓰지 않았다. 9주 후에도 그들의 생각은 그대로였다. 그리고 상대를 부정적으로 본 학생들은 관계를 자기 마음대로 하려는 경향을 강하게 보였다. 즉, 일단 한쪽이 노력을 기울일 관계가 아니라고 판단하면 다른 한 사람이 아무리 상황을 바꾸려 해도 딱히 할 수 있는 일이 없었다.[60]

사회적 격차 넘어서기

두 사람의 중요한 이방인 중 한 사람이 더 부자고, 영향력이 있으며, 연장자고, 지식이 출중하다면 어떻게 될까? 불균형이 뚜렷해도 호의, 승진, 명예, 돈, 감정적인 충족감 등과 관련해 서로 주고받는 이점이 있으면 그 관계는 지속될 수 있다. 하지만 아무리 좋은 의도를 가지고 있어도 중요한 이방인들 사이의 사회적 격차 때문에 서로 연결되기가 쉽지 않은 경우도 있다.

캐서린 모겐슨(가명)은 중서부 소도시의 중심가에 있는 어느 저층 건물에 자리한 출판사에 근무한다. 그녀는 건물 관리인과 친해졌다.[61] 관리인 샘 스미스(가명)는 친절히지만 눈이 별로 따라수지 않는, 그냥 지나치기 쉬운 남자였다. 하지만 모겐슨은 언제나 잠시 시간을 내 스미스와 이야기를 나누었다. 스미스가 자기 삶의 소소한 일을 이야기 하면 모겐슨은 주의 깊게 들었다. 이윽고 스미스는 쉬는 시간마다 모겐슨의 사무실로 찾아오기 시작했다. 그는 모겐슨의 책상 곁에 앉아 그녀와 한담을 나눴다.

그런데 일이 바빠지자 모겐슨은 스미스가 찾아오는 것이 부담스럽게 여겨졌다. 모겐슨은 이렇게 말했다.

"전 '내가 왜 이 사람한테 이렇게까지 잘해줘야 하지?'라고 생각하게 됐어요. 가끔 제가 '샘, 저 지금 무척 바빠요' 하고 말하면 그 사람은 풀이 죽어서 돌아가곤 했거든요."

모겐슨의 말이다. 하지만 그 다음에 스미스가 찾아왔을 때 그녀는 좀 더 참으려고 노력했다.

"샘의 생활은 아주 단조로워요. 그리고 샘은 저에게 놀러오는 걸 즐거운 사교 생활로 여겨요. 그래서 나 자신에게 이렇게 말하죠. '일은 잠깐, 몇 분 미룰 수 있는 거잖아. 그리고 이 사람이 나를 필요로 하는데, 그렇게 힘든 일도 아닌데……' 저 자신을 위하는 일과 다른 사람들을 위하는 일 사이에 균형을 맞추기가 쉽지 않아요. 사실 그런 일은 가까운 사이에서도 하기 힘들어요. 정말 피곤한 일이에요."

모겐슨이 처한 곤경을 설명하는 데 도움이 될 만한 과학적 근거가 있다. '자아 고갈' 이론에 의하면 우리의 자아 조절 능력에는 한계가 있다. 두 개의 자아 중 어느 한 쪽이 다른 하나를 무너뜨릴 수 있다. 사회생활을 하다보면 자아를 더욱 강하게 조절해야 할 상황이 생길 때가 있다. 다시 말해서 우리는 생각, 느낌, 충동을 감시하거나 일반적으로 하는 행동을 어떤 특정 방식으로 수정하기도 한다. 일종의 이미지 관리인 셈인데 이것을 하는 이유는 다른 사람이 자신을 나쁘게 보지 않기를 바라기 때문이다.

하지만 이미지 관리에 치중하다 보면 정신적으로 집중을 요하는 일을 할 때 쓸 에너지가 모자란다. 사회과학자들은 대학생들을 대상으로 이 이론을 실험했다. 말하자면 이런 식이다. 누군가를 처음 만났거나 평소답지 않게 친구에게 무엇인가를 자랑하는 척하는 어려운 사회적 행위를 할 때 복잡한 수학 문제를 풀면 답이 틀리거나 시간이 더 소요될 가능성이 상당히 높다. 사회적 과업이 정신적 과업에 쓸 주의력을 빼앗는 것이다.[62]

논란의 여지가 있는 쟁점이지만, 스미스가 모겐슨의 공간으로 쳐들어올 때 관계를 계속 유지하려면 그녀에게 '이 사람을 위해 쓸 시간이 없어'와 같은 내면의 목소리에 맞서 싸울 여분의 에너지가 있어야 한다. 그리고 그가 모겐슨을 동정심 있고 열린 마음의 소유자라고 느끼도록 행동해야 한다. 모겐슨은 이미 이 모든 일을 하고 있겠지만, 스미스에게는 친한 친구에게 하는 것보다 이 작업을 더 열심히 해야 한다. 모겐슨은 스미스를 잘 알지 못하며 두 사람은 각기 다른 세계에서 왔다. 따라서 모겐슨은 스미스에게 말을 할 때 가까운 사람들에게 쓰는 것과 다른 화법을 구사해야 한다. 여기에는 재미있는 모순이 있다. 중요한 이방인과 맺는 관계에서 가장 가치 있고 성장을 촉진하는 특성인 '서로 다름'에 이런 단점이 있는 것이다. 모겐슨은 다른 사람들에게 다가가고 넓은 인간관계를 맺으려는 자신의 입장을 공공연하게 밝혔다. 하지만 그녀는 그 좋은 의도의 실천을 방해하는 태도가 자신에게 있다는 것을 모를 수도 있다.

출생을 우연한 사건으로 생각하든 아니면 배워야 할 교훈이 딸린 정신적인 과제로 생각하든 우리 모두는 태어날 때 일정한 사회 그룹에 속한다. 물론 자발적으로 어떤 사회 그룹에 들어가기도 한다. 앞서도 언급했지만 큰 사회 그룹은 우리 자신과 다른 사람을 보는 방식에 영향을 미친다. 사실 우리의 마음속에는 무의식적인 편견이 존재한다. 이런 주장을 입증하고자 하는 것이 내재적 연관성 검사(IAT, Implicit Association Test)다. IAT를 수정해 만든 약식 검사표(10분 정도면 검사를 끝낼 수 있다)는 성별, 민족, 종교, 성욕, 신체 유형, 장애 여부, 연령 그리고 관계 형성 초반에 걸림돌이 되는 경우가 많은 정치적 성향 등과 관련해 사람들의 숨겨진 태도를 밝혀낸다. 인종에 대한 IAT를 할 경우, 하얀 얼굴과 검은 얼굴을 보고 가능한 빨리 긍정적이거나 부정적인 형용사를 말하게 한다. 예를 들어 어떤 사람이 '하얀'에 '좋다'라는 형용사를 더 강하게 조합시켰다고 하자. 자연히 '검은'에 '좋다'나 '하얀'에 '나쁘다'라는 형용사를 조합시킬 때보다 '하얀'에 '좋다'를 조합할 때 시간이 덜 든다고 가정할 수 있다.

연구자들은 이런 IAT 테스트를 600만 번 실시한 후, 1990년대 후반에 가상 실험실에서 우리들의 무의식적 태도를 실험하는 '암묵지 프로젝트(Project Implicit)'를 실행했다. 그 결과 백인, 아시아인, 히스패닉 그리고 가장 약하기는 했지만 흑인조차 백인을 선호하는 인종적 편견이 있다는 사실이 밝혀졌다. 또한 대부분의 사람들이 뚱뚱한 것보다 마른 것을, 동성애보다는 이성애를, 장애보다는 비장애를 선호했다. 우리는 보통 남성은 과학과 일, 여성은 인문과 가정에 연관시킨다. 선호도 면에서 가장 강세를 보였던 부문은 연령이었다. 단연코 사람들은 늙음보다 젊음을 선호했다. 거의 예외 없이 은연중에 나타나는 태도는 의식 혹은 겉으로 드러나는 확실한 선호도와 일치하지 않는다.[63] 그러므로 모든 사람은 평등하다고 말하면서도, 무의식적으로는 지배적인 그룹이 우위를 차지한다고 생각한다. (www.implicit.harvard.edu에 가서 IAT를 다운받아 당신이 다양한 '주의'를 어떻게 평가하는지 시험해볼 수 있다.)

암묵지 프로젝트의 공동 주관자 중 한 명인 하버드대학의 심리학자 마자린 바나지는 '편견'이라는 단어를 피했다. 대신 이를 우리 뇌 속의 소프트웨어가 환경적 요인과 진화에 의해 결함이 생겼음을 의미하는 '정신의 버그'라는 표현을 썼다. 우리 조상의 삶은 자신과 이방인을 구별할 수 있느냐에 따라 달라졌다. 이는 머릿속에 내장된 능력이다. 바나지는 힘주어 말한다.

"아기들도 자기 자신과 다른 사람을 인식합니다. 아기들을 보면 '이건 나야', '이건 내가 아니야'라고 구별할 수 있는 정보를 아주 빨리 습득할 준비가 된 것 같아 보여요. 사회적 고정관념과 개인이 겪은 경험은 물론 우리가 인간 종(種)으로 살아온 수백만 년의 세월까지 해결해야 할 일이 아주 많습니다."[64]

'타자'에 대한 무의식적인 태도에 영향을 받으며, 다른 사람들과 함께 있을 때 집중력이 떨어질 수 있다는 두 가지 아이디어는 우리와는 다른 중요한 이방인과 밀접한 관계가 있다. 그들을 알아가는 것이 스트레스 쌓이고 소모적으로 느껴질 수도 있다. 사회 심리학자 제니퍼 리치슨은 백인과 흑인 학생들을 그룹으로 나눈 다음 IAT 테스트를 하고 나서 테스트와 전혀 연관이 없어 보이는 활동을 하게 했다. 리치슨은 학생들이 같은 인종 그리고 다른 인종의 면접관에게 면접을 보게 했다. 그리고 마지막에 학생들에게 스투룹 테스트(Stroop test)를 시켰다.

스투룹 테스트는 특정 색깔의 이름을 그 색깔이 아닌 다른 색으로 써놓고 보자마자 읽게 하는 실험이다. 가령, '초록'이라는 글자를 빨강색으로 프린트해놓고 이 단어를 보자마자 읽게 하는 것인데 이 경우 글자를 제대로 읽으려면 상당한 집중력이 필요하다. 백인 학생들이 흑인 면접관과 면접을 한 후 스투룹 테스트를 치룬 결과 성적이 썩 좋지 않았다. 자신도 잘 모르는 태도일 수 있지만 내재된 편견이 클수록 다른 인종과 만나고 나서 스투룹 테스트를 했을 때 결과가 나빴다. 이것은 흑인 학생들도 마찬가지였다. 백인에 대한 부정적인 태도가 강할수록 다른 인종의 면접관과 대면한 후 치룬 스투룹 테스트 결과가 좋지 않았다. 반면 흑인과 백인 모두 같은 인종의 면접관을 만난 다음에 실시한 스투룹 테스트에서 좋은 결과를 얻었다.

리치슨에 의하면 흑인과 백인 분열 현상에서 양측이 느끼는 개인적 불편함은 이유가 다르다. 백인이나 다른 지배적인 그룹에 속한 사람은 편견을 가진 것 같이 보일까봐 염려한다. 반면 흑인이나 소수 그룹에 속한 사람은 자신이 편견의 대상이 되거나 어떤 식으로든 부정적인 고정관념을 굳힐 수도 있다는 점을 걱정한다. 리치슨과 동료들은 어느 쪽이든 장벽을 넘어서는 것, 이 경우 다른 인종 간의 교류가 인지적으로 희생을 치룰 수 있다는 결론을 내렸다.[65]

이런 연구는 첫 번째 만남에 관련된 것이며 계급 간 상호 교류 같이 민감한 문제와는 연관이 없다. 하지만 캐서린 모겐슨이 샘 스미스와 만날 때 느끼는 '소모적' 감정을 설명하는 데 어느 정도 도움이 된다.

저임금 노동자와 그들보다 돈을 잘 버는 상사, 동료 또는 손님과의 관계 역시 피곤하고 어려울 수 있는데, 이 경우도 앞의 연구 결과를 이용해 설명 가능하다. 문제는 중요한 이방인을 알아갈 때 생기는 불편을 극복하는 것이 궁극적으로 이런 까다로운 분단 상황을 다시 연결하는 데 도움이 될 수 있느냐는 것이다.

모겐슨은 계속해서 노력한다. 그녀는 이를 영적으로도 반드시 해야 할 일이라고 생각한다.

"계속 같은 태도를 유지할 수 없다면 잘 모르는 사람에게는 너무 잘해주지 않는 편이 좋다는 걸 배웠어요. 그러면 내 한계를 알고 그에 맞춰 행동할 수 있으니 기분도 좋을 거예요."

일리 있는 말이다. 우리가 '타자'에게 좀 더 다가올 수 있도록 공간을 내주면 우정이나 친교를 나눌 수 있다. 그러면 그를 덜 낯설게 느끼게 된다. 대부분의 사회학자들은 외부 그룹의 일원이나 고정관념에 맞서는 사람들과 직접 접촉을 하면 시간이 지나면서 편견이 줄어든다는 데 동의한다(물론 이런 연구에서 나온 결과는 유형, 강도에 따라 달라지며 계속해서 지속되어야 가장 효과적이다).[66] 그리고 이런 노력은 편견을 가진 것처럼 보이고 싶어 하지 않는 상황을 헤쳐 나갈 때 역효과를 낼 수도 있다(예를 들어 모겐슨도 스미스가 갑자기 사무실에 찾아올 때가 가장 힘들었다고 시인했다).

나와 다른 사람을 찾는 적극적인 행동이 대안이 될 수 있다. 리치슨은 다른 인종과 교류를 하며 단순히 '편견을 피하려' 한 사람들은 같은 상황에서 '긍정적인 문화 교류를 시도'한 사람들보다 스투룹 테스트 결과가 나쁘다는 사실을 알아냈다. 전자의 사람들은 코치가 있어야만 운동을 했으며, 경계심이 강했다. 요즘처럼 정치적으로 차별적인 언어 사용이나 행동을 피하는 시대에도 많은 사람이 이런 결함 있는 전략을 채택하고 있다. 리치슨은 방향 전환을 해야 한다고 주장한다. 스스로를 조종해 편견을 가지지 않은 것처럼 보이게 하는 전략(이렇게 하면 정서적이고 인지적인 대가를 치러야 될 수도 있다)보다는 리치슨이 '문화 간 학습, 우정 개발 그리고 상호 이해에 근거해 정직한 대화'로 이루어지는 '접근 행위'라고 명명한 방식을 채택해야 한다는 것이다. 중요한 이방인과 관계를 맺는 방식과 아주 흡사하지 않은가?

7장

새로운 시대,
새로운 인간관계론

사람들 사이의 친밀감은 빠르게 발전할 수 있다.
인위적이지 않고 진실하며 심원한 친밀감은
점점 이동이 잦아지는 우리 삶에 잘 어울린다.
일시적으로 맺은 인간관계에서도 평생토록 맺어온 관계에서나
얻을 수 있는 의미와 풍성함을 찾을 수 있다.

—

칼 로저스(1968)

조용한 레이브파티

2008년 4월 18일 금요일, 2000여 명의 군중이 맨해튼 중심가의 역사 공원 유니언스퀘어에 모였다. 주로 10대와 대학생으로 이루어진 모임 참가자들은 뉴욕시 5개 자치구와 교외 그리고 그 너머 외곽에서부터 걸어서 또는 버스나 전철을 타고 유니언스퀘어로 결집했다. 평상복, 클럽에서 밤을 보낼 때 입을 법한 옷 등 사람들의 복장은 제각각이었다. 할로윈에나 어울릴 법한 요란한 차림을 한 사람들도 있었다. 기대감이 유니언스퀘어를 가득 메웠다.

사람들은 갑자기 대화를 멈추었고, 모두의 시선은 공원 중앙으로 쏠렸다. 18세의 한 청년이 말을 탄 조지 워싱턴의 청동 동상에 걸터앉아 초읽기를 했다. 그리고 정확하게 오후 5시 28분이 되자 그곳에 모인 사람들은 자신의 mp3 플레이어를 켜고 제멋대로 춤을 추기 시작했다. 빙글빙글 돌고, 앞으로 림보(limbo, 걸쳐놓은 막대기 아래로 몸을 뒤로 젖히고 빠져나가며 추는 춤. 막대의 높이는 점점 더 낮아진다-옮긴이)를 하고, 주먹을 쳐들고 데르비시(dervish, 극도의 금욕 생활을 서약하는 이슬람교

집단의 일원. 예배 때 빠른 춤을 춤-옮긴이)의 춤을 추며 파티 참가자들끼리 강한 결속감을 느꼈다.

초읽기를 한 젊은이 조니 웨슨은 교환학생으로 뉴욕에 왔다. 영국 출신인 그는 런던에서도 이와 비슷한 레이브파티(rave party, 옥외나 빈 건물에 대규모로 모여 빠른 전자음악에 맞추어 춤을 추는 파티. 마약을 하는 일도 흔하다-옮긴이)에 참석했던 적이 있다. 웨슨이 페이스북을 통해 뉴욕판 BYO(Bring Your Own) 음악 파티를 열자고 제안하자 친구들은 또다시 다른 사람들에게 이 사실을 전달했다. 웨슨이 파티를 연다는 소문은 일파만파로 퍼져 나갔다. 그는 다음의 글을 써서 올렸다.

"당신이 원하는 춤을 추면서 순수한 자유를 만끽한다고 상상해보세요. 오지 오스본(Ozzy Osbourne, 영국 출신의 싱어 송 라이터, 헤비메탈 음악의 대부-옮긴이)에서부터 저스티스(Justice, 프랑스 전자음악 듀오-옮긴이)까지 무엇이든 마음이 당기는 음악을 가져오는 거예요. 남이 뭐라고 해도 전혀 상관없어요!"

웨슨은 페이스북 회원들에게 파티에 오는 사람은 누구든지 환영한다고 확실하게 밝혔다.

펑크족, 고스족(Goths, 고스 음악 애호가-옮긴이), 레이브파티광, 마약으로 황홀경에 빠진 사람, 인디 음악 팬, 테크노 음악 팬, 하우스 음악 팬, 통근자, 10대 청소년, 퇴직한 사람, 사업가, 음악가, 이모(emo, 기타를 중심으로 한 음과 멜로디, 감성적인 선율을 특징으로 하는 장르-옮긴이) 음악 팬, 운동선수, 공부 벌레, 교사, 학생, 기독교인, 유대인, 이슬람인, 무신론자, 불가지론자, 어퍼이스트사이드 주민, 코니아일랜드 주민 등 춤과 정말 멋진 일을 경험하고 싶은 사람이라면 누구든지 환영합니다![1]

웨슨의 조용한 레이브파티와 같은 대단위 모임은 소셜 네트워킹 사이트, 이메일, 휴대전화 그리고 '스마트 몹스(smart mobs, 똑똑한 군중)'가 서로에게 보내는 인터넷 메시지를 통해 조직된다. '스마트 몹스'는 오랫동안 인터넷을 연구해온 하워드 라인골드가 만든 용어다. 그는 스마트 몹스가 '새로운 형태의 사회조직'이 될 것이라고 예견했다.[2] 이런 조직에서는 몇 명이 앞에 나서 행사가 열리도록 사람들을 이끌지만, 아무도 자신을 지도자라고 생각하지 않는다. 웨슨처럼 재미있는 생각을 가진 사람들이 주동해 형성되는 스마트 몹스가 있는가 하면, 떠들썩하고 장난치기 좋아하는 사람들이 모인 그룹에 의해 만들어진 것도 있다.

서로 모르는 이방인들의 모임은 빠른 속도로 강력한 힘을 가진 단체로 변모한다. 정치적 성명을 발표하거나 대중을 위한 공간이 커다란 놀이터가 되는 현상 또는 악의 없는 장난 등이 이런 모임으로 인해 생기는 기본적인 효과다. 몸매가 그다지 멋지지 않은 111명의 남자들이 셔츠를 벗은 채 아베크롬비앤피치(Abercrombie&Fitch) 매장에 난입한 사례도 있다. 이들은 악의 없는 장난으로 언제나 가슴을 드러낸 멋진 남자들의 사진을 광고로 사용하는 의류 브랜드를 가볍게 풍자했다.[3] 2002년 인터뷰에서 라인골드는 이렇게 말했다.

"아마 성인들은 이런 모임에 참여하는 것에 그다지 관심이 없겠지만 17세들은 그렇지가 않습니다."[4]

그의 예견은 정확하게 들어맞았다.

2008년, 고등학교 2학년이던 유나 쇼네시는 유니언스퀘어에서 열린 첫 번째 고요한 레이브파티에 갈 수 없어서 '열받은' 상태였다. 쇼네시가 다니던 성당 청년회에서는 당시 뉴욕을 방문 중이던 교황 베네딕토 17세를 보러 가기 위해 버스를 대절했다. 쇼네시(유나 쇼네시는 페이스북에서 무작위로 발탁된 10대다)는 뉴욕에서 상당히 엄격하고 경쟁이 심한 학교 중 하나인 스탠튼아일랜드테크(Staten Island Tech)에 다닌다.

그러나 쇼네시가 어떤 유형의 10대인지 분류하기는 쉽지 않다. 쇼네시는 새로운 사람들을 만나고 친구들과 '무엇인가를 자발적으로' 하는 것을 즐긴다. 또 그녀는 아주 심각한 학생이기도 하다. 그해 쇼네시는 수업을 아주 많이 들었고 대학지원서(대부분 아이비리그의 명문 대학에 지원했다)를 가지고 씨름하느라 신경이 아주 예민한 상태였다. 쇼네시는 유니언스퀘어에서의 베개 싸움과 타임스스퀘어에서의 비누 거품 전투를 이미 놓쳤다. 그녀는 그해 여름 17세 생일이 지나자마자 '고요한 레이브파티의 역습'이 8월 17일에 열린다는 정보를 접했고, 이 행사만은 놓칠 수 없다고 생각했다.

언뜻 생각했을 때 고요한 레이브파티는 최첨단 기술이 젊은이들에게 악영향을 미친다는 두려움이 구체화된 행사 같다. 하지만 이 파티는 각자가 고립된 채 조용한 상태에서 이루어지지 않았다. 한 소녀가 분위기를 띄우기 위해 '네 별자리는 뭐니?'의 2008년판인 '네 아이팟에는 무슨 음악이 들어 있니?'라고 적힌 표지판을 들고 여기저기를 배회했다. 또 몇몇 사람은 '프리 허그(free hugs)' 포스터를 들고 캠페인을 벌였다. 쇼네시의 한 친구는 mp3 플레이어의 베터리가 소모되는 곤란에 처했는데, 이 문제는 곧 해결되었다. 함께 춤추던 어떤 사람이 자신의 무선 이어폰을 빌려준 덕분에 다른 이의 mp3 플레이어에 담긴 음악을 함께 들을 수 있었기 때문이다. 또한 콩가 춤을 추는 행렬은 관중을 헤치고 새로운 길을 만들어 행진을 했다. 사람들은 발을 질질 끌고 머리를 까닥거리면서도 휴대전화나 카메라를 들고 그 순간을 기록으로 남기느라 여념이 없었다. 반짝이는 검은 스팽글이 달린 플래퍼(flapper) 드레스를 입은 쇼네시가 갑자기 춤추는 사람들이 만든 원을 의미하는 '핏인(pit-in)'으로 들어가 릴 빅 피시(Reel Big Fish)의 노래에 맞추어 '스칸킹(skanking)'을 하기 시작했다. 쇼네시는 자기보다 상당히 나이가 많은 인터뷰 진행자에게 자세한 설명을 해주었다.

"릴 빅 피시는 스카 밴드예요. 스칸킹은 기본적으로 몸을 격렬하게 흔드는 걸 말해요."

쇼네시는 나중에 자신이 직접 찍은 동영상을 유튜브에 올렸다. 그녀 자신도 등장하는 그 동영상은 마치 한 편의 아이팟 광고를 연상시킨다.

그날 밤 유니언스퀘어에서는 음악 소리가 들리지 않았다. 대신 친근한 대화와 웃음이 밤공기를 타고 퍼져 나갔다. 일반적으로 '레이브'라는 단어에는 참여하는 모든 사람이 술에 취하거나 엑스터시 같은 약에 취해 거친 행동을 한다는 의미가 담겨져 있지만 이 행사는 그렇지 않았다. 쇼네시는 이렇게 말했다.

"제가 아는 어떤 사람은 파티 전에 마리화나를 한 대 피우고 온 것 같았어요. 하지만 우리 대부분은 그 파티에 있는 것 자체만으로 마리화나를 피운 것과 다름없는 기분을 느꼈어요. 분위기도 아주 좋았고요. 춤만 춘 게 아니라 각자의 아이팟에 있는 노래를 바꿔 듣거나 앉아 쉬면서 옆 사람과 이야기도 많이 했어요. 파티를 조직한 사람들이 주도권을 잡았는데, 그들은 파티가 끝난 뒤에 자기가 있던 자리를 치우고 가라고 당부했어요. 모두들 그 말에 따랐고요."

그곳에 모인 군중은 조니 웨슨의 바람대로 다양했다. 상상 가능한 다양한 부류의 사람들을 볼 수 있었던 것이다. 이 파티를 10대들만의 우드스톡 페스티벌이라고 표현해도 무방할 것이다. 하지만 파티 참석자 가운데 마약을 복용하거나 환각 체험을 한 사람은 아무도 없었다. 볼썽사나운 짓을 하다가 체포된 이도 없었다. 주먹은 오로지 형형색색의 대형 비치볼을 높이 띄울 때만 날렸다.

미래를 이끌어갈 밀레니얼 세대

중요한 이방인의 미래에 대한 힌트가 될 만한 생활을 영위하고 습관을 보유한 집단이 있다면, 그것은 아마 유나 쇼네시 같은 밀레니얼 세대(millennial generation, X세대 이후 나타난 인구통계학상의 집단-옮긴이)일 것이다. 역사학자 닐 하위와 고(故) 윌리엄 스트라우스는 밀레니얼 세대와 앞선 세대의 젊은 성인들이었던 반항적인 베이비붐 세대 그리고 기성세대에 불만을 품은 X세대를 비교했다. 두 학자는 밀레니얼 세대가 새로운 세대는 그 이전 세대보다 고립되기 쉽고 위험을 감수하는 성향이 있다는 가정을 부인할 것이라고 주장했다. 하위와 스트라우스는 세대 변화의 주기적 패턴에 대한 방대한 저술을 남겼다.[5]

그들은 밀레니얼 세대가 약 1982년에서 2005년 사이에 태어났다고 본다(이 기간을 약간 다르게 정의하는 학자들도 있다). 하위와 스트라우스에 의하면 이들은 스스로 동기부여를 하기보다는 팀으로 일하기 좋아하고, 위험한 행동을 하지 않으며, 좋은 일을 하려는 성향을 보인다.[6] 또한 두 학자는 궁극적으로 이들이 '위대한 세대(Greatest Generation, 1901년에서 1924년 사이 미국에서 태어나 경제대공황과 제2차 세계대전을 치른 세대. G. I. generation이라고도 일컬음 – 옮긴이)'였던 할아버지 세대가 떠나고 난 이후 다음 '영웅'이 될 것이라고 주장했다.

밀레니얼 세대의 투표 습관과 정치의식에 대한 조사 결과가 이런 예측을 뒷받침한다. 두 역사학자는 여러 가지 요소 중에서 이 세대가 청소년기에 목격한 공공 행사로 정체성을 형성한다는 점을 지적했다.[7] 세계무역센터 쌍둥이빌딩이 불길 속에 무너져 내렸을 때, 밀레니얼 세대에서 가장 연장자인 이들은 갓 고등학교를 졸업한 상태였다. 사회학자 로버트 퍼트넘도 같은 이유에서 밀레니얼 세대가 미국의 시민 활동을 부활시켰다고 본다. 그는 이렇게 말했다.

"진주만이 시민 정신을 가진 '위대한 세대'를 낳았듯이 9·11 테러 역시 시민 활동에 더욱 적극적인 젊은 세대를 탄생시켰습니다."[8]

사회생활 면에서 볼 때 밀레니얼 세대는 이미 너무도 놀라울 정도의 상호 의존성을 보여주고 있다. 이들 중 상당수는 태어난 지 얼마 되지 않아 탁아소와 놀이 그룹에 맡겨졌다. 또한 10대를 거쳐 20대 초반에 이르기까지 친구들과 강력한 유대감을 형성했다. 이들은 부모와도 정서적으로 가까운 관계를 유지해왔다. 꼭 같은 공간에서 생활하지 않는다고 해도 말이다.

밀레니얼 세대는 서로 긴밀히 연결되어 있다. 너무 과하게 연결된 것은 아닌지 우려하는 사람들이 있을 정도다.[9] 이들은 컴퓨터가 없던 시절의 세상을 모르며, 사이버 세상이 현실의 연장이라고 생각한다. 이들은 글을 읽을 줄 아는 나이만 되면 이메일과 인터넷 메시지를 주고받는다. 그리고 휴대전화 메시지 보내기, 트위터나 각자의 홈페이지에 새로운 소식이 올라왔는지 체크하기가 일상사다. 하위와 스트라우스는 "밀레니얼 세대는 서로 끊임없이 교류한다."고 기술했다.

이들은 오프라인에서도 사교적이다. 그룹을 만들어 함께 여행을 가고 데이트도 여럿이 모여서 한다. 이들은 자신의 호위대가 가진 힘을 안다. 〈월스트리트저널〉의 한 기자는 이렇게 말했다.

"이 젊은이들은 데이트 생활이 실제 세상에서 사람을 만나는 방법을 닮기를 원합니다. 친구들이 형성하는 원을 통해서요."[10]

네트워크를 연구하는 많은 학자는 '사이버 네트워크'가 우리의 상관적 미래에서 중요한 국면을 나타내며 정보와 공동의 이익 그리고 명분을 위해 하나가 되는 능력을 부여할 것이라고 본다.[11] 인터넷 세대라고도 불리는 밀레니얼 세대가 이를 증명한다.[12] 밀레니얼 세대의 가장 연장자들은 미래가 전진하도록 추진한다. 2003년 대학 2학년생이었던 마크 주커버그는 자신의 첫 번째 소셜 네트워킹 사이트, 페이스북을 발족시켰다.[13] 다니엘 오싯과 아담 작스는 각기 26세 그리고 25세 때 이그나이터닷컴(Igniter.com)을 세워 20대들이 모여 떠들며 그룹 데이트를 계획할 수 있게 했다.[14] 또한 23세의 조던 골드먼은 학생 중심의 대학 안내 사이트인 유니고닷컴(Unigo.com)에 출자할 자금을 수완 좋게 유치했다. 기획 단계에서 골드먼이 초점을 맞춘 그룹은 고등학생들이었다. 현재 이 사이트는 원활하게 운영되고 있으며 25명의 직원 대부분이 골드먼보다 어리다.[15]

밀레니얼 세대는 전 세대들과 비교했을 때 세상과 그들이 맺는 인간관계를 훨씬 더 넓은 시각에서 본다. 고요한 레이브파티가 이들을 끌어당긴 이유도 그 행사를 통해 사회 활동의 장을 더욱 넓힐 수 있기 때문이다. 이들은 자신들의 힘을 합치면 사회를 변화시키는 모터를 더욱 빨리 돌아가게 할 수 있음을 안다. 사회 변화와 인종과 민족의 다양성을 가져온 여러 가지 민주화운동이 벌어진 이후에 이들이 태어났다는 점도 중요하다. 이런 변화는 향후 세대에 더욱 늘어날 것으로 예상된다.[16] 이들은 다양한 인종이 각자 다른 능력을 가진 인물로 고정 출연하는 TV 드라마를 보면서 자랐다(지금도 보면서 자라고 있다).[17] 그리고 이들 중 상당수가 비전통적인 유형의 가족 아래서 성장한다.[18] 예를 들면 편부편모 가정에서 자라거나 동성(同性) 부모와 함께 산다. 부모의 국적이나 인종이 다른 경우도 많다. 그리고 쿠바에서 이민을 온 미국인의 삶을 묘사한 《하이픈 인생(Life on the Hyphen)》처럼 이민자 가정의 자녀들은 두 가지 문화를 소화해야 한다.[19]

논란의 여지가 있지만 많은 밀레니얼 세대가 2008년 대선에서 버락 오바마를 지지한 이유는 그가 민주당이기 때문이 아니다. 가장 큰 이유는 그의 배경과 웅변이 인종을 명확하게 구분하지 않았던 데 있다. 또한 오바마는 밀레니얼 세대에게 소셜 네트워킹을 할 수 있는 도구를 제공했고, 이들의 온라인 활동(그리고 돈)이 오프라인에서의 적극적인 행동으로 이어질 것을 믿었다. 전문 선거 조직사의 말에 의하면, 오바마는 그들에게 '상을 차려주고 한바탕 놀게' 해주었다.[20]

정치판에 새롭게 등장한 밀레니얼 세대는 사회적으로 이전 세대보다 확실히 덜 보수적이다. 퓨리서치센터에서 실시한 2007년 언론 관련 여론조사에 의하면, 1976년 이후 출생한 젊은이들 가운데 2.4퍼센트만이 보수적인 가치에 동의하는 것으로 나타났다.[21] 물론 보수적인 정치 성향을 지닌 밀레니얼 세대도 있다. 유나 쇼네시가 다니는 학교에 '언젠가 자신이 대통령이 될 것이라고 믿는' 어린 공화당원이 있듯이 말이다. 또한 무리 지어 다니며 다른 사람에게 배타적으로 구는 그룹은 물론 편협한 젊은이들도 있다. 시골이나 가난한 지역 출신의 아이들은 그들보다 많은 혜택을 누리는 또래와 비교했을 때 분명 불리한 점이 있다. 하지만 밀레니얼 세대는 인터넷을 통해 인종, 종교, 민족 등에 구애받지 않으면서 문화적 취향이나 삶의 선택 면에서 다른 사람들과 연결되고 정보를 얻을 수 있는 기회를 전례 없이 풍부하게 누리며 자유롭게 생활하고 있다.

스스로를 '100퍼센트 한국인'이라고 말하는 유나 쇼네시는 입양아로 아버지는 컴퓨터 프로그래머로 일하는 아일랜드계 이주민이고 어머니는 한국인 약사다. 어머니는 쇼네시가 어릴 때부터 쭉 약사로 일했다. 쇼네시의 학교에 다니는 학생들은 대부분 백인이다. 하지만 쇼네시의 페이스북에 올라와 있는 얼굴들을 보면 그녀의 호위대가 상당히 다양한 인종들로 이루어졌음을 알 수 있다.

"저는 인종이 아닌 성격을 보고 사람을 사귀어요."

쇼네시의 말이다. 로드아일랜드에서 열린 브라운대학 여름학교 프로그램에 참여한 쇼네시는 학술 에세이 쓰기 수업을 수강했다. 또 펜싱 캠프에서 일주일을 보내며 전 세계에서 온 사람들을 만나기도 했다. 쇼네시는 다양한 경로를 통해 지인을 만든다. 전문가들의 주장이 맞다면 쇼네시의 '다문화를 수용하는 능력'은 미래에 성공하는 데 반드시 필요한 요소다.[22]

어느 장소에서든 사람들과 소통하고 협동하려면 사교술이 꼭 필요하다. 21세기를 살아가는 청소년들이 사회적으로 성공적인 삶을 살기 위해 무엇을 준비해야 하는지 밝혀내기 위해 가정과 직장의 조류를 연구하는 일단의 사회과학자들은 지금은 그 어느 때보다 '사회생활을 할 때의 다재다능한 능력'이 필요한 시대라고 말한다. 학자들은 인간관계를 맺고 유지하려면 '세상의 변화에 맞추어 자세를 바꾸는 융통성 있는 자아'를 확보할 필요가 있다고 결론지었다.[23] 물론 이런 능력은 가정에서도 어느 정도 습득할 수 있다. 사교성 있고 감정 이입에 능한 부모나 조부모를 보고 자란다면 말이다. 하지만 아이들도 어른처럼 보모, 교사, 상담교사, 코치, 성직자 그리고 다른 아이들과 같은 중요한 이방인들과 교류하며 이점을 얻는다. 10대는 다양한 그룹과 접촉하면서 다른 이와 소통하는 방법을 배운다(서로가 동등한 입장일 때는 소통하기가 더 쉽다). 그들은 그룹과 그룹 사이를 잇는 다리 역할을 함으로써 사회적 화폐(social currency, 사람들과의 만남과 교제를 촉진시키는 정보-옮긴이)를 얻는다. 그리고 서로 다른 세계가 충돌할 때 일어날 수 있는 민감한 상황을 다루는 데 필요한 자신감을 발전시킨다.

사실 이런 사교술은 우리 모두에게 필요하다. 마케팅 전문가가 우리에게 직접 상품을 팔고 정치 여론조사 기관이 우리가 어떻게 투표할지 아는 지리적으로 고립된 장소에 우리를 편입시킨다고 해도 이 사실은 변하지 않는다. 또한 인류가 항상 그래왔던 것처럼 우리와 유사한 사람에 끌린다고 할지라도 우리는 여전히 사회적으로 복잡한 세상에 살고 있다.

상황이 바뀌면 사람도 변한다

60대 초반의 이탈리아계 미국인 마이클 벤투라는 뉴욕 브루클린 출신이다. 긴 회색 꽁지머리를 한 그는 텍사스 주 러벅 주민처럼 보이지 않는다. 그는 오스틴이나 시애틀 같이 '창조적인 사람'들이 좋아하는 지역에 있으면 어울릴 법한 외모의 소유자다.[24] 1970년대 초반 그가 러벅으로 오게 된 사연을 들어보면 우연히 일어난 사건에 가깝다는 느낌이 든다. 당시 그는 27세였다.

"66번 고속도로를 따라 여행하며 미국을 탐험하는 가난한 청년이었죠."

캘리포니아 산타크루즈로 이사한 어린 시절 친구의 집에서 열린 크리스마스 저녁 만찬 자리에서 벤투라는 차를 얻어 타고 네슈빌에서 열리는 결혼식에 참석할 것이라는 계획을 밝혔다. 그러자 그 자리에 있던 중요한 이방인 중 한 명인 크래쉬가 이렇게 말했다.

"나와 아이린도 그곳으로 갈 계획이니 함께 갑시다."

역사상 최악의 눈보라가 치기 직전 세 사람은 러벅에 도착했다. 러벅은 산타크루즈와 네슈빌의 중간쯤에 위치했다.[25] 내린 눈을 다 치웠을 때쯤 벤투라는 그곳에서 시간을 좀 더 보내기로 결정했다.[26] 차를 얻어 타고 여행하기를 좋아하는 점을 감안하면 의식적으로 내린 결정이었다. 포커를 칠 줄 알았던 그는 마을 사람들과 쉽게 친해졌다. 물론 그들은 벤투라가 그 부근 출신이 아니라는 것을 알고 있었다. 당시 그는 긴 머리가 아니었다. 하지만 거멓게 그을린 피부 때문에 새로 알게 된 지인들도 그를 '백인'으로 생각하지 않았다.

"가끔씩 문제가 발생하기도 했어요."

'실수로' 그의 목을 살짝 벤 이발사를 회상하며 벤투라가 말했다.

"마을 주민들은 시실리 사람이 어떻게 생겼는지 몰랐어요. 어떤 사람은 내 면전에 대고 '스픽(spic, 중남미 출신의 스페인어를 쓰는 사람을 경멸조로 부르는 말–옮긴이)'이라고 부르기도 했죠."

1973년 당시 러벅은 백인 일색이었고 대부분이 포장마차를 타고 텍사스로 이주한 켈트, 아일랜드, 스코틀랜드 출신 이민자들의 후손이었다. 그들은 히스패닉이나 흑인들하고는 어울리지 않았다. 러벅에서 벤투라가 아는 유일한 유대인은 아이린이었다. 하지만 그녀는 벤투라보다 먼저 그곳을 떠났다. 사실 러벅 주민들은 세상 그 어느 도시보다 인구수에 비례해 기독교 교회가 많다는 점을 자랑했다.

그렇다면 벤투라가 러벅을 떠나지 않고 상당 기간 그곳에 머무른 이유는 무엇일까? 확실히 음식 때문은 아니었다. 그를 붙잡은 것은 강한 결속력을 자랑하는 매력 넘치는 그 지방 출신의 음악가 그리고 아이린과 크래쉬가 같이 살았던 예술가 집단이었다. 그들과 벤투라의 감성은 놀라울 정도로 잘 맞아떨어졌다.

"그들은 제가 만났던 사람들 중에 제일 재미있고 지적이며 창의적이었어요. 그들과 나눈 대화는 너무도 멋졌어요. 그러면서도 문화적으로는 상당히 이색적인 면도 있었어요."

벤투라가 사귄 새로운 지인들은 그를 코튼 클럽(Cotton Club)에 데려갔다. 엘리스 프레슬리도 출연하곤 했던 유명한 클럽이었다.

"밴드는 리듬 앤 블루스와 로큰롤이 섞인 음악을 연주했어요. 댄스 플로어에는 제 또래 젊은이들뿐만 아니라 꼬마들 그리고 제 부모님 연배의 연장자들도 있었습니다. 뭐랄까, 세대의 영속성을 본 것 같았는데 그건 제 고향에서는 전혀 느껴보지 못한 일이었죠."

벤투라는 나중에 오스틴으로 이사했고 거기에서 작가로서의 경력을 쌓기 시작했다. 이후 그는 여윳돈이 생길 때마다 자신의 차로 '미국 탐험'에 나섰고, 이제는 미시간을 제외한 모든 주를 다 돌아보았다. 그리고 로스앤젤레스에서 살다가 5년 전 다시 러벅으로 돌아왔다. 러벅은 인구가 두 배로 늘어나 20만 명이 되었다. 그러나 여전히 기독교인들이 주류를 이루고 있었으며, 이듬해에는 유타 주 프로보에 이어 미국에서 가장 보수적인 도시 2위에 오르기도 했다.[27] 하지만 그러면서도 각 민족별 시장과 야채 가게 등이 줄줄이 들어서 있고, 모스크와 여성 랍비가 있는 시나고그(synagogue, 유대교 회당-옮긴이)가 있는가 하면, 세계 각국의 사람들을 끌어모으는 대학과 병원까지 있어서 국제적이고 보편적인 모습을 띠고 있다.

벤투라는 그가 계속 그곳에 살았다면 1973년의 텍사스 주 러벅이 현재처럼 변하는 데 결코 동의하지 않았을 것이라고 주장한다. 그는 멕시코 풍의 카페에 앉아 잘 차려입은 서부 텍사스의 앵글로색슨계 노부인이 혼혈인 손녀와 놀아주는 모습을 바라보았다. 레스토랑에 있는 사람들은 아무도 그 노부인과 아이를 주목하지 않았다.

"저 노부인이 태어났을 당시에는 텍사스 주의 모든 학교, 식당, 화장실 그리고 버스 안에서 인종 분리 정책이 실시됐어요. 대부분의 앵글로색슨계 텍사스인들은 그 방식을 계속해서 고수하고 싶어 했고요. 35년 전 러벅은 텍사스였습니다. 지금은 텍사스 특유의 강한 억양이 카우보이모자만큼이나 드물지만요."

벤투라가 처음 미국 대륙 탐험을 시작했을 때는 사람들의 억양과 복장, 행동에서 지방색을 읽을 수 있었다. 하지만 지금은 어떤 대도시에서든 민족적 다양성을 쉽게 발견할 수 있다.

"모든 것이 바뀌었어요. 남부 사람, 뉴욕 사람, 텍사스 사람이 갖고 있던 전통적인 이미지도 이제는 나날이 옅어지고 있습니다. 특히 중산층과 잘사는 사람들은 더해요."

러벅에서 일어난 현상이 이제는 모든 곳에서 일어나고, 그 결과 경제, 문화, 첨단 기술 그리고 인식에서 조절 불가능한 변화가 밀려온다는 것이 벤투라의 견해다. 이제 백인 세상이나 남자 세상, 또는 하나의 문화, 보수적인 견해만 존재하는 세상은 없다. 그리고 돌아갈 수도 없다. 이런 변화가 가져올 수 있는 최악의 시나리오는 글자 그대로 (혹은 비유적으로) 변화 때문에 우리가 공동체에 벽을 쌓게 될지도 모른다는 것이다. 이미 그런 일이 일어나고 있다고 보는 사람도 있다.[28] 조금 늦었을 수도 있지만, 지금이라도 우리는 다양성을 끌어안고 우리가 맺은 약한 유대감의 힘을 이용한 새로운 종류의 연대를 만들어내야 한다.

함께 걸으며 공감하기

짐 허리한은 아들 빌리가 태어났을 때 간호사가 아기를 잽싸게 안고 나가던 모습을 기억한다.

"아기는 회색빛이었고 제대로 숨을 쉬지 않았어요. 크리스틴과 저는 뭔가 잘못되었다는 걸 알았지만 뭐라고 말 한마디 해주는 사람이 없었어요. 저는 서류에 서명을 하려다가 우연히 '다운증후군'이라는 단어를 발견하곤 의사를 찾아갔죠."[29]

이후 허리한의 가족은 빌리를 소중한 선물로 여기게 되었다. 빌리 덕분에 전혀 예기치 못했던 사건들을 경험하며 은혜를 얻었고, 다른 사람을 포용하는 마음을 가지게 되었기 때문이다. 하지만 처음 며칠 은 초상집 분위기였다는 것을 허리한도 인정한다. 빌리가 태어난 지 몇 달이 지나서 허리한과 크리스틴은 일가친척 몇 명과 함께 뉴저지 주 플레인필드에서 열린 '버디 워크(buddy walk, 친구와 동행해 걷는다는 의미)' 행사에 참여했다. 이 일은 그들에게 있어 중대한 전환점이 되 었다. 그들은 전국 다운증후군협회를 통해 이 행사에 대해 알았다. 협 회는 수백 개의 버디 워크 행사를 공동 후원해 기금을 모으고 다운증 후군을 널리 알리는 일을 한다. 허리한은 당시를 이렇게 회상했다.

"행사에 참석한 부모들과 이야기를 나누고, 다운증후군을 앓는 아 이들이 야구를 하며 재미있게 노는 모습을 보니 위안이 됐어요. 하지 만 우리가 사는 베르겐에는 그런 모임이 없었어요. 그러자 어머니가 이렇게 말씀하셨죠. '우리가 하나 시작하자.'"

네트워크화된 개인주의의 시대에 개인의 호위대는 마음속에 존재 하며 시간, 장소 또는 제도상의 의무에 얽매이지 않는다. 하지만 우리 는 보다 더 큰 조직의 일부분인 동시에 특정 영역을 대표하는 집합체 이기도 하다. 우리는 일반적으로 여러 가지 공동체에 속한다. 공동체 에 많이 '참여(우리는 이 단어를 좀 여유롭게 쓸 필요가 있다)' 할수록 더 많 은 중요한 이방인이 삶에 편입된다. 그리고 어려움이 닥치면 짐과 허리한 가족이 한 것처럼 스스로 공동체를 만들 수도 있다.

첫 번째 기획 모임에서 크리스틴과 그녀의 시어머니 그리고 세 명의 시누이는 스타벅스에 모여 앉아 창단 첫 해에 실천할 수 있으리라 생각되는 현실적인 목표를 세웠다. 그 목표란 20명의 동행인과 2만 달러를 모으는 일이었다. 결과는 대성공이었다. 400명의 회원과 6만 달러를 모았기 때문이다. 짐 허리한은 이렇게 말했다.

"도미노 효과 같았어요. 사무실 동료, 고객, 제가 소속된 소프트볼 팀 선수들에게 이메일을 보냈는데 소프트볼 팀 선수 15명 중 8명이 나타났어요."

지압 요법 전문가인 크리스틴은 출산휴가를 연장하고 어머니들의 네트워크 쪽을 공략했다. 그리고 기자인 짐의 여동생은 그 지역 YMCA의 간사와 아는 사이였다. 이미 특별한 도움을 필요로 하는 어린이를 위한 프로그램을 운영 중이던 YMCA와 허리한 가족은 행사를 공동 후원하기로 합의했다. 허리한의 다른 가족들과 친구, 지인들이 계속해서 홍보한 결과 다운증후군 환자를 위한 새로운 단체를 결성한다는 소식이 널리 퍼졌다.

허리한 가족이 시작한 버디 워크 행사는 매년 엄청난 성장을 거듭했고, 덕분에 20만 달러 이상의 기금을 모아 YMCA에 '빌리의 친구들(Billy's Buddies)'이라는 새로운 봉사 프로그램을 개설할 수 있었다. 컨설팅 회사를 공동 설립해 운영하는 짐 허리한은 평생에 걸쳐 주변에 중요한 이방인을 많이 보유하고 있는 사람이었다. 그는 빌리의 친구들 덕분에 더 많은 중요한 이방인을 알게 되었다.

"이제는 제가 잘 모르는 사람들도 이 행사에 의지하고 있어요. 일년에 두 번 정도 만나는 사람들 말이에요."

버디 워크 공동체는 허리한 가족을 지원하고 희망을 간직하게 했으며 어렴풋이나마 빌리의 미래를 보여주었다. 그리고 이제 막 여행을 시작하려는 이들을 위해 길을 밝혀주는 식으로 호의를 되갚고 있다.

짐 허리한의 어머니인 63세의 잔느 켈리는 이렇게 말했다.

"오랫동안 알아온 사람들은 대개, '이해해'라고 말하지만 실은 그렇지가 않아요."

켈리는 그 지방 학교 이사회에서 활동한다. 최근 개체된 버디 워크 행사에는 어느 쌍둥이의 엄마가 가족 친지와 함께 참여했다. 그녀는 다운증후군을 앓는 쌍둥이 중 하나가 심장을 절개하는 수술을 받고 병원에 입원해 있는데도 불구하고 행사에 나타났다. 켈리는 그녀를 이렇게 기억하고 있다.

"그 사람은 '이 행사를 보기 위해 여기 왔어요. 이게 우리 가족 전체에 어떤 영향을 미쳤는지 상상도 못하실걸요'라고 말했어요. 그 다음 해에는 자원봉사자로 참여하겠다는 약속까지 했어요. 그 쌍둥이 엄마 단 한 사람과 버디 워크를 했다고 해도 그것은 분명 의미 있는 일이었을 거예요."

허리한의 노력은 영국의 사회학자 레이 팔이 '숨겨진 결속'이라고 부른 '세상으로 퍼져 나가는' 새로운 형태의 연민과 공통점이 있다.[30] 그것은 바로 우리와 가장 가까운 사람들 너머를 바라볼 때 맺을 수 있는 연결이다. 2004년 인도양을 덮친 해일 쓰나미 같은 세계적인 재난에 지원을 하는 행위를 상기시키며 레이 팔은 자선단체의 수가 증가하고 자원봉사주의 정신이 점점 고취된다는 점에 주목했다. 버디 워크 행사는 베르겐뿐만 아니라 영국 전역에서 열리고 있다. 레이 팔은 이렇게 말한다.

"전 세계 어디에서나 이웃을 돕는 사람들을 볼 수 있습니다. 이러한 현상은 우리에게 희망을 가지게 합니다."

비슷한 조류가 미국에서도 시작되고 있다. 밀레니얼 세대는 점점 증가하는 사회참여 운동을 이끄는 주역이다.[31] 이들의 윗세대 역시 이 흐름을 따르고 있다. 이 책을 집필할 당시인 2008년에 첫 번째 베이비붐 세대가 65세를 맞이했다. 1950년대에 응석받이 아이였던 이들은 방탕했던 1960년대를 지나 세대의 사다리를 타고 위로 올라가고 있다.

하위와 스트라우스는 베이비붐 세대가 순순히 역사의 뒤안길로 걸어가지는 않을 것이라고 예측한다. 두 학자에 의하면 이들 세대의 대다수는 노년을 의미 있는 일에 바치고 싶어 한다고 한다.[32] 이들 중에는 평화봉사단(Peace Corps, 미국 정부가 개발도상국에 파견하는 청년봉사기구로 1961년 발족함-옮긴이)에 참여하는 사람,[33] 여전히 일을 하며 은퇴는 고려하지 않는 사람, '앙코르 커리어(encore career, 인생의 후반기에 들어섰음에도 불구하고 일을 계속함으로써 경제력과 사회적 영향력을 확보하는 행위. 교육, 환경, 보건 같이 주로 공공의 이익을 도모하는 분야의 일로 전향하는 것을 일컫는 용어-옮긴이)'를 시작하는 사람도 있다. 또 전일 근무직을 떠난 사람 가운데 약 60퍼센트가 '브리지 잡(bridge job, 정규직을 거친 사람이 10년 이하의 기간 동안 전일제 혹은 시간제로 일하는 경우-옮긴이)'으로 전환해 일을 하다가 자연스럽게 은퇴한다. 이 경우 변화를 편안하게 받아들일 수 있다.[34] 베이비붐 세대는 자원봉사 활동에도 참여하기를 원한다.[35] 이 두 가지 조류 모두 장년층 세대가 새로운 중요한 이방인과 만나는 연결고리 역할을 할 수 있다.

오늘날 사회의 흐름은 상호 의존성을 선호한다. 우리는 선인들이 상상도 하지 못했던 여러 가지 형태와 속도로 다른 사람들과 연결될 수 있다. 과학 분야의 연구자들은 인간이 '사회적 동물'이고 단순히 개인의 생각에 의해 조정되지 않으며 인간관계의 영향을 받는다는 점을 재확인했다.[36] 이는 인간이 이기심, 탐욕, 편견 혹은 외로움을 정복했다는 뜻이 아니다. 우리가 사랑의 구슬을 가지고 돌아왔다거나 옛 노래 〈헤어(Hair)〉의 가사에서처럼 '조화와 이해, 연민과 신뢰가 가득한' 물병좌의 시대(Age of Aquarius, 점성학에서 나온 개념으로 자유, 평화, 우애의 시대를 상징함. 1960년대에 시작해서 2000년간 지속된다고 일컬어짐-옮긴이)를 산다고 맹목적으로 믿는 사람도 없다.[37] 하지만 40년 전 창작된 뮤지컬에 향수를 느끼는 베이비붐 세대가 그 작품이 최근 다시 상연되자 성인이 된 자식, 손자들과 함께 극장을 찾는 일이 그저 우연일까(심지어 그들 덕분에 뮤지컬의 표가 매진되는 사례가 발생하고 있다).

레이 팔은 정부가 세상이 안전하지 않다고 느끼게 만들고 '도깨비 같이 무서운' 수많은 것을 조심하라고 경고하고 있다고 생각한다. 사람들이 서로 교류하지 않고 그저 현 상태 정도만 유지하는 사회를 만들도록 조장하고자 하는 의도에서 말이다. 이것은 터무니없는 생각이 아니다. 이런 현상의 대안이라고 할 수 있는, 사람들이 상호 목적 또는 필요에 의해 서로 화합하는 것을 예측하기란 결코 쉽지 않다. 그리고 그 진로가 전혀 예상치 못한 방향으로 나갈 수도 있다. 그 예가 '스마트 몹스'다. 레이 팔은 미디어가 세상을 무섭고 비관적인 시선으로 보는 분위기를 조장하며, 사리사욕에 눈이 먼 이기적인 개인에만 초점을 맞춰 숨겨진 결속을 가려버린다고 주장한다.

하지만 모든 미디어가 그런 것은 아니다. 그렇게 숨겨진 결속을 밖으로 드러내는 일이 바로 이 책을 쓰는 목표다.

잘 모르는 이방인에게 손 내밀기

미래의 사람들은 과연 혼자만의 힘으로 생존할 수 있을까? 짧게 답하자면 그럴 수 없다. 이 질문에 제대로 답하는 일은 다양한 환경을 조사하고 많은 정보를 동원한다고 해도 쉽지 않다. 또한 이 질문에 길게 답하다 보면 2005년 11월 블라우가 허리케인 임시 구호 활동 그룹에 참여했을 때 알게 된 사실처럼 내용이 복잡해진다. 블라우는 다른 여성 두 명과 함께 매사추세츠에서 출발해 루이지애나 주 유니스의 뉴시온 침례교회(New Zion Baptist Church) 주차장에 도착했다. 임시 책임자로서 손에 회람판을 들고 카트리나 피해자들에게 둘러싸여 있던 블라우는 사람들에게 이렇게 물었다.

"뭐가 더 필요하세요? 옷? 청소도구 아니면 기저귀?"

활달한 성격에 체구가 큰 메리 워싱턴(가명)은 구호품 상자를 받아본 경험이 있었다. 끈 달린 슬리퍼에 카프리 팬츠를 입고 있던 그녀는 블라우와 눈을 맞추며 이렇게 말했다.

"난 커튼이 필요해요. 커튼 있어요?"[38]

블라우는 워싱턴을 바라보았다.

"커튼이요? 농담하시는 거죠? 운동화나 메트리스 이니면 아이들에게 줄 물건이 아니라요?"

"아니, 커튼이 필요하다니까요."

블라우와 동료들은 어리둥절했다. 교회 자원봉사자들이 트럭에서 물건을 내릴 동안 블라우는 워싱턴과 이야기를 나누었다. 워싱턴은 뉴올리언스의 요양원에서 일하고 있었는데 시설 소유자가 워싱턴과 다른 조수 몇 명을 그 지방 거주민들로 가득한 버스에 밀어 넣었다고 했다. 버스 안에는 먹을 것이나 의약품이 없었다. 탑승자들은 버스가 어디로 가는지도 몰랐다. 한참을 달리던 버스는 유니스에서 멈췄다. 연료가 떨어졌기 때문이다. 버스가 달리는 동안 주민 한 사람이 워싱턴에게 안긴 채 사망했다.

이처럼 끔찍한 고통을 겪고, 거의 모든 것을 잃은 채 허술한 시스템에 분노하던 여성이 어떻게 커튼이 필요하다는 농담을 할 수 있단 말인가? 하지만 워싱턴은 자원봉사자들을 볼 때마다 커튼을 가져왔느냐고 물었다. 자원봉사자들 중 커튼을 가져온 사람은 아무도 없었다. 사람들에게 꼭 필요한 긴급 물품들을 챙기느라 바빠서 커튼 따위는 잊어버린 것이다.

며칠 뒤 구조 팀은 워싱턴을 비롯한 다른 태풍 피해자들이 임시로 거주하는 낡은 주택단지를 방문했다. 단층 건물 안은 사람들로 붐볐고 창문이 깨진 곳이 아주 많았다. 블라우와 사람들은 왜 워싱턴이 커튼을 달라고 했는지 비로소 이해했다. 안이 보이지 않으면 무단 침입자가 생기지 않을 것이기 때문이었다.

루이지애나에서 특별한 경험을 한 후 블라우와 그의 동료들에게는 변화가 생겼다. 이들 조직은 태풍 피해자들에게 지속적으로 돈과 물품 그리고 크리스마스 선물을 보냈다. 블라우는 수줍음을 많이 타는 워싱턴의 여동생 바이올렛 시몬스(가명)와 전화로 계속해서 연락을 주고받았다. 시몬스는 여덟 아이의 엄마였다. 하지만 기부만으로는 카트리나로 인해 시몬스에게 생긴 수많은 문제를 해결할 수 없었다. 아이들의 학교생활은 문제 투성이였고, 시몬스는 심각한 고혈압에 시달렸다. 모두가 유니스에서 빠져나가고 싶어 했다. 그곳은 '집'이 아니었다. 블라우는 시몬스의 이야기를 들어주고, "산책을 해요. 그러면 머리가 맑아질 거예요" 같은 소소한 조언을 했다. 시몬스에게 필요한 것을 대신 요청하기도 했다. 시몬스는 과묵한 성격이었고, 그나마 말을 할 때도 남부 특유의 느린 말투를 구사했다. 반면 블라우는 뉴욕 출신으로 말이 빨랐다. 그렇게 판이하게 다른 두 사람의 화법을 감안할 때 전화 통화가 과연 시몬스의 삶에 어떤 영향을 끼쳤는지 알아내는 것은 불가능했다. 3년의 시간이 흐르고, 드디어 블라우는 시몬스에게 지금까지 궁금했던 것을 물어볼 용기를 냈다.

그러자 39세의 시몬스는 주저하지 않고 이렇게 말했다.

"우리에게 일어난 가장 좋은 일이었어요. 다른 주(州)에서 온 사람을 알게 된 건 당신이 처음이었죠. 우리 동네 출신이 아닌 사람, 가족 이외에 다른 사람을 알고 지내는 게 참 좋았어요. 이야기할 상대가 있는 것만으로도 많은 걸 얻게 되거든요."[39]

중요한 이방인을 소중한 존재로 만드는 요소인 '서로 다름'은 인간관계를 맺는 데 장애로 작용할 수도 있다. 이 문제의 해결책은 아이러니하게도 다양한 사람들을 우리 삶으로 불러들이는 것이다. 그러면 최소한 서로를 좀 더 편안히게 느끼고, 제한된 경험으로는 자신을 가르칠 수 없다는 사실을 이해하게 될 것이다.

로버트 퍼트넘은 《더불어 사는 삶(Better Together)》에서 "관계를 맺고 있는 사람들은 개인이 도달할 수 있는 것보다 훨씬 더 먼 곳의 목표에 도달할 수 있다."고 말한다. 밀레니얼 세대가 점점 더 시민운동에 관심을 둔다는 사실은 예외로 하며 퍼트넘은 2003년 "공동체의 공적 생활에 사회 연결과 사회참여가 전반적으로 부활하고 있다는 증거는 아직까지 없다."고 진술했다. 하지만 그는 "사회적 유대감이 녹슬어간다는 광범위한 통계의 진실 안에 숨겨진 것은 엄청나게 다양한 경험"이라는 사실도 인정한다.[40]

중요한 이방인의 렌즈를 통해 들여다보면 우리는 다양한 특정 경험을 할 수 있다. 온라인상에서의 개인 또는 그룹 간 연결, 직접 만나기, 춤추기, 기르는 개에 대해 적어둔 노트 비교하기, 지구를 구하기 위한 전략 교환하기 등이 그것이다. 넷빌 주민들은 약속을 어긴 개발업자에 대항해 집단행동을 하고, 네팔의 여성들은 마을에 천연두가 퍼지는 것을 막는다. 빨간 모자 회원들은 인생의 새로운 장을 즐기며 스카이다이빙을 한다. 문제를 해결하거나 인생을 좀 더 쉽고 재미있게 만들려고 노력하는 사람들이 모이면 일종의 '공동체'가 형성된다. 레이 팔은 사회 문제 논평가들이 별로 관심을 두지 않는 이런 모임을 통해 사람들이 지속적인 관계를 맺고 삶을 살아간다고 주장한다. 또한 레이 팔은 그런 모임들이 숨겨진 결속을 예증한다고 믿는다.[41]

신문 기사에서도 이와 비슷한 이야기를 발견했다. 롱아일랜드에 사는 한 음악가가 토요일 아침마다 무료로 라틴 드럼 강습을 해주겠다고 했다. 4월 기준으로 6명밖에 되지 않았던 수강 희망자는 8월이 되자 1000명 이상으로 늘었다.[42] 어떤 젊은이들은 건강하지만 눈이 멀어 외출하기 힘든 94세의 노부인을 정기적으로 찾아가 책을 읽어 준다. 기자는 이렇게 논평했다.

"맹인들과 노인들에게 (편하게 들을 수 있는) 소설을 읽어주는 경우는 별로 없습니다. 하지만 사람들이 편안하고 유기적인 방법으로 굳이 어 할머니를 도와드린 것은 많은 의미를 가집니다. 즉, 뉴욕은 작은 마을, 이방인은 공동체의 창문이 되었습니다."[43]

이방인과 중요한 이방인 사이의 경계가 흐려졌다. 미셰 슬라탈라 는 벌써 10년째 일주일에 한 번씩 〈뉴욕타임스〉에 "온라인 쇼핑객 (Online Shopper)"이라는 제목으로 칼럼을 기고한다. 그녀가 쓴 칼럼 가운데 '잘 모르는 이방인에게: 새벽 4시인데요, 도와주세요!' 편을 깊이 생각해보라. 1998년 슬라탈라가 인터넷에 대한 기사를 쓰기 시 작했을 때는 온라인으로 무엇인가를 사는 일이 드물었다. 하지만 이 제는 온라인 쇼핑을 하지 않거나 온라인을 통해 조언을 얻지 않는 사 람을 찾기가 힘들 정도다. 슬라탈라는 이렇게 말했다.

"이방인에게 도움을 청하는 게 이상하지 않은 시대가 온 거죠."[44]

온라인에서 도움을 주는 사람들도 중요한 이방인이다. 중요한 것 은 그들을 어떤 식으로 분류하느냐가 아니라 가깝지 않은 다양한 집 단의 사람들에게도 주목하게 되었다는 점이다. 당신과 연결되는 모 든 사람은 당신에게 각기 다른 뭔가를 준다.

삶을 좀 더 넓게 보면 사람들과의 연결을 얼마나 확장할 수 있는지 파악할 수 있다. 어떤 배우가 무대 중앙으로 나오고 들어가는지도 볼 수 있다. 그리고 그런 행위는 소속감과 확신감을 준다. 우리는 혼자가 아니기에 일을 성사시키고, 다른 사람을 돕고 치유하며, 어려운 이를 돌볼 수 있는 것이다. 익숙하지 않은 새로운 아이디어를 발견하고 경험할 수도 있다. 중요한 이방인 덕분에 칼라 라이트풋은 평범하지 않은 직업에 잘 적응했고, 팔다리가 없는 더그 데이비스는 더 이상 자신을 장애인으로 보지 않는다. 가장자리에 포진한 기업 호위대 덕분에 P&G는 사업 부문 사이에 숨어 있던 스위퍼를 찾아냈다. 아프리카 가나에서는 사람들 사이의 상호 의존도와 연결을 이해한 덕분에 제각각인 정부 부처와 부족 지도자들도 물 사용 문제를 제대로 이해할 수 있었다.

우리가 바라는 대로 된다면, 이 책은 당신의 주목을 끌 것이다. 당신이 호위대에 있는 모든 사람의 진가를 깨닫고 정말 '중요한' 관계에 대한 정의를 확장할 수 있도록 영감을 불어넣을 수도 있다. 우리가 사회생활을 하며 관계를 맺는 다양한 그룹에 '중요한 이방인'이라는 이름을 부여해 그들이 보유한 힘을 당신이 좀 더 잘 인식할 수 있기를 희망한다. 시오도라 스타이츠의 일화를 생각해보면 이는 충분히 가능한 일이다. 2006년, 첨단 통신 기술에 정통한 20대의 스타이츠는 '베아트리체'가 되어 최소한 그녀에게는 천국인 인터넷 세상으로 우리를 안내했다. 스타이츠는 2년 후 페이스북을 통해 블라우에게 다음의 메시지를 보냈다.

얼마 전 중요한 이방인 덕분에 정말 기가 막힌 체험을 했어요(이 책을 읽다 보면 사람들은 자기가 얼마나 많은 비슷한 일을 경험하는지 깨닫게 될 거예요). 제가 알게 된 사실은 사적인 관계일수록 중요한 이방인들은 뭔가를 더 많이 준다는 거예요. 이건 인간을 이해하는 관점에서는 이치에 맞는 말 같지만 경제적인 측면에서는 그렇지가 않아요.

지난 이틀 동안 저는 택시를 두 번 공짜로 얻어 탔고, 커피를 세 잔이나 얻어 마시고, 델리에서 베이글, 껌, 수프를 그냥 얻어먹었어요. 모두 제가 매일 출근부에 도장 찍듯 드나드는 곳에 있는 사람들이 제공한 것이었죠. 사람들이 호의를 베풀 때마다 사양하려고 했는데, 모두 따로 직접 가져다주는 거예요. 그 사람들이 모두 남자였던 것도 아니에요. 반은 여자였어요.

이 일을 계기로 사람들에게 중요한 이방인과의 연결이 무엇을 의미하는지 깨닫고는 그저 놀랍다는 생각이 들었어요. 이렇게 뭔가를 받는 일은 모두 중요한 이방인들이 저에게 개인적인 것에 대해 이야기한 다음에 일어났어요. 이야기를 들어준 대가로 뭔가를 주고 싶어 하는 것 같은 느낌이었어요.

이야기가 옆길로 새버렸네요. 죄송해요. 가끔은…… 인간이라는 존재가 너무 좋은 것 같아요.

중요한 이방인들의
영감으로 완성된 책

정말 중요한 의미를 내포한 자유는
주목하고, 인식하고, 훈련하고, 노력하며 진정으로 다른 사람을 아끼고,
매일 몇 번이고 드러내지 않고 꾸준히 그들을 위해 희생하는 것이다.
—
데이비드 포스터 월러스, 2005년 캐니언대학 졸업식 연설 중에서

멜린다 블라우

유대인력 5769년의 첫날인 2008년 9월 30일 화요일에 나는 집 뒤편에 있는 강둑을 따라 걷고 있었다. 작은 몸집의 애견 보기는 즐거워하며 나를 따라왔다. 언덕 기슭에 도달했을 때, 보통 때보다 많은 수의 무리가 내 쪽으로 오고 있는 것이 보였다. 대부분이 아이들을 동반한 가족이었다. 그곳은 보기와 내가 거의 매일 들르는 곳으로 주중에는 약 5명, 주말에는 10명에서 12명 정도와 마주치곤 했다. 그런데 그날은 30명이 넘는 사람들이 거기에 있었다. 순간 머릿속으로 '혹시라도 보기가 사람들에게 밟히면 안 되는데……' 라는 생각이 스쳐 지나갔다.

그때 갑자기 누군가 내 어깨를 건드렸다. 뒤돌아보니 도로시가 있

었다. 도로시는 내가 무척이나 좋아하는 사람이다. 그녀 역시 뉴욕에서 산 적이 있다. 마지막으로 만난 적이 언제인지 우리 둘 다 기억하지 못할 정도로 오랜만이었다. 도로시는 점점 늘어나는 행렬 속으로 나를 끌어당기며 말했다.

"우리랑 같이 가요."

도로시가 비닐봉지를 들어 보이며 빵을 나누어주겠다고 말했을 때 나는 사람들이 모인 이유를 깨달았다. 로시 하샤나(Rosh Hashana, 유대교의 신년제)를 하러 가는 사람들이었다. 유대인들은 로시 하샤나 때 빵 조각을 물에 던지는데, 이는 죄를 씻어낸다는 의미다. 이 의식은 타쉬리흐(tashlich)라고 알려져 있기도 하다.

"타이밍이 기가 막히네요. 이제 막 책을 끝냈거든요."

"어머, 너무 잘됐네요!"

도로시는 진심으로 기뻐했다.

우리는 걸어가면서 그간 서로에게 있었던 일을 이야기했다. 그러다가 작은 해변에 도달했는데, 그곳엔 100명도 넘어 보이는 사람들이 빙글빙글 돌고 있었다. 나는 거기서 로빈을 만났다. 그도 뉴욕에 살던 사람이다. 그리고 랍도 봤다. 로빈과 랍은 거의 1년에 한 번씩 레아의 명절 파티 때 만나곤 했다. 그들은 도로시도 알았다. 역시 레아를 통해서다. 모두가 레아를 안다. 하지만 그것은 또 다른 이야기다. 아무튼 랍은 아주 명석하며 여러 가지 주제에 대해 토론하기를 좋아한다. 로빈은 작가이자 편집자다. 그래서 이 두 사람은 내가 이제 막 책을 끝냈다고 말하던 그게 무엇을 의미하는지 잘 안다.

도로시, 로빈 그리고 랍은 어쩌다 한 번씩 만나게 되는 사람들이다.

하지만 지난 몇 년간 이들은 나를 만날 때마다 "책은 어떻게 돼가고 있어요?"라고 묻곤 했다. 그들의 질문이나 의견이 내게 스며들고 다시 그것을 말로 뱉는 과정을 통해 내 아이디어는 더욱 구체화된다. 나는 중요한 이방인에 대해 한참 떠들다가도 내가 대화를 독점하고 있는 것은 아닌지 걱정이 되어서 이렇게 묻곤 한다.

"정말 이렇게 상세한 부분까지, 시시콜콜 듣고 싶은 거예요?"

그러면 그들은 예외 없이 '네'라고 대답하고, 나는 이야기를 계속한다.

한 권의 책을 완성하고 나면 내가 경험한 최고의 의식 변용 상태(잠, 최면술, 마약 등으로 인해 유발된 다른 의식 상태-옮긴이)에 접어든다. 하지만 그때는 마치 영화 속을 헤매고 다니는 것 같은 기분이 들었다. 페데리코 펠리니(Federico Fellini, 이탈리아의 영화감독, 시나리오 작가-옮긴이)가 〈지붕 위의 바이올린(Fiddler on the Roof)〉을 만난 격이랄까. 그때의 모임 자체가 내가 근 1년간 써온 것을 상징했다. 해변에 모인 사람들은 서로를 잘 알지 못했지만, 나는 그들에 대해 조금 안다. 그들은 수세기에 걸쳐 전승되어온 행사에 참여하기 위해 그 자리에 모였다. 나는 유대교보다는 문화에 더 관심이 많지만 의식, 특히 로시 하샤나를 치르는 것을 좋아한다. 죄를 씻고 새로운 해를 시작한다는 의미가 참으로 이치에 맞는다고 생각되기 때문이다. 샌들을 신고 수염을 기른 남자가 나에게 타쉬리흐에 대해 요약한 글이 적힌 종이를 건넸다. 필요한 것은 '빵 한 봉지(몇 조각만 있으면 될 터였다)'와 겸손하고 자진하는 마음뿐이었다.

그리고 나는 사람들과 로쉬 하샤나를 치르는 곳에 있었다. 집에 있는 내 책상 위에는 탈고한 지 10분밖에 지나지 않은 따끈따끈한 원고가 놓여 있고(실은 책상이 아니라 컴퓨터에 저장되어 있지만 말이다) 내 주변에는 언뜻 보기에 별로 중요해 보이지 않지만 실은 정말로 중요한 사람들이 포진해 있었다. 그 전날 나는 내가 가장 사랑하는 사람과 함께 로시 하샤나를 하기로 했던 약속을 취소했다. 책을 완성하는 데 너무 많은 에너지를 써서 3시간 동안 운전을 할 수 없을 것 같았기 때문이다. 약속을 취소하고 나서 나는 스스로가 조금 안되었다고 생각하며 책의 마지막 장을 다듬는 데 시간을 쓰기로 했다. 매사추세츠에 남기로 한 것은 잘한 결정이었지만 마지막 문장을 타이핑할 때 축하해줄 사람이 아무도 없는 게 약간 서운했다. 그런데 이렇게 초현실적인 장면 속으로 걸어 들어온 것이다.

도로시가 자기 봉투에 손을 집어넣어 약간 딱딱해진 빵을 나에게 건넸다.

"통밀 빵이에요?"

나는 이렇게 묻고서 과장된 '뉴욕' 억양으로 덧붙였다.

"이런, 할라(challah, 유태교의 안식일을 위해 새끼 모양으로 꼰 흰 빵–옮긴이)는 없어요?"(랍이 앳킨슨 다이어트(atkins diet, 고단백질 식품만 먹고 고탄수화물 식품은 피하는 다이어트–옮긴이)를 하고 있는 중이라 로빈과 랍은 프레츨을 가지고 왔다.)

빵 조각을 강에 던지고 새해를 맞이하며 나는 내가 받은 모든 축복, 의식 자체, 내 중요한 이방인들과 그들이 영감을 불어넣은 책에 조용히 간직하는 미음을 표현했다. 내 죄에 대해서는 나중에 생각해보겠다. 우주를 관장하는 것이 무엇인지 혹은 누군지는 모르지만 적어도

나는 아니라는 사실은 안다. 이보다 더 멋지게 책을 끝낼 수 있는 방법이 뭐가 있을지 전혀 생각이 나지 않는다.

캐런 핑거맨

아이를 키우려면 '마을 전체'가 필요하다는 옛 아프리카 속담을 널리 알린 사람은 힐러리 클린턴이다. 사실 아이 한 명을 제대로 키우는 데도 중요한 이방인 집단이 필요하다. 나는 아들을 맡겼던 탁아소의 주차창에서 만난 다른 아기 부모들 덕분에 주변인과의 유대감에 관심을 가지게 되었다. 이 책을 출간할 날이 다가오니 수많은 중요한 이방인과 수년 동안 만나온 셀 수 없이 많은 사람 그리고 내 아이들의 우주의 일부분인 다른 아이들의 엄마, 아빠, 교사, 코치, 관리인, 성직자들이 생각난다. 그들이 아이를 가지기 전에는 결코 상상도 하지 못했던 풍요롭고도 혼란스러운 세계 속에서 나를 지켜주었다는 사실도 새삼스럽게 깨닫는다. 내가 잘 모르는 사람들이 올바른 부모 모델을 제시하고, 내 아이들이 자신감을 가지고 보다 더 큰 세상과 연결될 수 있게 인도했다.

내가 주변인과의 유대감에 대한 첫 논문을 출간한 해에 둘째 딸이 태어났다. 당시 우리 가족은 막 인디애나 주로 이사했고 고립된 것 같은 기분을 느꼈다. 하지만 딸이 태어난 지 얼마 되지 않아 이웃들이 참치 요리와 파스타 샐러드를 가지고 우리 집을 찾아왔다. 웨스트라파예트에서 만난 중요한 이방인 중 한 명인 부동산 중개인이 자기 딸을 소개시켜 줬고 그 딸은 우리 아이들의 보모가 되었다. 놀이터에서는 부모가 각기 다른 4개 대륙에서 살아본 경험이 있고 6개 국어로

'생일 축하합니다'를 어떻게 말하는지 가르쳐준 아이들과 연결되었다. 내가 다니는 학교 학과에서는 아기 보기를 좋아하고 〈컷 더 피클 티클 티클(cut the pickle, tickle, tickle)〉 노래를 아는 대학원생을 만났다. 그리고 딸아이의 발레 교사는 매년 4월 발표회를 열 때면 아이들의 아빠를 설득해 무대에 서게 만드는 비상한 재주를 가진 사람이었다.

중서부 지방의 겨울은 혹독하게 춥다. 하지만 이선의 엄마 같은 사람들이 있어 감사하는 마음을 가지게 된다. 이선의 엄마는 의학계에서 일하는데, 그 분야에서 미국 상위 50위 안에 드는 저명한 연구자다. 50위 안에 드는 쟁쟁한 연구자들 중에는 노벨상을 탄 사람도 수두룩하지만 어린 아이를 키우는 사람은 거의 없다. 나는 이선의 엄마를 잘 알지는 못한다. 하지만 일과 가정 사이를 오가며 두 가지 일의 균형을 맞추는 능력을 존경하지 않을 수가 없다.

그녀는 카풀을 하는 부모들의 도움을 받아 약 6가지 과외 활동을 하는 아들의 스케줄을 효율적으로 관리한다. 어느 해 2월, 우리 모두 각자의 일로 아주 바쁠 때였다. 날씨가 아주 춥자 학교 측은 며칠간 평소보다 일찍 수업을 끝냈다. 예기치 않은 스케줄 변동이 생기자 이선의 엄마는 하루는 자신의 집에서, 또 하루는 나의 집에서 아이들을 돌보는 것이 좋겠다는 아이디어를 냈다. 아이들의 과외 활동을 보조하다 보니 자연스럽게 내 사회적 호위대도 늘어났다.

호위대가 반드시 필요한 경우도 있다. 예를 들어 내 아들은 극도로 물을 무서워했다. 내 여동생의 중요한 이방인인 한 소아과 의사는 아이들에게 수영을 가르치는 것은 예방접종을 시키는 것만큼 중요한 일이라고 조언했다고 한다. 지구의 약 4분의 3이 물로 뒤덮여 있으니 틀린 말은 아니다. 하지만 젖기 싫어하는 내 아이를 물속에 들여보내는 것은 그 어떤 일보다 어려웠다. 그래서 나는 다른 부모들에게 도움을 청했다. 아이들의 마음을 여는 비상한 능력을 가진 수영 강사 재키를 소개해준 사람이 누구 엄마였는지 기억은 나지 않지만, 아무튼 나는 재키가 망설이는 내 아들을 구슬려 물속으로 이끄는 것을 보고 무척 놀랐다.

재키의 강습을 받은 내 아들은 이제는 실력 있는 수영 팀에서 좋은 수영 레인을 당당히 차지할 정도가 되었다. 그리고 나는 관람석에 앉아 아이가 이룬 성공에 감사하며 다른 꼬마 수영 선수들의 부모와 유대 관계를 맺었다. 부모들은 한쪽 눈으로 아이들을 지켜보면서도, 수영복을 어디에서 구입할지 이야기를 나누었다. 1학년 수학 커리큘럼이나 체력 단련 훈련 스케줄 등에 대해 이야기를 나누기도 했다. 중요한 이방인들은 내 연구를 풍성하게 만들었으며, 학계 활동을 하는 데도 도움을 주었다. 뿐만 아니라 엄마로서 중요한 일을 먼저하고 미지의 세계를 탐험할 수 있도록 이끌어주었다.

중요한 이방인을 찾는 지극히 개인적인 20가지 질문

우리는 특정한 영역 안에서 생활한다. 각각의 영역에는 정도는 다르지만 우리가 계속해서 나아가도록 뒷받침해주는 사람들이 있다. 당신이 심적으로 힘든 시간을 이겨내는 데 도움을 주는 사람이 있다고 치자. 그는 호의를 베풀거나 직업을 찾는 데 도움을 주거나 웃게 만드는 능력이 없을 수도 있다. 즉, 한 사람이 모든 역할을 해낼 수는 없다.

2장에서 언급한 바와 같이 사회적 호위대를 분석해보면 삶에서 중요한 역할을 하지만 가장 가까운 그룹에 속하지 않아서 무심결에 그 사람을 생략해버리는 경우가 있다. 사회를 좀 더 넓은 시각에서 볼 수 있는 방법 중 하나는 클로드 피셔가 주장한 '가치 있는 상호 교류'에 대해 연구자들이 물을 만한 질문을 스스로에게 던져 보는 것이다.[1]

다음의 질문은 피셔와 그의 동료 학자들이 만들어낸 것을 새롭게 수정한 것이다. 당신의 의식을 환기시킬 이 질문들은 나쁜 영향을 미치는 사람들에 대해서는 다루지 않는다. 약한 유대를 맺고 있는 관계나 특수한 상황에서만 어떤 일을 해주는 사람도 제외하기로 한다. 하지만 아래의 질문에 답하다 보면 당신을 지원하고 삶을 보다 재미있게 만들어주는 사람들(중요한 이방인들과 가장 가까운 사람들)의 초상을 그려볼 수 있을 것이다.

자, 질문을 읽으며 하나 이상의 이름을 거명해보자. 정해진 답은 없으니 자유롭게 대답하도록 한다.

1. 당신이 집에 없을 때 누가 당신의 집을 관리해주는가?
2. 당신은 누구와 함께 영화 관람, 저녁 식사, 여행 같은 사회 활동을 하는가?
3. 개인적인 근심이나 걱정이 있을 때 누구와 의논하는가?
4. 중요한 결정을 내리기 전에 누구에게 조언을 구하는가?
5. 큰돈이 필요할 때 누구에게 빌려달라고 하겠는가?
6. 가스레인지를 켜놓고 외출했다는 사실이 생각났을 때 누구에게 전화하겠는가?
7. 스포츠, 취미, 게임 같은 여가 활동을 누구와 함께 하겠는가?
8. 온라인에서 이메일, 인터넷 커뮤니티, 블로그, 화상 채팅 등을 이용해 누구와 접촉하는가?
9. 어떤 제품에 대한 추천을 누구한테서 받았는가?
10. 누가 당신을 위해 청소, 정원 일, 수리, 보수 등을 해주는가?
11. 당신의 선생님 혹은 최근에 새로운 기술을 가르쳐준 사람은 누구인가?
12. 힘을 써야 하는 문제를 해결해주는 사람은 누구인가?

13. 파마, 커트, 매니큐어 같은 몸단장 서비스는 누가 해주는가?

14. 건강에 문제가 생겼을 때 누구에게 전화를 해서 정보를 얻는가?

15. 당신이 나이 든 친지를 돌봐야 할 경우 누가 도와주는가?

16. 당신의 영적 자아를 고양시키는 데 도움을 주는 사람은 누구인가?

17. 정치 활동이나 대의명분에 관한 문제에서 당신과 비슷한 견해를 가진 사람은 누구인가?

18. 당신의 멘토는 누구인가? 또는 당신은 누구에게 멘토 역할을 하는가?

19. 차를 정비소에 맡겼다면 누구에게 차를 태워달라고 부탁하겠는가?

20. 당신이 부모라면(또는 애완동물을 기른다면) 당신 이외에 자녀(또는 애완동물)를 돌봐주는 사람은 누구인가?

직업 테스트

아래 표의 각 직업명 옆에 그 직업을 가진 친척, 친구, 중요한 이방인(이야기를 나눌 수 정도로 아는 사람)의 이름을 쓴다. 그러고 나서 당신의 답과 표본을 비교해보도록 한다.

직업	친척	친구	중요한 이방인
행정 보조원			
보모			
사환(호텔, 클럽)			
회계 장부 담당자			
최고경영자			
컴퓨터 프로그래머			
국회의원			
공장장			
농부			
관리인			
헤어디자이너			

변호사			
중학교 교사			
간호사			
인사과 부장			
경찰관			
생산 매니저			
교수			
접수 담당자 (호텔, 병원, 사무실)			
경비원			
택시 기사			
작가			

사회과학자들은 인간의 다양한 사회적 호위대를 측정하는 여러 가지 방법을 고안했다. 인생에서 의미 있는 사람들의 이름을 거명하라고 요청하는 '이름 발생기'가 한 가지 접근 방식이다. 그리고 위의 직업 테스트 같은 '지위 발생기'도 접촉 가능한 다양한 사람들의 이름을 파악할 수 있게 한다. 이론적으로 당신이 사회경제적 사다리를 오가는 사람들을 많이 알수록 정보를 얻고 자원에 접근하기가 훨씬 용이해진다.

직장인 혹은 전에 직장 생활을 한 성인 3000명을 대상으로 위에 열거한 22가지 직업에 대한 설문을 했다. 21세에서 64세의 연령을 대상으로 했고, 이 방법을 고안한 사회학자 난 린이 설문을 주도했다.[2] 가장 잘 알려진 직업인 간호사는 응답자의 70퍼센트가 최소한 1명을 알고 있었다. 45퍼센트 또는 그 이상의 응답자가 헤어디자이너, 변호사, 경찰관, 컴퓨터 프로그래머 또는 중학교 교사를 알고 있다고 답했다. 가장 덜 알려진 직업은 (호텔 혹은 클럽) 사환으로 이들을 아는 사람은 2.7퍼센트에 불과했다. 그리고 택시 기사, 최고경영자, 생산 매니저 또는 국회의원을 아는 사람은 20퍼센트가 채 되지 않았다.

당신은 어떤가? 이 연구에서 성인들은 평균적으로 6개에서 7개의 직업을 가진 사람들을 알고 있는 것으로 나타났다. 설문 응답자의 2퍼센트만이 22가지 직업을 가진 사람을 아무도 모른다고 답했다. 22가지 직업에 종사하는 이를 모두 아는 사람은 한 명도 없었고 19가지가 최고였다. 하지만 전체 중 약 3분의 1이 8가지 이상의 직업에 종사하는 사람을 알았다.

보니 에릭슨은 여기에 한 가지를 추가해 린의 방식에 변화를 꾀했다. 에릭슨은 응답자들의 지인이 어떻게 서로를 알게 되었는지 가리키는 칸을 추가했다. 그렇게 해서 에릭슨은 중요한 이방인을 의미하는 약한 유대감이 다양한 직업을 가진 사람들, 즉 각기 다른 경제 계층의 사람들과 접촉할 수 있는 기회를 훨씬 더 많이 제공한다는 사실을 밝혀냈다. 예를 들어 (19가지 직업이 실린 목록을 이용해) 경비 산업을 조사한 연구를 보면, 사람들은 친척 중에서는 '약 두 가지 직업', 친구 그룹에서는 친척보다 두세 배 많은 정도의 직업 수를 알고 있었다. 그리고 약한 유대감 그룹의 직업 수는 친구와 비교해 두 배 더 많았다.[3] 아마 당신도 직접 작성한 목록에 중요한 이방인이 더 많다는 사실을 발견하게 될 것이다.

1장 더 이상 사소한 관계란 없다

1. Joel Stein, "Meet the Other 100," *Time*, May 8, 2006, 176. http://www.time. com/time/magazine/article/0,9171,1189176,00.html.

2. Joel Stein, "The Other 100," http://www.time.com/time/magazine/article /0,9171,1190759,00.html.

3. Letters to the Editor, *Time*, May 29, 2006. http://www.time.com/time/ magazine/article/0,9171,1197931,00.html.

4. 조엘 스타인, 멜린다 블라우와의 인터뷰, 2006년 6월 17일.

5. Karen L. Fingerman, "Consequential Strangers and Peripheral Partners: The Importance of Unimportant Relationships," *Journal of Family Theory and Review 1* (June 2009); Fingerman, "Weak Ties," in *Encyclopedia of Human Relationships*, edited by H. T. Reis and S. K. Sprecher (Thousand Oaks, Calif.: Sage, in press); and Fingerman, "The Consequential Stranger: Peripheral Relationships Across the Life Span," in *Growing Together: Personal Relationships Across the Life Span*, edited by F. R. Lang and K. L. Fingerman (New York: Cambridge University Press, 2003). 심리학자 스탠리 밀그램이 만들어낸 용어 '친숙한 이방인'은 교통경찰처럼 규칙적으로 만나지만 서로 교류하지 않는 인물을 지칭한다. 어떤 친숙한 이방인과 개인적으로 연결되면 그 사람은 중요한 이방인이 된다.

6. Karen L. Fingerman and P. C. Griffiths, "Season's Greeting: Adults' Social

Contacts at the Holiday Season," *Psychology and Aging* 14 (1999): 192-205. In an article by Kate Murphy, "In Case of Disaster, Have a Backup Plan for Your PC," *New York Times*, May 14, 2006. 이 기사에서 뉴올리언스에 거주하는 마케팅 회사 중역 재닛 잉글랜드(Janet England)는 아주 소중하고 복구할 수 없는 디지털화한 사진을 잃어버린 후 다음처럼 말했다. "바보 같은 소리라는 건 알지만 난 크리스마스카드를 보낼 사람 목록도 잃어버렸어요. 그 생각만 하면 정말 속이 뒤집혀요."

7. Karen L. Fingerman and Elizabeth L. Hay, "Searching Under the Streetlight? Age Biases in the Personal and Family Relationships Literature," *Personal Relationships* 9 (2002): 415-33. 친근한 사이의 유대감에 대한 연구를 살펴보면 44퍼센트는 배우자, 25퍼센트는 애인, 26퍼센트는 자녀가 있는 가정, 17퍼센트는 부모, 13퍼센트는 친구 또는 제일 친한 친구 관계에 초점을 둔다. 그리고 10퍼센트가 그 밖에 친근하지 않은 모든 관계를 다루었다. (여기 나온 비율은 합해도 100이 되지 않는다. 하나 이상의 주제를 다룬 연구도 있기 때문이다.) 이런 편중된 현상에 주목한 학자들이 있다. Calvin Morrill and David A. Snow, "The Study of Personal Relationships in Public Places," *in Together Alone: Personal Relationships in Public Places*, edited by Calvin Morrill, David A. Snow, and Cindy H. White (Berkeley: University of California Press, 2005); Lyn H. Lofland, "Social Interaction: Continuities and Complexities in the Study of Nonintimate Sociality," in *Sociological Perspectives on Social Psychology*, edited by. K. S. Cook, G. A. Fine, and J. S. House (Boston: Allyn & Bacon, 1995); Robert Milardo, "Theoretical and Methodological Issues in the Identification of the Social Networks of Spouses," *Journal of Marriage and the Family* 51 (1989): 165-74. 1989년 논문에서 밀라도는 다음과 같이 밝혔다. "사회과학자들은 오랫동안 가까운 사람과 나누는 우정이 개인의 인간관계에서 필수적이라고 주장해왔다. 하지만 지인과의 유대감도 똑같이 중요하다."

우리들 대부분은 직관적으로 이방인과의 관계가 중요하다는 사실을 안다. 하지만 사회적 유대감을 연구하는 학자들은 다르다. 후속 연구에서 핑거맨은 동료들에게 어떤 유형의 인간관계가 중요하다고 생각하는지 물어본 후 그 결과를 법학, 의학, 인문학 등 다른 분야의 고학력자들 및 대학 학위가 있는 사람들(혹은 고등학교만 졸업한 사람)의 반응과 비교했다. 상대적으로 학력이 낮은 사람들은 사회적 유대감을 연구하는 학자들과 비교했을 때 (교회 또는 이웃과 같은) 주변 인간관계가 더욱 중요하다고 평가했다. 다른 분야의 고학력자들도 중요한 이방인이 중요하다고 생각했다. 핑거맨은 사회과학자들이 다른 사회적 유대감은 배제하고 친근한 인간관계만 중요시하기 때문에 이런 결과가 나온 것이 아닌지 추측한다.

8. Morrill and Snow, "The Study of Personal Relationships in Public Places"; 캘빈 모릴(Calvin Morrill), 블라우와의 인터뷰, 2008년 7월 7일, 후속 이메일.

9. 몇몇 학자와 연구자들은 친근하지 않은 인간관계의 유형과 단계를 분류하려 시도했다. Claude Fischer, *To Dwell Among Friends: Personal Networks in Town and City* (Chicago, Il.: University of Chicago Press, 1982); Ray Pahl and Liz Spencer, *Rethinking Friendship* (Princeton, N.J.: Princeton University Press, 2006); Tom Rath, *Vital Friends* (New York: Gallup Press, 2006). 일본인 사회학자 히데노리 토미타(Hidenori Tomita)도 친근하지만 익명으로 접촉을 하는 사람들을 지칭하는 '친근한 이방인'이라는 단어를 만들어 '새로운 미디어에 의해 탄생한 이전에는 없던 인간관계'를 설명하고자 했다. Hidenori Tomita, "Keitai and the Intimate Stranger," in *Personal, Portable, Pedestrian: Mobile Phones in Japanese Life*, edited by M. Ito, M. Matsuda, and D. Okabe (Cambridge, Mass.: MIT Press, 2005).

10. Claude Fischer, "What Do We Mean by 'Friend'? An Inductive Study," *Social Network* 3 (1982): 287–306.

11. Morrill and Snow, "Taking Stock: Functions, Places, and Personal Relationships."

12. David Morgan, Margaret Neal, and Paula Carder, "The Stability of Core and Peripheral Networks Over Time," *Social Networks* 19 (1996): 9–25.

13. Chicago Historical Society, Studs Terkel/Conversations with America, biography, http://www.studsterkel.org/bio.php.

14. From the introduction to *Division Street: America* by Studs Terkel (New York: Pantheon Books, 1966).

15. Mark Granovetter, "The Strength of Weak Ties," *American Journal of Sociology* 78 (May 1973): 1372, 블라우와이 인터뷰, 2006년 5월.

16. 마크 그라노베터, 블라우와의 인터뷰와 이메일, 2006년 5-7월.

17. Granovetter, "The Strength of Weak Ties," 1372.

18. Erin White, "Profession Changes Take Time but May Be Worth Wait," *Wall Street Journal*, November 27, 2007.

19. Robin L. Jarrett, "Successful Parenting in High-Risk Neighborhoods," *The Future of Children* 9 (Fall 1999); R. L. Jarrett, P. J. Sullivan, and N. D. Watkins, "Developing Social Capital Through Participation in Organized Youth Programs: Qualitative Insights from Three Programs," *Journal of Community Psychology* 33 (2005): 41-45.

20. 알렉스 무뇨즈(Aleks Muñoz), 블라우와의 인터뷰, 2007년 10월 20일.

21. Ilse van Liempt and Jeroen Doomernik, "Migrants Agency in the Smuggling Process," *International Migration* 44 (2006): 165-90.

22. 사회과학자들은 사회적 파트너와 공동체 조직 사이를 연결해 얻는 일반적인 이점을 망라하는 '사회자본' 개념을 조사해왔다. 2005년 애리조나 주 피닉스에서 개최된 NCFR(National Council on Family Relations)의 '이론 작성과 연구 방법론 워크샵'에 제출된 다음 자료를 참조하라. Robert M. Milardo, Heather M. Helms, and Stephen R. Marks, "Social Capitalization in Personal Relationships." 또한 다음 자료도 참조하라. Nan Lin, *Social Capital: A Theory of Social Structure and Action* (New York: Cambridge University Press, 2001).

23. 노동국과 인구통계국은 미국인의 노동 시간에 대해 상반된 견해를 가지고 있다. 하지만 노동국 자료를 이용한 인구통계국 데이터에 의하면 일하는 미국인의 82퍼센트가 전일제로 근무한다. http://www.census.gov/compendia/statab/tables/08s0590.pdf.

24. 시어도라 스타이츠(Theodora Stites), 블라우와의 인터뷰와 이메일, 2006년 7월-2007년 1월.

25. Michael Schrage, "The Relationship Revolution," *Merrill Lynch Forum* (1997), 블라우와의 인터뷰, 2007년 10월 30일, http://www.cooperationcommons.com/node/406.

26. Keith Hampton and Barry Wellman, "Neighboring in Netville: How the Internet Supports Community and Social Capital in a Wired Suburb," *City and*

Community 2 (Fall 2003); Keith N. Hampton, "Grieving for a Lost Network: Collective Action in a Wired Suburb," *The Information Society* 19 (2003): 1-13.

27. 키이스 햄튼(Keith Hampton), 블라우와의 인터뷰와 이메일, 2007년 7-10월.

28. 존 셰넌(Jon Shannon, 노스필드 마운트허먼의 전 기술 담당 부서 이사), 블라우와의 인터뷰, 2007년 10월 3일.

29. 스타이츠에 의하면 마운트허먼 고등학교 졸업생들은 현재 페이스북에 '나는 스위스를 그리워한다(I Miss SWIS)' 라는 그룹을 만들어놓고 두 개의 사이트를 비교한다고 한다. 익명의 회원이 두 사이트의 장점을 묘사한 글은 인터넷 소통이 우리의 머리보다 마음을 더 끈다는 마이클 슈레이즈(Michael Schrage's)의 주장을 한층 더 강화한다. "스위스를 포기하기 어렵긴 하지만 우리는 이를 대체할 거의 완벽한 사이트를 얻었다. 그것은 페이스북이다. 페이스북은 2시간 밖에 사용하지 못한다는 제한이 없고, 사진과 프로파일 그리고 사용자들이 글을 올릴 수 있는 '담벼락(wall)' 이 있어서 스토킹을 하기도 훨씬 용이하다. (…) 페이스북을 하면 중요한 사람의 생일을 잊어버리고 그냥 지나치는 일이 절대 일어날 수 없고, 치욕스러운 사건도 시간이 흐르면 자연스럽게 잊게 해준다. (…) 페이스북은 꾸물거리며 뭔가를 찾아내기에 좋고 그래픽도 훌륭하다. 하지만 스위스가 나은 점도 분명 있다. (…) 사람들을 '찌르고' 다니는 대신 우리는 '스위스 폭탄' 을 투하한다. (…) 누군가에게 메시지를 보낼 때 그 사람이 실제로 메시지를 읽고 있는지 알 수 있고…… 누가 온라인에 접속했는지, 그리고 누가 그들과 이야기하고 있는지도 알 수 있다. (…) 무지하게 재미있는 교내 행사는 물론 눈이 오는지, 누가 대학에 입학했는지, 누구 생일인지, 심지어 그 주 아침, 점심, 저녁 식사 메뉴가 뭐였는지도 알 수 있다. (…) 아마 모교를 그다지 그리워하지 않아도(아니면 실은 그리워하면서 인정하지 않을지 몰라도) 스위스를 그리워한다고 말하는 것을 부끄러워하지 말지어다." http://www.facebook.com/group.php?gid=2204868992.

30. Robert Kraut et al., "Internet Paradox: A Social Technology That Reduces Social Involvement and Psychological Well-being?" *American Psychologist* 53 (1998): 1017-31.

31. J. P. Barlow, "What Are We Doing On-Line?" Harper's, August 1995, 35-46, quoted in Barry Wellman, "Personal Relationships: On and Off the Internet," in *The Cambridge Handbook of Personal Relations*, edited by Anita L. Vangelisti

and David Perlman (Cambridge: Cambridge University Press, 2006), 711.

32. 배리 웰먼은 다음의 자료에서 개인의 인간관계에 대한 초기 일화를 요약한다. Barry Wellman, "Personal Relationships: On and Off the Internet," 709-23.

33. Hampton and Wellman, "Neighboring in Netville."

34. Toronto Real Estate Board, Average Single Family Historical Home Prices and trends for Toronto and Mississauga, http://www.mississauga4sale.com /TREBprice.htm. 연간 4-5퍼센트 상승률에 근거해 주택 가격을 산정했다.

35. Elaine Carey, "In Netville, Good Nexus Makes Good Neighbours," *Toronto Star*, November 14, 2000, section B2.

36. Barry Wellman, "The Glocal Village: Internet and Community," *Idea&s* (University of Toronto) 1 (Autumn 2004).

37. Barry Wellman, "The Community Question: The Intimate Networks of East Yorkers," *American Journal of Sociology* 84 (1979): 1201-31.

38. Hampton and Wellman, "Neighboring in Netville."

39. Hampton, "Grieving for a Lost Network: Collective Action in a Wired Suburb," 블라우와의 인터뷰, 후속 이메일.

40. 같은 자료.

41. Walter J. Carl, "⟨where r u?⟩ ⟨here u?⟩: Everyday Communication with Relational Technologies," in *Composing Relationships: Communication in Everyday Life*, edited by J. Wood and S. Duck (Belmont, Calif.: Thomson Publishing, 2006), 96-109.

42. Schrage, "The Relationship Revolution."

43. Theodora Stites, "Rock My Network," in *Twentysomething Essays About Twentysomething Writers* (New York: Random House Trade Paperbacks, 2006), 142-48. 스타이츠의 중요한 이방인 중 한 명이 (스타이츠 세대가 중요하게 생각하는 것에 대해 기술하는) 에세이 경연대회에 대한 내용을 이메일로 보냈다. 그녀가 에세이 주제를 찾는 데는 그리 오랜 시간이 걸리지 않았다.

44. Jeffrey Boase et al., "The Strength of Internet Ties: The Internet and Email Aid Users in Maintaining Their Social Networks and Provide Pathways to Help When People Face Big Decisions," Pew Internet & American Life

Project, January 25, 2006, http://www.pewinternet.org. 오직 10퍼센트의 사용자만이 온라인에서 처음으로 만난다. 그리고 거리가 너무 멀거나 어떤 특별한 문제가 없는 한 관계가 실제 현실 세계로 이어졌다.

45. Keith Hampton, Oren Livio, and Lauren Sessions, "The Social Life of Wireless Urban Species," draft, November 10, 2008.

46. Keith Hampton, "Glocalization: Internet Use and Collective Efficacy," draft, June 24, 2008; 햄튼이 블라우에게 보낸 이메일에서, 2008년 8월.

47. Miller MacPherson, Lynn Smith-Lovin, and Mathew Brashears, "Social Isolation in America: Changes in Core Discussion Networks Over Two Decades," *American Sociological Review* 71 (June 2006): 353-75. 이 연구는 GSS(General Social Survey)에서 실시한 사회조사의 1985년과 2005년 응답을 비교한다.

48. 미국인들은 일정 기간 동안 불신적인 태도를 유지해왔다. 해리스 여론조사(Harris Poll's)의 "고립 지수(Alienation Index)" 2007에 의하면 2006년 이후 다음의 세 가지 질문에 대해 '그렇다'고 생각하는 사람의 수가 상당히 증가한 것으로 나타났다. '국가를 운영하는 사람들 대부분이 당신에게 무슨 일이 있어나는지 신경 쓰지 않는다'는 질문에 그렇다고 대답한 사람은 59퍼센트로 전년에 비해 6퍼센트 증가했다. '권력자들 대부분이 당신 같은 사람들을 이용하려고 한다'라는 질문에 그렇다고 대답한 사람은 54퍼센트에서 57퍼센트로 증가했다. 그리고 '워싱턴 정가의 사람들은 미국의 나머지 부분과 두절되어 있다'라는 질문에 그렇다고 대답한 사람은 75퍼센트로 무려 7퍼센트나 늘었다. 이 자료는 다음 사이트에서 가져왔다. http://www.harrisinteractive.com/harris_poll/index.asp?PID=829. 이 책을 집필하고 있는 시점은 오바마 재임기의 영향을 고립 지수에 반영하기에는 너무 이르다.

49. 미국의 서비스 산업을 연구한 학자들은 직업을 두 가지 유형으로 구분했다. 하나는 고임금에 안정적이며 긴 시간 동안 일하고 집에서도 컴퓨터로 업무를 봐야 하는 직업(a)이고, 다른 하나는 저임금에 고용 상태도 불안정한 직업(b)이다. a의 직업을 가진 미국인 근로자들은 일이 가정생활을 침해한다고 생각한다. 이와는 대조적으로 b에 속하는 미국인 근로자들은 일하는 시간이 적은 만큼 임금도 낮으며 일 자체가 재미있거나 보람 있지 않다고 대답했다. 또한 기업 정책의 변화로 동료와 연결된 기회도 기의 없는 것으로 나타났다. J. A. Jacobs and K. Gerson, *The Time Divide: Work, Family, and Gender Inequality* (Cambridge, Mass.:

Harvard University Press, 2004). The Family and Work Report: http://www.familiesandwork.org/site/research/reports/brief1.pdf.

50. Peter Bearman and Paolo Parigi, "Cloning Headless Frogs and Other Important Matters," *Social Forces* 83 (December 1, 2004): 535–57. 노스캐롤라이나 여론조사(North Carolina Poll)는 노스캐롤라이나에 거주하는 성인 가운데 표본을 뽑아 조사를 했다. 연구자는 지난 6개월간 '중요한 문제'에 대해 누구와 의논했는지 질문했다. 또한 그 중요한 문제가 구체적으로 무엇이었는지도 물었다. 그 결과 응답자의 20퍼센트만이 6개월간 중요한 문제를 의논하지 않았다고 대답했다. '조용한' 참여자의 반은 이야기를 나눌 사람이 없다고 응답했고, 나머지 반은 이야기를 나눌 정도로 중요한 문제가 없다고 대답했다. 이야기를 나눌 상대 없이 조용하게 지내며 고립된 사람은 (이혼으로) 파트너를 잃었거나 직업이 없는 경우가 많았다. 그리고 사람들은 우리가 '중요'하다고 간주하는 문제(생명과 건강, 돈, 집 그리고 아이들)들은 배우자와 의논하고 사회적 이슈, 정치(머리 없는 개구리 복제 등) 문제는 아는 사람들과 토론하는 경향이 있다.

51. Boase et al., "The Strength of Internet Ties."

52. Ann Hulbert, "Confidant Crisis," *New York Times,* July 17, 2006.

53. Claude Fischer, "*Bowling Alone*: What's the Score?" *Social Networks* 27 (2005): 155–67.

54. Robert Wuthnow, *Sharing the Journey: Support Groups and America's New Quest for Community* (New York: Free Press, 1994), and *Loose Connections* (Cambridge, Mass.: Harvard University Press, 1998).

55. Robert Wuthnow, *After the Baby Boomers* (Princeton, N.J.: Princeton University Press, 2007).

56. Karen S. Cook, "Charting Futures for Sociology: Structure and Action," *Contemporary Sociology* 29 (September 2000): 691. 이 자료에 따르면 "'세계화'와 '글로벌(global) 문화'는 불과 10년 전만 해도 상상할 수 없었던 흐름이며 새로운 상호 교류 방식과 사회조직의 형태를 아직 완전하게 이해하지 못했음을 암시하는 용어다".

57. Gwendolyn Bounds, "Entrepreneurial 'Therapy': Deals, Divorce, Downsizing," *Wall Street Journal,* November 6, 2007.

58. 밋업닷컴(Meetup.com) 웹사이트와 던 마티오(Dawn Mateo), 블라우와 인터뷰, 2008년 8월 1일.

59. Rob Walker, "Good Disguise," *New York Times*, February 4, 2007.

60. Susan Warren, "Inspired by a Joke, One-Arm Dove Hunt Is a Tradition in Texas," *Wall Street Journal*, September 19, 2006; 더그 데이비스, 블라우와의 인터뷰, 2006년 11월 4일.

61. Morrill and Snow, "Taking Stock: Functions, Places, and Personal Relationships."

62. 마크 그라노베터, 이메일, 2008년 9월 21일. 그라노베터는 인간은 언제나, 심지어 중세 시대에서조차 어느 정도는 이동을 해왔다고 지적한다. 역사 인구통계학자들은 어떤 특정 마을에 10년 이상 산 사람들의 수가 아주 적다는 것을 밝혀냈다. 또한 중국에도 한 곳에서만 산 다세대 가정이 흔하지 않다는 사실을 밝혀냈다.

63. Barry Wellman, "The Persistence and Transformation of Community: From Neighbourhood Groups to Social Networks: Report to the Law Commission of Canada, October 30, 2001, 16. 웰먼은 "대부분의 개인적 공동체는 조직이 느슨하고 인구도 희박하게 분포되어 있다"고 말한다. 최근 통계는 없지만 1987년에서 1997년 사이 연결망의 조밀도 평균치(네트워크 내 사람들의 전체 숫자로 서로 아는 사이의 사람들의 숫자를 나눈 값)는 0.33(사람들 숫자의 3분의 1이 서로 아는 사이임을 의미)에서 0.13(13퍼센트만 서로 아는 사이임)으로 줄어들었다.

2장 높은 곳에서 삶을 바라보는 순간 얻게 되는 통찰

1. Kurt Vonnegut, *Cat's Cradle* (New York: Dell Publishing, 1963).

2. Barry Wellman, "Challenges in Collecting Personal Network Data," *Social Networks*, January 14, 2007, introduction.

3. Charles Kadushin, "Some Basic Network Concepts and Propositions," in *Introduction to Social Network Theory*, online draft, February 12, 2004. http://home.earthlink.net/~ckadushin/Texts/Basic%20Network%20Concepts.pdf

4. 여기서 사용된 '사회적 호위대'라는 말은 '자기중심적 네트워크'와 동의어다. '개인적 공동체' 또는 '개별 네트워크'라는 8이 포힌 사회과학자늘이 한 개인이나 기관이 중심에 서는 관계의 연결망을 설명할 때 사용된다. 이 중에서 시간의 경과와

더불어 생기는 변화와 이동을 형상화하는 데 가장 적합한 단어는 '호위대'이다.

5. Wellman, "Challenges in Collecting Personal Network Data." 여기서 웰먼은 "모든 전체 네트워크를 일련의 개인 네트워크로 분석할 수 있다"고 주장한다. 차이점은 기관, 조직 또는 나라는 경계가 있는 개체인 반면 개인의 네트워크는 그렇지가 않다는 것이다.

6. 토니 안토누치(Toni Antonucci), 블라우와의 인터뷰, 2006년 10월 23일.

7. 칼라 라이트풋(Karla Lightfoot), 블라우와의 인터뷰와 이메일, 2007년 8-12월.

8. Ronald S. Burt, "The Social Capital of Structural Holes," in *New Directions in Economic Sociology*, edited by Maruro F. Guillén et al. (New York: Russell Sage Foundation, 2001), 201-47.

9. Katherine Rosman, "Clinging to the Rolodex," Wall Street Journal, November 24, 2007.

10. Robin Moroney, "BlackBerry Contacts Go Stubbornly Undeleted," *Wall Street Journal*, December 13, 2007. http://blogs.wsj.com/informedreader/2007/12/13/blackberry-contacts-go-stubbornly-undeleted/trackback.

11. 찰스 카두신(Charles Kadushin), 블라우와의 인터뷰, 2008년 8월 15일.

12. Charles Kadushin, "The Friends and Supporters of Psychotherapy: On Social Circles in Urban Life," *American Sociological Review* 31 (December 1966): 786-802; Kadushin, "The Small World, Circles, and Communities," in *Making Connections* (New York: Oxford University Press, forthcoming).

13. 토니 안토누치, 인터뷰; Robert Kahn and Toni Antonucci, "Convoys over the Life Course: Attachment, Roles, and Social Support," in *Life-Span Development and Behavior*, edited by P. B. Baltes and O. Brim (New York: Academic Press, 1980): 254-83; Toni Antonucci, "Hierarchical Mapping Technique," *Generations* 10 (1986): 10-12; Toni Antonucci, Hiroko Akiyama, and Keiko Takahashi, "Attachments and Close Relationships Across the Life Span," *Attachment and Human Development* 6 (2004): 353-70.

14. Bernie Hogan, Juan Antonio Carrasco, and Barry Wellman, "Visualizing Personal Networks: Working with Participant-Aided Sociograms," *Field Methods* 19 (May 2007): 116-44; Ray Pahl and Liz Spencer, *Rethinking*

Friendship (Princeton, N.J.: Princeton University Press, 2006).

15. 레이 팔(Ray Paul), 블라우와의 인터뷰, 2006년 7월 19일; 버니 호건(Bernie Hogan), 블라우에게 보낸 이메일, 2007년 8월 30일.

16. 안토누치는 사람들이 자신의 삶을 평가할 때 가까운 인물만을 사회적 파트너로 여기며, 인간관계를 나타내는 원 3개에 평균 10명에서 20명 정도를 꼽는다는 것을 알아냈다. 호건과 그의 동료들은 '아주 친한 관계(중요한 문제를 의논하는 사람, 정기적으로 연락하는 사람, 도움이 필요할 때 옆에 있어주는 사람)'와 '약간 친한 관계(가볍게 아는 사이는 아니지만 아주 가깝지는 않은 사람)'에 대해 질문한 결과 응답자들과 그런 관계를 맺고 있는 인원이 30명 정도라는 것을 알아냈다. 주변 인간관계를 다룬 연구는 다음과 같다. H. Russell Bernard et al., "Comparing Four Different Methods for Measuring Personal Social Networks," *Social Networks* 12 (1990): 179–215; Christopher McCarty et al., "Comparing Two Methods for Estimating Network Size," *Human Organization* 60 (Spring 2001): 28–39; and Peter Killworth et al., "Estimating the Size of Personal Networks," *Social Networks* 12 (1990): 289–312. 이 논문들은 사람들이 형성한 네트워크의 전반적인 규모를 평가하는 데 사용된다. 각 접근 방식마다 결점이 있으며, 네트워크의 하부 유형만을 다룬 연구도 있다. 정신적 지원과 실질적 지원은 이름은 다르지만 종종 겹치며 모두가 알고 있는 '글로벌 네트워크'의 일부분이다. 반면 '효과적인 네트워크'는 당신이 필요한 경우 찾을 수 있는 사람들을 포함한다. 그들이 찾는 것이 무엇이냐에 따라 연구자들도 '안다'는 단어의 의미를 다르게 정의한다. 단순히 이름이나 얼굴만 아는 사람인가? 아니면 상호 교류를 하는 사람인가? 어느 정도의 시간을 함께 보내야 하는가? 예를 들어 러셀 버나드와 동료들이 연구한 효과적인 네트워크에서 '안다'는 것은 다음처럼 정의된다. "서로의 얼굴과 이름을 알고 있다. 당신은 직접 또는 전화나 메일로 그들에게 연락할 수 있고 그 사람과 지난 2년 동안 계속해서 연락을 해왔다." 글로벌 네트워크의 규모가 다양하게 보고되는 이유도 이 때문이다. 일반적으로 글로벌 네트워크에 포함되는 사람의 수는 20명에서 5053명까지 천차만별이다. 다른 요소 때문에 네트워크 규모가 다르게 파악되기도 한다. 예를 들어 참여자가 얼마나 많은 이름을 전화번호부에서 읽어보는지에 근거해 네트워크 규모를 산출하는 경우, 어느 도시의 전화번호부를 사용했는지에 따라 결과가 달라졌다.

17. Katherine L. Fiori, Toni C. Antonucci, and Kai S. Cortina, "Social Network Typologies and Mental Health Among Older Adults," *The Journals of Gerontology: Psychological Science* 61 (2006), 25–32; H. Litwin and S. Shiovitz–Ezra, "Network Type and Mortality Risk in Later Life," *Gerontologist* 46 (2006): 735–43.

18. Wellman and Wortley, "Different Strokes from Different Folks: Community Ties and Social Support," *American Journal of Sociology* 96 (1990): 558–88.

19. Ethan Watters, *Urban Tribes: A Generation Redefines Friendship, Family, and Commitment* (New York: Bloomsbury, 2003), 블라우와의 인터뷰, 2008년 4월 15일.

20. Burt, "The Social Capital of Structural Holes."

21. Claude Fischer, *To Dwell Among Friends: Personal Networks in Town and City* (Chicago, Il.: University of Chicago Press, 1982).

22. 도티 메이휴(Dottie Mayhew), 조운 시거(Joan Seaver), 크리스 라이트(Chris Wright), 블라우와의 인터뷰, 2006년 10월 17일.

23. 레이몬드 차우(Raymond Chau), 블라우와의 인터뷰와 이메일, 2007년 12월– 2008년 1월.

24. "Effects of the Asian Financial Crisis on Hong Kong," *Asia Society*, May 1998, http://www.igcc.ucsd.edu/pdf/afc_hongkong.pdf.

25. Laura L. Carstensen, "The Influence of a Sense of Time on Human Development," *Science* 312 (2006): 19–21; L. L. Carstensen, D. M. Isaacowitz, and S. T. Charles, "Taking Time Seriously: A Theory of Socioemotional Selectivity." *American Psychologist* 54 (1999): 165–81; S. T. Charles and J. R. Piazza, "Memories of Social Interactions: Age Differences in Emotional Intensity," *Psychology and Aging* 22 (2007): 300–309.

26. B. L. Fredrickson and L. L. Carstensen, "Choosing Social Partners: How Old Age and Anticipated Endings Make People More Selective," *Psychology and Aging* 5 (1990): 335–47. '젊은(11세에서 29세 사이, 평균 23세)' 그룹과 '중년 (30세에서 64세 사이, 평균 46세)' 그룹도 연구되었다.

27. Carstensen, "The Influence of a Sense of Time on Human Development";

Carstensen, Isaacowitz, and Charles, "Taking Time Seriously"; Charles and Piazza, "Memories of Social Interactions."

28. Helene H. Fung, Laura L. Carstensen, and Amy M. Lutz, "Influence of Time on Social Preferences: Implications for Life-Span Development, *Psychology and Aging* 14 (1999): 595-604. 홍콩이 중국에 이양되기 한 해 전인 1996년 실시된 조사에서 노년층은 가족을 젊은 세대는 지인을 선호했다. 같은 조사를 이양 두 달 전에 실시하자 불안감 때문에 젊은 세대와 노년층 모두 가족을 선택했다.

29. Helene H. Fung and Laura L. Carstensen, "Goals Change When Life's Fragility Is Primed: Lessons Learned from Older Adults, the September 11 Attacks and SARS," *Social Cognition* 24 (2006): 248-78. 사스가 가장 기승을 부릴 때 청년(18-35세), 중년(36-55세) 그리고 장년(56세부터 그 이상) 그룹을 대상으로 연구를 한 결과 모든 그룹이 친숙한 사회적 파트너를 선호한 것으로 나타났다.

30. 같은 책.

31. 그레이엄 스패니어(Graham Spanier), 블라우와의 인터뷰, 2006년 7월 12일, 후속 이메일.

32. John F. Welch, "Letter to Share Owners, *GE 2000 Annual Report*, http://www.ge.com/annual00/letter/index.html.

33. 2006년과 2007년에 블라우는 스위퍼에 관련된 인물을 몇 명 인터뷰했다. 그 이름을 나열하면 다음과 같다. P&G의 신사업 분야 이사 크레이그 와이넷(Craig Wynett), 전 최고 기술 담당 경영자이자 이사회 이사였던 고든 브루너(Gordon Brunner), 글로벌 R&D 담당 이사이자 홈케어 담당 칼 론(Karl Ronn). 디자인컨티넘(Design Continuum)의 전략/혁신 부문 부사장이자 박사, 전 MIT 교수 해리 웨스트(Harry West), 수석 전략가 나오미 콘 골드(Naomi Korn Gold), 프로그램 부서 부사장 데이비드 체스테인(David Chastain).

34. "Procter's Gamble: Durk Jager Attempts Turnaround at Procter and Gamble," *The Economist* (U.S.), June 12, 1999. http://www.highbeam.com/doc/1G1-54885178.html.

35. "Using the Net for Brainstorming, *Business Week Online*, December 13, 1999, www.businessweek.com/1999/99_50/b3659021.htm; Diana Day, "Raising Radicals: Different Processes for Championing Innovative Corporate

Ventures," *Organization Science* 5 (1994): 148-72, cited in Mark Granovetter, "The Impact of Social Structure on Economic Outcomes, *Journal of Economic Perspectives* 19 (Winter 2004): 33-50; Duncan Watts, "Innovation, Adaptation, and Recovery," in *Six Degrees: The Science of a Connected Age* (New York: W. W. Norton, 2003), 253-89.

36. George Anders, "Management Leaders Turn Attention to Followers," *Wall Street Journal*, December 24, 2007. 이 책에서 앤더스는 하버드케네디스쿨의 정부 교육 과정을 이수하고 있는 바브라 켈러먼(Barbara Kellerman)의 《유대감 (Followership)》과 기업가 오리 브라프먼(Ori Brafman)과 로드 벡스트롬(Rod Beckstrom)이 쓴 《불가사리와 거미(The starfish and the spider)》를 인용한다. 또한 앤더스는 베스트바이(Best Buy's)의 소매 채널 관리 부문 부사장 샤리 발라드 (Shari Ballard)를 인터뷰했다. 발라드는 매장 매니저와 직원들에게 정기적으로 해당 지역 고객에게 맞춘 판매 촉진 방안(중역으로서는 알아내기 힘든 정보)을 제안하게 독려했다.

37. Burt, "The Social Capital of Structural Holes."

38. 기발한 아이디어를 완제품으로 만들어내는 일은 쉽지 않다. P&G가 '막대기에 꽂힌 기저귀' 아이디어를 이용한 대걸레를 개발하기로 한 뒤, 여러 가지 부직포를 시험하는 일이 나오미 콘 골드에게 주어졌다. 당시 콘 골드는 MIT 2학년생으로 그해 여름 디자인컨티넘에서 인턴으로 일했다. 몇 가지 재료가 워낙 획기적이라 P&G 측에서는 콘 골드에게 남은 찌꺼기를 신시내티로 이송시키도록 조치했다(산업 스파이들이 경쟁사와 그 하도급 업체의 쓰레기통을 뒤진다는 것은 낭설이 아니다). 이 실험의 표준을 잡기 위해 골드는 밀가루, 모래, 기름 그리고 발 질환 전문가에게서 얻은 죽은 피부를 섞어서 일반적인 '때'를 만들어 실험했다. 골드의 대걸레는 한 번 닦을 때마다 일정하게 압력이 가해지도록 특수 제작되었다. 실험을 통해 골드가 알아낸 사실은 꼼꼼하게 기록되어 디자인컨티넘의 최종 보고서에 수록되었다.

39. Avan R. Jassawalla and Hemant C. Sashittal, "An Examination of Collaboration in High-Technology Product Development Processes, *Journal of Product Innovation Management* 15 (1998): 237-54; Jassawalla and Sashittal, "Cultures That Support Product Innovation Processes," *Academy of*

Management Executive 16 (2002); 제네소(Geneseo) 소재 뉴욕 주립대학 존스경 영대학원에 재직 중인 저자들과 블라우와의 인터뷰.

40. Randal C. Archibold, "Western States Agree to Water-Sharing Pact," *New York Times*, December 10, 2007. 수년째 저수지의 수자원 보유 용량이 최저치인 미국 서부 지역에서는 서로 이해관계가 다른 이질적인 그룹(주민, 부동산 개발업 자, 제조업체, 환경주의자, 야생 동식물 보호주의자, 내무부, 모든 주와 지역 단위 기구들)이 몇 년째 합의를 보려 노력해왔다.

41. Thomas Homer-Dixon, "Terror in the Weather Forecast," *New York Times*, op-ed contribution, April 24, 2007.

42. 이바 쉬퍼(Eva Schiffer), 블라우와의 인터뷰와 이메일, 2007년 11월-2008년 1월. 넷-맵(Net-Map)에 관한 도구 상자와 다른 정보에 대한 매뉴얼은 이바 쉬퍼의 블 로그 http://metmap.ifpriblog.org에 있다.

43. 버트(Burt)는 "구조적 구멍의 사회자본(The Social Capital of Structural Holes)"에 서 "'올바른 부류의 사람들'인 내부자만이 사회자본 중계에 직접 접근할 수 있다. 외부자들은 자본을 빌려야만 한다. 예를 들면 고위 간부들 중 내부자들은 대개 나 이가 많으며 외부자들은 보통 여성과 젊은이들이다. 그룹 사이에 다리를 놓는 역 할을 하는 아이디어를 제시하는 외부자들은 구조의 구멍을 메우는 네트워크의 사 회적 자본을 보유한 전략적 파트너와 함께 작업을 하는 방식으로 사회자본을 빌려 야 한다"고 밝혔다. 물론 특별히 솜씨가 좋은 여성이나 젊은이도 있다. 하지만 팻 존슨(Pat Jones's)의 경우는 이제 막 학교로 파견 나온 입장에다 여자였다. 존슨이 좀 더 영향력 있는 인물로부터 지지를 받아야 하는 것이 당연한 상황이었다.

3장 다양한 이방인을 사귀면 좋은 점

1. Jenny Joseph, "Warning," reprinted in *The Red Hat Society: Fun and Friendship After Fifty* by Sue Ellen Cooper (New York: Warner Books, 2004).

2. Walter J. Carl and Steve Duck, "How Relationships Do Things with Us," lead chapter in *Communication Yearbook* 28, edited by P. Kalbfleisch (New Brunswick, N.J.: International Communication Association, 2004), 1-35.

3. 영부인 담당실, 백악관 언론 보도, 2004년 10월 28일, http://www.whitehouse. gov/news/releases/2004/10/20041028-15.html.

4. 수 엘렌 쿠퍼(Sue Ellen Cooper), 블라우에게 보낸 이메일에서, 2006년 5월 14일.

5. William James, *The Principles of Psychology* (New York: Dover, 1950; original work published 1890), quoted in Peggy Thoits and Lauren K. Virshup, "Me's and We's: Forms and Functions of Social Identities," in *Fundamental Issues*, edited by R. D. Ashmore and L. Jussim (New York: Oxford University Press, 1976).

6. Kenneth J. Gergen, *The Saturated Self* (New York: Basic Books, 1991).

7. 케니스 거겐(Kenneth Gergen), 블라우와의 인터뷰, 2006년 8월 31일.

8. Marilyn B. Brewer and Wendi Gardner, "Who Is This 'We'?: Levels of Collective Identity and Self Representations," *Journal of Personality and Social Psychology* 71 (1996): 83–93.

9. Carl and Duck, "How Relationships Do Things with Us."

10. Lynn Smith-Lovin, "Self, Identity, and Interaction in an Ecology of Identities," in P. J. Burke et al., *Advances in Identity Theory and Research* (New York: Plenum, 2003): 167–78.

11. Peggy A. Thoits, "Personal Agency in the Accumulation of Role-Identities," April 2001, 179–93. 이 논문은 인디애나대학에서 열린 '정체성 이론과 연구의 미래: 새로운 세기로의 안내서(The Future of Identity Theory and Research: A Guide for a New Century)' 회의에서 발표되었다.

12. Jan E. Stets and Peter A. Burke, "A Sociological Approach to Identity," chapter for *Handbook of Self and Identity*, edited by Mark Leary and June Tangney (New York: Guilford Press, 2003), 128–52. http://www.people.fas.harvard.edu/~johnston/burke.pdf.

13. Lynn-Smith Levin, "The Strength of Weak Identities: Social Structural Sources of Self, Situation, and Emotional Experience," 70 (June 2007): 106–24.

14. 케니스 거겐, 인터뷰.

15. Thoits, "Personal Agency in the Accumulation of Role-Identities."

16. Peggy A. Thoits, "Identity Structure and Psychological Well-Being: Gender and Marital Status Comparisons," *Social Psychology Quarterly* 55 (September 1992): 236–56; 페기 토잇, 블라우에게 보낸 이메일.

17. Rose Laub Coser, *In Defense of Modernity: Role Complexity and Individual Autonomy* (Palo Alto, Calif.: Stanford University Press, 1991).

18. 같은 책.

19. Arlie Hochschild, *The Unexpected Community: Portrait of an Old Age Subculture* (Berkeley: University of California Press, 1973), xii.

20. K. J. Kiecolt, "Stress and the Decision to Change Oneself: A Theoretical Model," *Social Psychology Quarterly* 57 (1994): 49–63, in Stets and Burke, "A Sociological Approach to Identity."

21. Thoits, "Personal Agency in the Accumulation of Role-Identities."

22. 더그 데이비스(Doug Davis), 블라우와의 인터뷰, 2006년 11월 4일과 2008년 1월 24일.

23. K. E. Norman, "Alternative Treatments for Disseminated Intravascular Coagulation," *Drug News Perspect* 17 (May 2004): 243–50. http://www.ncbi.nlm.nih.gov/pubmed/15334173.

24. Ladd Wheeler and Kunitate Miyake, "Social Comparison in Everyday Life, *Journal of Personality and Social Psychology* 62 (1992): 760–73; K. D. Locke, "Status and Solidarity in Social Comparison: Agentic and Communal Values and Vertical and Horizontal Directions," *Journal of Personality and Social Psychology* 84 (2003): 619–31.

25. Hochschild, *The Unexpected Community*, 58–63.

26. Brewer and Gardner, "Who Is This 'We'?: Levels of Collective Identity and Self Representations."

27. Scott E. Page, *The Difference: How the Power of Diversity Creates Better Groups, Firms, Schools, and Societies* (Princeton, N.J.: Princeton University Press, 2007), 1–2.

28. 스캇 페이지(Scott E. Page), 블라우와의 인터뷰, 2008년 2월 5일.

29. 바브라 그린(Barbara Green), 블라우와의 인터뷰, 2006년 8월 13일과 2007년 12월 30일.

30. Tamar Lewin, "When Richer Weds Poorer, Money Isn't the Only Difference," *New York Times*, May 19, 2005.

31. Bonnie H. Erickson, "Culture, Class, and Connections," *American Journal of Sociology* 102 (July 1996): 217-51; "Cultural Literacy: E. D. Hirsch Tells Reporters Why Knowledge Matters," *The Hechinger Report*, Fall-Winter 2007, 11. 우리는 많은 형태의 문화에서 비롯된 지식을 지칭하기 위해 '문화적 지성'이라는 표현을 만들어냈다. 사회학자들은 이보다 더 넓은 의미의 '문화 자본'이라는 용어를 사용하는데 이 용어는 문화적 지식, 믿음, 가치, 교육 정도 그리고 지위와 특권을 부여하는 기술을 아우른다.

교육 철학자 E. D. 히르쉬(E. D. Hirsch)는 '문화적 교양'이라는 용어를 사용하며 이렇게 말했다. "문화적 교양은 우리 같은 사람들, 즉 교육을 많이 받아 신문 기자, 변호사, 또는 의사 등의 직업을 지닌 사람들이 당연하게 여기는 지식을 의미한다. 또한 우리가 교양을 갖춘 청중을 대상으로 글을 쓰거나 서로에게 이야기할 때 정도의 수준을 지칭한다. 공동의 공간, 언어 공동체가 함께하는 공공의 영역에서 이방인과 이야기하고 이방인을 이해하기 위해 문화적 교양을 갖추어야 한다."

32. Bonnie Erickson, "Culture, Class, and Connections."

33. 보니 에릭슨, 블라우와의 인터뷰, 2006년 11월 4일.

34. Nan Lin, *U.S. 2004-5 National Survey on Social Capital*, "The Summary of Social Capital USA 2005 (Wave 1)," August 2006.

35. 익명을 원한 외교관, 블라우와의 인터뷰, 2007년 6월 3일.

36. 마크 그라노베터에게 하는 사과. 블라우에게 보낸 이메일에서 그라노베터는 고리 개념에 대해서는 동의했지만 그 표현 자체는 부정했다. "유대감이 약하거나 강하다고 생각할 수는 있지만, '느슨한' 유대감이 무엇을 뜻하는지는 알 수 없습니다. '밀접함'을 의미하는 '촘촘한'이라는 표현의 반의어로 '느슨한'을 쓸 수 있을지는 몰라도 사람들과의 관계가 '느슨하다'고 말하는 사람은 본 적은 없습니다. 아마도 이 용어는 엘리자베스 보트(Elizabeth Bott)의 '촘촘하게 연결된' 네트워크와 수많은 사람들의 친구가 서로를 잘 모르는 상황을 묘사하는 '느슨하게 연결된' 네트워크에서 비롯된 것 같습니다. 나중에 저는 이것이 유대감이 약할 때 일어나는 경향이 있다고 주장했지요. 따라서 '느슨한'은 '네트워크의 망'이고 약하거나 강한 것은 유대감 그 자체라고 생각합니다."

37. Mark Granovetter, "The Impact of Social Structure on Economic Outcomes," *Journal of Economic Perspectives* 19 (Winter 2004): 33-50.

38. Wendy Pollack, "Why Wall Street's Top Women Rarely Lose Their Star Power," *Wall Street Journal*, January 25, 2008. http://blogs.wsj.com/informedreader/2008/01/25/why-wall-streets-top-women-rarely-losetheir-star-power/trackback.

39. 마크 그라노베터, 이메일, 2008년 2월 7-9일.

40. Malcolm Gladwell, "Disclosure Statement," http://gladwell.com/disclosure.html.

41. Florence Passy, "Social Networks Matter. But How?" in *Social Movements and Networks: Relational Approaches to Collective Action*, edited by Mario Diani and Doug McAdam (New York: Oxford University Press, 2003), 21-48.

42. 짐 케이츠(Jim Kates), 블라우와의 인터뷰, 2008년 2월 12일. Kates, "June 1964," Veterans of the Civil Rights Movement website, http://crmvet.org/info/atesexp.htm.

43. Doug McAdam, *Freedom Summer* (New York: Oxford University Press, 1988).

44. 같은 책.

45. 더그 맥애덤(Doug McAdam), 블라우와의 인터뷰, 2007년 9월 6일.

46. 더그 맥애덤, 인터뷰.

47. 치드 앨런(Chude Allen), 블라우와의 인터뷰, 2007년 12월 6일. 사회운동가인 짐 케이츠와 제인 아담스도 친한 친구보다 가볍게 아는 지인을 통해 사회운동에 참여하게 될 확률이 더 높다는 점을 언급했다.

48. Brewer and Gardner, "Who Is This 'We'?: Levels of Collective Identity and Self Representations."

49. Duncan J. Watts, *Six Degrees: The Science of a Connected Age* (New York: W. W. Norton, 2003).

50. Elizabeth DeVita-Raebu, "If Osama's Only 6 Degrees Away, Why Can't We Find Him?: The Famous 6 Degrees Separation Theory Fades Under Scrutiny," *Discover*, February 2008. http://discovermagazine.com/2008/feb/if-osama.s-only-6-degrees-away-why-can.t-we-fi nd-him.

51. Peter Sheridan Dodds, Roby Muhamad, and Duncan J. Watts, "An

Experimental Study of Search in Global Social Networks," *Science*, August 8, 2003, 827–29.

52. Sue Ellen Cooper, *The Red Hat Society: Fun and Friendship After Fifty* (New York: Warner Books, 2004).

53. Janna Quitney Anderson and Lee Rainie, "The Future of the Internet II," Pew Internet & American Life Project, September 24, 2006, http://www.pewinternet.org/PPF/r/188/report_display.asp.

54. David Godes and Dina Mayzlin, "Firm-Created Word-of-Mouth Communication: Evidence from a Field Test," HBS Marketing Research Paper No. 04–03, August 2007, http://papers.ssrn.com/sol3/papers.cfm?abstract_id=569361.

55. DeVita-Raebu, "If Osama's Only 6 Degrees Away……"

56. W. G. Mangold, F. Miller, and G. R. Brockway, "Word-of-Mouth Communication in the Service Marketplace," *Journal of Services Marketing* 13 (1999): 73–89. 입소문이 나는 가장 일반적인 이유 두 번째는 대화를 하는 도중에 주제가 유기적으로 생겨난다는 것이다. 예를 들어 주말 계획을 이야기하다가 특정 레스토랑으로 화제가 옮겨간다거나 건강 문제를 이야기하다가 자신이 아는 의사를 추천하는 식으로 주제가 발전했다.

57. Emanuel Rosen, *The Anatomy of Buzz: How to Create Word-of-Mouth Marketing* (New York: Doubleday Currency Books, 2000), 15–16.

58. Reneé Dye, "The Buzz About Buzz," *Harvard Business Review* 78 (2000): 139–46.

59. 퓨 인터넷 조사(Pew Internet Survey), 인터넷 활동(Internet Activities), 2007년 9월, http://www.pewinternet.org/trends/Internet_Activities_2.15.08.htm.

60. Walter J. Carl, "What's All the Buzz About?: Everyday Communication and the Relational Basis of Word-of-Mouth and Buzz Marketing Practices," *Management Communication Quarterly* 19: 601–34; Keller Fay Group in Cooperation with BzzAgent, "The More, the Better: Creating Successful Word-of-Mouth Campaigns," Keller Fay Group LLC, October 2006. 칼은 입소문의 80퍼센트가 사람들이 직접 대면한 결과로 생긴다는 것을 알아냈다. 또한

입소문 에이전트를 연구한 켈러 페이는 99퍼센트가 어떤 제품에 대해 직접 이야기하며 91퍼센트는 전화, 이메일, 인터넷이나 전화 메시지, 온라인 채팅, 블로그 등을 사용한다는 사실을 밝혀냈다.

61. Andrea C. Wojnicki and David B. Godes, "Word-of-Mouth and the Self-Concept: The Effects of Satisfaction and Subjective Expertise on Inter-consumer Communication," August 2004, http://64.233.167.104/search?q=cache:h21oYzEFeWMJ:rotman.utoronto.ca/marketing/Wojnicki.doc+Renee+Dye,+%22The+Buzz+About+Buzz%22&hl=en&ct=clnk&cd=2&gl=us&ie=UTF-8.

62. Dave Balter and John Butman, *Grapevine: The New Art of Word-of-Mouth Marketing* (New York: Penguin Books, 2005), 17-18.

63. Celia W. Dugger, "Mothers of Nepal Vanquish a Killer of Children," *New York Times*, April 30, 2006.

64. Carl and Duck, "How Relationships Do Things with Us."

4장 중요한 이방인과 아픔을 나누다

1. George Plimpton, *Shadow Box: An Amateur in the Ring* (New York: Putnam, 1977).

2. Art Buchwald, *Too Soon to Say Goodbye* (New York: Random House, 2007).

3. George A. Bonanno, "Loss, Trauma, and Human Resilience: Have We Underestimated the Human Capacity to Thrive After Extremely Aversive Events?" *American Psychologist* 59 (2004): 20-28.

4. Thomas Perls, "The Different Paths to 100," *American Journal of Clinical Nutrition* 83 (2006): 484-87S supplement.

5. Liburd C. Leandris and Joe E. Sniezek, "Changing Times: New Possibilities for Community Health and Well-Being," *Preventing Chronic Disease* 4 (July 2007): 1-5. http://www.cdc.gov/pcd/issues/2007/jul/07_0048.htm. World Health Organization, "Launch of the Chronic Disease Report." Mauritius Institute of Health, March 7, 2006. http://209.85.165.104/search?q=cache:uCeW3mh2ycEJ:www.who.int/dg/lee/speeches/2006/mauritius_chronic_disease/en/i

ndex.html+chronic+disease+increases&hl=en&ct=clnk&cd=1&gl=us&ie-UTF-8.

6. "Chronic Disease Overview," National Center for Chronic Disease Prevention and Health Promotion website: http://cdc.gov/nccdphp/overview.htm). 르네 브라운(Renee Brown, NCCDPHP(국립 만성질환예방 및 건강증진센터) 소속 통계학자), 블라우와의 인터뷰, 2008년 3월 12일. NCCDPHP에 따르면 현재 이 수치는 증가하고 있다. 이는 다음의 자료에서도 확인할 수 있다. Gerard Anderson and Jane Horvath, "The Growing Burden of Chronic Disease in America, *Public Health Reports* 119 (May-June 2004): 263-69.

7. Anne Harrington, *The Cure Within: A History of Mind-Body Medicine* (New York: W. W. Norton, 2008).

8. Bonanno, "Loss, Trauma, and Human Resilience."

9. Dan P. McAdams, "The Psychology of Life Stories," *Review of General Psychology* 5 (2001): 100-22.

10. Harrington, *The Cure Within*.

11. 엘렌 콘저(Ellen Conser, 쉘덴 코헨의 연구 보조원), 블라우와의 인터뷰와 이메일, 2008년 7월 10일.

12. Sheldon Cohen et al., "Social Ties and Susceptibility to the Common Cold," *JAMA* 277 (June 25, 1997): 1940-44.

13. Sheldon Cohen, Benjamin H. Gottlieb, and Lynn G. Underwood, "Social Relationships and Health," in *Social Support Measurement and Intervention: A Guide for Health and Social Scientists,* edited by Cohen et al. (New York: Oxford University Press, 2000): 3-25.

14. L. F. Berkman and S. L. Syme, "Social Networks, Host Resistance, and Mortality: A Nine-Year Follow-up Study of Alameda County Residents," *American Journal of Epidemiology* 109 (1979): 186-204.

15. Sheldon Cohen and Edward P. Lemay, "Why Would Social Networks Be Linked to Affect and Health Practices?" *Health Psychology* 26 (2007): 410-17; Howard Litwin and Sharon Shiovitz-Ezra, "Network Type and Mortality Risk in Later Life," *The Gerontologist* 46 (December 2006): 735-43; J. S. House, K. R. Landis, and D. Umberson, "Social Relationships and Health," *Science* 241

(1988): 540-44.

16. 같은 자료.

17. Sarah D. Pressman and Sheldon Cohen, "Use of Social Words in Autobiographies and Longevity," *Psychosomatic Medicine* 69 (2007): 262-69.

18. 몇몇 사회과학자들은 노인의 지원 네트워크를 연구했다. 그 결과 통합적인 네트워크가 최고로 나타났고, 오직 가족으로만 구성된 네트워크가 그 다음이었다. 지원 그룹이 하나만 있는 노인들을 비교했을 때, 가족과 유대감이 있는 사람은 지인이나 돈을 지불해야 도움을 주는 사람들로 구성된 지원 그룹만 있는 사람보다 더 만족스러운 삶을 살았다. 버클리에서 리사 버크먼(Lisa Berkman's)이 실시한 사회 네트워크 연구에 의하면 배우자, 친구 그리고 친척과 맺은 유대감이 교회 등의 그룹 사람들과 맺은 유대감보다 장수에 더 도움이 되는 것으로 나타났다. 그러나 모든 유형의 인간관계가 사망률을 저지하는 데 도움이 되었다. Berkman and Syme, "Social Networks, Host Resistance, and Mortality"; K. L. Fiori, T. C. Antonucci, and K. S. Cortina, "Social Network Typologies and Mental Health Among Older Adults," *Journal of Gerontology: Psychological Sciences* 61B (2006): 25-32; and G. C. Wenger, "Social Networks and the Prediction of Elderly People at Risk," *Aging and Mental Health* 1 (1997): 311-20.

19. 존 카시오포(John Cacioppo), 블라우와의 인터뷰, 2008년 3월 15일.

20. John Cacioppo and William Patrick, *Loneliness: Human Nature and the Need for Social Connection* (New York: W. W. Norton, 2008), 14.

21. 헨리 펄먼(Henry Perlman, 가명), 블라우와의 인터뷰, 2006년 8월 8일과 2008년 4월 15일.

22. Cohen and Lemay, "Why Would Social Networks Be Linked to Affect and Health Practices?"

23. Sheldon Cohen et al., "Social Relationships and Health," 2000.

24. Bella DePaulo, *Singled Out: How Singles Are Stereotyped, Stigmatized, and Ignored, and Still Live Happily Ever After* (New York: St. Martin's Press, 2006). 2004년 미국 인구통계 조사에 의하면 미국인의 44퍼센트가 독신이다. http://www.census.gov.

25. 존 카시오포, 블라우에게 이메일로, 2008년 12월 2일; Louise C. Hawkley,

Michael W. Browne, and John T. Cacioppo, "How Can I Connect with Thee?: Let Me Count the Ways," *Psychological Science* 16 (2005): 798-804.

26. Barry Wellman and S. Wortley, "Different Strokes from Different Folks: Community Ties and Social Support," *American Journal of Sociology* 96 (1990): 558-88.

27. R. Sosa et al., "The Effects of a Supportive Companion on Perinatal Problems, Length of Labor, and Mother-Infant Interaction," *New England Journal of Medicine* 303 (1980): 597-600. See Kathryn D. Scott, Gale Berkowitz, and Marshall Klaus, "A Comparison of Intermittent and Continuous Support During Labor: A Meta-Analysis," *American Journal of Obstetrics & Gynecology* 180 (May 1999): 1054-59. 최근에 이루어진 메타 (meta) 분석에 의하면 진통 때 출산 보조원 둘라가 계속 함께 있는 편이 간헐적으로 함께 하는 것보다 더 도움이 된다.

28. James Pennebaker, "Writing About Emotional Experiences as Therapeutic Process," *Psychological Science* 8 (1997): 162-66.

29. Yasushi Kiyokawa et al., "Partner's Stress Status Influences Social Buffering Effects in Rats," *Behavioral Neuroscience* 118 (2004): 798-804.

30. T. Kamarck, S. Mannuck, and J. Jennings, "Social Support Reduces Cardiovascular Reactivity to Psychological Challenge: A Laboratory Model," *Psychosomatic Medicine* 52 (1991): 42-58.

31. G. E. Miller, S. Cohen, and A. K. Ritchey, "Chronic Psychological Stress and the Regulation of Pro-inflammatory Cytokines: A Glucocorticoid-resistance Model," *Health Psychology* 21 (2002): 531-41.

32. Y. L. Michael et al., "Social Networks and Health-Related Quality of Life in Breast Cancer Survivors: A Prospective Study," *Journal of Psychosomatic Research* 52 (May 2002): 285-93.

33. 실비아 매키(Sylvia Mackey), 블라우와의 인터뷰, 2007년과 2008년.

34. Sheldon Cohen, "The Pittsburgh Common Cold Studies: Psychosocial Predictors of Susceptibility to Respiratory Infectious Illness," keynote presentation at the 8th International Congress of Behavioral Medicine, Mainz,

Germany (August 25–28, 2004), *International Journal of Behavioral Medicine* 12 (2005): 123–31.

35. Jennifer L. Wolff and Judith D. Kasper, "Caregivers of Frail Elders: Updating a National Profile," *The Gerontologist* 46 (June 2006): 344–56; Debra K. Moser and Kathleen Dracup, "Role of Spousal Anxiety and Depression in Patients' Psychosocial Recovery After a Cardiac Event," *Psychosomatic Medicine* 66 (2004): 527–32; P. Langeluddecke et al., *Journal of Psychosomatic Research* 33 (1989): 155–59; "Family Caregivers Often Neglect Their Own Health," *CA: A Cancer Journal for Clinicians* 56 (2005): 5–6.

36. Wolff and Kasper, "Caregivers of Frail Elders: Updating a National Profile"; R. Schulz and S. R. Beach, "Caregiving as a Risk Factor for Mortality: The Caregiver Health Effects Study," *JAMA* 282 (1999): 2215–19.

37. Mary E. Liming Alspaugh et al., "Longitudinal Patterns of Risk for Depression in Dementia Caregivers: Objective and Subjective Primary Stress as Predictors," *Psychology and Aging* 14 (March 1999): 34–43.

38. Carolyn C. Cannuscio et al., "Employment Status, Social ties, and Caregivers' Mental Health," *Social Science & Medicine* 58 (April 2004): 1247–56.

39. I. Kawachi and L. F. Berkman, "Social Ties and Mental Health," *Urban Health* 78 (2001): 458–67.

40. Richard M. Cohen, *Blindsided: Living a Life Above Illness: A Reluctant Memoir* (New York: HarperCollins, 2004), 215–16.

41. Gunhild O. Hagestad, *Falling Out of Time: Reflections from an Illness Journey* (2008, in press).

42. Richard M. Cohen, *Blindsided*, 224.

43. Niall Bolger et al., "Close Relationships and Adjustment to a Life Crisis: The Case of Breast Cancer," *Journal of Personality and Social Psychology* 70 (1996): 283–94.

44. 리처드 코헨(Richard Cohen), 블라우와의 인터뷰, 2008년 3월 18일.

45. Richard M. Cohen, *Blindsided*, 175.

46. Jerri Nielsen, *Icebound: A Doctor's Incredible Battle for Survival at the South*

Pole (New York: Miramax Books, 2002), 6.

47. Paul A. Toro, "A Comparison of Natural and Professional Help," *American Journal of Community Psychology* 14 (1986): 147–59; Emory L. Cowen, "Help Is Where You Find It: Four Informal Helping Groups," *American Psychologist* 37 (1982): 385–95.

48. Donald C. McKensie, "Abreast in a Boat: A Race Against Breast Cancer," *Canadian Medical Association Journal* 159 (1998): 376–78.

49. 캐서린 사비스톤(Catherine Sabiston), 2008년 3월 26일; Catherine M. Sabiston, Meghan H. McDonough, and Peter R. E. Crocker, "An Interpretive Phenomenological Examination of Psychosocial Changes Among Breast Cancer Survivors in Their First Season of Dragon Boating," *Journal of Applied Sport Psychology* 20 (2008): 425–40.

50. Sheldon Cohen, "Social Relationships and Health," *American Psychologist* 59 (November 2004): 676–84.

51. William White, "The History and Future of Peer–based Addiction Recovery Support Services," prepared for the Substance Abuse and Mental Health Services Administration Consumer and Family Direction Initiative Summit, March 22–23, 2004, Washington, D.C., http://www.bhrm.org/P–BRSSConcPaper.pdf.

52. Melinda Blau, "Recovery Fever," *New York*, September 9, 1991.

53. 미쉘 비스카(Michelle Visca), 블라우와의 인터뷰, 2008년 2월 27일.

54. "해리스 여론조사는 미국 내 '사이버콘드리악스(건강 정보를 찾아 온라인을 헤매는 성인)' 수가 1억 6000만으로 추산된다고 밝혔다," 해리스 여론조사, 2007년 7월 31일, http://www.harrisinteractive.com/harris_poll/index.asp?PID=792.

55. 하이디 도노반(Heidi Donovan), 블라우와의 인터뷰, 2006년 12월 4일.

56. 그레타 그리어(Greta E. Greer, 미국 암협회 생존자 프로그램 이사), 블라우와의 인터뷰, 2008년 3월 18일.

57. Sheldon Cohen et al., "Social Relationships and Health," 2000.

58. K. P. Davidson, J. W. Pennebacker, and S. S. Dickerson, "Who Talks?: The Social Psychology of Illness Support Groups," *American Psychologist* 55 (2000): 205–17.

59. Jason E. Owen et al., "Use of Health-Related and Cancer-Specific Support Groups Among Adult Cancer Survivors," *Cancer* 69 (2007): 2580-89.

60. 리처드 코헨(Richard Cohen), 인터뷰.

61. 사비스톤(Sabiston), 인터뷰.

62. Bonanno, "Loss, Trauma, and Human Resilience."

63. Sheldon Cohen et al., "Social Relationships and Health," 2000.

64. Carolyn E. Cutrona and Valerie Cole, "Optimizing Support in the Natural Network," in *Social Support Measurement and Interventions*, edited by S. Cohen, L. G. Underwood, and B. H. Gottlieb (New York: Oxford University Press, 2000).

65. 주디스 스노우(Judith Snow), 블라우와의 인터뷰, 2008년 4월 9일; Mary O' Connell, "The Gift of Hospitality: Opening the Doors of Community Life to People with Disabilities," Community Life Project Center for Urban Affairs and Policy Research, Northwestern University; René R. Gadacz, *Re-Thinking Dis-Ability: New Structures, New Relationships* (Edmonton: University of Alberta Press, 1995), 185-89.

66. 로라 할리데이(Laura Halliday), 블라우와의 인터뷰, 2008년 3월 6일.

67. Elizabeth Edwards, *Saving Graces: Finding Solace and Strength from Friends and Strangers* (New York: Broadway Books, 2006); 엘리자베스 에드워즈, 뉴욕시 반스앤노블(Barnes&Noble)에서 열린 책 사인회 회담, 2006년 10월 2일; 〈투데이(Today) 쇼〉 인터뷰, 2006년 9월 20일.

68. 헨리 펄먼(Henry Perlman), 인터뷰.

69. 스티브 맥체니(Steve McCeney), 블라우와의 인터뷰, 2008년 4월 11일.

70. 신디 깁스(Cindi Gibbs), 블라우와의 인터뷰, 2008년 3월 18일.

71. Peggy A. Thoits, "Personal Agency in the Stress Process," *Journal of Health and Social Behavior* 47 (December 2006): 309-23.

72. Sheldon Cohen, "Social Relationships and Health," 2004.

73. Thoits, "Personal Agency in the Stress Process."

74. Peggy A. Thoits and Lyndi N. Hewitt, "Volunteer Work and Well-Being," *Journal of Health and Social Behavior* 42 (June, 2001): 115-31; S. L. Brown

et al., "Providing Social Support May Be More Beneficial Than Receiving," *Psychological Science* 14 (2003): 320-27.

75. Sheldon Cohen, "Social Relationships and Health," 2004.

76. Dan Buettner, *The Blue Zones: Lessons for Living Longer from the People Who've Lived the Longest* (Washington, D.C.: National Geographic Press, 2008).

77. Jennifer Lodi-Smith and Brent W. Roberts, "Social Investment and Personality: A Meta-Analysis of the Relationship of Personality Traits to Investment in Work, Family, Religion, and Volunteerism," *Personality and Social Psychology Review* 11 (2007): 68-86; Brent W. Roberts, Dustin Wood, and Jennifer L. Smith, "Evaluating Five Factor Theory and Social Investment Perspective on Personality Trait Development," *Journal of Research in Personality* 39 (2004): 166-84. 로버츠는 사회 투자 이론을 입증하기 위해 특정 성격이 직장, 가정 그리고 종교와 자원봉사 상황(모두 중요한 이방인과 연관된 상황)에서 작용하는 방식을 관찰한 94가지 연구에서 나온 자료를 '메타 분석' 했다. 가정에서의 역할에 투자하는 것에도 가벼운 인간관계, 즉 배우자나 자녀가 알고 있는 사람들과의 관계가 포함되었다.

78. 브렌트 로버츠(Brent Roberts), 블라우와의 인터뷰, 2006년 11월 7일.

79. 아스트리드 매티스(Astrid Matthysse), 수차례에 걸친 블라우와의 인터뷰와 이메일, 2008년 3-4월.

80. Cacioppo and Patrick, *Loneliness*, 18.

81. American Diabetes Association, *Feria de Salud por Tu Familia*, 2007. 질병예방센터(Disease Control Center)와 플로리다 차트(Florida Charts)에서 나온 정보에 근거한 통계이다. http://www.diabetes.org/communityprograms-andlocalevents/whatslocal-detail.jsp?id=LOCALINFOITEM_352528&zip=33135&title=:

5장 새로운 이방인을 만나게 되는 제3의 장소

1. 캐런 로비노비츠(Karen Robinovitz), 블라우와의 인터뷰, 2006년 8월 8일, 후속 이메일. 캐런은 웨스트빌리지로 이사한 후 아주 먼 길을 걸어왔다. 다음 사이트를 참

조하라. http://karenrobinovitz.com.

2. Jane Jacobs, *The Death and Life of Great American Cities* (New York: Random House, 1961), 50-54. 인간주의(humanistic) 지리학자 데이비드 시먼(David Seamon)은 '장소 발레'라는 용어를 사용해 어떤 장소에서 우리의 움직임이 어떤 식으로 '안무되어' 일상에 스며드는지 보여준다. '장소 고착(place attachment)'에 대한 논의는 다음 자료를 참조하라. Mark S. Rosenbaum et al., "A Cup of Coffee with a Dash of Love: An Investigation of Commercial Social Support and Third-Place Attachment," *Journal of Service Research* 10 (August 2007).

3. Barbara B. Brown, Carol M. Werner, and Irwin Altman, "Relationships in Home and Community Environments: A Transactional and Dialectic Analysis," in *The Cambridge Handbook of Personal Relationships*, edited by Anita L. Vangelisti and Daniel Perlman (Cambridge: Cambridge University Press, 2006), 673-93.

4. Richard Florida, *Who's Your City: How the Creative Economy Is Making Where to Live the Most Important Decision of Your Life* (New York: Basic Books, 2008).

5. Brown, Werner, and Altman, "Relationships in Home and Community Environments."

6. "자리 잡기(Being Spaces)," trendwatching.com, http://64.233.167.104/custom ?q=cache:07cxsJIHhM0J:www.trendwatching.com/trends/brand-spaces.htm+being+space&hl=en&ct=clnk&cd=1&gl=us&ie=UTF-8.

7. 토머스 샌더(Thomas Sander, 로버트 퍼트넘(Robert Putnam)의 사구아로 세미나(Saguaro Seminar)(미국의 시민 참여) 대표 이사), 블라우에게 보낸 이메일, 2008년 9월 25일. 샌더는 '혼합된 유대감'이라는 표현으로 '사회자본을 형성하는 가장 유망한 형태의 기술'을 설명했다. 그는 혼합된 유대감이 "가상과 실제의 가닥을 함께 꼬아준다"고 말한다. 더 자세한 정보는 다음 자료를 참조하라. Barry Wellman, "Personal Relationships: On and Off the Internet," in *The Cambridge Handbook of Personal Relationships*, edited by Anita L. Vangelisti and David Perlman (Cambridge: Cambridge University Press, 2006), 709-23.

8. 레이 올덴버그(Ray Oldenburg), 블라우와의 인터뷰, 2006년 10월 27일, 후속 이메일.

9. Ray Oldenburg, *The Great Good Place: Cafés, Coffee Shops, Bookstores, Bars, Hair Salons and Other Hangouts at the Heart of a Community* (New York: Marlowe & Company, 1999).

10. Oldenburg, *The Great Good Place*, 65.

11. 레이니어 에반스(Reiner Evans), 블라우에게 보낸 이메일, 2006년 11월 5일.

12. 셰일라 호프먼(Sheila Hoffman, 브레번 아파트 주민), 블라우와의 인터뷰, 2008년 4월 24일, 후속 이메일.

13. 데이너 비하르(Dana Behar), 블라우와의 인터뷰와 이메일, 2008년 4-5월.

14. 시애틀에서는 공동 정원을 '피-패치(P-patches)'라고 부른다. Seattle.gov의 "피-패치 프로그램의 역사(The History of the P-patch)"에 의하면 'P'는 1970년대 초반 정원을 가꾸고 싶어 하는 주변 주민에게 가족이 소유한 농장의 일부를 제공한 '피카르도(Picardo)' 집안에서 따왔다. 오늘날 시애틀의 피-패치 프로그램에는 전체 약 5헥타르의 면적과 1900개 정도의 작은 밭, 60개 이상의 정원이 포함되어 있다. http://www.ci.seattle.wa.us/neighborhoods/ppatch/history.htm.

15. 줄리아 워먼(Julia Werman), 블라우와의 인터뷰, 2008년 6월 3일; Raakhee Mirchandani, "Multi Culture," *New York Post*, October 7, 2006; Eric Wilson, "Mixed-Culture Zoning," *New York Times*, October 19, 2006; Sembar Debessai, "Bringing 818 to the 212," *Daily News* L.A. Edition, December 13, 2006; "Openings," *New York*, October 16, 2006.

16. Brown, Werner, and Altman, "Relationships in Home and Community Environments."

17. National Trust Main Street Survey, October 2001; 케네디 스미스(Kennedy Smith, 워싱턴 D.C. 소재 CLUE(Community Land Use and Economics) 그룹 현 회장 겸 공동 설립자), 블라우와의 인터뷰, 2008년 5월 9일.

18. Marcelle S. Fischler, "Super-Duper Markets: Stores Race to Offer More," *New York Times*, July 30, 2006.

19. Gregory P. Stone, "City Shoppers and Urban Identification: Observations on the Social Psychology of City Life," *American Journal of Sociology* 60 (1954): 36-45.

20. Annie Cheatham, "Annie's Garden," in Ray Oldenburg, *Celebrating the Third*

Place: Inspiring Stories About the "Great Good Places" at the Heart of Our Communities (New York: Marlowe & Company, 2001): 9−24.

21. 프레드 켄트(Fred Kent), 블라우와의 인터뷰, 2008년 5월 1일.

22. Oldenburg, *The Great Good Place*.

23. Roger Yu, "Hotels Ditch Imposing Desks for Friendly 'Pods,' " *USA Today*, October 26, 2006.

24. 엘레나 게티(Elena Gatti), 블라우와의 인터뷰, 2007년 6월 1일.

25. Tom Rath, *Vital Friends* (New York: Gallup Press, 2006); 블라우와의 인터뷰, 2006년 10월 23일.

26. Kristina Shevory, "The Workplace as Clubhouse," *New York Times*, February 16, 2008.

27. Sue Shellenbarger, "Rules of Engagement: Why Employers Should—and Increasingly Do—Care About Creating a Great Workplace," *Wall Street Journal*, October 1, 2007.

28. Lyn Lofland, *A World of Strangers* (Prospect Heights, Il.: Waveland Press, 1985).

29. 같은 책.

30. Anthony M. Orum, "All the World's a Coffee Shop: Reflections on Place, Identity and Community," *Reconstruction: Studies in Contemporary Culture: Rhetorics of Place* 5 (2005). http://reconstruction.eserver.org/053/orum.shtml.

31. Oldenburg, *The Great Good Place*.

32. 토비 로젠바움(Toby Rosenbaum), 블라우와의 인터뷰, 2008년 5월 15일.

33. 마고 메인[Margo Maine, 심리학 박사, 섭식장애아카데미의 설립 회원, 국립 섭식장애연합 전 회장, 《몸에 관한 잘못된 신화: 성인 여성과 완벽해져야 한다는 압박(The Body Myth: Adult Women and the Pressure to Be Perfect)》의 저자], 블라우와의 인터뷰, 2008년 5월 15일, 이메일, 2008년 6월 16일. 메인은 신경성 무식욕증과 노인 거식증이 다르다고 강조한다. 노인 거식증은 "우울증이나 건강상의 문제로 발생할 수 있으며 병을 유발하고 정상적인 활동을 제한하기도 한다. 관련 증상에 따라 약(밧이나 식복, 소화 작용에 영향을 미치는 약)을 처방하는 경우도 있다. 그러나 거식증 환자들이 가진 마르고 싶어 하는 욕망과는 전혀 관련이 없다".

34. Lofland, *A World of Strangers*.

35. Mark S. Rosenbaum, "Exploring the Social Supportive Role of Third Places in Consumers' Lives," *Journal of Service Research* 9 (August 2007): 59–72; Rosenbaum et al., "A Cup of Coffee with a Dash of Love," 2007.

36. Mark S. Rosenbaum and Carolyn A. Massiah, "When Customers Receive Support from Other Customers," *Journal of Service Research* 9 (February 2007): 1–14.

37. 같은 자료.

38. 사람-장소 애착에 대한 다양한 개념을 알고 싶다면 다음 자료를 참조하라. Rosenbaum, "A Cup of Coffee with a Dash of Love," 2007.

39. Rosenbaum, "Exploring the Social Supportive Role of Third Places in Consumers' Lives," 2006; and Rosenbaum et al., "A Cup of Coffee with a Dash of Love," 2007.

40. 폴 사기노(Paul Saginaw)와 애리 바인즈바이크(Ari Weinzweig), 블라우와의 인터뷰, 2006년 5월 26일.

41. Corey Kilgannon, "If OTB Goes, So Would a Relic of a Grittier City," *New York Times*, February 22, 2008.

42. Julie A. Willett, *Permanent Waves: The Making of the American Beauty Shop* (New York: New York University Press, 2000).

43. Lanita Jacobs-Huey, *From the Kitchen to the Parlor: Language and Becoming in African American Women's Hair Care* (New York: Oxford University Press, 2006).

44. Richard Florida, *The Rise of the Creative Class: and How It's Transforming Work, Leisure, and Everyday Life* (New York: Basic Books, 2002).

45. Emory L. Cowen et al., "Hairdressers as Caregivers I: A Descriptive Profile of Interpersonal Help-Giving Involvement," American Journal of Community Psychology 7 (1979): 633–48; Emory L. Cowen, "Help Is Where You Find It: Four Informal Helping Groups," *American Psychologist* 37 (1982): 385—95; Paul A. Toro, "A Comparison of Natural and Professional Help," *American Journal of Community Psychology* 14 (1986): 147–59.

46. "소프트볼의 역사(Softball History)," SportsKnowHow.com, http://www. sportsknowhow.com/softball/history/softball-history.shtml.

47. 앨리슨 먼치(Allison Munch), 블라우와의 인터뷰, 2008년 5월 20일.

48. Allison Munch, "Everyone Gets to Participate: Floating Community in an Amateur Softball League," in *Together Alone: Personal Relationships in Public Places*, edited by Calvin Morrill, David A. Snow, and Cindy White (Berkeley: University of California Press, 2006), 111-33. '아스트로스(Astros)' 는 먼치가 팀에서 사용한 가명이다.

49. 바브라 브라운(Barbara B. Brown), 블라우와의 인터뷰, 2008년 5월 15일.

50. Munch, "Everyone Gets to Participate."

51. Erving Goffman, *Behavior in Public Places: Notes on the Social Organization of Gatherings* (New York: Free Press, 1963).

52. Edward T. Hall, *The Hidden Dimension* (New York: Anchor Books, 1966). 홀은 이런 차이가 주로 미국 북동부 해안에 거주하는 중산층 백인들을 관찰한 결과에 근거한 것이라고 밝혔다.

53. Goffman, *Behavior in Public Places*.

54. Khaled Hosseini, *A Thousand Splendid Suns* (New York: Riverhead Books, 2007).

55. "The U.S. Health Club Industry: Industry Estimates as of January 2008," International Health, Racquet, and Sports club Association Industry Fact Sheet, http://cms.ihrsa.org/index.cfm?fuseaction=page.viewPage.cfm&pageId=18822

56. Jamie Heller, "So Close······ and So Separate," *Wall Street Journal*, October 21, 2006.

57. Irwin Altman and William W. Haythorn, "Interpersonal Exchange in Isolation," *Sociometry*, 28 (December 1965): 411-26; Irwin Altman and Dalmas A. Taylor, *Social Penetration: The Development of Interpersonal Relationships* (New York: Holt, Rinehart & Winston, 1973), 82-84, 111-12.

58. Mark L. Knapp and Anita L. Vangelisti, Interpersonal Communication and Human Relationships, 5th edition (Boston, Mass.: Allyn & Bacon, 2005).

59. Irwin Altman, Anne Vinsel, and Barbara B. Brown, "Dialectic Conceptions in

Social Psychology: An Application to Social Penetration and Privacy Regulation," in *Advances in Experiential Social Psychology*, edited by L. Berkowitz (New York: Academic Press, 1989), 107–59; Brown, Werner, and Altman, "Relationships in Home and Community Environments."

60. Altman and Taylor, *Social Penetration.*

61. Zick Rubin, "Disclosing Oneself to a Stranger, Reciprocity and Its Limits," *Journal of Experimental Social Psychology* 11 (1975): 233–60.

62. 스캇 하이퍼만(Scott Heiferman), 블라우와의 인터뷰, 2006년 10월 7일.

63. 밋업닷컴(Meetup.com)에서 제공한 "밋업은 무엇인가(What is Meetup)"를 참조했다. http://static4.meetupstatic.com/pdf/meetup-about-one-page-1.pdf.

64. Katelyn Y. A. McKenna and Gwendolyn Seidman, "Considering the Interactions: The Eff ects of the Internet on Self and Society," in *Computers, Phones, and the Internet: Domesticating Information Technology*, edited by Robert Kraut, Malcolm Brynin, Sara Keisler (New York: Oxford University Press, 2006), 279–95.

65. Keith Hampton and Neeti Gupta, "Community and Social Interaction in the Wireless City: Wi-Fi use in Public and Semi-Public Spaces, *New Media & Society* 10 (2008).

66. Azi Barak and Orit Gluck-Ofri, "Degree and Reciprocity of Self-Disclosure in Online Forums," *CyberPsychology & Behavior* 10 (2007): 407–17.

67. John Suler, "The Online Disinhibition Eff ect," *CyberPsychology & Behavior* 7 (2004): 321–26.

68. McKenna and Seidman, "Considering the Interactions: The Effects of the Internet on Self and Society."

69. Barak and Gluck-Ofri, "Degree and Reciprocity of Self-Disclosure in Online Forums"; McKenna and Seidman, "Considering the Interactions: The Effects of the Internet on Self and Society."

70. 같은 자료.

71. 같은 자료.

72. Roger Hobbs, "Instant Message, Instant Girlfriend," *New York Times*, May 25, 2008.

73. McKenna and Seidman, "Considering the Interactions: The Effects of the Internet on Self and Society."

74. 같은 자료. 인터넷 사용의 효과를 관찰한 이 연구 비평에서 저자는 '개인이 긴밀한 인터넷 관계를 형성할 수 있을지 여부에 대한 중요한 중재자는 각자의 진정한 자아 차원의 반응' 이라는 것을 발견한 2002년 연구를 인용한다. 온라인에서 자신의 중요한 면과 성격(진정한 자아)을 잘 표현할 수 있는 사람은 온라인에서 인간관계를 맺기 쉽고 이를 현실 세계의 인간관계와 통합시킬 수 있으며 그런 유대감이 2년 후에도 유지되었음을 보여준다. 또한 다음 자료를 참조하라. K. Y. A. McKenna, A. S. Green, and M. E. J. Gleason, "Relationship Formation on the Internet: What's the Big Attraction?" *Journal of Social Issues* 58 (2002): 9–31.

6장 나쁜 이방인 상대하기

1. Juju Chang and Gail Deutsch, "When Good Neighbors Go Bad: Neighborhood Spats Can Turn Ugly and Violent," ABCnews.com, June 22, 2006, http://abcnews.go.com/2020/Entertainment/Story?id=1928359&page=1.

2. 폴 켈로그(Paul Kellogg, 가명), 블라우와의 인터뷰, 2008년 7월 11일.

3. Steve Farkas et al., *Aggravating Circumstances: A Status Report on Rudeness in America* (New York: Public Agenda, 2002).

4. Maureen Crane et al., "The Causes of Homelessness in Later Life: Findings from a 3-Nation Study," *Journal of Gerontology* 60B (May 2005): S-152–59.

5. Kira S. Birditt, Karen L. Fingerman, and David M. Almeida, "Age Differences in Exposure and Reactions to Interpersonal Tension: A Daily Diary Study," *Psychology and Aging* 20 (2005): 330–40. 가족 관계 유형 목록이 일상적인 인간관계에서 생기는 긴장의 60퍼센트를 차지하는데, 거기에는 배우자 또는 파트너, 자녀, 다른 가족 구성원(부모, 형제, 손자, 조부모 그리고 기타 친척)도 포함된다. 가족이 아닌 인간관계 유형에는 친구, 이웃, 동료, 학우, 직장 상사, 교사, 직원, 감독관, 그룹 또는 단체 회원, 고객, 의뢰인, 환자, 서비스 공급자 그리고 지인이 있다.

6. Karen S. Rook, "The Negative Side of Social Interaction: Impact on Psychological Well-Being," *Journal of Personality and Social Psychology* 46 (1984): 1097–1108.

7. Loraleigh Keashly, "Interpersonal and Systemic Aspects of Emotional Abuse at Work: The Target's Perspective," *Violence and Victims* 16 (January 1, 2001): 233–68.

8. Christine L. Porath and Christine M. Pearson, "On the Nature, Consequences and Remedies of Workplace Incivility: No Time for 'Nice'? Think Again," *Academy of Management Executive* 19 (February 2005): 7–18.

9. Loraleigh Keashly and Joel H. Neuman, "Bullying in the Workplace: Its Impact and Management," *Employee Rights and Employment Policy Journal* 8 (2004): 335–73.

10. Porath and Pearson, "On the Nature, Consequences and Remedies of Workplace Incivility."

11. Robert I. Sutton, *The No Asshole Rule: Building a Civilized Workplace and Surviving One That Isn't* (New York: Warner Business Books, 2007).

12. 게리 네이미(Gary Namie), 블라우와의 인터뷰, 2008년 7월 1일.

13. 심리치료연구소 이사, 블라우와의 인터뷰, 2008년 6월 30일. 직장에서 벌어지는 조정에 관한 격론은 다음 자료를 참조하라. J. Connelly, "Have We Become Mad Dogs in the Office?" *Fortune*, November 28, 1994. 왕따를 연구하는 많은 학자가 이 기사를 인용한 바 있다. 1991년, 임시 회계 직원을 파견하는 기업인 어카운템스(Accountemps)는 미국 1000대 기업의 중역들이 업무 시간의 13퍼센트(1년에 6주 반)를 직원들 사이에 일어난 분쟁을 해결하는 데 사용한다는 사실을 알아냈다. 오늘날 이 수치가 얼마나 더 상승했을지 궁금증을 자아낸다.

14. 키슬리와 뉴먼의 2004년 자료를 참조하라. 또한 다음의 책도 참조하라. Sutton, *The No Asshole Rule*. 어떤 정의를 사용했느냐에 따라 결과가 달라질 수 있지만, 50–80퍼센트의 사례에서 가해자는 피해자의 상사였다. 또한 20–50퍼센트의 사례에서 가해자는 피해자와 비슷한 직급이었다.

15. '상사 왕따'는 전체 사례 중 약 2–27퍼센트를 차지했다. 다음 자료를 참조하라. Sara Branch, Sheryl Ramsay, and Michelle Barker, "Managers in the Firing Line: Contributing Factors to Workplace Bullying by Staff—An Interview Study," *Journal of Management and Organization* 13 (2007): 264–81.

16. 켈리 네이버(Kelly Naybor, 가명), 블라우와의 인터뷰, 2008년 6월 30일. 기타 이

름 및 세부 정보 또한 변경되었다.

17. 엘렌 로스(Ellen Roth, 가명), 블라우와의 인터뷰, 2006년 10월 14일. 기타 이름 및 세부 정보 또한 변경되었다.

18. 항공 관제사인 노스다코타 그랜드포크스의 척 아담스(Chuck Adams), 켄터키 주 렉싱턴의 왈리 브리지스(Wally Briggs), 미시시피 주 사우스 헤이븐의 케니 엘리스(Kenny Ellis), 일리노이 주 시카고의 다나 렌하디트(Donna Lenhardt), 인디애나 주 에반스 빌의 마이크 패터슨(Mike Patterson), 블라우와의 인터뷰, 2007년 10-11월.

19. Rena L. Repetti, "Short-Term Eff ects of Occupational Stressors on Daily Mood and Health Complaints," *Health Psychology* 17 (1993): 125-31.

20. 항공 관제사, 블라우와의 인터뷰.

21. 척 아담스, 인터뷰.

22. 레페티(Repetti), 핑거맨과의 인터뷰, 2006년 7월.

23. Rena L. Repetti and Jennifer Wood, "Effects of Daily Stress at Work on Mothers' Interactions with Preschoolers," *Journal of Family Psychology* 11 (1997): 90-108.

24. N. Wager, G. Fieldman, and T. Hussey, "The Eff ect on Ambulatory Blood Pressure of Working Under Favourably and Unfavourably Perceived Supervisors," *Occupational and Environmental Medicine* 60 (2003): 468-74.

25. 래리 킹(Larry King) 라이브, 조지 칼린(George Carlin) 추모 쇼, CNN, 2008년 6월 23일, http://www.cnn.com/video/#/video/bestoftv/2008/06/24/lkl.carlin.long.cnn.

26. Ronald S. Burt, "Bandwidth and Echo: Trust, Information, and Gossip in Social Networks," in *Networks and Markets: Contributions from Economics and Sociology*, edited by Alessandra Cadella and James E. Rauch (New York: Russell Sage Foundation, 2001).

27. E. Tory Higgins, "Achieving 'Shared Reality' in the Communication Game: A Social Action that Creates Meaning," *Journal of Language and Social Psychology* 11 (1992): 107-31.

28. 루크 브리지스(Luke Bridges, 가명), 블라우와의 인터뷰, 2008년 6월 28일. 기타 이름 및 세부 정보 또한 변경되었다.

29. Jennifer K. Bosson et al., "Interpersonal Chemistry Through Negativity: Bonding by Sharing Negative Attitudes About Others," *Personal Relationships* 13 (2006): 135–50.

30. Burt, "Bandwidth and Echo."

31. Frans B. M. de Waal, "How Animals Do Business," *Scientifi c American* 292 (April 2005).

32. Anthony Giddens, *The Consequences of Modernity* (Stanford, Calif.: Stanford University Press, 1990).

33. Ronald S. Burt, *Brokerage and Closure: An Introduction to Social Capital* (New York: Oxford University Press, 2005).

34. Marc Knez and Duncan Simester, "Firm–wide Incentives and Mutual Monitoring at Continental Airlines," *Journal of Labor Economics* 19 (2001): 743–72.

35. 로렐라이 키슬리(Loraleigh Keashly), 블라우와의 인터뷰, 2008년 7월 8일, 후속 이메일, 2008년 7–9월.

36. Burt, "Bandwidth and Echo."

37. Allyson Beatrice, *Will the Vampire People Please Leave the Lobby? (True Adventures in Cult Fandom)* (Naperville, Il.: Sourcebooks, 2007), 블라우와의 인터뷰, 2008년 6월 21일.

38. Marc Feldman, *Playing Sick: Untangling the Web of Munchausen Syndrome, Munchausen by Proxy, Malingering, and Factitious Disorder* (New York: Brunner–Routledge, 2004), 블라우와의 인터뷰와 이메일, 2008년 9월.

39. John Suler, "The Online Disinhibition Eff ect," *CyberPsychology & Behavior* 7 (2004): 321–26.

40. Bella M. DePaulo et al., "Lying in Everyday Life," *Personality and Social Psychology* 70 (1996): 979–95; Bella M. DePaulo, Wendy L. Morris, and R. Wyelin Sternglanz, "The Clash of Two Noble Intentions: Truthfulness and Kindness," in *Feeling Hurt in Close Relationships*, edited by L. Vangelisti (New York: Cambridge University Press, 2009).

41. Bella M. DePaulo and Deborah A. Kashy, "Everyday Lies in Close and Casual

Relationships," Journal of Personality and Social Psychology 74 (1998): 63-79.

42. Dianne M. Tice et al., "When Modesty Prevails: Differential Favorability of Self-Presentation to Friends and Strangers," *Journal of Personality and Social Psychology* 69 (1995): 1120-38.

43. Robert S. Feldman, Erik J. Coats, and Jason C. Tomasian, "Nonverbal Deception Abilities and Adolescents' Social Competence: Adolescents with Higher Social Skills Are Better Liars," *Journal of Nonverbal Behavior* 23 (Fall 1999): 237-49.

44. Brent Weiss and Robert S. Feldman "Looking Good and Lying to Do It: Deception as an Impression Management Strategy in Job Interviews," *Journal of Applied Social Psychology* 36 (April 2006): 1070-86.

45. DePaulo et al., "Lying in Everyday Life."

46. 로버트 펠먼(Robert Feldman), 블라우와의 인터뷰, 2008년 7월 7일.

47. Robert S. Feldman, James A. Forrest, and Benjamin R. Happ, "Self-Presentation and Verbal Deception: Do Self-Presenters Lie More?" *Basic and Applied Social Psychology* 24 (June 2002): 163-70.

48. 로버트 펠먼, 인터뷰; DePaulo and Kashy, "Everyday Lies in Close and Casual Relationships."

49. Charles F. Bond Jr. and Bella M. DePaulo, "Accuracy of Deception Judgments, *Personality and Social Psychology Review* 10 (2006): 214-34.

50. 같은 자료.

51. 벨라 드 파올로(Bella DePaulo), 블라우와의 인터뷰, 2008년 6월 21일.

52. 베아트리스, 인터뷰.

53. Barbara B. Brown, Carol M. Werner, and Irwin Altman, "Relationships in Home and Community Environments: A Transactional and Dialectic Analysis," in *The Cambridge Handbook of Personal Relationships*, edited by Anita L. Vangelisti and Daniel Perlman (Cambridge: Cambridge University Press, 2006), 673-93. Irwin Altman, Anne Vinsel, and Barbara B. Brown, "Dialectic Conceptions in Social Psychology: An Application to Social Penetration and Privacy Regulation," in *Advances in Experiential Social Psychology*, edited by

L. Berkowitz (New York: Academic Press, 1981): 107–59; 바브라 브라운, 블라우와의 인터뷰, 2008년 5월 16일.

54. 데이나 커밍스(Dana Cummings, 가명), 블라우와의 인터뷰, 2006년 3월 26일.

55. Brown et al., "Relationships in Home and Community Environments."

56. 어윈 알트먼(Irwin Altman), 블라우와의 인터뷰, 2008년 5월 14일.

57. 같은 자료.

58. Kathy E. Kram and Monica C. Higgins, "A New Approach to Mentoring: These Days, You Need More Than a Single Person. You Need a Network," *Wall Street Journal*, September 22, 2008.

59. 로라 완더(Laura Wander, 가명), 블라우와의 인터뷰, 2008년 6월 14일. 기타 이름 및 세부 정보 또한 변경되었다.

60. Michael Sunnafrank and Artemio Ramirez Jr, "At First Sight: Persistent Relational Effects of Get-Acquainted Conversations," *Journal of Social and Personal Relationships* 21 (2004): 361–79.

61. 캐서린 모겐슨(Katherine Morgensen, 가명), 블라우와의 인터뷰, 2008년 7월 12일. 기타 이름 및 세부 정보 또한 변경되었다.

62. K. D. Vohs, R. R. Baumeister, and N. J. Ciarocco, "Self-Regulation and Self-Presentation: Regulatory Resource Depletion Impairs, Impression Management and Effortful Self-Presentation Depletes Regulatory Processes," *Journal of Personality and Social Psychology* 88 (2005): 632–57.

63. Brian A. Nosek, Mahzarin R. Banaji, and Anthony G. Greenwald, "Harvesting Implicit Group Attitudes and Beliefs from a Demonstration Web Site," *Group Dynamics Theory, Research, and Practice* 6 (2002): 101–15; 마자린 바나지(Mahzarin Banagi), 블라우와의 인터뷰, 2008년 7월 9일, 후속 이메일.

64. 바나지, 인터뷰.

65. Jennifer A. Richeson and J. Nicole Shelton, "Negotiating Interracial Interactions: Costs, Consequences, and Possibilities," *Current Directions in Psychological Science* 16 (2007): 316–20.

66. Thomas F. Pettigrew and Linda R. Tropp, "A Meta-Analytic Test of Intergroup Contact Theory," *Journal of Personality and Social Psychology* 90

(2006): 751–83; Pettigrew and Tropp, "Does Intergroup Contact Reduce Prejudice?: Recent Meta-Analytic Findings," in *Reducing Prejudice and Discrimination,* edited by S. Oskamp (Mahwah, N.J.: Lawrence Erlbaum, 2000), 93–114.

7장 새로운 시대, 새로운 인간관계론

1. 뉴욕에서의 고요한 레이브, 페이스북에 올라온 공고, http://www.facebook.com/group.php?gid=24032096712.

2. Howard Rheingold, *Smart Mobs: The Next Social Revolution* (New York: Perseus Books, 2002).

3. Ellen Gamerman, "The New Pranksters," *Wall Street Journal,* September 12, 2008.

4. John Schwartz, "New Economy: In the Tech Meccas, Masses of People, or 'Smart Mobs,' Are Keeping in Touch Through Wireless Devices," *New York Times,* July 22, 2002.

5. Neil Howe and William Strauss, "The Next 20 Years: How Customer and Workforce Attitudes Will Evolve," *Harvard Business Review* 41 (July–August 2007); Howe and Strauss, *Millennials Rising: The Next Great Generation* (New York: Vintage Books, 2000).

6. Richard T. Sweeney, "Reinventing Library Buildings and Services for the Millennial Generation," *Library Administration & Management* 19 (Fall 2005): 165–75. 스위니는 인구통계 학자들이 X세대가 끝나는 날짜와 밀레니얼 세대가 시작된 날짜에 대해 동의하지 않는다는 점에 주목한다. 워싱턴의 조사서비스센터는 이 날짜를 1979년에서 1994년 사이로, 미국 인구통계국은 1982년에서 2000년 사이로 정의한다. 그리고 《밀레니얼: 25세 이하의 미국인(Millennials: Americans Under Age 25)》에서는 1977년을 시작 연도로 설정한다. 따라서 스위니는 1979년을 '적정 연도'라고 간주한다. 그리고 우리는 사회과학자들이 보통 10년 이상은 '코호트(cohort, 특정한 통계적, 인구적 특성을 공유하는 사람들의 집단)'로 정의하지 않는다는 점에 수복해야 한다. 예를 들어 베이비붐 세대는 사회과학 연구에서 초기와 후기로 분리되어 다루어지는 경우가 많다.

7. Howe and Strauss, "The Next 20 Years."

8. Robert D. Putnam, "Robert Putnam Commentary: The Rebirth of American Civic Life," *Boston Globe*, March 2, 2008; 탐 샌더(Tom Sander, 사구아로 세미나(미국의 시민 참여) 대표 이사), 블라우에게 보낸 이메일, 2008년 9월 25일.

9. Betsy Israel, "The Overconnecteds," *New York Times*, November 5, 2006.

10. Hannah Seligson, "All Together Now," *Wall Street Journal*, September 12, 2008.

11. Nan Lin, "Building a Network Theory of Social Capital," *Connections* 22 (1999): 28–51.

12. 리처드 스위니(Richard T. Sweeney), 블라우와의 인터뷰, 2008년 11월 24일; Claire Raines, "Managing Millennials," excerpt from *Connecting Generations: The Sourcebook for a New Workplace* (Menlo Park, Calif.: Crisp Publications, 2003). 밀레니얼 세대를 지칭하는 레인즈가 언급한 또 다른 명칭으로는 에코 부머스(Echo Boomers), 붐렛(Boomlet), 넥스터스(Nexters), Y세대(Generation Y), 닌텐도 세대(Nintendo Generation), 디지털 세대(Digital Generation)가 있다. 캐나다에서는 햇볕 세대(Sunshine Generation)라는 표현도 쓴다. 그러나 ABC뉴스닷컴 여론조사에 의하면 이 사람들의 대부분이 1980년에서 2000년 사이(레인즈도 이 시기가 정확하다고 생각한다)에 태어났고 '밀레니얼'이라는 명칭을 가장 선호하는 것으로 나타났다. http://www.generationsatwork.com/articles/millenials.htm.

13. John Cassidy, "Me Media: How Hanging Out on the Internet Became Big Business," *The New Yorker*, May 15, 2006.

14. Seligson, "All Together Now."

15. Jonathan Dee, "The Tell-All Campus Tour," *New York Times Magazine*, September 21, 2008.

16. "America's Children in Brief: Key National Indicators of Well-being, Federal Interagency Forum on Child and Family Statistics, Washington, D.C., 2008, http://www.childstats.gov/pdf/ac2008/ac_08.pdf.

17. Edward Wyatt, "Generation Mix: Youth TV Takes the Lead in Diversity Casting," *New York Times*, August 21, 2008.

18. Reed W. Larson et al., "Changes in Adolescents' Interpersonal Experiences:

Are They Being Prepared for Adult Relationships in the Twenty first Century?" *Journal of Research on Adolescence* 12 (2002): 31−68.

19. Gustavo Pérez Firmat, *Life on the Hyphen: The Cuban−American Way* (Austin: University of Texas Press, 1994).

20. Tim Dickinson, "The Machinery of Hope: Inside the Grass−Roots Field Operation of Barack Obama, Who Is Transforming the Way Political Campaigns Are Run," RollingStone.com, March 20, 2008, http://www.rollingstone.com/news/coverstory/obamamachineryofhope.

21. Andrew Kohut et al., "Trends in Political Values and Core Attitudes, 1987−2007—Political Landscape More Favorable to Democrats," Pew Research Center for the People and the Press, news release, March 22, 2007. 여론조사 결과 가장 비종교적인 미국인' 들의 연령은 30세 미만으로 1976년 이후 태어난 사람의 19퍼센트가 종교를 가지지 않은 것으로 나타났다. http://people−press.org/reports/pdf/312.pdf.

22. Larson et al., "Changes in Adolescents' Interpersonal Experiences."

23. 같은 자료.

24. Richard Florida, *The Rise of the Creative Class: And How It's Transforming Work, Leisure, Community, and Everyday Life* (New York: Basic Books, 2002). 다른 용어를 사용한 저자들도 이들과 비슷하게 특권을 가지고 문화에 정통한 계층을 설명한다. Paul H. Ray and Sherry Ruth Anderson, *The Cultural Creatives: How 50 Million People Are Changing the World* (New York: Three Rivers Press, 2000); and David Brooks, *Bobos in Paradise: The New Upper Class and How They Got There* (New York: Basic Books, 2000).

25. 마이클 벤투라(Michael Ventura), 블라우와의 인터뷰, 2008년 9월 25일.

26. Michael Ventura, "The New Social Mind," *Psychotherapy Networker*, May−June 2008.

27. Jason Alderman et al., "The Most Conservative and Liberal Cities in the United States," Bay Area Center for Voting Research, 2005, alt. coxnewsweb.com/statesman/metro/081205libs.pdf.

28. Bill Bishop with Robert G. Cushing, *The Big Sort: Why the Clustering of Like−Minded America Is Tearing Us Apart* (Boston, Mass.: Houghton Mifflin, 2008).

29. 짐(Jim)과 크리스틴 허리한(Christine Hourihan), 수차례에 걸친 블라우와의 인터 뷰, 2008년 7-9월.

30. Ray Pahl, "Hidden Solidarities That Span the Globe," *The New Statesman* 134 (January 17, 2005).

31. Putnam, "The Rebirth of American Civic Life."

32. Howe and Strauss, "The Next 20 Years."

33. Sarah Abruzzese, "Peace Corps Looks for Older Volunteers," *New York Times*, November 25, 2007.

34. Kevin E. Cahill, Michael D. Giandrea, and Joseph F. Quinn, "Retirement Patterns from Career Employment," *The Gerontologist* 46 (2006): 514-23; Cahill, Giandrea, and Quinn, "A Micro-level Analysis of Recent Increases in Labor Force Participation Among Older Men," U.S. Bureau of Labor Statistics, Office of Productivity and Technology, working paper 400 (2006).

35. Morris A. Okun and Josef Michael, "Sense of Community and Being a Volunteer Among the Young-Old," *Journal of Applied Gerontology* 25 (2006): 173-88; Margaret Gerteis, "The Outlook for Volunteering," in *Reinventing Aging: Baby Boomers and Civic Engagement*, Center for Health Communication, Harvard School of Public Health-MetLife Foundation Initiative on Retirement and Civic Engagement (2004), 19-24, http://www.reinventingaging.com.

36. David Brooks, "The Social Animal," *New York Times*, September 12, 2008.

37. "Aquarius," from Hair, lyrics by James Rado and Gerome Ragni, music by Galt MacDermot.

38. 허리케인 카트리나 생존자인 메리 워싱턴(Mary Washington)과 블라우, 서부 매사추세츠 루이지애나 지역 원조 프로젝트 자원봉사자 수잔 발렌타인(Susan Valentine), 카리마 제벨(Karima Gebel)과 함께한 토론, 2005년 11월 12일.

39. 허리케인 카트리나 생존자 바이올렛 시몬스(Violet Simmons, 가명), 블라우와의 인터뷰, 2008년 9월 11일.

40. Robert D. Putnam and Lewis M. Feldstein with Don Cohn, *Better Together: Restoring the American Community* (New York: Simon & Schuster, 2003).

41. Pahl, "Hidden Solidarities That Span the Globe."

42. Molly Josephs and Jennifer Landes, "Samba Drums Told to Beat It at Sagg Main: Impromptu Gatherings Said to Draw 1,500," *East Hampton Star*, August 7, 2008; 리치 시글러(Richard Siegler), 블라우와의 인터뷰, 2008년 9월 22일.

43. Sarah Kramer, "In Strangers, Centenarian Finds Literary Lifeline, *New York Times*, August 1, 2008.

44. Michelle Slatella, "Dear Stranger: It's 4 a.m. Help!," *New York Times*, August 28, 2008.

부록

1. Lynne McAllister Jones and Claude S. Fischer, "Studying Egocentric-Networks by Mass Survey," working paper no. 284, Institute of Urban and Regional Development, University of California, Berkeley, January 1978; Claude S. Fischer, *To Dwell Among Friends: Personal Networks in Town and City* (Chicago, Il.: University of Chicago Press, 1982).

2. 난 린(Nan Lin)의 허락을 받고 사용함, Department of Sociology, Duke University, *U.S. 2004-5 National Survey on Social Capital*, "The Summary of Social Capital USA 2005 (Wave 1)," August 2006.

3. Bonnie H. Erickson, "Culture, Class, and Connections," *American Journal of Sociology* 102 (July 1996): 217-51.

KI신서 3152
가끔 보는 그가 친구보다 더 중요한 이유

1판 1쇄 인쇄 | 2011년 02월 28일
1판 1쇄 발행 | 2011년 03월 07일

지은이 멜린다 블라우 · 캐런 핑거맨 **옮긴이** 조은경
펴낸이 김영곤 **펴낸곳** (주)북이십일 21세기북스
출판콘텐츠사업부문장 정성진 **출판개발본부장** 김성수 **인문실용팀장** 심지혜
기획 · 편집 최혜령 **해외기획** 김준수 조민정 **디자인** 박선향(표지) 네오북(본문)
마케팅영업본부장 최창규 **마케팅** 김보미 김현유 강서영 **영업** 이경희 우세웅 박민형
출판등록 제10-1965호 **신고일자** 2000년 5월 6일
주소 (우 413-756) 경기도 파주시 교하읍 문발리 파주출판단지 518-3
대표전화 031-955-2100 **팩스** 031-955-2151 **이메일** book21@book21.co.kr
홈페이지 www.book21.com
21세기북스트위터 @21cbook **블로그** b.book21.com

ISBN 978-89-509-2908-4 03300
책값은 뒤표지에 있습니다.